예제가 가득한

Java
프로그래밍

Java逆引きレシピ
(Java Gyakubiki Recipe : 2238-0)
Copyright©2014 by NAOKI TAKEZOE, KAZUYA TAKAHASHI, SHOU ODA, TAKAKO SHIMAMOTO.
Original Japanese edition published by SHOEISHA Co.,Ltd.

Korean translation rights arranged with SHOEISHA Co.,Ltd. through Eric Yang Agency
Korean translation copyright©2015 by INFORMATION PUBLISHING GROUP.

예제가 가득한
Java 프로그래밍

초판 1쇄 인쇄 | 2015년 9월 15일
초판 1쇄 발행 | 2015년 9월 20일

지 은 이 | Takezoe Naoki, Takahashi Kazuya, Oda Shou, Shimamoto Takako
옮 긴 이 | 김은철, 유세라
발 행 인 | 이상만
발 행 처 | 정보문화사

책임편집 | 최동진
편집진행 | 노미라

주　　소 | 서울시 종로구 대학로 12길 38 (정보빌딩)
전　　화 | (02)3673-0037(편집부) / (02)3673-0114(代)
팩　　스 | (02)3673-0260
등　　록 | 1993년 8월 20일 제1-1013호
홈페이지 | www.infopub.co.kr

I S B N | 978-89-5674-638-8

예제가 가득한

Java

프로그래밍

Takezoe Naoki 외 지음

김은철, 유세라 옮김

정보문화사
Information Publishing Group

시작하면서

1996년 Web 브라우저 상에서 역동적인 콘텐츠를 작성할 수 있는 언어로 등장한 Java는 그 후 Web 애플리케이션의 개발 언어로 폭발적으로 보급되었습니다. 이제 Java로 쓰여진 미들웨어와 Java VM 상에서 작동하는 새로운 프로그래밍 언어가 등장하는 등 다양한 용도로 활용되고 있습니다.

Java는 과거 버전과의 호환성을 중시하고 있으며, 2004년에 발표된 Java 5에서 제네릭스와 어노테이션 도입 이후 언어로써 큰 변화가 없었습니다. 또한 그사이에 Oracle에 의한 Sun Microsystems(Java 개발사)의 인수 및 Java 7 이후의 거듭된 발표 지연 등 2000년대 후반부터는 기나긴 침체 시기가 이어졌습니다.

그러다가 2014년 3월 마침내 Java 8이 공식 발표되었습니다. Java 8은 람다식이나 Date and Time API 등 다양한 새로운 기능이 포함됐으며 Java 5 이후 대형 업데이트가 되었습니다.

Java가 Web 개발 분야에 보급된 배경은 다양한 OSS가 존재하기 때문이고, 2000년대 초반 Apache Software Foundation의 The Jakarta Project를 비롯한 OSS 커뮤니티가 활황을 보이기 때문입니다.

OSS 커뮤니티도 최근 몇 년은 다소 정체감이 있었지만, Java 8의 발표를 계기로 OSS의 라이브러리나 프레임워크 등도 람다식이나 새로운 API를 활용한 것이 등장하고 있어 활기가 다시 돌아오지 않을까 하는 기대가 되고 있습니다.

이 책은 Java 6/7/8에 대응되는 사전식 참고서입니다. 앞에서도 말했듯이 현재 Java의 주요 용도는 Web 개발이지만 이 책에서는 Web 개발뿐만 아니라 Java의 기본 구문은 물론, 방대한 표준 API 중에서 이용 빈도가 특히 높은 것을 찾아 목적·용도별로 정리하였습니다. 또한, JUnit에 의한 유닛 테스트에 대해서도 다루고 있으며, Java 프로그래밍의 기초 지식을 망라한 내용으로 되어 있습니다.

Java에서 프로그래밍을 본격적으로 시작하는 분과, 이미 Java에서 프로그래밍 경험은 있지만 Java 5 이후에 도입된 새로운 기능을 제대로 파악하지 못한 분 그리고 Java 8의 새로운 기능을 알고 싶은 분에게 도움이 될 것입니다.

등장으로부터 19년, Java는 현재도 진화를 계속하고 있습니다. 이 책이 Java를 깊이 활용하는데 있어 많은 도움이 되기를 바랍니다.

저자 일동

역자의 글

Java는 전 세계적으로 가장 많이 사용되는 언어입니다. 자바는 특정 플랫폼(운영체제 등)에 종속적이지 않기 때문에 한 번 개발로 다양한 곳에 이식할 수 있는 장점이 있습니다. 국내에서도 수많은 기업 프로젝트들은 자바로 개발되고 있어 유능한 자바 개발자들이 많이 필요합니다. 스마트폰을 대부분 사용하는 요즘 안드로이드폰의 앱 개발 시에도 자바가 사용되고 있습니다. 또한, 스마트TV, 스마트자동차, 스마트냉장고 등 스마트한 기기에서도 안드로이드 운영체제를 많이 탑재하고 있어 자바 언어를 알면 미래는 여러분의 무대가 될 것입니다.

WWW(World Wide Web)로 표현되는 웹은 서비스가 나온 이후 지금까지 폭발적인 성장을 해 왔습니다. 홈페이지 구축 시에도 다양한 언어를 사용할 수 있지만, 그중 가장 많이 사용하는 것이 자바입니다. 예전에 카이스트(KAIST)의 생활관 배정 프로젝트를 하면서 자바 프레임워크인 스프링으로 생활관 지원 사이트를 구축하고 모든 학생의 기숙사 배정 알고리즘을 구현하였는데, 카이스트 사이트 또한 자바 언어가 사용된 일례라 할 수 있습니다.

이 책은 자바에 관한 기본 개념 위주로 자세하게 설명하고 있어, 자바를 처음 접하는 초보자도 쉽게 이해하며 학습할 수 있도록 했습니다. 자바를 학습하기 위한 JDK 설치, 이클립스 설치를 포함하고 있으며, 제어 구문, 문자열, 배열, 정규표현, 컬렉션 클래스(Array, List, Map)로부터 스레드, 동기화, 네트워크, 데이터베이스 프로그래밍에 이르기까지 실무에서 활용할 수 있는 예제들이 엄선되어 제공됩니다. 또한, 자바 프로그램을 테스트하기 위한 JUnit도 자세하게 다루고 있으니 이 책을 실무에서도 많이 활용할 수 있습니다.

마지막으로 이 책이 나오기까지 수고해주신 정보문화사 임직원 여러분 감사드립니다. 그리고 늘 아낌없는 사랑을 전해주는 내외의 모든 가족과 친척, 아내, 공주님께도 감사의 마음을 전합니다.

김은철

이 책의 대상과 구성에 대해

이 책은 Java에서 프로그래밍할 때 "정말 필요한 지식과 테크닉"을 목적별로 정리한 것입니다. 목차에서 "하고 싶은 것"을 찾아 해당의 레시피를 참조하기만 하면 "어떻게 구현할까"를 알 수 있습니다. 초보자가 실수하기 쉬운 사항에 대해서 자세하게 설명하고 있으며 유사한 기능이나 API의 용도에 관해 설명하고 있습니다.

이 책은 Java 6~8의 각 버전을 지원하며 어떤 버전의 Java에서 어떤 기능을 이용할 수 있는지를 쉽게 판별할 수 있습니다. 이 책의 예제 코드는 기본적으로 Java 7을 대상으로 기술하고 있지만, Java 6, Java 8에서 다른 기술이 필요한 경우는 적절히 설명하고 있으니 이용하고 있는 Java의 버전에 따라 어떤 코드를 쓰면 되는지를 쉽게 알 수 있습니다. 특히 Java 8에서 추가된 기능을 중점적으로 설명하고 있어 Java 8의 새 기능을 파악하려는 경우에 도움이 될 수 있습니다.

이 책의 구성

Java 프로그래밍에는 Eclipse 등의 통합 개발 환경을 이용하는 것이 일반적입니다.

제1장 Java 개발 준비에서는 JDK(Java Development Kit)나 Eclipse의 설치 방법, 기본적인 사용 방법을 설명합니다.

제2장 Java의 기본, 제3장 클래스와 인터페이스에서는 Java의 기본적인 구문에서 문자열 처리, 정규 표현, 클래스와 인터페이스의 정의 방법 등 Java 프로그래밍에 필요한 기초 지식을 정리하고 있습니다. Java 8에서 새로 추가된 기능과 구문에 대해서 특히 중점적으로 설명합니다.

제4장 컬렉션에서는 배열, List와 Map, Set 같은 Java의 기본적인 컬렉션과 함께 Java 8에서 추가된 Stream을 다룹니다. **제5장 날짜 조작**용 java.util.Date와 java.util.Calendar라는 기존의 날짜 조작용 API와 Java 8에서 추가된 java.time 패키지(Date and Time API)를 소개합니다. 프로그램에서 데이터의 저장과 읽기를 하므로 파일에 액세스할 필요가 있는 경우도 있습니다. 파일 입출력에 관한 주제는 **제6장 파일과 입출력**에 정리하였습니다. 여기서도 기존의 java.io 패키지와 Java 7에 도입된 java.nio.file 패키지(NIO2)에 의한 파일 조작 입출력 방법을 설명합니다.

제7장 병행 프로그래밍에는 멀티스레드 프로그래밍에 사용하는 기능을 소개합니다. 스레드의 기본적인 사용법부터 락이나 스레드 풀, 멀티 코어를 활용하기 위한 Fork/Join Framework 등 다방면에 걸친 주제를 다룹니다.

제8장 XML, 제9장 JDBC에서는 각각 Java에서 XML과 RDBMS를 사용하기 위한 API에 대해 정리합니다. XML에 관해서는 DOM, SAX, StAX와 여러 가지 방법이 있기 때문에 각각의 특징 및 사용하는 방식도 언급하였습니다. 또한, RDBMS에 관해서는 최근 O/R 매핑 프레임워크가 보급되어 직접 JDBC를 사용할 기회는 적을지도 모르지만 데이터베이스에 접속하는 약간의 도구가 필요하거나 O/R 매핑 프레임워크를 사용하는 데 기초 지식이 될 수 있습니다.

Java에서 단위 테스트를 위한 테스팅 프레임워크로 JUnit이 널리 이용됩니다. 제10장 JUnit에서는 JUnit 4를 사용한 단위 테스트에 관한 주제를 정리합니다. JUnit 4의 다양한 규칙이나 룰의 커스터마이즈 방법에 대해서도 설명합니다.

제11장 네트워크, 유틸리티, 시스템에는 통신이나 외부 커맨드 실행, 로그 출력 등 지금까지의 장에서 거론되지 않은 다양한 API와 Java VM의 감시나 힙의 해석과 같은 고도의 토픽도 포함합니다.

예제 프로그램에 대해

이 책에서 사용하는 예제 데이터는 정보문화사 홈페이지(http://www.infopub. co.kr) 자료실에서 다운로드할 수 있습니다.

동작 구현

이 책의 기술 및 예제 프로그램은 다음과 같은 동작 환경에서 확인하였습니다.

- Windows 7 / 8.1
- JDK 1.7.0_51 / JDK 1.8.0
- Eclipse 4.4.1(Luna)

이 책을 보는 방법

이 책에서는 각 장에서 다루는 레시피를 다음의 그림과 같이 설명하고 있습니다. 각 레시피는 카테고리별로 구분하여 항목에서 찾기 쉽게 키워드를 넣었고 레시피에 관련된 내용은 관련내용이란 형태로 표시되었습니다. 본문 중에서 관련된 항목은 레시피 XXX 유형으로 참조할 수 있고 주의사항이나 포인트 등은 NOTE 또는 COLUMN 을 넣어 소개했습니다.

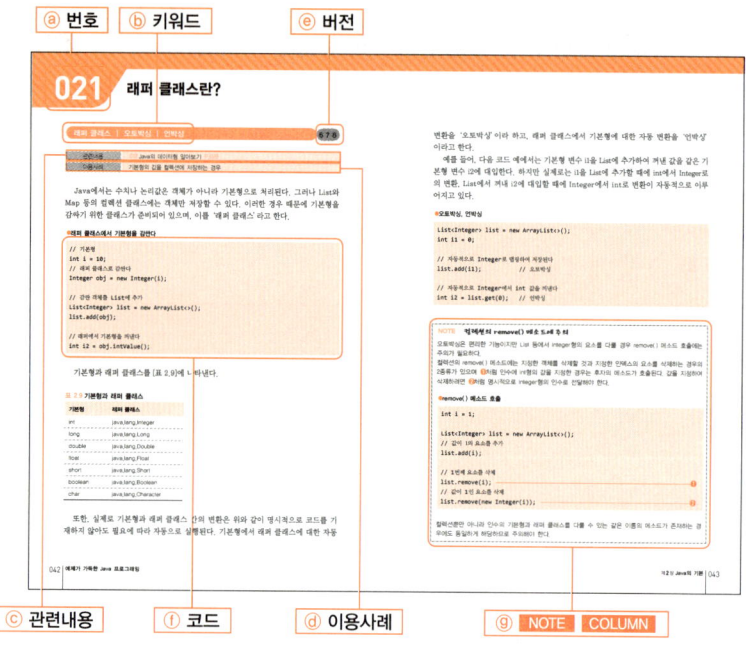

ⓐ 찾고자 하는 레시피를 바로 알 수 있도록 제목에는 일련번호가 붙어 있습니다.
ⓑ 레시피에서 설명할 중요한 키워드(기능 및 함수명 등)를 보여줍니다.
ⓒ 관련된 레시피에 대한 내용과 페이지를 보여줍니다.
ⓓ 이 레시피에 대한 이용사례를 소개합니다.
ⓔ Java의 대응 버전을 보여줍니다.
ⓕ 예제나 설정 파일의 코드, 구문 등을 보여줍니다.
ⓖ NOTE 또는 COLUMN 으로 추가적인 정보, 관련된 내용을 소개합니다.

표기에 대해

지면 사정으로 코드가 중간에 잘리는 경우가 있습니다. 이런 경우에는 ⏎를 뒤에 붙여 표시했습니다.

CONTENTS

COLUMN

제 **01** 장
Java 개발 준비

001 JDK 설치하기

관련내용	002 Eclipse 설치하기 P.005
이용사례	명령 라인에서 Java 개발을 할 경우

Java 프로그래밍을 하려면 JDK(Java Development Kit)가 필요하다. Java의 실행 환경은 다음의 URL에서 다운로드 할 수 있다.

http://www.oracle.com/technetwork/java/javase/downloads/index.html

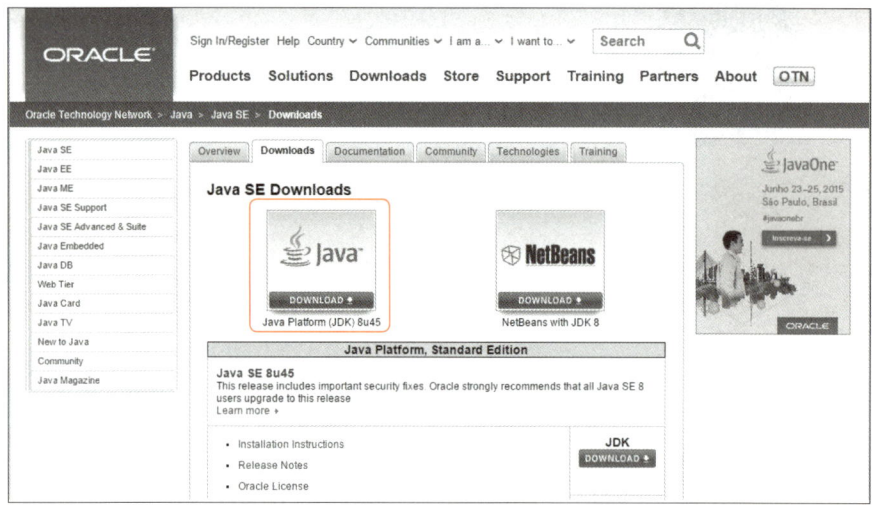

그림 1.1 JDK 다운로드 페이지

Oracle이 제공하는 IDE(통합 개발 환경)인 NetBeans도 함께 다운로드 할 수 있지만, 여기에서는 JDK만을 설치하는 방법을 소개한다.

먼저 왼쪽의 Java Platform(JDK)을 선택한다(그림 1.1). 설치할 패키지의 다운로드 페이지(그림 1.2)로 이동한다. 또한, 과거의 버전을 다운로드 하고 싶을 때는 [그림 1.1]의 페이지에서 화면 하단에 있는 "Previous Releases—Java Archive"에서 임의의 버전 다운로드 페이지로 이동한다. 또한, 설치 버전은 Java가 업그레이드 됨에 따라 8uXX로 서버버전의 번호가 바뀔 수도 있으니 참조하여 다운로드 받도록 한다.

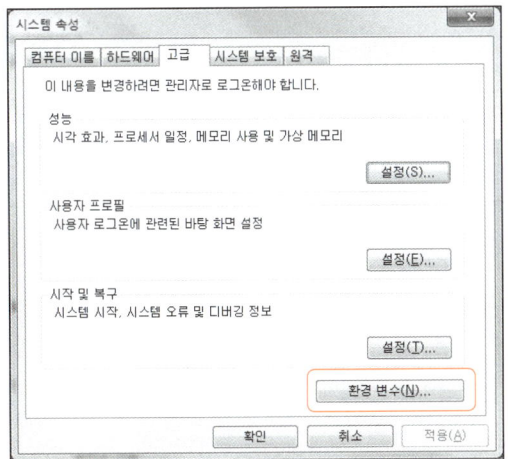

```
Java SE Development Kit 8u45
You must accept the Oracle Binary Code License Agreement for Java SE to download this
                                software.
    ○ Accept License Agreement    ● Decline License Agreement
Product / File Description          File Size          Download
Linux x86                          146.89 MB    jdk-8u45-linux-i586.rpm
Linux x86                          166.88 MB    jdk-8u45-linux-i586.tar.gz
Linux x64                          145.19 MB    jdk-8u45-linux-x64.rpm
Linux x64                          165.24 MB    jdk-8u45-linux-x64.tar.gz
Mac OS X x64                       221.98 MB    jdk-8u45-macosx-x64.dmg
Solaris SPARC 64-bit (SVR4 package) 131.73 MB   jdk-8u45-solaris-sparcv9.tar.Z
Solaris SPARC 64-bit                92.9 MB     jdk-8u45-solaris-sparcv9.tar.gz
Solaris x64 (SVR4 package)         139.51 MB    jdk-8u45-solaris-x64.tar.Z
Solaris x64                         95.88 MB    jdk-8u45-solaris-x64.tar.gz
Windows x86                        175.98 MB    jdk-8u45-windows-i586.exe
Windows x64                        180.44 MB    jdk-8u45-windows-x64.exe
```

그림 1.2 JDK 패키지 선택

　[Accept License Agreement]를 선택한 후에 설치할 환경에 적합한 패키지(예：
64bits의 Windows의 경우 Windows x64)를 선택하여 다운로드한다. 다운로드한 패
키지는 인스톨러 형식으로 되어 있으므로 지시에 따라 설치하면 설치는 완료된다.

　마지막으로 Java를 명령 라인에서 쉽게 쓸 수 있도록 환경 변수를 설정한다. 다음
의 순서로 [시스템의 상세 설정] 대화상자를 연다.

- Windows 7의 경우 [컴퓨터]를 마우스 오른쪽 버튼을 클릭한 후 [속성]→[고급 시스템 설
  정]을 선택
- Windows 8의 경우 검색 창에서 '고급 시스템 설정' 등을 검색하고 [고급]을 선택

　그러면 [그림 1.3]과 같은 대화상자가 표시된다.

그림 1.3 [시스템 속성] 대화상자의 [고급] 탭

여기서 [환경 변수]를 클릭하고 '시스템 변수' 중에서 [Path]를 더블 클릭하여 '변수 값'의 앞에

```
C:\Program Files\Java\jdk1.8.0_25\bin;
```

을 추가한다(맨 뒤의 ";"를 반드시 입력한다). 또한, 경로는 설치한 버전에 따라 다르기 때문에 C:₩Program Files₩Java의 아래 폴더를 확인한 후 경로를 맞춰야 한다.

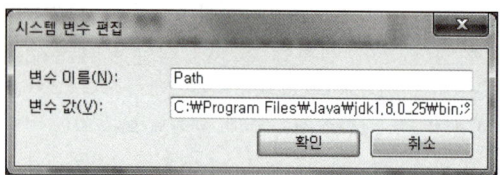

그림 1.4 **환경 변수 Path 설정**

002 Eclipse 설치하기

관련내용	001 JDK 설치하기 P.002
이용사례	통합 개발 환경을 사용해서 Java의 개발을 할 경우

Eclipse는 Java용 통합 개발 환경으로서 널리 이용되고 있고 플러그 인으로 확장이 가능하다. 또한, 사용하는 프레임워크 등에 맞춰 커스터마이즈 할 수 있는 특징이 있다.

Eclipse의 설치

이클립스를 설치하기 위해서는 다음의 사이트에서 [DOWNLOAD] 버튼을 클릭해 eclipse를 다운로드 한다.

```
http://www.eclipse.org/
```

여러 개가 있는데 맨 앞에 있는 'Eclipse IDE for Java Developers'를 클릭해 다운로드 한다. 제공되는 것은 두 종류인데 자신의 컴퓨터가 32비트이면 Windows 32bit로, 64비트이면 Windows 64bit를 다운로드 한다.

다운로드한 zip 파일을 적당한 장소에 복사한 후 압축 해제하면 별도의 설치 없이 설치가 완료된다. 압축 해제한 폴더 내의 eclipse 폴더에 있는 eclipse.exe를 더블 클릭하면 Eclipse가 실행한다. 이때 관리자 권한이 필요한 폴더에 해제한 경우는 관리자 권한으로 실행한다.

Eclipse에서는 실행 시에 워크스페이스(Eclipse의 프로젝트나 파일 등의 저장 장소)를 임의의 경로에 지정한다(그림 1.5). 체크 박스를 선택하고 기본으로 설정하면 다음부터 표시되지 않는다.

Eclipse의 한국어 지원

Eclipse는 그대로도 한국어를 사용할 수 있지만 메뉴 등은 한국어로 되지 않는다. Eclipse의 메뉴를 한국어로 변경하려면 언어 팩을 설치해야 한다.

```
http://www.eclipse.org/babel/downloads.php
```

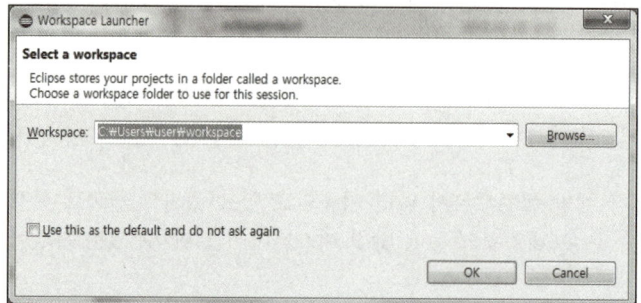

그림 1.5 워크스페이스 선택

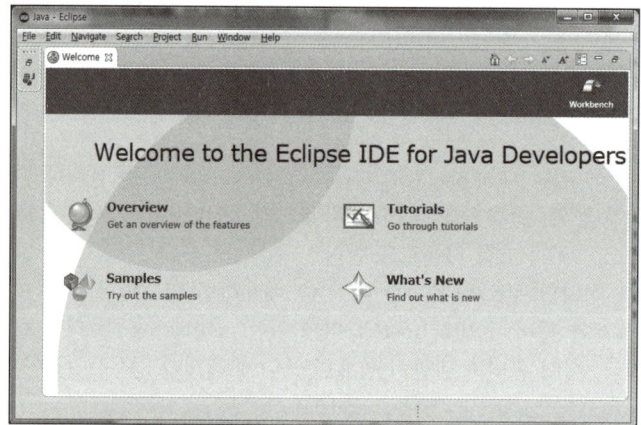

그림 1.6 이클립스 실행 화면

COLUMN **Java 8 대응의 IDE**

Eclipse 4.3(Kepler)은 Java 8을 지원하지 않고 Eclipse 4.4(Luna)에서 Java 8이 지원된다. 그러나 개발 중인 Java 8 대응 플러그 인이 아래의 갱신 사이트에서 제공되므로 이를 도입함으로써 Kepler에서도 Java 8을 이용할 수 있다.

```
http://download.eclipse.org/eclipse/updates/4.3-P-builds/
```

또한, Eclipse 이외의 IDE에서는 이미 Java 8의 지원이 진행되어 NetBeans는 7.4 이후, IntelliJ IDEA Community Edition은 12 이후면 Java 8을 사용할 수 있다. Java 8을 테스트해본다면 이러한 IDE를 사용하는 것이 좋을 것이다.

---

003 Java 프로그램을 작성하여 실행하기

Eclipse | 프로젝트 | 소스 파일 ● 6 7 8

관련내용	002 Eclipse 설치하기 P.005 004 Java 프로그램을 디버깅하기 P.012 009 패키지를 선언하기 P.024 063 클래스를 사용하기 P.114
이용사례	Eclipse에서 Java 프로그램을 실행하는 경우

Eclipse를 사용하여 Java 프로그래밍을 하려면 먼저 프로젝트를 작성한다. 프로젝트란 이름 그대로 Java 프로그램을 어느 정도의 집합으로 관리하기 위한 단위이다.

Eclipse를 실행하고 메뉴에서 [File] → [New] → [JavaProject]를 선택한다. [새 Java 프로젝트] 작성 대화상자에서 '프로젝트 이름'에는 임의의 이름을 설정한다(그림 1.7). '실행 환경 JRE 사용'에는 사용할 JRE의 버전을 지정한다.

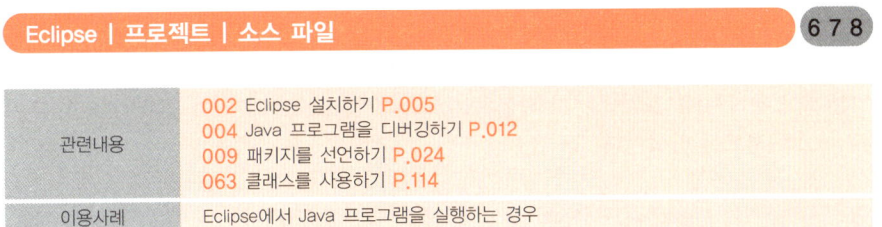

그림 1.7 '새 Java 프로젝트' 작성

[다음] 버튼을 클릭하면 소스 폴더와 출력 폴더 라이브러리의 설정을 할 수 있다.

마지막으로 [완료] 버튼을 클릭하면 Java 퍼스펙티브(Java 프로그래밍을 할 때의 기본 퍼스펙티브)를 표시하는지 확인하는 경우가 있으므로 [OK]를 클릭한다. 이로써 Java 프로젝트는 완성이다(그림 1.8).

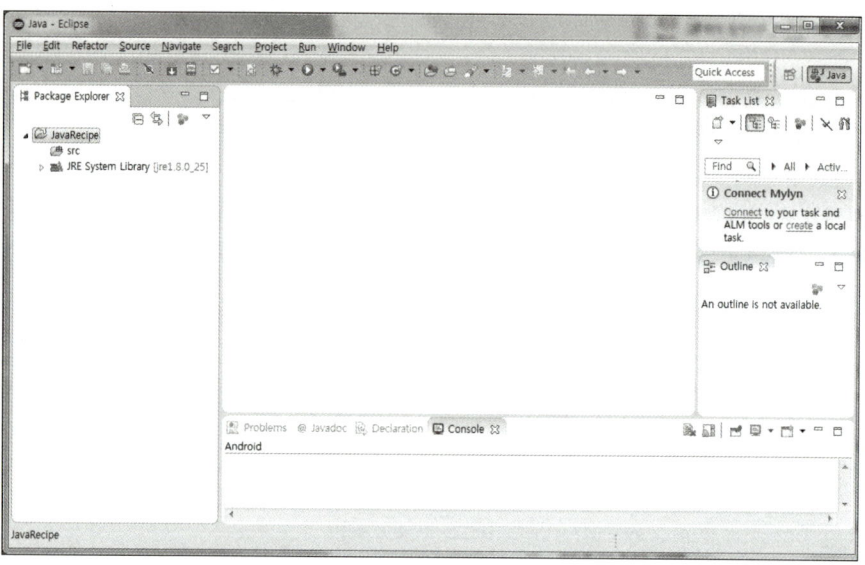

그림 1.8 Java 퍼스펙티브

계속해서 소스 파일을 작성한다. 작성한 Java 프로젝트를 마우스 오른쪽 버튼을 클릭하여 [New]→[Class]를 선택한다.

'Name'에 적당한 이름(예 HelloWorld)을 지정한다(그림 1.9). 'Which method stubs would you like to create?'에서 [public static void main(String[ ] args)]의 옵션에 체크 표시를 한 후 [Finish] 버튼을 클릭한다. 'Package'는 반드시 입력할 필요는 없지만, Java에서는 패키지 없는 클래스 작성은 권장되지 않으므로 입력하지 않을 경우는 경고가 표시된다. 보통은 패키지를 입력하고 클래스를 작성하도록 한다.

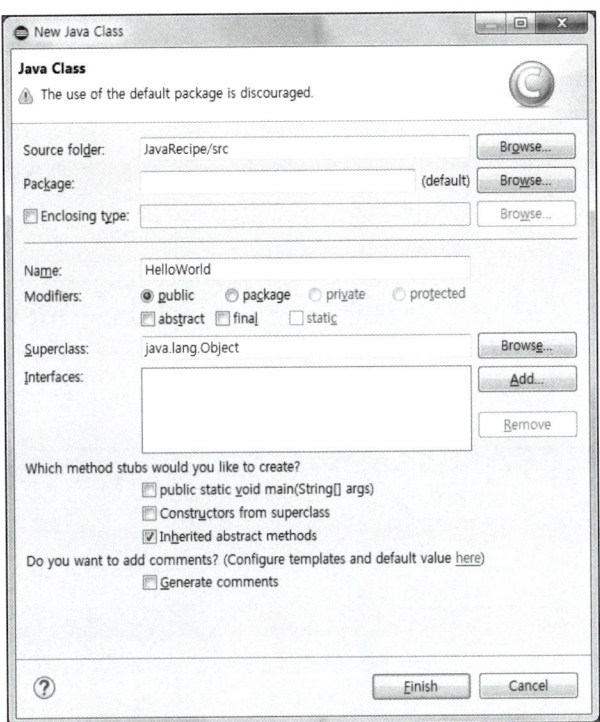

그림 1.9 **신규 클래스 작성**

[Finish] 버튼을 클릭하면 다음의 코드가 출력된다.

● Eclipse가 생성한 코드

```java
public class HelloWorld {

    public static void main(String[] args) {
        // TODO Auto-generated method stub
    }
}
```

Eclipse가 생성한 코드를 다음과 같이 편집한다.

● 편집 후의 코드

```
public class HelloWorld {

    public static void main(String[] args) {
        System.out.println("Hello World!");
    }
}
```

코드를 실행하려면 왼쪽의 [Package Explorer]의 'JavaRecipe'에 마우스 오른쪽
버튼을 클릭하여 [Run As] → [Java Application]을 선택한다.

오른쪽 아래의 [Console] 페인에 [그림 1.10]과 같이 출력된다.

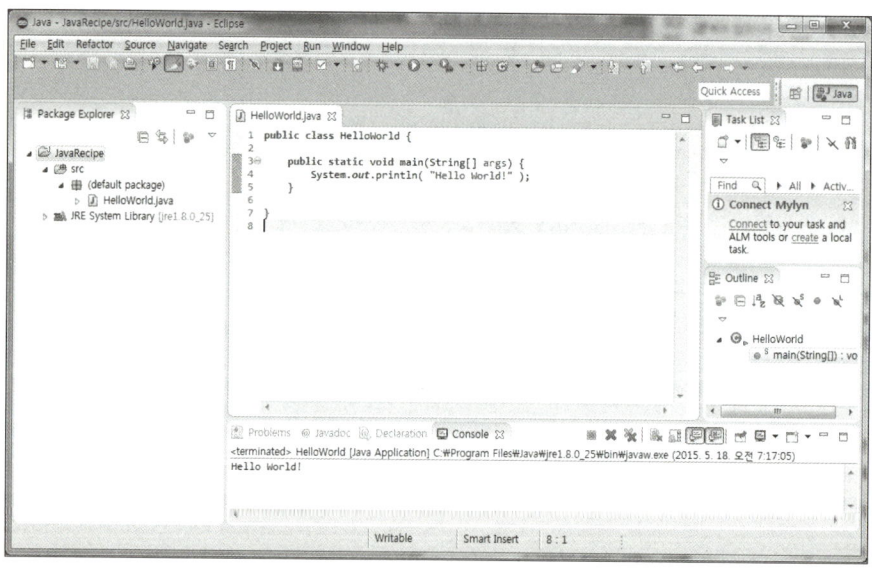

그림 1.10 Java 실행

COLUMN **Eclipse의 편리한 단축키**

Eclipse에는 프로그래밍 작성 시 빼 놓을 수 없는 편리한 키보드 단축키가 많이 있다. 여기에서는 특히 자주 사용하는 것을 몇 가지 소개한다(표 1.A). Eclipse의 조작이 어렵다면 키보드에서 Ctrl + Shift + L 을 동시에 눌러 정의된 단축키 목록을 확인하도록 한다.

표 1.A Eclipse의 단축키

단축키	기능
Ctrl + Shift + L	정의된 단축키 목록 표시
Ctrl + Space Bar	클래스와 변수 등의 자동 보완
Ctrl + Shift + O	import의 자동 삽입
Ctrl + Shift + F	소스 코드 포맷(정리)
Ctrl + L	지정 행으로 점프
Ctrl + F	키워드 검색
Ctrl + J	검색 후 앞 방향으로 계속 검색
Ctrl + O	소스의 아웃라인을 팝업 표시
Ctrl + T	형의 상속 관계를 팝업 표시
Ctrl + E	열려 있는 에디터를 목록 표시
F3	선언을 열기
Ctrl + Shift + T	형식을 검색하여 열기
Ctrl + Shift + R	리소스 열기
Ctrl + Alt + H	메소드의 호출원을 열기
Ctrl + 1	수정 추천(문제가 있는 코드의 자동 수정)
Ctrl + /	선택 범위를 주석처리
Alt + Shift + R	선택한 클래스와 변수의 이름을 변경
Alt + ←, Alt + →	직전의 위치로 돌아가기, 앞으로 가기

004 Java 프로그램을 디버깅하기

Eclipse | 디버거   6 7 8

관련내용	003 Java 프로그램을 작성하여 실행하기 P.007
이용사례	Eclipse를 사용하여 디버깅하는 경우

Eclipse에는 GUI에서 사용할 수 있는 고기능 디버거가 있다.

프로그램 코드 내에서 중지할 행을 선택하고 메뉴에서 [Run] → [Toggle Break point]를 선택하거나, Java 에디터에서 왼쪽 라인의 중지할 행 번호를 더블 클릭한다. 브레이크 포인트(◉) 설정에 성공하면 파란 동그라미가 Java 에디터 상에 표시된다(그림 1.11).

```java
public class HelloWorld {

    public static void main(String[] args) {
        System.out.println( "Hello World!" );
    }

}
```

그림 1.11 **브레이크 포인트 설정**

디버깅하고 싶은 Java 프로그램을 마우스 오른쪽 버튼을 클릭하여 [Debug As] → [Java Application]을 선택하면 디버그 퍼스펙티브에 대한 변환 확인이 표시되므로 [Yes] 버튼을 클릭한다. 디버그 퍼스펙티브(그림 1.12)에서는 스레드의 실행 상황, 변수의 내용, 브레이크 포인트 목록을 확인하고 스텝인·스텝 오버 등 디버깅에 유용한 기능을 사용할 수 있다.

NOTE 역자주 **디버깅, 디버그, 디버거, 디버깅 도구**

디버깅 : 프로그램의 문제를 해결하는 과정
디버그 : 프로그램의 문제를 해결하는 과정(디버깅과 같음)
디버거 : 프로그램의 문제를 해결하기 위한 툴(프로그램)
디버깅 도구 : 프로그램의 문제를 해결하기 위한 툴(디버거와 같음)

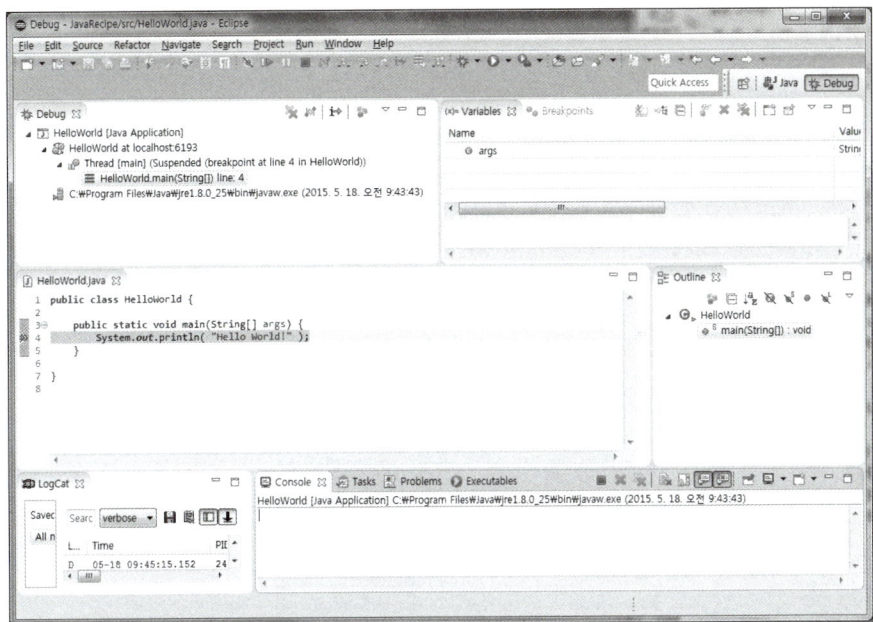

디버그 퍼스펙티브

또한, [표 1.1]에서와 같이 키보드 단축키로도 디버깅을 할 수 있다.

표 1.1 Eclipse 디버그 단축키

커맨드	단축키	기능
다시 시작	F8	실행을 다시 시작한다.
스텝 인	F5	1줄씩 실행한다. 메소드 호출의 경우 메소드의 내로 이동한다.
스텝 오버	F6	1줄씩 실행한다. 메소드 호출이 있으면 메소드를 실행하여 다음 줄로 이동한다.
스텝 리턴	F7	실행 중인 메소드를 실행하여 호출 장소의 메소드로 돌아와 정지한다.
지정 행까지 실행	Ctrl + R	편집기 상의 커서의 위치까지 실행한 후 멈춘다.
멈춤	Ctrl + F2	디버깅을 멈춘다.

클래스 경로를 지정하기

관련내용	–
이용사례	외부 라이브러리나 다른 프로젝트를 참조하는 경우

프로젝트 이름에 마우스 오른쪽 버튼을 클릭하여 [Properties]를 선택하고, 프로젝트의 프로퍼티에서 [Java Build Path]를 선택하면 프로젝트의 클래스 경로에 관한 설계를 할 수 있다.

▌ 소스 폴더를 설정하기([Source] 탭)

프로젝트 내에서 컴파일 대상으로 추가할 소스 폴더를 지정한다(그림 1.13).

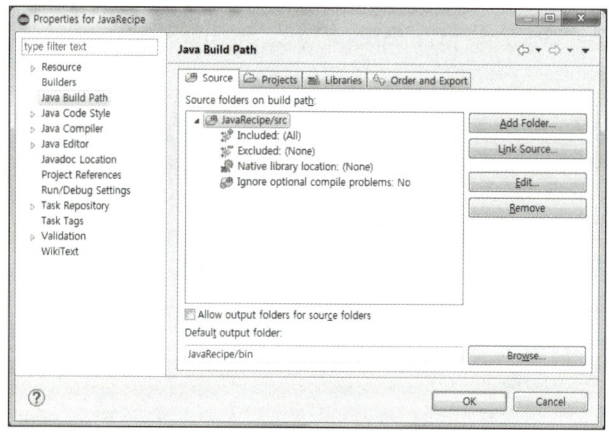

그림 1.13 소스 폴더 지정

▌ 다른 프로젝트를 참조([Projects] 탭)

다른 프로젝트의 소스나 라이브러리를 참조할 경우 이곳에 대상 프로젝트를 추가한다(그림 1.14). 다만 참조할 프로젝트에서의 소스나 라이브러리의 변환(Export)이 필요하다.

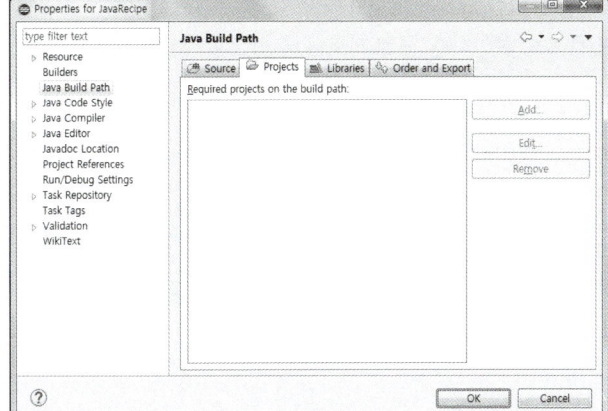

그림 1.14 **프로젝트 지정**

▌ 라이브러리를 설정([Libraries] 탭)

외부의 JAR 파일과 Eclipse에 포함된 라이브러리를 프로젝트의 클래스 경로에 추가한다(그림 1.15).

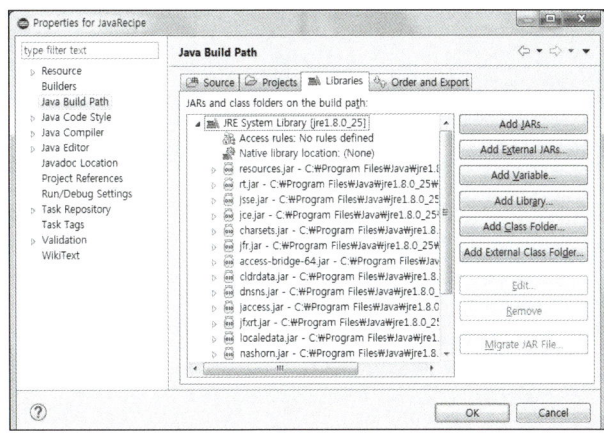

그림 1.15 **라이브러리 지정**

▌ 변환을 설정([Order and Export] 탭)

프로젝트 내의 소스나 라이브러리를 다른 프로젝트에서 참조할 수 있도록 한다(그림 1.16).

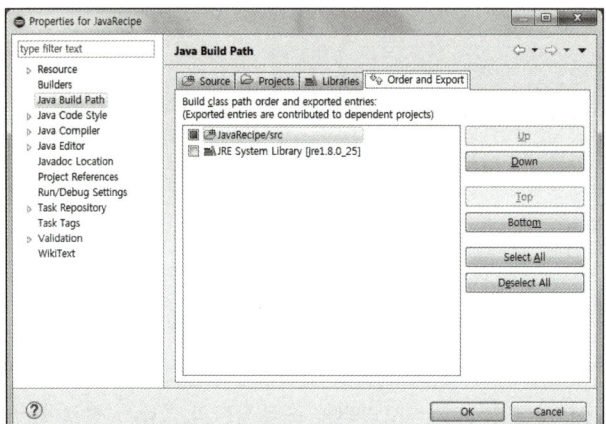

그림 1.16 **내보내기(Export) 지정**

006 실행 시 메모리를 지정하기

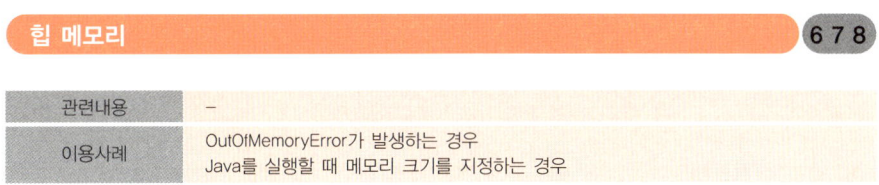

관련내용	–
이용사례	OutOfMemoryError가 발생하는 경우 Java를 실행할 때 메모리 크기를 지정하는 경우

Java에서는 Java 프로세스가 사용할 수 있는 메모리 크기를 지정할 수 있다. 사용할 수 있는 메모리 크기를 초과하면 OutOfMemoryError가 발생한다. Eclipse에서 Java 프로세스 실행 시 메모리를 지정하려면 실행하려는 프로그램에서 마우스 오른쪽 버튼을 클릭하고 [Run As] → [Run Configurations...]을 선택하고 [Arguments] 탭의 'VMarguments'로 지정한다(그림 1.17).

지정할 수 있는 인수는 [표 1.2]와 같다.

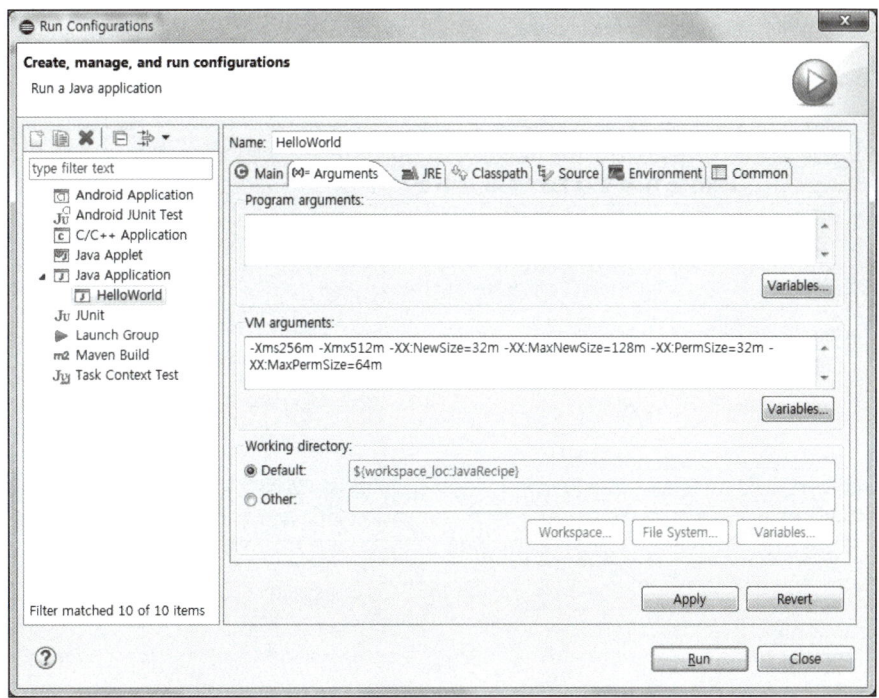

그림 1.17 **실행 시 메모리 지정**

표 1.2 메모리를 지정하는 VM 인수

값	설명
−Xms	힙 메모리(객체 등이 저장된 영역)의 초기 용량을 지정(단위 : Mbyte)
−Xmx	힙 메모리의 최대 용량을 지정(단위 : Mbyte)
−XX:NewSize	New 영역(객체가 처음 생성된 때에 배치되는 영역)의 초기 용량을 지정(단위 : Mbyte)
−XX:MaxNewSize	New 영역의 최대 용량을 지정(단위 : Mbyte)
−XX:PermSize	Permanent 영역(클래스 정의나 메소드 정보가 저장된 영역)의 초기 용량을 지정(단위 : Mbyte, Java 7까지)
−XX:MaxPermSize	Permanent 영역의 최대 용량을 지정(단위 : Mbyte, Java 7까지)

NOTE   Java 8에서 Permanent 영역은 Metaspace로

Java 8에서는 Permanent 영역이 사라지고 대신 Java 힙 영역이 아니라 Metaspace로 호출되는 네이티브 영역에 저장된다. 그래서 Permanent 크기의 지정 옵션을 사용할 수 없으며, MaxMetaspaceSize 라는 옵션을 지정할 수 있다.

COLUMN   Eclipse가 사용하는 메모리 크기를 지정

Eclipse도 Java로 작성되어 있기 때문에 메모리 크기를 지정할 수 있다. eclipse.exe가 있는 디렉터리에 eclipse.ini라는 파일이 있으며, 이 파일에 다음과 같이 지정하여 Eclipse가 사용하는 메모리를 늘릴 수 있다.

eclipse.ini의 설정

```
-vmargs
-Xms256m
```

Eclipse의 실행이 느려지는 경우 등 Eclipse의 메모리 크기를 늘리면 실행속도가 빨라지므로 시도해 보도록 한다.

007 JAR 파일을 사용하기

JAR   6 7 8

관련내용	005 클래스 경로를 지정하기 P.014
이용사례	작성한 프로그램을 라이브러리나 애플리케이션으로 배포하는 경우 작성한 프로그램을 JAR 파일로 합치는 경우

　Java에서는 작성한 프로그램을 JAR(Java ARchive)로 1개의 파일로 정리할 수 있다. JAR로 합쳐서 클래스 경로를 설정하면 다른 Java 프로그램에서 이용할 수 있다.

　JAR 파일을 작성하려면 JAR 파일로 작성할 프로젝트에서 마우스 오른쪽 버튼을 클릭하여 [Export] → [Java] → [JAR file]을 선택한다. JAR 변환 위저드(그림 1.18)에서 'JAR file'의 'Select the export destination'을 지정하면 JAR 파일을 작성할 수 있다.

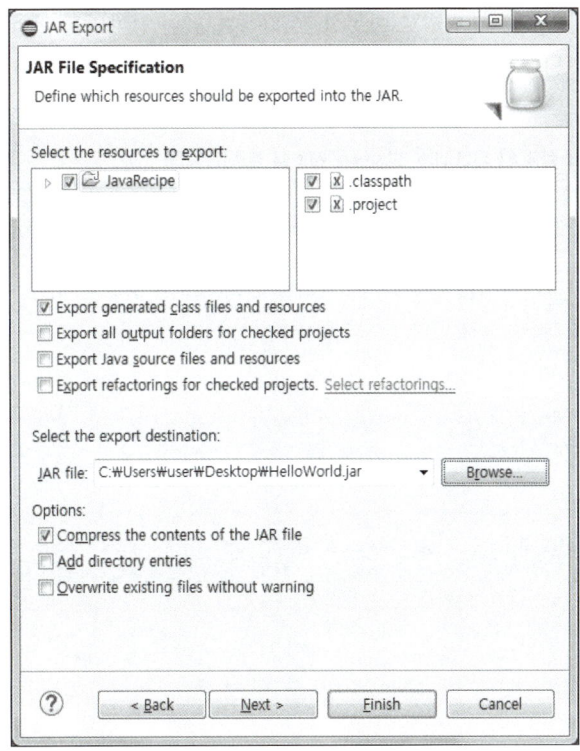

그림 1.18 JAR 파일의 작성

008 명령 라인에서 컴파일 실행하기

javac | java | -cp   6 7 8

관련내용	001 JDK 설치하기 P.002
이용사례	명령 라인에서 Java 프로그램을 실행하는 경우

Eclipse 등을 사용하지 않고 명령 라인에서 Java 프로그램을 실행하려면 컴파일과 실행 2단계가 필요하다.

컴파일하기

우선 다음의 순서로 명령 프롬프트를 실행한다.

- Windows 7의 경우 [시작] 메뉴 → [모든 프로그램] → [보조 프로그램] → [명령 프롬프트]
- Windows 8의 경우 검색 창에서 '명령 프롬프트'를 검색

컴파일하려는 .java 파일이 있는 디렉터리로 이동한 후 다음과 같이 컴파일을 실행한다. 컴파일에 성공하면 해당 디렉터리에 .java 파일과 같은 이름의 .class 파일이 생성된다.

●단일 파일의 컴파일 (역자주 javac이 실행 안 되면 JDK 설치에서 시스템 경로를 확인)

```
>javac Helloworld.java
```

여러 개의 파일을 동시에 컴파일하거나 와일드 카드(*)를 지정하여 컴파일 할 수 있다.

●여러 파일의 컴파일

```
>javac HelloWorld.java HelloJava.java
```

●와일드 카드 컴파일

```
>javac *.java
```

▌실행하기

main 메소드가 정의되어 있는 .class 파일의 디렉터리에서 다음과 같이 실행한다.

● Java 프로그램의 명령 라인에서 실행

```
>java HelloWorld
```

레시피 003 과 같이 HelloWorld 프로그램 실행을 하면 명령 프롬프트나 터미널에 다음과 같이 출력된다.

```
Hello World!
```

▌클래스 경로를 설정하려면

레시피 007 에서 작성한 JAR 파일과 서드 파티 라이브러리를 사용하여 컴파일 · 실행하는 경우는 −cp 옵션을 붙여 클래스 경로를 설정한다.

여러 클래스 경로를 설정하려면 Windows의 경우는 ;(세미콜론), Linux의 경우는 :(콜론)을 구분 문자로 사용한다. 또한, 와일드 카드를 사용하여 지정할 수도 있다.

컴파일 시와 실행 시 모두 설정이 필요하다.

● 컴파일 시 클래스 경로의 설정

```
>javac -cp C:\Users\lino\lib\ojdbc7.jar;C:\Users\lino\mylib\* HelloWorld.java
```

● 실행 시 클래스 경로의 설정

```
>java -cp C:\Users\lino\lib\ojbc7.jar;C:\Users\lino\mylib\* HelloWorld
```

제 **02** 장
Java의 기본

package　　　　　　　　　　　　　　　　　　　　　　　　　**6 7 8**

관련내용	010 패키지, 클래스를 임포트하기 P.025
	011 static 멤버를 임포트하기 P.027
이용사례	클래스를 분류하는 경우

│ package 키워드 사용하기

　Java에서는 패키지를 사용하여 클래스를 분류할 수 있다. 가령 sample 패키지에 HelloWorld 클래스가 정의된 경우 sample.HelloWorld처럼 패키지와 클래스 이름을 연결한 것을 '완전 수식 이름'으로 부르며, HelloWorld를 '단순 이름'이라고 부른다.

　패키지는 sample.mypackage처럼 중첩시킬 수도 있다.

　패키지는 package 키워드를 사용하여 소스 파일의 앞에서 선언한다.

● 패키지의 선언

```
package sample.mypackage

class HelloWorld {
 ⋮
}
```

　또한, 패키지와 소스 파일 디렉터리 계층은 일치시켜야 한다. 예를 들면, 소스 파일을 src 디렉터리 아래에 배치한 경우 위의 sample.mypackage.HelloWorld 클래스는 src/sample/mypackage 디렉터리에 HelloWorld.java라는 파일 이름으로 작성해야 한다.

010 패키지, 클래스를 임포트하기

import   6 7 8

관련내용	009 패키지를 선언하기 P.024
	011 static멤버를 임포트 하기 P.027
이용사례	클래스를 단순 이름으로 사용하는 경우

import 키워드를 사용하기

Java에서는 동일한 패키지 이외의 클래스를 사용하는 경우는 완전 수식 이름으로 기술해야 하지만 import 키워드를 사용함으로써 단순 이름으로 기술할 수 있게 된다.

● 임포트 하지 않은 경우

```java
package sample;

public class Sample {
  public static void main(String[] args) {
    // 완전 수식 이름으로 기술한다
    java.util.List<String> list = new java.util.ArrayList<>();
      ⋮
  }
}
```

● 임포트 하는 경우

```java
package sample;

import java.util.List;
import java.util.ArrayList;

public class Sample_2 {
  public static void main(String[] args) {
    // 임포트를 하였으므로 단순 이름으로 기술한다
    List<String> list = new ArrayList<>();
      ⋮
  }
}
```

또한, 와일드 카드(*)를 사용하여 패키지의 클래스 이하를 모두 임포트 할 수 있다.

●와일드 카드를 사용한 임포트

```
// java.util 패키지의 모든 클래스를 임포트
import java.util.*;
```

NOTE **java.lang은 임포트가 필요하지 않음**

java.lang 패키지의 클래스는 항상 임포트되어 있는 상태이기 때문에 명시적으로 임포트 문을 기술하지 않고 단순 이름만으로 클래스를 지정할 수 있다.

```
// java.lang.String
String s = "문자열";
// java.lang.Integer
Integer i = new Integer(10);
```

NOTE **클래스 이름이 중복되는 경우**

java.util.Date와 java.sql.Date처럼 패키지 이름은 다르지만 단순 이름이 중복되는 클래스를 동시에 사용하는 경우에는 주의가 필요하다. 다음과 같이 2개의 클래스를 임포트한 경우, 어느 쪽의 클래스를 사용하면 좋을지 모르기 때문에 컴파일 오류가 발생한다.

```
import java.util.Date;
import java.sql.Date;
  ⋮
// 컴파일 오류가 발생한다
Date date = new Date(System.currentTimeMillis());
```

이런 경우에는 하나의 클래스만 임포트하도록 하고, 다른 클래스는 완전 수식 이름으로 지정하도록한다.

```
import java.util.Date;
  ⋮
// java.util.Date
Date date = new Date(System.currentTimeMillis());
// 완전 수식명으로 기술
java.sql.Date sqlDate = new java.sql.Date(System.currentTimeMillis());
```

011 static 멤버를 임포트하기

import static   6 7 8

관련내용	009 패키지를 선언하기 P.024 010 패키지, 클래스를 임포트하기 P.025
이용사례	static 메소드 등을 메소드 이름만으로 호출하는 경우

import static 키워드를 사용하기

클래스에 정의된 static 메소드와 static 필드 레시피 071 는 보통 '클래스명.메소드명'으로 참조한다. 그러나 import static 키워드로 java.lang.Math의 static 멤버를 임포트함으로써 메소드명, 필드명만으로 참조할 수 있다.

● static 임포트하지 않는 경우

```
// static 메소드 호출
long value = Math.round(d);
// static 필드 참조
long area = r * r * Math.PI;
```

● static 임포트한 경우

```
import static java.lang.Math.round;
import static java.lang.Math.PI;

// static 메소드 호출
long value = round(d);
// static 필드 참조
long area = r * r * PI;
```

또한, 클래스의 임포트와 마찬가지로 *(와일드 카드)에서 static 멤버를 통합하여 임포트할 수도 있다.

● 와일드 카드를 사용한 static 임포트

```
// java.lang.Math의 모든 static 멤버를 임포트
import static java.lang.Math.*;
```

012

Java의 데이터형 알아보기

기본형 | 참조형   6 7 8

관련내용	013 Java의 리터럴 알아보기 P.029
이용사례	데이터를 정의하는 경우

Java의 데이터형은 참조형과 기본형으로 크게 구분된다.

참조형은 참조(C 언어의 포인터와 같은 것)를 유지하는 종류의 형태로, 클래스나 인터페이스의 인스턴스(객체)를 다루기 위한 것이다.

기본형은 값을 저장하는 종류의 형으로 [표 2.1]과 같다.

표 2.1 기본형

형	설명	기본값	값의 범위
boolean	논리형	false	true 또는 false
char	문자	₩u0000	₩u0000~₩uFFFF
byte	부호가 있는 정수(8비트)	0	−128~127
short	부호가 있는 정수(16비트)	0	−32768~32767
int	부호가 있는 정수(32비트)	0	−2147483648~2147483647
long	부호가 있는 정수(64비트)	0	−9223372036854775808 ~9223372036854775807
float	부동 소수점(32비트)	0	−
double	부동 소수점(64비트)	0	−

013

Java의 리터럴 알아보기

리터럴   **6 7 8**

관련내용	012 Java의 데이터형 알아보기 P.028
이용사례	소스 코드에 값을 기술하는 경우

다음과 같이 소스 코드에 직접 기술되어 있는 값을 리터럴이라고 부른다.

```java
// 수치 리터럴
int i = 1;

// 참 거짓 리터럴
boolean b = true;

// 문자열 리터럴
String s = "문자열";
```

리터럴은 [표 2.2]와 같다.

표 2.2 **리터럴**

리터럴	값	설명
123	int	10진수의 정수 리터럴
040	int	8진수의 정수 리터럴(앞에 0을 붙인다)
0x20	int	16진수의 정수 리터럴(앞에 0x 또는 0X를 붙인다)
0b0101	int	2진수 리터럴(앞에 0b 또는 0B를 붙인다) `Java 7 이후`
123l	long	정수 리터럴(끝에 l 또는 L을 붙인다)
3.14f	float	부동 소수점 리터럴(끝에 f 또는 F를 붙인다)
3.14	double	부동 소수점 리터럴(소수는 기본적으로 double형으로 된다)
3d	double	부동 소수점 리터럴(끝에 d 또는 D를 붙인다)
true	boolean	참 거짓 리터럴(true 또는 false)
'c'	char	문자 리터럴(작은 따옴표로 표시)
"문자열"	String	문자열 리터럴(큰 따옴표로 표시)
null	–	null 리터럴

> **NOTE**   **수치 리터럴**
>
> Java 7 이후에서는 수치 리터럴을 _(언더 스코어)로 구분할 수 있다. 자릿수의 큰 수치를 3자리마다 끊는 등 알기 쉽게 기술할 수 있다.
>
> ```java
> int a = 10_000_000; // => 10000000
> ```

014 수치 계산하기

관련내용	–
이용사례	입력값을 바탕으로 연산하는 등 수치 계산을 할 경우

산술 연산자를 사용한다. 산술 연산자는 [표 2.3]과 같다.

표 2.3 산술 연산자

연산자	기술 예	설명
+	a + b	a와 b를 더한다.
–	a – b	a에서 b를 뺀다.
*	a * b	a에 b를 곱한다.
/	a / b	a를 b로 나눈다.
%	a % b	a를 b로 나눈 나머지
++	a++	a에 1을 더한다.
––	a––	a에서 1을 뺀다.

다른 형들끼리 연산을 할 경우, 계산 결과는 보다 넓은 범위의 값을 나타낼 수 있는 형이 된다.

● 다른 형 간의 연산

```
// int와 long의 계산 결과는 long이 된다
long a = 1 + 2L;

// int와 double의 계산 결과는 double이 된다
double b = 10 * 1.1d;
```

++은 인크리먼트(증가) 연산자, ––는 디크리먼트(감소) 연산자로 불리며, 변수값을 1 가산 또는 감산한다. 연산 결과를 다른 변수에 대입할 경우 ++, ––를 변수 앞에 사용하거나 뒤에 사용하는지에 따라 결과값이 달라지므로 주의해야 한다.

●증가 연산자, 감소 연산자

```
int a = 1;

// a의 값을 1 증가(a = a + 1과 같다)
a++;    // => 2

// b에 a의 값을 대입한 후, a의 값을 1 증가
int b = a++;   // => b는 2, a는 3

// a의 값을 1 증가한 후, c에 a의 값을 대입
int c = ++a;   // => c는 4, a는 4
```

이외에 계산과 변수에 대입을 동시에 하는 복합 대입 연산자도 있다(표 2.4).

표 2.4 복합 대입 연산자

연산자	기술 예	설명
+=	a += b	a에 b를 더한 값을 a에 대입한다.
-=	a -= b	a에서 b를 뺀 값을 a에 대입한다.
*=	a *= b	a에 b를 곱한 값을 a에 대입한다.
/=	a /= b	a를 b로 나눈 값을 a에 대입한다.
%=	a %= b	a를 b로 나눈 나머지를 a에 대입한다.

●복합 대입 연산자를 사용

```
int a = 1;

// a의 값을 10 증가(a = a + 10과 같다)
a += 10;

// a의 값을 5 감소(a = a - 5와 같다)
a -= 5;
```

015 비트 연산하기

비트 연산자 | 시프트 연산자　　　　　　　　　　　　　　 6 7 8

관련내용	–
이용사례	비트 연산 및 시프트 연산을 하는 경우

정수형(int, long, short, byte, char)에 대해서 비트 연산자를 사용하여 비트 연산을 할 수 있다. 비트 연산자는 [표 2.5]와 같다.

표 2.5 비트 연산자

연산자	기술 예	설명
&	a & b	a와 b가 모두 1인 경우는 1, 어느 한쪽이 0인 경우는 0(AND)
|	a | b	a와 b 중 하나가 1인 경우는 1, 모두 0인 경우는 0(OR)
^	a ^ b	a와 b의 한쪽이 1이고 다른 한쪽이 0인 경우는 1, 양쪽이 1 혹은 0인 경우는 0(XOR)
~	~a	1을 0으로, 0을 1로 비트를 반전한다(NOT)

다음은 비트 연산의 예를 나타낸다. 비트 연산의 결과는 반드시 int이다. 단, 오른쪽이나 왼쪽 하나의 형이 long인 경우는 long이 된다.

● 비트 연산

```
// 2진수 표시에서 int형 값을 생성
int a = Integer.parseInt("00000000000000000000000000000100", 2);
int b = Integer.parseInt("00000000000000000000000000000101", 2);

// AND 연산
int and = a & b;
// 2진수 표기로 표시
System.out.println(Integer.toBinaryString(and)); // => 100

// OR 연산
int or = a | b;
// 2진수 표기로 표시
System.out.println(Integer.toBinaryString(or)); // => 101

// XOR 연산
```

```
int xor = a ^ b;
// 2진수 표기로 표시
System.out.println(Integer.toBinaryString(xor)); // => 1

// NOT 연산
int not = ~a;
// 2진수 표기로 표시
System.out.println(Integer.toBinaryString(not));
// => 11111111111111111111111111111011
```

이 예에서는 각각 [그림 2.1]과 같은 연산이 실행된다.

AND 연산

a	00000000000000000000000000000100
b	00000000000000000000000000000101
결과	00000000000000000000000000000100

양쪽이 1인 비트가
1이 된다.

OR 연산

a	00000000000000000000000000000100
b	00000000000000000000000000000101
결과	00000000000000000000000000000101

어느 한 쪽이라도 1인 비트가
1이 된다.

XOR 연산

a	00000000000000000000000000000100
b	00000000000000000000000000000101
결과	00000000000000000000000000000001

한쪽이 0, 다른 한 쪽이
1인 비트만 1이 된다.

NOT 연산

| a | 00000000000000000000000000000100 |
| 결과 | 11111111111111111111111111111011 |

모든 비트의 0과 1을
반전한다.

그림 2.1 **비트 연산**

또한, 시프트 연산자를 사용하여 비트 시프트를 실행할 수 있다. 시프트 연산자는
[표 2.6]과 같다.

표 2.6 **시프트 연산자**

연산자	기술 예	설명
《《	a 《《 b	a를 b비트 왼쪽으로 시프트 한다. 오른쪽은 0으로 채운다.
》》	a 》》 b	a를 b비트 오른쪽으로 시프트 한다. 왼쪽은 시프트 전의 최상위 비트값을 채운다(역자주 최상위 비트는 부호값으로 사용되므로 유지한다).
》》》	a 》》》 b	a를 b비트 오른쪽으로 시프트 한다. 왼쪽은 0으로 채운다.

다음은 시프트 연산의 예를 나타낸다. 비트 연산과 마찬가지로 시프트 연산의 결과도 항상 int가 된다. 다만, 왼쪽의 형이 long인 경우는 long이 된다.

● 시프트 연산

```
// 2진수 표기에서 int형 값을 생성
int a = Integer.parseInt("00100000000000000000000000010000", 2);

// 왼쪽으로 2비트 시프트
int b = a << 2;
System.out.println(Integer.toBinaryString(b));
    // => 10000000000000000000000001000000

// 오른쪽으로 2비트 시프트(왼쪽에 1을 채움)
int c = b >> 2;
System.out.println(Integer.toBinaryString(c));
    // => 11100000000000000000000000010000

// 또한 오른쪽으로 2비트 시프트(왼쪽에 0을 채움)
int d = c >>> 2;
System.out.println(Integer.toBinaryString(d));
    // => 00111000000000000000000000000100
```

이 예에서는 각각 [그림 2.2]와 같은 연산이 실행되고 있다.

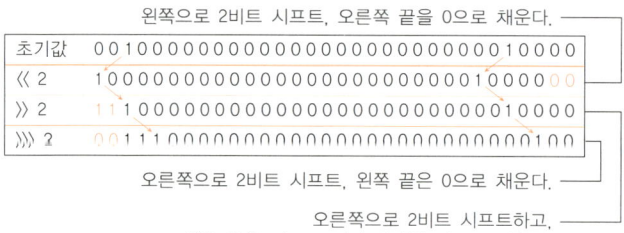

그림 2.2 **시프트 연산**

2개의 값을 비교하기

관련내용	–
이용사례	2개의 값이 같은지를 알아보는 경우 수치의 크기를 알아보는 경우

비교 연산자를 사용한다. ==와 !=는 모든 값에 대해서 사용하지만, 크고 작음을 비교하는 비교 연산자는 수치밖에 사용할 수 없다. 비교 연산자는 [표 2.7]과 같다.

표 2.7 비교 연산자

연산자	기술 예	설명
==	a == b	a와 b가 같은 경우 true
!=	a != b	a와 b가 같지 않은 경우 true
⟨	a ⟨ b	a가 b보다 작은 경우 true
⟩	a ⟩ b	a가 b보다 큰 경우 true
⟨=	a ⟨= b	a가 b보다 작거나 같은 경우 true
⟩=	a ⟩= b	a가 b보다 크거나 같은 경우 true

● 기본형 비교

```java
int i1 = 123;
int i2 = 123;
int i3 = 456;

if(i1 == i2) {
    System.out.println("i1과 i2는 같다");
}

if(i1 != i3) {
    System.out.println("i1과 i3은 같지 않다");
}

if(i1 < i3) {
    System.out.println("i1은 i3보다 작다");
}
```

기본형의 경우는 비교 연산자에서 값의 비교가 가능하지만, 참조형인 경우 == 또는 !=는 참조가 동일한지를 비교한다.

값의 비교를 하려면 equals( )와 compareTo( ) 등의 방법을 사용해야 한다.
equals( ) 메소드는 값이 같은 경우에 true, 같지 않은 경우 false를 반환한다.
또한, compareTo( ) 메소드의 반환값은 다음과 같다.

- 인수쪽이 큰 경우 ➡ 음수
- 인수와 동일한 경우 ➡ 0
- 인수쪽이 작은 경우 ➡ 양수

● 문자열의 비교

```java
String s1 = "123";
String s2 = new String("123");

// 참조가 같은지를 비교
if(s1 == s2) {
  System.out.println("s1과 s2의 참조가 같다");
}

// 값이 같은지를 비교
if(s1.equals(s2)) {
  System.out.println("s1과 s2의 값이 같다");
}

// 값의 대소를 비교
int result = s1.compareTo(s2);
if(result == 0) {
  System.out.println("값이 같다");
} else if(result < 0) {
  System.out.println("s1은 s2보다 작다");
} else if(result > 0) {
  System.out.println("s1은 s2보다 크다");
}
```

NOTE **참조형과 null의 비교**

참조형과 null과의 비교는 == 연산자, != 연산자를 사용할 수 있다.

```java
string s = …
if(s == null) {
  system.out.println("s는 null이다");
}
```

017 '조건식?식1:식2'란 무엇일까?

관련내용	027 if로 조건 분기하기 P.056
이용사례	조건에 따라 값을 변경할 경우

삼항 연산자라고 부르며, 조건식에 따라 값을 변경하고 싶은 경우에 사용한다.

구문 **삼항 연산자**

조건식 ? **true**인 경우의 값 : **false**인 경우의 값

삼항 연산자와 같은 처리를 if문을 사용할 수도 있지만, 삼항 연산자를 사용하는 것이 간단하게 기술할 수 있다.

● **삼항 연산자와 if문의 비교**

```java
// 삼항 연산자의 경우
String s = age >= 20 ? "성인" : "미성년";
System.out.println(s);

// if문의 경우
String s = null;
if(age >= 20) {
  s = "성인";
} else {
  s = "미성년";
}
System.out.println(s);
```

단지, 복잡한 조건과 조건이 중첩하는 경우는 삼항 연산자를 사용하면 소스 코드의 가독성이 떨어질 수도 있기 때문에 필요한 경우에만 사용하도록 한다.

018 논리 연산자

논리 연산자   6 7 8

관련내용	027 if로 조건 분기하기 P.056
이용사례	if문에서 여러 조건을 기술하는 경우

조건식을 기술하는 경우 여러 가지의 조합에 &&, &, ||, |와 같은 논리 연산자를 사용한다. 논리 연산자는 [표 2.8]과 같다.

표 2.8 논리 연산자

연산자	기술 예	설명
&	a & b	a와 b가 모두 true인 경우 true(AND)
|	a | b	a와 b 중 하나만 true인 경우 true(OR)
^	a ^ b	a와 b의 한쪽이 true이고, 다른 한쪽이 false인 경우 true(XOR)
!	!a	a가 true이면 false, false이면 true(NOT)
&&	a && b	a와 b가 모두 true인 경우 true(AND)
||	a || b	a와 b 중 하나가 true인 경우 true(OR)

AND와 OR에는 각각 &&와 &, ||과 |의 2종류의 논리 연산자가 있다. &&와 ||는 왼쪽의 조건식의 결과가 결정되는 경우에는 오른쪽을 평가하지 않는다. &와 |는 예를 들어 왼쪽에 따라 조건식의 결과가 바뀌는 경우라도 반드시 오른쪽을 평가한다.

● &&, &, ||, |의 차이

```
String value = …

// 문자열이 null인 경우에도 value.length() != 0가 실행되어 버리기 때문에,
// NullPointerException가 발생하고 만다
if(value != null & value.length() != 0) {
  ⋮
}


// 문자열이 null인 경우에는 value.length() != 0은 실행되지 않으므로,
// NullPointerException은 발생하지 않는다
if(value != null && value.length() != 0) {
  ⋮
}
```

019 객체의 형을 알아내기

instanceof   6 7 8

관련내용	020 변수의 형식을 변환하기 P.040
이용사례	객체의 형에 따라 처리를 분기할 경우 캐스트 가능 여부를 알아보는 경우

instanceof 연산자로 객체가 특정 형인지 확인할 수 있다. instanceof 연산자는 지정된 형 또는 그 서브 클래스, 서브 인터페이스인 경우에 true를 반환한다. 또한, null에 대해서는 false를 반환한다.

● 변수의 형을 알기

```java
Object obj1 = "abc";
Object obj2 = new ArrayList<>();
Object obj3 = null;

// obj1이 String인지를 알아낸다
if(obj1 instanceof String) {
  // obj1이 String인 경우만 실행
  String str = (String) obj1;
    ⋮
}

// obj2가 java.util.List인지를 알아낸다
// 실제 객체는 ArrayList이지만, ArrayList는 List의 구현 클래스이므로 true가 된다
if(obj2 instanceof List) {
    ⋮
}

// obj3은 null이므로 false를 반환한다
if(obj3 instanceof Object) {
    ⋮
}
```

020 변수의 형식을 변환하기

캐스트 | 업 캐스트 | 다운 캐스트   **6 7 8**

관련내용	012 Java의 데이터형 알아보기 P.028 019 객체의 형을 알아내기 P.039
이용사례	수치의 형을 변환하는 경우 참조형을 구현 클래스의 형으로 다루는 경우

변수가 기본형이거나 참조형인가에 따른 변환 방법이 다르다.

▌ 기본형 변환

같은 수치형에서는 보다 넓은 범위를 나타내는 형의 변수에는 그대로 대입할 수 있다.

● **보다 큰 범위의 형으로 변환**

```
int a = 10;

// int형은 long형으로 대입 가능
long b = a;
```

반대로 보다 작은 범위를 나타내는 형에 대입하려면 다음과 같이 변수 앞에 ()로 형명을 기술해야 한다. 이것을 캐스트라고 부른다.

● **보다 작은 범위의 형태로 변환**

```
long a = 10;

// long형을 int형에 대입하려면 캐스트가 필요
int b = (int) a;

double c = 1.5;
int d = (int) c; //소수부가 버려져 1이 된다

long e = 2147483648;
int f = (int) e; // 오버플로우로 -2147483648이 된다
```

소수형을 정수형으로 변환하면 소수부는 버려진다. 또한, 변환 후 대입할 곳의 형으로 캐스트하지 않는 값을 대입한 경우 오류는 나지 않고 오버플로우를 일으키기 때문에 주의해야 한다.

참조형 변환

참조형은 상속하고 있는 클래스나 구현하는 인터페이스 형의 변수에 대입할 수 있다. 이렇게 참조형을 보다 추상적인 형태로 변환하는 것을 '업 캐스트'라고 부른다.

● 참조형의 업 캐스트

```
ArrayList<String> arrayList = new ArrayList<>();

// ArrayList는 List 인터페이스를 구현하고 있으므로 그대로 대입 가능
List<String> list = arrayList;
```

반대로 보다 구체적인 형으로 변환하는 경우는 대입할 곳의 형을 ()로 지정해야 한다. 이를 '다운 캐스팅'이라고 부른다. 단, 변환할 수 없는 형으로 캐스팅할 경우는 ClassCastException이 발생한다.

● 참조형의 다운 캐스팅

```
// List형의 변수이지만 실체는 ArrayList
List<String> list = new ArrayList<>();

// List를 ArrayList에 변환하는 경우는 캐스트가 필요
ArrayList<String> arrayList = (ArrayList<String>) list;

// ArrayList를 LinkedList에는 변환할 수 없으므로 ClassCastException이 발생한다
LinkedList<String> linkedList = (LinkedList<String>) list;
```

또한, 다음과 같이 Class 객체 레시피 086 의 cast( ) 메소드를 사용하여 다운 캐스트를 할 수 있다.

● Class#cast( ) 메소드에 의한 캐스트

```
Object obj = new Integer(1);
Integer i = Integer.class.cast(obj);
```

021 래퍼 클래스란?

래퍼 클래스 | 오토박싱 | 언박싱   6 7 8

| 관련내용 | 012 Java의 데이터형 알아보기 P.028 |
| 이용사례 | 기본형의 값을 컬렉션에 저장하는 경우 |

　Java에서는 수치나 논리값은 객체가 아니라 기본형으로 처리된다. 그러나 List와 Map 등의 컬렉션 클래스에는 객체만 저장할 수 있다. 이러한 경우 때문에 기본형을 감싸기 위한 클래스가 준비되어 있으며, 이를 '래퍼 클래스'라고 한다.

● 래퍼 클래스에서 기본형을 감싼다

```java
// 기본형
int i = 10;
// 래퍼 클래스로 감싼다
Integer obj = new Integer(i);

// 감싼 객체를 List에 추가
List<Integer> list = new ArrayList<>();
list.add(obj);

// 래퍼에서 기본형을 꺼낸다
int i2 = obj.intValue();
```

　기본형과 래퍼 클래스를 [표 2.9]에 나타낸다.

표 2.9 기본형과 래퍼 클래스

기본형	래퍼 클래스
int	java.lang.Integer
long	java.lang.Long
double	java.lang.Double
float	java.lang.Float
short	java.lang.Short
boolean	java.lang.Boolean
char	java.lang.Character

　또한, 실제로 기본형과 래퍼 클래스 간의 변환은 위와 같이 명시적으로 코드를 기재하지 않아도 필요에 따라 자동으로 실행된다. 기본형에서 래퍼 클래스에 대한 자동

변환을 '오토박싱'이라 하고, 래퍼 클래스에서 기본형에 대한 자동 변환을 '언박싱'이라고 한다.

예를 들어, 다음 코드 예에서는 기본형 변수 i1을 List에 추가하여 꺼낸 값을 같은 기본형 변수 i2에 대입한다. 하지만 실제로는 i1을 List에 추가할 때에 int에서 Integer로의 변환, List에서 꺼내 i2에 대입할 때에 Integer에서 int로 변환이 자동적으로 이루어지고 있다.

● 오토박싱, 언박싱

```java
List<Integer> list = new ArrayList<>();
int i1 = 0;

// 자동적으로 Integer로 랩핑하여 저장된다
list.add(i1);           // 오토박싱

// 자동적으로 Integer에서 int 값을 꺼낸다
int i2 = list.get(0);   // 언박싱
```

NOTE   컬렉션의 remove( ) 메소드에 주의

오토박싱은 편리한 기능이지만 List 등에서 Integer형의 요소를 다룰 경우 remove( ) 메소드 호출에는 주의가 필요하다.

컬렉션의 remove( ) 메소드에는 지정한 객체를 삭제할 것과 지정한 인덱스의 요소를 삭제하는 경우의 2종류가 있으며 ❶처럼 인수에 int형의 값을 지정한 경우는 후자의 메소드가 호출된다. 값을 지정하여 삭제하려면 ❷처럼 명시적으로 Integer형의 인수로 전달해야 한다.

● remove( ) 메소드 호출

```java
int i = 1;

List<Integer> list = new ArrayList<>();
// 값이 1의 요소를 추가
list.add(i);

// 1번째 요소를 삭제
list.remove(i);                      ──────────────────────────❶
// 값이 1인 요소를 삭제
list.remove(new Integer(i));         ──────────────────────────❷
```

컬렉션뿐만 아니라 인수의 기본형과 래퍼 클래스를 다룰 수 있는 같은 이름의 메소드가 존재하는 경우에도 동일하게 해당하므로 주의해야 한다.

022

null이란?

| null | NullPointerException | 6 7 8 |

| 관련내용 | 023 Optional이란? P.046 |
| 이용사례 | 값이 존재하지 않음을 나타내는 경우 |

null은 참조형 변수의 값이 존재하지 않음을 보여주는 특별한 값이다. 참조형 변수에 명시적으로 null을 대입한 경우는 물론이지만 초기화되지 않은 필드도 null이 된다.

● **참조형 변수가 null이 되는 경우**

```java
// 명시적으로 null을 대입
String str = null;

public class NullSample {
  // 명시적으로 초기화되지 않는 필드도 null이 된다
  private String str;
}
```

또한, 로컬 변수를 초기화하지 않는 경우 컴파일 오류가 발생한다. 명시적으로 값을 대입하거나 null로 초기화해야 한다.

● **지역 변수의 경우**

```java
// 로컬 변수를 초기화하지 않는 경우 컴파일 오류가 발생한다
String str;

// 값을 지정하여 초기화
String str = "abc";
// null로 초기화
String str = null;
```

null 변수에 대해서 메소드를 호출하려고 하면 NullPointerException이 발생한다. 따라서 null이 전달될 가능성이 있는 경우 메소드를 호출하기 전에 null이 아닌지를 검사해야 한다.

● 메소드 호출 전에 null인지 확인

```
// null이 될 가능성이 있는 변수
String str = …

// 메소드를 호출하기 전에 null이 아닌 것을 확인
if(str != null) {
  String upper = str.toUpperCase();
  System.out.println(upper);
}
```

COLUMN **문자열 비교의 NullPointerException을 회피하다**

문자열 비교 레시피 046 에는 equals( ) 메소드를 사용하는데 다음과 같이 기술하면 str이 null인 경우
NullPointerException이 발생한다.

```
  String str = …
  if(str.equals("Java")) {
    ⋮
  }
```

따라서 str이 null이 될 가능성이 있으면 아래처럼 null 확인이 필요하다.

```
  if(str != null && str.equals("Java")) {
    ⋮
  }
```

다만, 다음과 같이 문자열 리터럴에 대해서 equals( ) 메소드를 호출하도록 변경함으로써 null 확인을
하지 않아도 NullPointerException의 발생을 회피할 수 있다(equals( ) 메소드는 인수가 null인 경우
false를 반환한다).

```
  if("Java".equals(str)) {
    ⋮
  }
```

023

Optional이란?

관련내용	022 null이란? P.044
	037 람다식이란? P.073
이용사례	null을 사용하지 않고 값이 존재하지 않음을 나타내는 경우

Optional   **8**

Optional은 Java 8에서 도입된 컨테이너 클래스로 존재할 지 여부를 모르는 값을 표현하기 위한 것이다.

Java 7까지는 값이 존재하지 않음을 나타내는 null이 사용되어 왔다. 그러나 객체의 참조가 null인 경우 null 확인을 소홀히 하면 의도하지 않는 NullPointerException이 발생된다는 문제가 있다. 이러한 경우 java.util.Optional을 사용함으로써 값이 존재하지 않을 가능성이 있음을 명시할 수 있고 의도하지 않은 오류를 막을 수 있다.

또한, int, long, double과 같은 기본형을 다루는 경우는 OptionalInt, Optional Long, OptionalDouble과 같은 전용 클래스가 준비되어 있다. 래퍼형으로의 변환을 피할 수 있기 때문에 Optional을 사용하는 것보다도 효율적이다.

▌Optional의 기본적인 사용법

Optional 객체를 생성하려면 값의 유무에 따라 다음과 같이 사용한다.

● **Optional 객체의 생성**

```
// 값을 갖는 Optional 객체(of() 메소드에 null을 반환하면 예외로 분기된다)
Optional<String> exist = Optional.of("123");

// 값을 갖지 않는 비어 있는 Optional 객체
Optional<String> empty = Optional.empty();

// 값이 null 이외인 경우는 값을 갖는 Optional, null인 경우는 빈 Optional을 생성한다
String value = …
Optional<String> optional = Optional.ofNullable(value);
```

Optional으로부터는 get() 메소드로 값을 구할 수 있다. 다만 값이 존재하지 않을 경우 get() 메소드는 NoSuchElementException을 발생(throw)시킨다. 따라서 값이 존재하는지 모를 경우 orElse() 메소드나 orElseGet() 메소드에서 값이 존재하지 않는 경우의 기본값을 지정하거나, orElseThrow() 메소드로 임의의 예외를 발생(throw)시킬 수 있다.

● **Optional에서 값을 얻기**

```
Optional<String> optional = …
```

```
// 값이 존재하지 않는 경우는 NoSuchElementException이 발생한다
String value1 = optional.get();

// 값이 존재하지 않는 경우는 비어 있는 문자열을 반환한다
String value2 = optional.orElse("");

// 값이 존재하지 않는 경우는 람다식 [레시피 037] 의 결과를 반환한다
String value3 = optional.orElseGet(() -> {
  return new SimpleDateFormat("yyyyMMddHHmmSS").format(new Date());
});

// 값이 존재하지 않는 경우는 예외를 발생시킨다
String value4 = optional.orElseThrow(() -> new Exception("값이 없습니다"));
```

또한, 다음과 같이 값이 있는 경우만 처리할 수 있다.

● 값이 있는 경우만 처리를 한다

```
// 값이 존재하는지를 판정하여 처리를 실행한다
if(optional.isPresent()) {
  System.out.println(optional.get());
}

// 값이 있는 경우만 람다식의 처리를 실행한다
optional.ifPresent(s -> {
  System.out.println(s);
});
```

❘ Optional의 필터링과 변환

Optional에는 이 밖에도 몇 가지 편리한 메소드가 준비되어 있다.

예를 들어, filter( ) 메소드를 사용하면 Optional의 값이 지정한 조건을 충족시키지 않는 경우에 빈 Optional로 변환할 수 있다. 이를 이용하여 Optional의 값이 특정 조건을 충족하는 경우만 처리하는 프로그램을 다음과 같이 기술할 수 있다.

● Optional의 값이 조건을 충족시킬 경우에만 처리

```
// Optional을 생성
String value = …
Optional<String> optional = Optional.ofNullable(value);

// 값의 길이가 10글자 이상인 경우에만 처리한다
optional.filter(s -> s.length() >= 10).ifPresent(s -> {
  System.out.println(s);
});
```

map( ) 메소드를 사용하면 Optional의 값을 변환한 새로운 Optional 객체를 생성할수 있다. 인수로 지정한 람다식이 null을 반환하는 경우는 빈 Optional이 반환된다.

●Optional의 값을 변경하기

```
// Optional을 생성
String value = …
Optional<String> optional = Optional.ofNullable(value);

// Optional에 저장되어 있는 값을 대문자로 변환
Optional<String> mapped = optional.map(s -> s.toUpperCase());
```

flatMap( ) 메소드는 map( ) 메소드와 비슷하지만 인수로 전달하는 람다식은 Optional을 반환하도록 한다. 람다식의 반환한 Optional이 flatMap( ) 메소드의 반환값이 되지만, 빈 Optional에 대해 flatMap( ) 메소드를 호출한 경우는 map( ) 메소드와 마찬가지로 람다식은 실행되지 않고, 빈 Optional이 반환값이 된다. 이 성질을 이용함으로써 여러 개의 Optional에서 값을 꺼내는 처리를 다음과 같이 기술할 수 있다.

●여러 개의 Optional에 대해 처리

```
Optional<String> userName = …
Optional<String> password = …

boolean isValid = userName.flatMap(u -> {                     ❶
  return password.map(p -> {                                  ❷
    return u.equals("sa") && p.equals("sa");                  ❸
  });
}).orElse(false);                                             ❹
```

❶의 flatMap( ) 메소드에서 userName으로부터 ❷의 map( ) 메소드로 password에서 값을 꺼내 ❸에 사용자명과 패스워드가 맞는지 검사한다. map( ) 메소드는 이 판정 결과를 Optional로 돌려주고 바깥쪽의 flatMap( ) 메소드는 map( ) 메소드의 반환값을 그대로 반환한다. 최종적으로 ❹의 orElse( ) 메소드에서 Optional로부터 판정 결과를 꺼내고 있는데 userName과 password 중 하나가 비어 있는 경우 flatMap( ) 메소드의 반환값은 Optional이므로 orElse( )메소드에 기본값으로 지정된 false가 반환된다.

여기에서 ❶의 flatMap( ) 메소드 대신 map( ) 메소드를 사용하면 반환값은 Optional〈Optional〈Boolean〉〉처럼 이중으로 쌓이게 되고 값 얻기도 번거로워진다. 그러나 flatMap( ) 메소드를 사용함으로써 위와 같이 간단하게 기술할 수 있다.

024 소스에 주석 달기

주석 | // | /* */   6 7 8

관련내용	–
이용사례	소스 코드 중에 설명을 기술하는 경우

　주석에는 1줄 주석과 여러 줄 주석의 2종류가 있다.

　1줄 주석은 //로 시작하고, 줄 마지막까지 주석이 된다. 여러 줄의 주석은 /*와 */로 둘러싸인 범위가 주석이 된다.

● 주석

```java
public void hello() {
    // 1줄 주석
    System.out.println("Hello World");

    /*
    여러 줄 주석
    System.out.println("Hello World");
    */
}
```

MEMO

025 Javadoc 기술하기

Javadoc | /** */ 　　　　　　　　　　　　　　　　　　　　　　6 7 8

관련내용	026 Javadoc 생성하기 P.054
이용사례	API 참조를 생성하는 경우

/** 와 */로 둘러싸인 범위가 Javadoc 주석이 된다. Javadoc 주석을 클래스 및 필드, 메소드 등에 기술해 두면 그 정보로부터 HTML 형식의 API 레퍼런스를 생성할 수 있다.

● 예 Javadoc 기술

```java
/**
 * 클래스의 설명을 기술한다
 *
 * <pre>
 * Javadoc에는 HTML 태그를 사용할 수 있다
 * </pre>
 *
 * @author 김은철
 */
public class JavadocSample {
  /**
   * 필드의 설명을 기술한다
   */
  private String field;

  /**
   * 메소드의 설명을 기술한다
   *
   * @param parameter 인수 설명
   * @return 반환값 설명
   * @throws IOException 예외 원인의 설명
   */
  public String method(String parameter) throws IOException {
    ⋮
  }
}
```

Javadoc의 최초의 문장은 생성한 레퍼런스의 제목이 된다. 최초의 문은 다음 중 하나의 조건을 만족해야 한다.

- 마침표(.), 느낌표, 물음표가 있을 때까지
- 마침표(.) + 공백 문자, 개행, 태그가 있을 때까지

Javadoc에서 이용할 수 있는 태그

Javadoc 주석에서는 @로 시작하는 태그로 인수와 반환값 등의 설명을 기술할 수 있다. 이용할 수 있는 태그는 [표 2.10]과 같다.

표 2.10 Javadoc에서 이용할 수 있는 태그

태그	설명	사용 부분	여러 개 사용
@author	작성자의 이름을 기술	클래스, 패키지	○
@version	현재 버전을 기술	클래스, 패키지	○
@see	관련 있는 항목을 기술	클래스, 패키지, 메소드, 필드	○
@since	처음 도입된 버전을 기술	클래스, 패키지, 메소드, 필드	○
@deprecated	권장하지 않는 항목임을 표시	클래스, 메소드, 필드	X
@param	메소드의 인수나 형 파라미터를 기술	클래스, 메소드	○
@return	반환값의 설명을 기술	메소드	X
@throws	메소드가 발생시키는 예외를 기술	메소드	○
@serial	시리얼라이즈 가능한 필드의 설명을 기술	필드	X
@serialField	serialPersistentFields를 사용하여 시리얼라이즈할 필드의 설명을 기술	필드	○
@serialData	시리얼라이즈 처리(writeExternal( ) 메소드 등)의 설명을 기술	메소드	X
{@link}	인라인 링크를 표시	클래스, 패키지, 메소드, 필드	○
{@literal}	리터럴 텍스트를 표시	클래스, 패키지, 메소드, 필드	○
{@code}	리터럴 텍스트를 코드 폰트로 표시	클래스, 패키지, 메소드, 필드	○
{@docRoot}	루트 디렉터리로 상대 경로를 나타낸다	클래스, 패키지, 메소드, 필드	○
{@value}	정수값으로 대체	클래스, 패키지, 메소드, 필드	○
{@inheritDoc}	인터페이스 또는 슈퍼클래스의 주석을 복사	메소드, @param, @return, @throws	○

@로 시작되는 태그는 블록 태그로 불리고, 설명에 이어 줄의 앞부분(별표(*), 공백, 시작 단락 문자(/**)는 제외)에 기술해야 한다.

{ }로 둘러싸여 있는 태그는 인라인 태그라고 불리며, 설명이나 블록 태그의 문장 내 아무 곳에나 기술할 수 있다.

```java
import java.io.File;

/**
 * 태그 기술 사례를 사용한 클래스입니다
 * 상세는 <a href="{@docRoot}/copyright.html">Copyright</a>를 참조하세요
 *
 * @param <E>형 파라미터의 설명   //의미가 명확하기 때문에 생략되는 경우도 있다
 * @author 홍길동
 * @version 1.1
 * @see java.util.List#contains(Object)
 * @see File#toURI()
 *    // 동일한 패키지 또는 임포트된 클래스는 버전명이 생략됨
 * @see #method(String) // 내 클래스의 멤버는 버전명과 클래스명을 생략
 * @since 1.0
 */
public class JavadocSample<E> implements … {
  /**
   * 메시지는 {@value} // => 메시지는 "Hello"
   */
  private static final String MESSAGE = "Hello";

  /**
   * 다음과 같이 정수로 지정할 수도 있음
   * @return 메시지는 {@value #MESSAGE} // => 메시지는 "Hello"
   */
  public String message() {
    return MESSAGE;
  }

  /**
   * {@inheritDoc}
   */
  public void write() {
  }

  /**
   * …
   * @deprecated 권장되지 않음. 1.1 이후에는 {@link #output(int)}로 대체되었음
   */
```

```
@Deprecated
public void out() {
}

/**
 * 패키지 {@code java.nio.file}을 코드 폰트로 표시
 * {@code index < 0}의 경우처럼 부등호를 그대로 기술할 수 있음
 * {@literal @}나 {@literal <p>}는 자동적으로 이스케이프된다
 */
public void output(int index) {
}
}
```

NOTE **주석 파일**

API 레퍼런스는 Javadoc 주석 외에도 '주석 파일'이라 불리는 파일의 내용도 반영해서 생성된다(표 2.A).

표 2.A 주석 파일

종류	설명
개요 주석 파일	레퍼런스의 개요 페이지에 표시하는 내용을 기술한 HTML 파일. 임의의 이름·장소에 작성할 수 있지만, 보통은 'overview.html'을 소스디렉터리의 루트에 배치한다.
패키지 주석 파일	패키지의 설명을 기술한 .java 파일. 'package-info.java'를 해당 패키지에 배치한다.
기타 파일	임의의 이미지 파일 등을 패키지/doc-files 디렉터리에 배치하면 그 패키지의 클래스는 Javadoc 주석에서 다음과 같이 기술함으로써 파일로 링크를 표시할 수 있다.

```
<img src=doc-files/Button.gif>
```

패키지 주석 파일은 패키지의 선언에 Javadoc 주석을 기술한 것이다.

● package-info.java

```
/**
 * 샘플 코드를 저장하는 패키지입니다
 */
package sample;
```

026 Javadoc 생성하기

javadoc 명령   6 7 8

관련내용	025 Javadoc 기술하기 P.050
이용사례	API 레퍼런스를 생성하는 경우

  JDK에 포함되어 있는 Javadoc이라는 툴을 사용한다. 예를 들어 sample.infopub 패키지의 API 레퍼런스를 생성하는 경우는 다음의 명령을 실행한다.

```
> JDK 설치 디렉터리\bin\javadoc sample.infopub
```

  그러나 javadoc 명령에는 여러 개의 옵션이 준비되어 있고, (-help 옵션에서 목록 확인 가능) 상세한 설정을 하게 되면 명령을 기술하는 것만으로도 부족하다. 그러므로 Eclipse를 사용함으로써 명령라인보다도 쉽게 Javadoc을 생성할 수 있다.

Eclipse에서 Javadoc을 생성하기
다음의 순서로 생성할 수 있다.

1. 메뉴에서 [File] → [Export...]를 선택한 다음 [Java] → [Javadoc]을 클릭한 후 [Next] 버튼을 누른다.

2. javadoc 명령의 경로, Javadoc의 생성 대상 및 그 가시성을 선택한 후 [Next] 버튼을 누른다(그림 2.3).

3. 필요에 따라 문서 제목(개요 페이지 맨 위에 표시된다)을 입력한 후 [Next] 버튼을 누른다.

4. [Extra Javadoc options]에 소스 파일의 문자 코드를 지정한 후 [Finish] 버튼을 누른다(그림 2.4).
   (역자주 문자 코드는 보통 -encoding "utf-8" -charset "utf-8"로 입력)

  콘솔에 오류가 표시되지 않고 doc 디렉터리가 생성되어 있으면 성공이다.

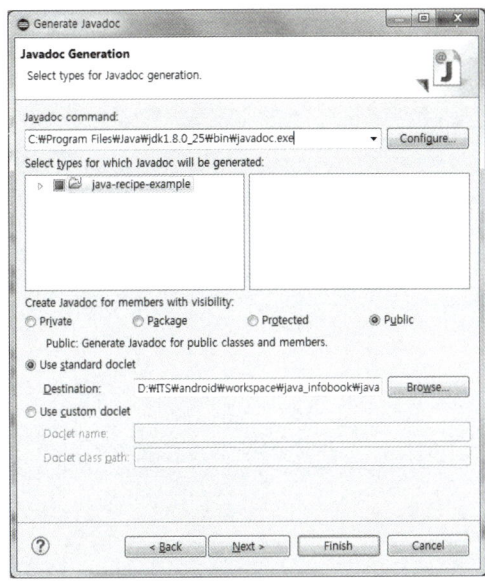

그림 2.3 Javadoc 생성 ❶

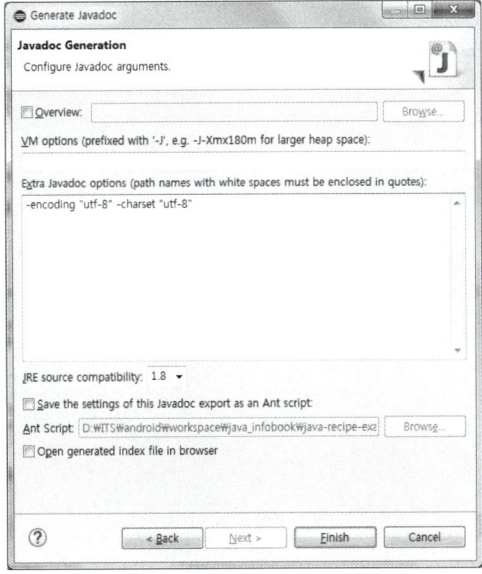

그림 2.4 Javadoc 생성 ❷

027 / if로 조건 분기하기

관련내용	–
이용사례	조건의 참 거짓에 따라 처리를 분기하는 경우

if, else if, else를 사용하여 조건이 true인 경우만 실행하고자 하는 처리를 각각의 블록 내에 기술한다.

구문 if문

```
if(조건1) {
    조건1이 true이면 처리
} else if(조건2){
    조건2가 true이면 처리
} else {
    그 이외의 경우 처리
}
```

다음은 다양한 if문의 예이다.

● **예** if문

```
int i = 10;

// i가 10보다 작을 경우
if(i < 10) {
    System.out.println("10보다 작다");

// 그 이외의 경우
} else {
    System.out.println("10 이상");
}

// else는 생략이 가능
if(i < 10) {
    System.out.println("10보다 작다");
}

// 조건이 복수의 경우 최초에 true가 된 1블록만을 실행한다
if(i < 20 && i % 2 == 0) {
    System.out.println("20보다 작은 짝수"); ← 실행
} else if(i < 20) {
```

```
  System.out.println("20보다 작다");  ← 실행되지 않음
} else {
  System.out.println("그 이외");  ← 실행되지 않음
}
```

if, else if, else에서 호출식이 1가지인 경우는 { }를 생략할 수 있다.

```
if(i < 10) System.out.println("10보다 작다");
```

COLUMN　　**블록과 변수의 범위**

{ }로 둘러싸인 범위를 블록이라고 한다. 블록 내에 선언한 변수의 범위는 블록 내로 제한되므로, 블록 밖에서는 참조할 수 없다. 블록 밖에 선언한 변수는 블록 내라도 참조할 수 있다.

● **변수의 범위**

```
// 블록 밖에서 선언한 변수
String name = "독도";

if(name != null){
  // 블록 밖에서 선언한 변수 name을 블록 내에서 참조 가능
  String message = "Hello" + name + "!";
    ⋮
}

// 블록 내에서 선언한 변수를 블록 밖에서 참조할 수는 없다
System.out.println(message); // => 컴파일 오류
```

또한, 다음과 같이 if문, for문이 없어도 임의의 범위를 { }로 감싸서 블록을 정의할 수 있다. 변수 이름이 충돌하지 않도록 범위를 한정하고 싶은 경우에 편리하다.

● **블록에서 변수의 범위를 한정**

```
{
  String name = "독도";
  System.out.println("Hello " + name + "!");
}
{
  // 위에서 사용한 이름을 다시 사용할 수 있다
  String name = "우리땅";
  System.out.println("Hello " + name + "!");
}
```

028 / switch로 조건 분기하기

switch | case | default 6 7 8

관련내용	–
이용사례	식의 값에 따라 처리를 바꾸는 경우

switch를 사용하여 값이 일치할 때만 실행할 처리를 기술한다.

구문 switch문

```
switch(식) {
case 값1:
    식이 값1과 일치한 경우 처리
    break;

case 값2:
    식이 값2와 일치한 경우 처리
    break;

default:
    그 이외의 경우 처리
}
```

식에는 정수나 열거형 레시피 075 의 값을 지정하지만, Java 7 이상은 문자열을 지정할 수도 있다.

예 switch문

```
int i = 10;

switch(i) {
// i = 10인 경우
case 10:
  System.out.println("10");
  break;

// 그 이외의 경우
default:
  System.out.println("10 이외");
}
```

```
// default는 생략 가능
switch(i) {
case 10:
  System.out.println("10");
  break;
}

// break를 생략하면 다음 case문을 포함해서 실행한다
switch(i){
// i = 5이거나 i = 10인 경우
case 5:
case 10:
  System.out.println("5이거나 10");
  break;
default:
  System.out.println("그 이외");
}
```

NOTE　**식이 null인 경우는 if, else switch를 사용하면 안전**

앞에서 설명한 대로 switch문의 식에는 열거형과 문자열(Java 7 이후)을 지정할 수 있지만, 이 식이 null인 경우는 NullPointerException이 발생한다.

```
String str = null;

// NullPointerException이 된다
switch(str) {
  case "spring":
    ⋮
}
```

이런 경우는 null 검사를 하여 if문과 else switch문을 조합해서 사용하면 좋다.

```
if(str == null) {
  …null인 경우 처리
} else {
  switch(str) {
    case  "spring":
      ⋮
  }
}
```

029 for로 반복해서 처리하기

| for | 6 7 8 |

관련내용	–
이용사례	컬렉션의 요소를 순차적으로 처리하는 경우

반복 횟수가 정해져 있는 경우에는 for문을 사용한다.

구문 for문

```
for(초기화; 조건; 갱신) {
    처리
}
```

●3회 루프

```
for(int i = 0; i < 3; i++) {
    System.out.println(i + "번째 처리");
}
```

List, Map과 같은 컬렉션과 배열의 요소를 순차적으로 처리할 경우에는 확장 for문이 편리하다.

구문 확장 for문

```
for(형 변수명 : 컬랙션이나 배열) {
    처리
}
```

●List의 요소를 순차적으로 처리하기

```
List<String> list = …

// for문의 경우
for(int i = 0; i < list.size; i++) {
    System.out.println(list.get(i));
}
// 확장 for문의 경우
for(String str : list) {
    System.out.println(str);
}
```

for에서 호출식이 1가지인 경우는 { }를 생략할 수 있다.

```
for(String str : list) System.out.println(str);
```

030

while로 반복해서 처리하기

관련내용	–
이용사례	스트림 내용을 끝까지 읽을 경우

조건이 true인 동안 반복 처리를 할 경우에는 while문을 사용한다.

구문 while문

```
while(조건) {
   조건이 true인 동안 반복을 함
}
```

●i가 5보다 작은 동안 반복을 함

```
int i = 0;

while(i < 5) {
   i = (int)(Math.random()*10);
}
```

▍ 최소한 1회는 반드시 실행하는 do~while문

for문이나 while문은 우선 조건을 평가하여 조건이 false인 경우에는 반복 처리를 전혀 실행하지 않는다. 이에 대해서 1회는 실행을 한 후, 그 뒤에 조건을 평가하여 반복 여부를 결정하는 경우는 do~while문을 사용한다.

구문 do~while문

```
do {
   조건이 true인 동안 반복을 함
} while(조건);
```

●println( ) 메소드를 실행한 후 조건이 false이기 때문에 반복을 끝냄

```
int i = 0;

do {
   System.out.println("1회는 반드시 실행");

} while(i > 0);
```

while, do~while에서 실행 문장이 하나인 경우는 { }를 생략할 수 있다.

● while문

```
while(i < 5) i = (int)(Math.random() * 10);
```

● do~while문

```
do
  System.out.println("1회는 반드시 실행");
while(i > 0);
```

NOTE 반복 처리의 오동작을 피하기

{ }를 생략함에 익숙해지면 다음과 같이 정의하는 경우가 있다.

```
int i = 0;

// 무한 루프로 한다
while(i < 5)
  System.out.println("루프 처리");          // 이 곳만 계속 반복 실행
  i++;      // {}가 없어 위의 행만 실행되고, 이 행은 실행되지 않아 무한 반복
```

언뜻 보면 while문에서 i가 증가되고 있는 것처럼 보이지만, while문의 처리는 표준 출력에 출력하는
코드뿐이다. 즉, i가 5보다 작은 동안 반복할 생각으로 코딩을 했지만, i가 증가되지 않기 때문에 무한
루프(항상 조건이 true인 상태가 지속)가 되어 버린다.
위의 코드는 while문에 { }를 쓰면 의도한 대로 동작된다.

```
// 5회 루프한다
while(i < 5) {
  System.out.println("루프 처리");
  i++;
}
```

이런 문제를 피하는 의미에서도 for문이나 while문을 정의할 때는 되도록 { }를 생략하지 않도록 습관
을 들이는 것이 좋다.

---

031 반복 처리를 도중에 끝내기

break │ continue   6 7 8

관련내용	029 for로 반복해서 처리하기 P.060 030 while로 반복해서 처리하기 P.061
이용사례	컬렉션의 마지막 요소까지 처리할 필요가 없는 경우 컬렉션에 있는 한 요소만 처리를 건너뛰는 경우

break 키워드를 사용하면 반복 처리를 도중에 종료할 수 있다.

● break로 반복을 도중에서 끝냄

```
List<String> list = Arrays.asList("Scala", "Java", "Groovy");

for(String str : list) {
  // 'Java가' 발견된 경우에 for문을 종료
  if("Java".equals(str)) {
    break;
  }
  System.out.println(str); // => Scala
}
```

반복 처리의 일부를 건너뛰고자 하는 경우 continue 키워드를 사용한다.

● continue로 처리를 건너뛴다

```
for(String str : list) {
  // 'Java'가 발견된 경우에는 위의 for로 가서 다음 반복을 함
  if("Java".equals(str)) {
    continue;
  }  // continue가 실행된 경우 아래 문장은 실행 안 됨
  System.out.println(str); // => Scala, Groovy
}
```

▮ 라벨

반복 처리가 중첩되고 있는 경우에 break나 continue 키워드를 사용하면 가장 가까운 반복 처리에 대해서만 작용한다.

● 라벨 없는 반복문

```
for(…) {                                                              ❶
  for(…) {                                                            ❷
    if(…) {
      break;  ←❷의 반복문을 빠져 나온다. ❶의 반복문을 계속한다.
    }
  }
}
```

위와 같이 안쪽 반복문에 적힌 break에 의해서 외부 루프를 벗어나고 싶으면, 라벨을 사용하여 종료시키고 싶은 반복문을 명시적으로 지정해야 한다.

● 라벨 있는 반복문

```
// [라벨 이름:]로 반복문에 라벨을 붙여 둔다
outer:
for(…) {                                                              ❶
  for(…) {
    if(…) {
      // 종료하고 싶은 반복문의 라벨 이름을 지정한다
      break outer;  ←❶의 반복문을 빠져 나온다
    }
  }
}
```

032 예외를 처리하기

try | catch | finally   6 7 8

관련내용	–
이용사례	예외가 발생했을 때 처리를 기술하는 경우

Java에서 예외 처리를 하려면 try~catch~finally문을 사용한다.

구문 try~catch~finally문

```
try {
    예외가 발생할 가능성이 있는 처리
} catch (예외형 변수명) {
    예외가 발생했을 때 실행하는 처리
} finally {
    예외 발생 유무에 상관 없이 마지막에 반드시 실행할 처리
}
```

catch 블록은 복수, finally 블록은 1개만 정의할 수 있다. 또한 catch와 finally 블록은 어느 한쪽만 정의되어 있으면 문제 없다.

예 try~catch~finally문

```
try {
    new File("test.txt").createNewFile();

// IOException이 발생한 경우
} catch(IOException e) {
    System.out.println("파일 생성 실패: " + e.getMessage());
}

// catch 블록이 복수인 경우 최초에 형태가 일치한 1블록만을 실행한다
try {
    new File("test.txt").createNewFile();   ← IOException 발생
    …예외가 발생하면 이 행은 실행되지 않는다…

} catch(IOException e) {
    System.out.println("IOException 발생");   ← 실행

} catch(Exception e) {
    System.out.println("Exception 발생");   ← 실행되지 않음
}
```

```
// catch 블록을 생략한 경우 예외는 그대로 발생
try {
  new File("test.txt").createNewFile();

} finally {
  System.out.println("이곳은 반드시 실행한다");
}
```

▌예외의 종류

Java의 예외에는 컴파일 시 체크하는 검사 예외와 실행 시 발생하는 실행 시 예외 2종류가 있다(그림 2.5). 일반적으로 예외 처리는 검사 예외에 대해 실행한다.

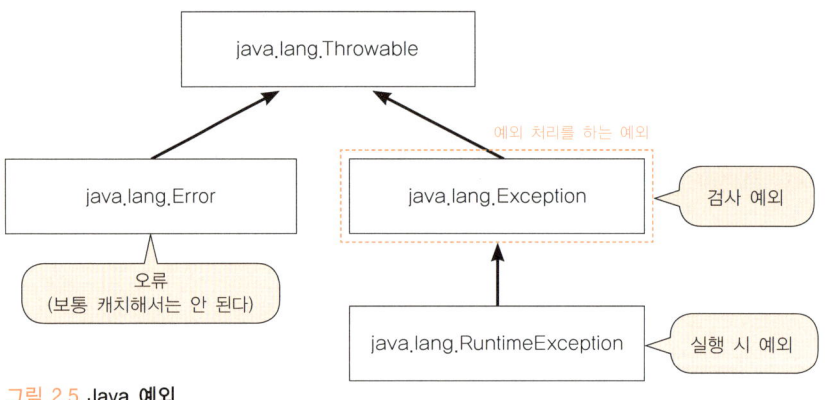

그림 2.5 Java 예외

실행 시 예외는 코드의 실수(버그)에 의해 발생하는 것이 대부분이다. 오류는 시스템이 비정상 상태에서 실행 불가능한 때에 발생한다. 따라서 이들을 보통 예외 처리하지는 않는다.

033 여러 개의 예외를 같이 캐치하기

관련내용	032 예외를 처리하기 P.065
이용사례	여러 개의 예외에서 같은 예외 처리를 할 경우

Java 7 이후에서는 |을 사용하여 1개의 catch 블록에서 여러 개의 예외를 같이 캐치한다.

● 여러 개의 예외를 동시에 캐치

```
try {
  Date date = new SimpleDateFormat("yyyyMMdd").parse("20140401");

  new File(String.format("신규파일%s.txt", date.getTime())).createNewFile();

  // ParseException 또는 IOException이 발생한 경우
} catch(ParseException | IOException e) {
  System.out.println("예외발생: " + e.getMessage());
}
```

여러 개의 예외를 동시에 캐치할 경우 catch 블록의 변수 e는 열거한 클래스 전체에 공통되는 슈퍼 클래스가 된다. 즉, 위의 코드의 경우 변수 e의 형태는 Exception이 된다.

NOTE **상속 관계에 있는 클래스는 동시에 캐치할 수 없다**

상속 관계에 있는 클래스를 1개의 catch 블록에 열거할 수 없다. 예를 들면 다음 코드의 경우 FileNotFoundException은 IOException 서브 클래스이므로 컴파일 오류가 된다.

```
try {
  ⋮
} catch(FileNotFoundException | IOException e) { // 컴파일 오류
  ⋮
}
```

034

예외를 throw하기

관련내용	–
이용사례	호출자에게 예외를 통지할 경우

throw 키워드를 사용한다. 검사 예외의 경우에는 해당 메소드(또는 다른 생성자) 정의에 throws 키워드를 사용하여 예외 클래스를 기술한다.

● **검사 예외를 throw 한다**

```java
// throws 키워드 다음에 IOException을 기술
public void createFile() throws IOException {
  File file = new File("test.txt");

  if(file.createNewFile()) {
    System.out.println("파일을 작성했습니다");
  } else {
    // 파일이 이미 존재하는 경우는 IOException을 throw
    throw new IOException("파일이 이미 존재합니다");
  }
}
```

throw는 예외가 여러 개 있을 경우 throws에 콤마 단락으로 기술한다.

● **여러 개의 예외를 throw 한다**

```java
// 호출하는 곳에는 ParseException 또는 IOException을 캐치한다
public void createFile() throws ParseException, IOException {
  …ParseException 또는 IOException을 throw…
}
```

throws에 슈퍼 클래스의 예외를 1개 기술함으로써 서브 클래스의 예외를 모두 포함한다.

예를 들어, throws에 Exception을 기술하면 모든 검사 예외를 포함할 수 있다. 그러나 호출하는 곳에서는 Exception을 캐치해야 하며, 실제로 어떠한 예외를 throw로 하는지 불명확하게 되어 적절한 예외 처리를 하는 것이 어려워질 수도 있기 때문에 주의가 필요하다.

```
// 호출하는 곳의 Exception을 캐치
public void createFile() throws Exception {
  …ParseException 또는 IOException을 throw…
}
```

Java 7 이후에서 예외 재throw

예외가 발생했을 때 메소드 자체 예외 처리를 한 후에 호출한 곳에 통지하기 위해 다시 throw하는 일이 있다. Java 7 이후는 try 블록에서 발생한 예외를 그대로 다시 throw하는 경우에 한해서 throw 예외를 엄격히 throw로 기술할 수 있다.

```
// throws에 ParseException과 IOExceptions을 기술할 수 있다
public void method() throws ParseException, IOException {
  try {
    …ParseException 또는 IOException을 throw…

  } catch(Exception e) {
    System.out.println("예외 처리를 한다");

    // 그대로 재throw
    throw e;
  }
}
```

Java 6의 경우 위 코드는 컴파일 오류가 된다. Exception에서 캐치하여 그대로 다시 throw하고 있기 때문에 throws는 Exception으로 해야 한다.

035 리소스를 확실하게 닫기

finally | try-with-resources   6 7 8

관련내용	032 예외를 처리하기 P.065
이용사례	스트림을 클로즈하는 경우

Java 6과 Java 7 이후의 닫기 처리가 다르다.
Java 6에서는 finally 블록에 닫기 처리를 기술한다.

● 리소스를 클로즈한다(Java 6)

```
FileInputStream in = null;

try {
  in = new FileInputStream("test.txt");

  …FileInputStream으로 읽기를 처리…

} finally {
  // FileInputStream을 확실히 닫기
  if(in != null) {
    try {
      in.close();
    } catch(IOException e) {
    }
  }
}
```

Java 7 이후는 try-with-resources문을 사용하여 간단하게 기술할 수 있다. 위의
코드를 try-with-resources문으로 쓰면 다음과 같다.

● 리소스를 클로즈한다(Java 7 이후)

```
try(FileInputStream in = new FileInputStream("test.txt")) {
  …FileInputStream으로부터 읽기 처리…
}
```

try-with-resources문은 try 블록 내에서 예외 발생 여부에 관계 없이 리소스는
닫는 것이 보증된다. 또한, try-with-resources문에는 여러 개의 리소스를 선언할
수도 있다. 닫기 처리는 선언과는 반대의 순서로 실행된다.

```
// 복수 선언할 경우에는 세미콜론으로 구분
// OutputStream → InputStream의 순으로 닫기
try(BufferedInputStream in = new BufferedInputStream(new FileInput ⏎
Stream("test.txt"));
    ByteArrayOutputStream out = new ByteArrayOutputStream()) {
  …InputStream의 내용을 ByteArrayOutputStream에 출력…
}
```

try-with-resources문에서 catch, finally 블록을 사용

보통의 예외 처리와 마찬가지로 try-with-resources문에 catch 블록이나 finally 블록을 정의할 수 있다.

● try-with-resources문에 catch와 finally 블록을 정의한다(Java 7 이후)

```
try(FileInputStream in = new FileInputStream("test.txt")) {
  ⋮
} catch (IOException e) {
  e.printStackTrace();
} finally {
  System.out.println("처리종료");
}
```

다만, catch 블록 및 finally 블록은 try-with-resources문의 처리가 완료한 후에 실행된다. 즉, 선언한 리소스를 닫은 후에 실행된다.

NOTE **try 블록과 닫기 양쪽에서 예외가 발생한 경우**

예외가 try 블록 내(예를 들어 파일 읽기 시)에서 발생하고 리소스를 닫을 때에도 발생한 경우 try 블록에서 발생한 예외만 throw된다. 닫을 때 발생한 예외는 무효화 되어 있으며, 이 정보는 getSuppressed( ) 메소드를 호출함으로써 얻을 수 있다.

```
try(FileInputStream in = new FileInputStream("test.txt")) {
  ⋮
} catch (IOException e) {
  for(Throwable t : e.getSuppressed()) {
    t.printStackTrace();
  }
}
```

---

036 스택 트레이스의 정보를 얻기

6 7 8

| getStackTrace | StackTraceElement |

관련내용	–
이용사례	스택 트레이스에서 자체 형식으로 로그를 출력하는 경우

Throwable#printStackTrace( ) 메소드는 스택 트레이스를 스트림으로 다시 쓸 수밖에 없다. 스택 트레이스 정보를 구하여 임의의 처리를 하고 싶은 경우는 Throwable#getStackTrace( ) 메소드를 사용한다.

● 예외에서 스택 트레이스 정보를 구하기

```java
try {
    ⋮
} catch (Exception e) {
    for(StackTraceElement element : e.getStackTrace()) {
        element.getClassName();     // 클래스명(완전 수식명)
        element.getMethodName();    // 메소드명
        element.getFileName();      // 파일명
        element.getLineNumber();    // 행 번호
    }
}
```

NOTE **스레드에서 스택 트레이스 정보를 구하기**

스택 트레이스는 애플리케이션의 디버깅을 위해 유용한 정보이다. 예를 들어 메소드의 호출 장소를 파악하고 싶을 때나 비동기로 실행되는 처리의 정보 등을 알고 싶을 때가 있다. Thread#getStackTrace( ) 메소드를 사용하면 디버깅 정보로 스택 트레이스를 구할 수 있다.

● 스레드로부터 스택 트레이스 정보를 구하기

```java
// 현재 실행 중인 스레드의 스택 트레이스
StackTraceElement[] elements = Thread.currentThread().getTrace();
for(StackTraceElement element : elements) {
    ⋮
}
```

037 람다식이란?

람다 | -〉 | 함수형 인터페이스   8

| 관련내용 | – |
| 이용사례 | 익명 클래스와 컬렉션 조작을 간결하게 기술하는 경우 |

람다식은 Java 8에서 도입된 새로운 기능으로 Java에서 함수를 기술하기 위한 것이다.

구문 람다식

▼**함수의 처리를 1행으로 기술하는 경우**

```
(인수의 리스트) -> 식
```

▼**함수의 처리를 여러 줄로 기술하는 경우**

```
(인수의 리스트) -> {
  함수 처리
  return 값;.
}
```

1행으로 서술한 경우는 그 식의 결과가 람다식의 반환값이 되지만, 람다식의 본문을 {}로 둘러싸는 경우는 람다식에서 반환값을 되돌려주기 위해서 return문이 필요하다.

람다식은 다음과 같은 용도로 사용할 수 있다.

익명 클래스 대신 사용한다

Java 8에서는 Comparator 인터페이스처럼 구현해야 하는 메소드가 1개인 인터페이스를 함수형 인터페이스라고 부른다. 이 함수형 인터페이스를 구현한 클래스 대신 람다식을 사용할 수 있다.

예를 들어, 컬렉션의 정렬에 사용하는 java.util.Comparator는 Java 7까지는 다음과 같이 익명 클래스를 사용하고 구현하는 것이 일반적이었다.

●**컬렉션을 정렬한다(익명 클래스)**

```
List<String> list = Arrays.asList("Java", "Scala", "Groovy");
list.sort(new Comparator<String>() {
  @Override
  public int compare(String s1, String s2) {
    return s1.length() - s2.length();
  }
});
```

Java 8에서는 람다식을 사용함으로써 이 처리를 다음과 같이 기술할 수 있다.

●컬렉션을 정렬한다(람다식)

```
List<String> list = Arrays.asList("Java", "Scala", "Groovy");
list.sort((String s1, String s2) -> s1.length() - s2.length());
```

> **NOTE** **람다식의 인수**
>
> 람다식의 인수형이 자명한 경우는 다음과 같이 형을 생략할 수도 있다.
>
> ```
> list.sort((s1, s2) -> s1.length() - s2.length());
> ```
>
> 또한, 인수가 1개인 경우는 인수 목록( )을 생략할 수도 있다.
>
> ```
> list.forEach(s -> System.out.println(s));
> ```

컬렉션의 요소에 대한 조작

Java 8에서는 컬렉션 API에도 변경이 늘어나고 있으며, 컬렉션의 각 요소에 관한 작업을 람다식으로 할 수 있게 되었다.

다음의 예제는 컬렉션의 각 요소들을 표준 출력으로 출력하는 코드를 기존의 방법과 Java 8의 람다식을 써서 기술한 것이다.

●컬렉션의 요소를 표준 출력으로 출력한다

```
List<String> list = Arrays.asList("Java", "Scala", "Groovy");

// Java 7 이전의 경우
for(String s: list) {
  System.out.println(s);
}

// Java 8의 경우
list.forEach(s -> System.out.println(s));
```

컬렉션 API의 람다식 사용 방법에 대해서는 제4장을 참조한다.

람다식에서 참조 가능한 외부 변수

익명 클래스 레시피 067 의 경우와 같이 원래는 람다식의 내부에서는 final 수식자가 붙은 외부 변수 밖에 참조할 수 없다. 그러나 Java 8에서는 값의 변경이 이루어지지 않은 변수에 대해서는 실질적으로 final로 취급되기 때문에 final 수식자가 붙지 않아도 참조할 수 있다.

● **람다식과 익명 클래스에서 외부 변수를 참조한다(Java 8)**

```java
public void outer(String message) {
  Runnable r = () -> {
    // 람다식 내에서 outer 메소드의 인수를 참조 가능
    System.out.println(message);
  }

  Runnable runnable = new Runnable() {
    @Override
    public void run() {
      // Java 8에서는 outer 메소드의 인수를 final이 없어도 사용 가능
      System.out.println("메시지: " + message);
    }
  };
}
```

다만, 값이 다시 대입하는 변수에 대해서는 final로 다룰 수 없기 때문에 람다식과 익명 클래스의 내부에서 참조하면 컴파일 오류가 난다.

● **외부 변수를 참조할 수 없는 예**

```java
public void outer(String message) {
  Runnable r = () -> {
    // 람다식 내에서 outer 메소드의 인수를 참조
    System.out.println(message);
  }
  // 인수에 다시 대입하면 컴파일 오류가 발생한다
  message = "spring";
}
```

038 범용적인 함수형 인터페이스 사용하기

Function	**BiFunction**	8

관련내용	037 람다식이란? P.073
	039 자체적인 함수형 인터페이스를 정의하기 P.078
이용사례	자체의 함수형 인터페이스를 정의하지 않고, 람다식을 받는 메소드를 정의하는 경우

java.util.function 패키지에는 범용적인 함수형 인터페이스가 준비되어 있으며, 1개 또는 2개의 인수를 받아 처리를 하는 람다식이면 이러한 인터페이스를 사용할 수 있다.

java.util.function 패키지로 제공된 함수형 인터페이스를 [표 2.11]에 표시한다. 이들 인터페이스 중 앞에 'Bi'가 붙어 있는 것은 인수가 2가지인 버전이다.

표 2.11 java.util.function 패키지의 함수형 인터페이스

인터페이스 이름	메소드	설명
Function〈T, R〉	R apply(T)	1개의 인수를 받고 결과를 반환하는 함수
BiFunction〈T, U, R〉	R apply(T, U)	2개의 인수를 받고 결과를 반환하는 함수
UnaryOperator	T apply(T)	단항 연산자
BinaryOperator	T apply(T, T)	이항 연산자
Predicate	boolean test(T)	1개의 인수를 받는 조건식
BiPredicate〈T, U〉	boolean test(T, U)	2개의 인수를 받는 조건식
Supplier	T get()	인수를 취하지 않고 값을 공급만 하는 함수
Consumer	void accept(T)	1개의 인수를 받아 처리하는 함수(반환값 없음)
BiConsumer〈T, U〉	void accept(T, U)	2개의 인수를 받아 처리하는 함수(반환값 없음)

예를 들어, 문자열을 인수로 해 java.util.Date형으로 변환하여 반환하는 함수는 다음과 같이 Function 인터페이스를 사용한다.

●Function 인터페이스를 사용

```java
// 문자열을 인수로 해 java.util.Date형으로 변환하고 반환하는 함수
Function <String, Date> toDate = s -> {
  try {
    return new SimpleDateFormat("yyyy/MM/dd").parse(s);
  } catch (ParseException ex) {
    return null;
  }
};
```

```
// 함수를 직접 호출하는 경우는 apply() 메소드를 사용한다
Date date = toDate.apply("2015/09/27");
```

인수와 반환값의 형이 같은 경우 UnaryOperator 인터페이스를 사용할 수 있다.

●UnaryOperator 인터페이스를 사용

```
// 문자열을 대문자로 변환하는 함수
UnaryOperator<String> toUpper = s -> s.toUpperCase();

// 함수를 직접 호출하는 경우는 apply() 메소드를 사용함
String s = toUpper.apply("java");
```

반환값이 없는 함수의 경우는 Consumer 인터페이스를 사용한다.

●Consumer 인터페이스를 사용

```
// java.util.Date형을 문자열로 포맷하여 출력하는 함수
Consumer<Date> print = date -> {
  String s = new SimpleDateFormat("yyyy/MM/dd").format(date);
  System.out.println(s);
}

// 함수를 직접 호출하는 경우는 accept() 메소드를 사용함
print.accept(new Date());
```

특정 조건에 일치하는지를 조사하는 함수 등 반환값이 boolean인 경우는 Predicate 인터페이스를 사용한다.

●Predicate 인터페이스를 사용

```
// 문자열이 "Java"로 시작되는지 알아보는 함수
Predicate<String> condition = s -> s.startsWith("Java");

// 함수를 직접 호출하는 경우는 test() 메소드를 사용
boolean result = condition.test("JavaScript");
```

람다 | 함수형 인터페이스 | @FunctionalInterface   8

관련내용	037 람다식이란? P.073 038 범용적인 함수형 인터페이스 사용하기 P.076
이용사례	3개 이상의 인수를 얻는 람다식을 사용하는 경우

java.util.function 패키지에서 정의된 범용적인 함수형 인터페이스 레시피 038 에서는 커버할 수 없는 경우(3개 이상의 인수를 받는 람다식을 사용하고 싶은 경우 등) 자체적인 함수형 인터페이스를 정의할 수 있다. 함수형 인터페이스는 '구현할 메소드가 1개의 인터페이스' 이어야 한다.

예를 들어, int형의 인수를 3개 받아서 int형으로 계산 결과를 반환하는 함수형 인터페이스는 다음과 같이 기술한다.

● 자체적인 함수형 인터페이스를 정의하기

```
@FunctionalInterface
public interface TriFunction {

  public int apply(int a, int b, int c);
}
```

이 인터페이스를 사용하여 람다식을 기술하면 다음과 같다.

```
TriFunction function = (a, b, c) -> a + b + c;
```

NOTE   **@FunctionalInterface 어노테이션**

Java 8에서 새로 추가된 @FunctionalInterface는 인터페이스가 함수형 인터페이스인 것을 보여 주기 위한 어노테이션이다. 이 어노테이션을 인터페이스에게 선언함으로써 함수형 인터페이스의 규칙에 어긋나는 경우 컴파일 오류가 날 수 있다(@FunctionalInterface 어노테이션을 부여하지 않더라도 함수형 인터페이스의 규칙을 따르면 람다식을 사용할 수는 있다).

---

040 람다식을 받는 메소드를 정의하기

람다 | 함수형 인터페이스　　　　　　　　　　　　　　8

관련내용	037 람다식이란? P.073
	038 범용적인 함수형 인터페이스 사용하기 P.076
	039 자체적인 함수형 인터페이스를 정의하기 P.078
이용사례	처리를 호출하는 측에서 결정하는 경우

메소드의 인수로서 함수형 인터페이스를 받도록 한다.

예를 들어 java.sql.Connection 객체의 인수가 1개이며, 데이터베이스 처리를 하는 함수를 받는 메소드는 다음과 같이 정의한다.

●함수형 인터페이스를 받는 메소드

```java
public DatabaseManager {
  public static void execute(Consumer<Connection> consumer) throws SQLException {
    // 연결을 함
    try(Connection conn = getConnection()) {
      try {
        // 인수로 받은 함수형 인터페이스
        consumer.accept(conn);
        // 처리가 정상이면 커밋
        conn.commit();
      } catch(Exception ex) {
        // 예외가 발생하면 롤백
        conn.rollback();
        throw ex;
      }
    }
  }
  ⋮
}
```

이 메소드는 람다식을 인수로 지정하여 호출할 수 있다.

●인수에 람다식을 지정한다

```java
DatabaseManager.execute((conn) -> {
  …데이터베이스 처리…
});
```

041 람다식 대신 메소드를 전달하기

람다 | 메소드 참조 | ::   8

관련내용	037 람다식이란? P.073
이용사례	기존의 메소드를 컬렉션의 요소에 적용하는 경우

인수와 반환값의 형이 람다식과 같다면 람다식 대신 메소드 참조를 전달할 수 있다.

구문 메소드 참조

▼static 메소드의 경우

클래스명 :: static 메소드명

▼인스턴스 메소드의 경우

인스턴스명 :: 인스턴스 메소드명

컬렉션의 요소에 대한 조작을 람다식과 메소드 참조를 사용하여 기술하면 다음과 같다.

●람다식과 메소드 참조

```
List<String> list = Arrays.asList("Java", "Scala", "Groovy");

// 람다식으로 기술한 경우
list.forEach((s) -> System.out.println(s));

// 메소드 참조를 사용한 경우
list.forEach(System.out::println);
```

042

문자열 연결하기

String | StringBuffer | StringBuilder **6 7 8**

관련내용	–
이용사례	입력 문자를 바탕으로 한 메시지 표시 등 문자열을 연결하고자 하는 경우

+ 연산자를 사용하여 연결하는 방법과 StringBuilder와 StringBuffer를 사용하는 방법이 있다.

▎ + 연산자를 사용하여 연결한다

+ 연산자를 사용하여 문자열을 연결하려면 다음과 같이 한다.

● **+ 연산자를 사용하여 연결한다**

```
String str = "Hello" + "World!";
```

다만, Java의 String은 변하지 않는 데이터형(immutable)이기 때문에 + 연산자를 사용하여 연결할 때마다 새로운 String 객체를 생성한다(immutable에 대해서는 247쪽의 COLUMN '변하지 않는 API란?'을 참조). 따라서 + 연산자에 의한 문자열 연결은 처리 효율이 나쁠 뿐만 아니라 반복문의 안쪽 등에서 반복 연결을 하면 GC가 빈발하거나 OutOfMemoryError가 발생하기도 한다.

● **효율이 나쁜 문자열 연결 처리**

```
String str = "";
for(long i = 0; i < Long.MAX_VALUE; i++) {
  str = str + "";
}
```

이런 경우는 다음의 StringBuilder와 StringBuffer를 사용하여 연결 처리를 하는 것이 좋다.

> **NOTE** **컴파일 시에 최적화되는 문자열 연결**
>
> 앞의 예와 같은 리터럴 연결 처리는 컴파일 시에 1개의 문자열로 최적화되기 때문에 + 연산자를 사용해도 효율이 나쁘지는 않다(오히려 StringBuilder 등을 사용하는 것이 효율이 나쁘다). 주의가 필요한 것은 변수와 리터럴과 같은 변수의 문자열 연결이다.

▌StringBuilder, StringBuffer를 사용하여 연결하기

StringBuilder와 StringBuffer는 append() 메소드로 문자열을 연결할 수 있다. 또한, toString() 메소드로 String 객체로 변환할 수 있다.

● StringBuilder를 사용하여 연결하기

```
StringBuilder sb = new StringBuilder();
sb.append("Hello");
sb.append("World!");

String str = sb.toString();
```

NOTE   StringBuilder와 StringBuffer의 차이

StringBuilder는 스레드 동기화 처리가 되지 않는 대신 StringBuffer보다 고속으로 동작한다. 여러 스레드에서 조작될 가능성이 있는 경우 StringBuilder가 아니라 StringBuffer를 사용하도록 한다.

▌String#join() 메소드를 사용하여 연결하기

Java 8 이후에는 String#join() 메소드를 사용하면 배열(가변 길이 인수도 지정 가능)이나 List에 저장된 문자열을 지정한 구분 문자로 연결할 수 있다.

● join을 사용하여 연결한다

```
// 가변 길이 인수로 지정한 문자열을 연결
String str1 = String.join("-", "Java", "Recipe", "is", "Great");
    // => Java-Recipe-is-Great

// List로 저장된 문자열을 연결
List<String> list = Arrays.asList("Java", "8", "is", "great!");
String str2 = String.join(" ", list);   // => Java 8 is great!
```

043 / 문자열 길이 구하기

String | length | getBytes   6 7 8

관련내용	–
이용사례	문자열이 지정한 길이를 넘지 않는지 알아보는 경우

String#length( ) 메소드를 사용한다

Java에서는 문자열을 Unicode로 다루기 때문에 한국어 같은 멀티 바이트 문자열도 1문자로 계산된다.

● **문자열의 길이를 조사**

```
String str = "안녕 세상";

// 문자열 길이를 구하기
int strlength = str.length(); // => 5
```

문자열의 바이트 길이를 구하는 경우는 String#getBytes( ) 메소드를 사용하여 한 번에 바이트 배열로 변환하고, 배열의 길이를 조사하는 레시피 096 으로 문자열의 바이트 길이를 구할 수 있다.

● **문자열의 바이트 길이를 구하기**

```
String str = "안녕 세상";

// 문자열의 바이트 길이를 구한다(EUC-KR의 경우)
int euckrLength = str.getBytes("EUC-KR").length; // => 9
// 문자열의 바이트 길이를 구한다(UTF-8의 경우)
int utf8Length = str.getBytes("UTF-8").length; // => 13
```

044 문자열 일부를 구하기

String | substring
6 7 8

관련내용	–
이용사례	문자열에서 프리픽스, 서픽스를 제거하는 경우

| String#substring( ) 메소드를 사용한다

1번째 매개변수에만 지정한 경우 지정한 인덱스부터 문자열의 끝까지(지정한 인덱스의 문자 포함) 반환한다. 2번째 인수를 지정한 경우 1번째 인수로 지정한 인덱스부터 2번째 인수로 지정한 인덱스까지의 문자열(지정한 인덱스의 문자를 포함하지 않는다)을 반환한다. 또한, 인덱스는 첫 번째 문자를 0으로 지정한다.

●문자열의 일부를 구하기

```
String source = "안녕 세상";

// 첫 번째 문자부터 잘라냄
String result1 = source.substring(0); // => "안녕 세상"

// 두 번째 문자부터 네 번째 문자까지 잘라냄
String result2 = source.substring(1,4); // => "녕 세"
```

MEMO

045

문자열 나누기

String | split   6 7 8

관련내용	056 문자열을 정규 표현으로 검색하기 P.099
	095 배열 사용하기 P.180
이용사례	문자열을 특정 구분 문자로 분리하는 경우

| String#split( ) 메소드를 사용한다

인수로 지정된 정규 표현에 따라 분리하여 배열로 반환한다. 또한, 2번째 인수에는 분리 후 배열의 최대 요소 수를 지정할 수 있다. 이 경우 문자열은 앞에서 지정된 요소 수가 될 때까지 나누고, 이후의 부분은 배열의 마지막 요소에 저장된다.

split( ) 메소드로 문자열을 분리한 경우 보통은 배열의 끝에 빈 문자열은 포함되지 않지만, 최대 요소 수를 지정한 경우는 끝의 요소가 빈 문자열인 경우에도 분할 후 배열에 포함된다.

● **문자열 분할**

```java
String source = "A,B,C,";

// 콤마로 분할
String[] result1 = source.split(",");     // => {"A", "B", "C"}

// 콤마 2개로 분할
String[] result2 = source.split(",", 2); // => {"A", "B,C,"}

// 콤마 4개로 분할
String[] result3 = source.split(",", 4); // => {"A", "B", "C", ""}
```

2번째 인수로 0을 지정한 경우는 분할 후 배열의 최대 수의 제한은 없어진다.

또한, 2번째 인수로 마이너스 값을 지정한 경우는 최대 수 제한이 없고, 거기에 분할 후 배열의 끝이 빈 문자열이었다 해도 분할 후 배열에 포함된다.

● **2번째 인수로 0 또는 마이너스 값을 지정한 경우**

```java
// 제2인수에 0을 지정(제2인수가 없는 경우와 동일)
String[] result4 = source.split(",", 0); // => {"A", "B", "C"}

// 제2인수에 음수값을 지정(분할 수의 제한은 없고 끝에 빈 문자열이 포함됨)
String[] result5 = source.split(",", -1); // => {"A", "B", "C", ""}
```

046

문자열 비교하기

String | equals | equalsIgnoreCase ... 6 7 8

관련내용	–
이용사례	문자열이 일치하는지 비교하는 경우

String#equals( ) 메소드를 사용한다

일치하면 true를, 일치하지 않으면 false를 반환한다. 또한, 대문자 소문자를 무시하고 비교할 경우는 String#equalsIgnoreCase( ) 메소드를 사용한다.

● 문자열을 비교한다

```java
String source = "Hello";

// 문자열이 같은지를 비교
boolean result1 = source.equals("Hello"); // => true

// 대문자나 소문자의 구분 없이 같은지를 비교
boolean result2 = source.equalsIgnoreCase("hello"); // => true
```

> **NOTE   문자열 비교에 ==는 사용하지 않는다**
>
> 문자열의 내용 비교에 ==를 사용하지 않도록 한다. 문자열에 ==를 사용하면 String 객체 비교(참조가 동일 여부)를 진행한다. 일부 Java 언어 사양(http://docs.oracle.com/javase/specs/jls/se7/html/jls-3.html#jls-3.10.5)에 의해 ==로 비교 값이 같으면 참조가 달라도 true를 반환한다. 그러나 언어 사양에 맞지 않는 뜻밖의 동작이 될 수 있으므로 문자열에 내용이 일치하는지를 비교할 때는 반드시 equals( ) 메소드를 사용하도록 한다.

047 문자열 바꾸기

String | replace 678

관련내용	057 문자열을 정규 표현으로 치환하기 P.101
이용사례	특정 문자열을 다른 문자열로 바꾸는 경우

┃ String#replace( ) 메소드를 사용한다

대상 문자열에 있는 1번째 인수의 문자열을 2번째 인수의 문자열로 모두 바꾸어 놓는다.

● 문자열을 바꾸기

```
String source = "Hello World. World is Wonderful."

// "World"를 "Universe"로 바꾸기
String result = source.replace("World","Universe");
    // => "Hello Universe. Universe is Wonderful."
```

replace( ) 메소드의 인수에 String이 아니라 char를 주면 1번째 인수의 문자를 2번째 인수의 문자로 모두 바꾼다.

● 문자를 바꾸기

```
String source = "Tooth";

// o를 e로 바꾸기
String result = source.replace('o','e'); // => "Teeth"
```

048

특정 문자열로 시작 · 종료하는지를 구분하기

String | startsWith | endsWith 678

관련내용	–
이용사례	문자열이 특정 문자열로 시작하는지 확인할 경우 문자열이 특정 문자열로 끝나는지 확인할 경우

인수로 지정한 문자열로 시작되고 있는지를 조사하는 경우는 String#startsWith( ) 메소드를, 끝나는지를 조사하는 경우는 String#endsWith( ) 메소드를 사용한다.

●문자열이 기대하는 문자열로 시작하는지 끝나는지를 구하기

```java
String source = "Hello World.";

// 문자열이 "Hello"로 시작하고 있는지?
boolean result1 = source.startsWith("Hello"); // => true

// 문자열이 "World"로 끝나고 있는지?
boolean result2 = source.endsWith("World"); // => false

// 문자열이 "World."로 끝나고 있는지?
boolean result3 = source.endsWith("World."); // => true
```

049 특정 문자열 포함 여부를 구하기

6 7 8

String	indexOf	lastIndexOf

관련내용	–
이용사례	문자열 내에 특정 문자열이 몇 번째 문자부터 시작되는지 알고 싶은 경우 문자열에 특정 문자열이 포함되어 있는지 알고 싶은 경우

String#indexOf( ) 메소드를 사용하면 앞부분부터 문자열을 검색하면서 처음에 찾은 문자열의 인덱스를 반환한다. 없으면 −1을 반환한다. 2번째 인수를 지정하는 경우 지정한 인덱스 이후의 문자열을 검색한다.

또한, String#lastIndexOf( ) 메소드는 뒤에서부터 문자열을 검색하고 처음에 검색한 문자열의 인덱스를 반환한다. 2번째 인수를 지정한 경우 지정한 인덱스 이전 문자열을 검색한다.

● 문자열에 특정 문자열이 포함되는지를 구하기

```java
String source = "Hello World. World is Wonderful."

// "World"가 처음으로 등록된 인덱스
int result1 = source.indexOf("World"); // => 6

// "World"가 8문자째 이후로 처음 등록된 인덱스
int result2 = source.indexOf("World", 7); // => 13

// "Java"가 처음으로 등록된 인덱스
int result3 = source.indexOf("Java"); // => -1(등록 안 됨)

// "World"를 뒤에서부터 검색해 처음 등록된 인덱스
int result4 = source.lastIndexOf("World"); // => 13
```

050 대문자와 소문자를 변환하기

String | toUpperCase | toLowerCase   6 7 8

관련내용	046 문자열 비교하기 P.086
이용사례	문자열을 모두 소문자나 대문자로 변환하는 경우

　　대문자로 통일하는 경우는 String#toUpperCase( ) 메소드를, 소문자로 통일하는 경우는 String#toLowerCase( ) 메소드를 사용한다.

● 문자열의 대문자 소문자를 통일하기

```
String source = "Hello World.";

// 대문자로 변환
String result1 = source.toUpperCase(); // => "HELLO WORLD."

// 소문자로 변환
String result2 = source.toLowerCase(); // => "hello world."
```

MEMO

051

문자열 앞 뒤 공백을 삭제하기

6 7 8

String	trim

관련내용	–
이용사례	문자열의 앞 뒤에 있는 필요없는 공백을 삭제하는 경우

String#trim( ) 메소드를 사용한다

문자열의 앞 뒤에 있는 공백, 탭, 개행을 삭제할 수 있다.

단, 삭제되는 것은 앞 뒤의 공백 만으로 문자열 내의 공백은 삭제되지 않는다.

● **문자열의 앞 뒤 공백을 삭제하기**

```
// 앞 뒤의 공백을 모두 삭제
String result = "   Hello World.    ".trim();  // => "Hello World."
```

MEMO

052 문자열에 형식화(변수값 넣기)하기

String | format

6 7 8

관련내용	147 날짜를 문자열로 형식화하기 P.251
이용사례	메시지의 일부를 나중에 치환해서 완성시키는 경우

String#format( ) 메소드를 사용하면 C 언어의 printf 함수처럼 서식 문자열을 사용한 형식 문자열을 만들 수 있다.

지정할 수 있는 형식은 [표 2.12]와 같다. 이러한 서식 문자열의 앞에 "%"를 붙여 문자열에 기술해 두면 그 위치에 변수의 값을 형식화하여 넣을 수 있다. 또한, 대문자나 소문자를 지정할 수 있는 서식 문자열에서 대문자를 지정한 경우 toUpperCase( ) 메소드로 대문자로 변환된 값이 포함된다.

표 2.12 format에 지정할 수 있는 주요 서식

서식	분류	설명
b 또는 B	참 거짓	boolean형을 지정
h 또는 H	16진수	16진수를 지정
s 또는 S	문자열	문자열을 지정
c 또는 C	문자	문자를 지정
d	정수	10진 정수로 서식 설정
o	정수	8진 정수로 서식 설정
x 또는 X	정수	16진 정수로 서식 설정
e 또는 E	부동 소수점	부동 소수점 10진수로 서식 설정
f	부동 소수점	10진수로 서식 설정
g 또는 G	부동 소수점	반올림되어 서식 설정
a 또는 A	이동 소수점	지수부에서 서식 설정
t 또는 T	날짜, 시간	날짜와 시각을 서식 설정할 때 글자 앞에 지정
B	날짜	국가 고유 월의 완전한 이름(January 등)
A	날짜	국가 고유 요일의 완전한 이름(Sunday 등)
Y	날짜	연
m	날짜	월
d	날짜	일
k	시간	24시간제
l	시간	12시간제
M	시간	분
S	시간	초
%	퍼센트	퍼센트를 표시
n	개행	개행 문자를 표시

서식이 있는 문자열에서는 인수를 인덱스에서 지정할 수도 있다. 1번째 인수는 1$, 2번째 인수는 2$와 같이 지정한다. '⟨'를 사용하면 직전의 인수를 지정할 수 있다.

●문자열에 변수를 포함

```
String str = "String";
boolean b = true;
int i = 127;
Date now = new Date();

// 문자열을 삽입
String result1 = String.format("문자열 서식: %s", str);
    // => "문자열 서식: String"
// 참 거짓값을 채택
String result2 = String.format("boolean 서식 문자열: %B", b);
    // => "boolean 서식 문자열: TRUE"

// 정수를 넣어 4번째는 5자릿수로 0을 채운다
String result3 = String.format("정수 서식: %d %o %x %05d", i, i, i, i);
    // => "정수 서식: 127 177 7f 00127"

// 부동 소수를 삽입, %1$ 등으로 절대 인수 인덱스를 지정
String result4 = String.format(
  "부동 소수점 서식: %4$e %3$f %2$g %1$a", 127.01, 127.02, 127.03, 127.04);
    // => "부동 소수점 서식: 1.270400e+02 127.030000 127.020 0x1.fc0a3d70a3d71p6"

// 날짜를 삽입, %<로 상대 인덱스를 지정하고 직전의 인수와 같은 것을 이용
String result5 = String.format(
  "일시 서식: %tY년 %<tB월 %<td일 %<tk시 %<tM분 %<tS초", now);
    // => "일시 서식: 2013년 8월 04일 15시 30분 18초"
```

053 문자 코드를 변경하기

String │ getBytes │ Charset   6 7 8

관련내용	–
이용사례	문자 코드를 통일시키는 경우

문자열의 문자 코드를 변환하려면 String#getBytes( ) 메소드로 바이트 배열로 한 차례 변환해야 한다. 이때 문자 코드를 직접 지정하는 방법과 문자 코드를 나타내는 java.nio.charset.Charset 객체에서 지정하는 방법 2가지가 있다.

● **문자 코드를 변환**

```
// 문자 코드를 직접 변환하지 않고 바이트 배열을 구함
try {
  byte[] bytes = "안녕 세계".getBytes("UTF8");
} catch (UnsupportedEncodingException e) {
  e.printStackTrace();
}


// Charset으로 문자 코드를 지정하고 바이트 배열을 구함
Charset cs = Charset.forName("UTF-8");
byte[] bytes = "안녕 세계".getBytes(cs);
```

문자 코드를 직접 지정하는 getBytes( ) 메소드는 잘못된 문자 코드를 지정하면 java.io.UnsupportedEncodingException을 발생시킨다. 이 예외는 검사 예외이므로 위의 예제처럼 적절한 예외 처리를 해야 한다. 이에 대하여 Charset을 사용할 경우 Charset#forName( ) 메소드에 잘못된 문자 코드를 지정하면 java.nio.charset.UnsupportedCharsetException이 발생된다. 이 예외는 실행 시 예외이므로 명시적으로 try~catch를 할 필요는 없다.

Java에서 다룰 수 있는 대표적인 문자 코드는 [표 2.13]과 같다.

NOTE   Java로 지정 가능한 문자 코드

Java에서 지정 가능한 문자 코드에 대한 자세한 내용은 다음을 확인하기 바란다.

```
http://docs.oracle.com/javase/8/docs/technotes/guides/intl/encoding.doc.html
```

표 2.13 **지정할 수 있는 주요 문자 코드**

명칭	설명
UTF-8	8비트 Unicode
UTF-16	16비트 Unicode 옵션 바이트 순서 표시의 바이트 순서
UTF-16BE	16비트 Unicode 빅 엔디언 바이트 순서
UTF-16LE	16비트 Unicode 리틀 엔디언 바이트 순서
MS949	Windows 등에서 많이 이용되는 한국어 문자 인코딩
EUC-KR	UNIX, Linux에서 많이 이용되는 한국어 문자 인코딩
ISO-2022-KR	인터넷, e-mail 등에서 많이 이용되는 한국어 문자 인코딩
Shift_JIS	Windows 등에서 많이 이용되는 일본어 문자 인코딩

COLUMN   StandardCharsets*을 사용*

Java 7 이후라면 java.nio.charset.StandardCharsets 클래스에 정의되어 있는 정수를 사용하여 안전하게 문자 코드를 지정할 수도 있다. 다만 지정할 수 있는 문자 코드는 UTF_8, UTF_16, UTF_16BE, UTF_16LE, US_ASCII, ISO_8859_1에 한정된다.

●StandardCharsets에서 문자 코드를 지정한다

```
byte[] bytes = "안녕 세상".getBytes(StandardCharsets.UTF_8);
```

054 문자열을 수치로 변환하기

String | parseInt | valueOf
678

관련내용	–
이용사례	파일 등에서 읽은 문자열을 수치로 변환하는 경우

Integer#parseInt( ) 메소드, Long#parseLong( ) 메소드, Double#parseDouble( ) 메소드 등을 사용해서 문자열을 수치로 변환할 수 있다. 역으로 수치를 문자열로 변환하는 경우는 String#valueOf( ) 메소드를 사용한다.

또한 parseInt( ) 등의 메소드에 변환할 수 없는 문자열을 전달하면 실행 시 예외인 NumberFormatException이 발생된다. 문자열이 수치로 변환되지 못할 가능성이 있을 경우 이 예외를 캐치하여 예외 처리를 할 수 있다.

● **문자열과 수치를 변환한다**

```
try {
   // 문자열을 수치로 변환하기
   int i = Integer.parseInt("1");

} catch(NumberFormatException e) {
   // 실행 시에 오류 NumberFormatException가 발생됨
   e.printStackTrace();
}

// 수치를 문자열로 변환하기
String str = String.valueOf(1);
```

055 문자열이 정규 표현에 일치하는지 조사하기

Pattern | Matcher | compile | matcher | matches ⑥⑦⑧

관련내용	–
이용사례	문자열에 정규 표현으로 나타낸 문자열이 존재하는지 알고 싶은 경우

Java에서도 다른 일반적인 프로그래밍 언어와 같이 정규 표현을 사용할 수 있다. Java에서 정규 표현을 사용할 때에는 다음의 2개 클래스를 사용한다.

- java.util.regex.Pattern … 정규 표현을 문자열로 지정하여 정규 표현 자체를 나타내는 클래스
- java.util.regex.Matcher … 컴파일된 Pattern 객체를 받고 검색 결과를 받는 클래스

표 2.14 Pattern 클래스에 자주 사용되는 정규 표현

정규 표현 구문	의미
문자	문자
^	행의 앞부분
$	행의 끝부분
₩A	문자열의 앞부분
₩z	문자열의 끝부분
.	임의의 1문자
문자*	문자 0회 이상 나열
문자?	문자 1회 또는 0회 나열
문자+	문자 1회 이상 나열
문자{n}	문자 n회 나열
문자{n,}	문자 n회 이상 나열
문자{n, m}	문자 n회 이상, m회 이하 나열
[abc]	a, b, c 중 하나
[^abc]	a, b, c의 어느 것도 아님(부정)
[a–zA–Z]	a~z, A~Z의 하나(범위)
₩d	숫자
₩D	숫자 이외
₩s	공백 문자
₩S	공백 문자 이외
[0–9]	숫자 0~9의 하나(범위)

Pattern 클래스는 compile( ) 메소드로 생성한다. compile( ) 메소드는 2번째 인수에 [표 2.15]와 같은 플래그를 지정할 수 있다.

표 2.15 compile 시 지정할 수 있는 주요 플래그

플래그	의미
CASE_INSENSITIVE	대문자와 소문자를 구별하지 않는 매칭
UNICODE_CASE	Unicode에 준거한 대문자와 소문자를 구별하지 않는 매칭
MULTILINE	여러 행 모드(^와 $는 각각 행의 끝 기호 또는 입력 시퀀스 끝의 바로 뒤 또는 직전에 매치)
DOTALL	DOTALL 모드(.는 행의 끝 기호를 포함한 임의의 문자에 매치)
UNIX_LINES	Unix 라인 모드(줄의 끝 기호 이외는 ., ^, $의 동작으로 인식되지 않는다)
COMMENTS	패턴 내에서 공백과 주석을 사용할 수 있도록 한다. 이 모드에서 공백은 무시되고 #으로 시작하는 삽입 주석은 행의 끝까지 무시된다.

문자열이 정규 표현에 맞는지를 파악하고 싶을 때는 Matcher 클래스의 matches( ) 메소드를 사용한다.

● 문자열이 정규 표현에 일치하는지 조사하기

```
// 정규 표현
Pattern pattern = Pattern.compile(".*many.*");

// Matcher 객체를 구함
Matcher matcher = pattern.matcher("Java Recipe has many Recipes!!");

// 문자열이 정규 표현에 일치하는지를 구함
boolean result = matcher.matches();   // => true
```

NOTE 정규 표현의 이스케이프

정규 표현에서는 *나 ? 등의 특수 문자를 사용하여 패턴을 지칭하지만, 이러한 문자에 매치하고 싶으면 \로 이스케이프한다.

```
// 행머리가 [INFO]로 시작하는지 여부에 대한 정규 표현
Pattern pattern = Pattern.compile("^\\[INFO\\]");

Matcher matcher = pattern.matcher("[INFO]info message");
boolean result = matcher.find(); // => true
```

또한, 아래와 같이 \Q와 \E로 둘러싼 부분을 이스케이프할 수도 있다. 이스케이프하지 않을 수 없는 문자가 많은 경우 이 방법이 편리하다.

```
Pattern pattern = Pattern.compile("^\\Q[INFO]\\E");
```

---

056 문자열을 정규 표현으로 검색하기

Matcher | find | group   6 7 8

관련내용	055 문자열이 정규 표현에 일치하는지 조사하기 P.097
이용사례	문자열에 특정 패턴이 포함되는지를 알아보는 경우

┃ Matcher#find( ) 메소드를 사용한다.

find( ) 메소드는 문자열 전체를 검색하며 매칭이 된 경우는 true를 반환한다. 또한, 호출할 때마다 이전에 매칭된 곳의 뒤부터 검색을 하며 더 이상 매칭이 안 된 경우 false를 반환한다. 그리고 Matcher#group( ) 메소드로 매칭된 부분 문자열을 구할 수 있다.

● **정규 표현으로 문자열을 검색하기**

```
// 검색할 정규 표현
Pattern pattern = Pattern.compile("Recipe.");

// "Java Recipe has many Recipes!!"를 검색
Matcher matcher = pattern.matcher("Java Recipe has many Recipes!!");

// 정규 표현에 검색된 단어 구하기
// find() 메소드가 false를 반환할 때까지 반복
while(matcher.find()) {
    // group() 메소드를 호출하고 정규 표현에 일치된 문자열을 꺼냄
    String group = matcher.group();
    System.out.println(group); // => 첫 번째는 "Recipe", 두 번째는 "Recipes"
}
```

정규 표현으로는 ( )로 둘러싼 범위를 그룹화할 수 있다. Matcher#group(int) 메소드에 인수를 넘겨줌으로써 특정 그룹에 일치된 부분을 꺼낼 수 있다.

● **일치된 문자열의 일부를 구하기**

```
// 2개의 그룹을 포함한 정규 표현
Pattern pattern = Pattern.compile("(.*):(.*)");

// "Java Recipe : many Recipes!!"을 검색
Matcher matcher = pattern.matcher("Java Recipe : many Recipes!!");

// 정규 표현에 검색된 단어를 구함
if(matcher.find()) {
```

```
    // group() 메소드에 0을 전달해 전체를 구함
    System.out.println(matcher.group(0)); // => "Java Recipe : many Recipes!!"
    // 첫 번째 그룹에 일치한 부분을 구함
    System.out.println(matcher.group(1)); // => "Java Recipe "
    // 두 번째 그룹에 일치한 부분을 구함
    System.out.println(matcher.group(2)); // => " many Recipes!!"
}
```

NOTE   **행의 시작 끝, 문자열의 시작 끝을 의식하도록**

Java의 정규 표현으로 행의 시작을 나타내는 ^과 끝을 나타내는 $는 기본적으로 대상 문자열 전체의 시작과 끝에만 일치된다. 단, Pattern 플래그에 MULTILINE을 지정한 경우는 행마다 시작과 끝에 일치되게 된다. 이 경우 문자열 전체의 시작, 끝에 일치시키려면 \A, \z를 사용한다. 정규 표현에 줄바꿈이 섞이는 경우는 동작의 차이를 의식하도록 한다.

●MULTILINE 옵션을 붙였을 때의 차이

```
// 정규 표현
Pattern pattern2 = Pattern.compile("^many.*");
// Matcher 객체를 구함, 대상 문자열은 개행
Matcher matcher2 = pattern2.matcher("Java Recipe has \nmany Recipes!!");
System.out.println(matcher2.find()); // => false
// 정규 표현
Pattern pattern = Pattern.compile("^many.*", Pattern.MULTILINE);
// Matcher 객체를 구함, 대상 문자열은 개행
Matcher matcher = pattern.matcher("Java Recipe has \nmany Recipes!!");
System.out.println(matcher.find()); // => true
```

057 문자열을 정규 표현으로 치환하기

Matcher | appendReplacement | appendTail | find **6 7 8**

replaceAll | replaceFirst

연관	055 문자열이 정규 표현에 일치하는지 조사하기 P.097
이용사례	문자열의 특정 패턴에 일치하는 부분을 치환하는 경우

정규 표현으로 치환하려면 [표 2.16]의 Matcher 클래스의 메소드를 조합하여 사용한다.

표 2.16 Matcher 클래스의 치환을 위한 메소드

메소드	설명
Matcher appendReplacement(StringBuffer sb, String replacement)	찾았을 때마다 문자를 치환할 경우 find() 메소드와 조합해서 사용. 1번째 인수로 전달하는 StringBuffer에 변환 후의 문자열을 추가시킨다.
StringBuffer appendTail(StringBuffer sb)	appendReplacement() 메소드의 치환 처리를 한 때에 마지막으로 찾은 나머지의 문자열을 추가하기 위해 사용
boolean find()	찾았는지를 판정할 경우에 사용. find() 메소드는 boolean형으로 찾은 경우 true를, 그렇지 않을 경우 false를 반환한다. 또한 find() 메소드를 호출해서 문자열을 찾은 경우 다음의 시퀀스로 이동한다.
String replaceAll(String replacement)	찾은 문자열을 모두 치환한다.
String replaceFirst(String replacement)	처음 찾은 문자열을 치환한다.
Matcher reset()	find() 메소드, replaceAll() 메소드, replaceFirst() 메소드의 사용에 의해 진행된 Matcher 객체의 시퀀스를 초기화한다.

● **정규 표현을 사용한 치환**

```
// 치환 후 문자열
String replaceString = "레시피";
// Pattern을 컴파일
Pattern pattern = Pattern.compile("Recipe.");
// 검색 결과를 Matcher에 저장
Matcher matcher = pattern.matcher("Java Recipe has many Recipes!!");

// 처음에 찾은 문자열만 치환
String result1 = matcher.replaceFirst(replaceString);
System.out.println(result1); // => "Java 레시피 has many Recipes!!"
```

```
// 이동한 matcher의 시퀀스를 리셋
matcher.reset();

// 찾은 문자열 모두 치환
String result2 = matcher.replaceAll(replaceString);
System.out.println(result2); // => "Java 레시피 has many 레시피!!"

// 이동한 matcher의 시퀀스를 리셋
matcher.reset();

// 찾을 때마다 처리를 실시
StringBuffer replacedString = new StringBuffer();
while(matcher.find()) {
  // 찾은 대상을 치환
  matcher.appendReplacement(replacedString, replaceString);
}
// 검색에 마지막으로 찾은 부분 이후의 검색 대상 문자열을 결합
StringBuffer result3 = matcher.appendTail(replacedString);
System.out.println(result3); // => "Java 레시피 has many 레시피!!"
```

COLUMN   String 클래스만으로 간편하게 정규 표현을 사용

String 클래스에서는 String#replaceAll() 메소드나 String#replaceFirst() 메소드를 사용함으로써 간편하게 정규 표현을 다룰 수 있다. 치환 문자열에서는 정규 표현에 일치한 부분을 $0 등으로 참조할 수 있다. $0은 일치한 문자열 전체, $1과 $2는 정규 표현의 그룹이다.

● String 클래스에서 간단하게 정규 표현을 사용

```
String target = "Java Recipe has many Recipes!!";
String result = target.replaceAll("Recipe.", "레시피 ");
System.out.println(result); // => "Java 레시피 has many 레시피 !!"

String result2 = target.replaceFirst("Recipe.", "레시피 ");
System.out.println(result2); // => "Java 레시피 has many Recipes!!"

String result3 = target.replaceAll("Recipe","$0 is Great ");
System.out.println(result3);
    // => Java Recipe is Great  has many Recipe is Great s!!
```

058 수치 처리하기

Math | abs | sqrt | pow | max | min | round | ceil | floor   6 7 8

관련내용	–
이용사례	절대값과 최대값, 최소값을 구하는 경우 삼각함수를 사용하고 계산할 경우 제곱근과 거듭제곱을 계산할 경우 최대값, 최소값을 계산할 경우 소수의 반올림, 올림, 버림을 하는 경우

Math 클래스에 정의된 static 메소드(표 2.17)를 사용한다.

표 2.17 Math 클래스의 주요 메소드

메소드 이름	설명
abs	절대값을 구함
acos	역 코사인(arc cosine)을 구함
asin	역 사인(arc sine)을 구함
atan	역 탄젠트(arc tangent)를 구함
cos	지정된 각도의 코사인(cosine)을 구함
cosh	double 값의 쌍곡선 코사인을 구함
sin	지정된 각도의 사인(sine)을 구함
sinh	double 값의 쌍곡선 사인을 구함
tan	지정된 각도의 탄젠트(tangent)를 구함
tanh	double 값의 쌍곡선 탄젠트를 구함
toDegrees	라디안으로 계측한 각도를 해당하는 도로 변환
toRadians	도로 계측한 각도를 해당하는 라디안으로 변환
sqrt	지정된 값의 제곱근을 구함
pow	1번째 인수를 2번째 인수로 거듭 제곱한 결과를 double로 구함
max	1번째 인수와 2번째 인수를 비교하여 큰 것을 구함
min	1번째 인수와 2번째 인수를 비교하여 작은 것을 구함
round	지정된 값을 반올림
ceil	지정된 값을 올림
floor	지정된 값을 버림
addExact `Java 8 이후`	지정된 값(int와 long)을 더해 오버플로우인 경우 ArithmeticException이 발생
subtractExact `Java 8 이후`	지정된 값(int와 long)을 빼 오버플로우인 경우 ArithmeticException이 발생
multiplyExact `Java 8 이후`	지정된 값(int와 long)을 곱해 오버플로우인 경우 ArithmeticException이 발생
toIntExact `Java 8 이후`	지정된 값(long)을 int로 변환하고, int가 오버플로우인 경우 ArithmeticException이 발생

●수치 처리

```java
// 절대값을 계산
int result1 = Math.abs(-12);        // => 12
double result2 = Math.abs(-12.34); // => 12.34

// 삼각함수를 계산
double result1 = Math.sin(45);
double result2 = Math.cos(30);
double result3 = Math.tan(75);

// 제곱근을 계산
double result = Math.sqrt(9);    // => 3.0

// 거듭 제곱을 계산
double result = Math.pow(2, 3); // => 8.0

// 최대값을 계산
int result = Math.max(5, 3); // => 5

// 최소값을 계산
int result = Math.min(5, 3); // => 3

// 반올림
double result1 = Math.round(0.49); // => 0
double result2 = Math.round(0.51); // => 1

// 올림
double result = Math.ceil(1.09); // => 2.0

// 버림
double result = Math.floor(1.09); // => 1.0

// 오버플로우가 예상되는 경우에 가산한다
int result = Math.addExact(Integer.MAX_VALUE, 1);
    // => ArithmeticException: integer overflow가 발생

// 오버플로우가 예상되는 경우에 long을 int로 변환
int result = Math.toIntExact(Long.MAX_VALUE);
    // => ArithmeticException: integer overflow가 발생
```

059 수치를 임의의 형식으로 형식화하기

NumberFormat | **DecimalFormat**   **6 7 8**

관련내용	295 메시지를 국제화하기 P.514
이용사례	수치를 3자릿수마다 콤마(,)로 구분 짓는 경우 마이너스를 −가 아닌 ▲으로 표시하는 경우

통화 등 일반적인 형식으로 만드는 java.text.NumberFormat 클래스와 보다 유연하게 형식화하는 java.text.DecimalFormat 클래스를 사용하는 2가지 방법이 있다.

NumberFormat 클래스를 사용

표준적인 형식에 대해서는 [표 2.18]처럼 형식을 생성하는 메소드가 준비되어 있다. 이러한 메소드로 NumberFormat 객체를 구하고 format( ) 메소드를 호출함으로써 형식화된 문자열을 구할 수 있다.

표 2.18 **NumberFormat 클래스에서 준비되어 있는 메소드**

메소드 이름	설명
getInstance( )	범용 수치 형식
getIntegerInstance( )	범용 정수값 형식
getCurrencyInstance( )	통화 형식
getPercentInstance( )	퍼센트 형식

● **NumberFormat으로 만들기**

```java
// 정수값을 형식화
String result1 = NumberFormat.getIntegerInstance().format(1000000);
    // => "1,000,000"
// 통화 형식으로 형식화
String result2 = NumberFormat.getCurrencyInstance().format(1000000);
    // => "₩1,000,000"
// 백분율 형식으로 형식화
String result3 = NumberFormat.getPercentInstance().format(0.8); // => "80%"
```

또한, 메소드의 인수에 java.util.Locale 객체를 지정하면 지정된 Locale이 나타내는 언어 · 지역의 형식 규칙으로 변경된다. 예를 들어 Locale.US를 지정하면 통화 형식은 $가 표시된다.

```
Locale locale = Locale.US;
String result = NumberFormat.getCurrencyInstance(locale).format(1000000);
    // => "$1,000,000"
```

| DecimalFormat 클래스를 사용

6자리에 미치지 않을 때는 0을 삽입하여 반드시 6자릿수로 하는 등 수치를 임의의 형식으로 하려면 DecimalFormat을 사용한다. 형식화 규칙은 [표 2.19]와 같이 지정할 수 있다.

표 2.19 DecimalFormat으로 지정할 수 있는 주요 형식

문자	의미
0	숫자
#	숫자. 제로의 경우 표시되지 않는다
,	수치의 자릿수 구분 문자
-	마이너스 기호
;	양수와 음수의 패턴을 바꾼다
'	특수 문자를 따옴표로 구분. 예를 들어 "#'#"를 지정하면 123은 "#123"으로 형식화된다

형식 규칙을 지정한 DecimalFormat 객체를 생성하여 format() 메소드를 호출하는 것으로, 수치를 형식화 규칙에 따라 형식화한 문자열을 얻을 수 있다.

●DecimalFormat으로 만들기

```
DecimalFormat zeroDF = new DecimalFormat("000,000");
String result1 = zeroDF.format(1234); // => "001,234"

DecimalFormat negativeDF = new DecimalFormat("###,###; ▲###,###");
String result2 = negativeDF.format(-1234); // => "▲1,234"
```

060

난수를 생성하기

Math | random ⑥⑦⑧

관련내용	–
이용사례	난수를 발생시켜 유일한 ID를 생성하는 경우

Math#random( ) 메소드를 사용한다. 이 메소드는 0~1의 double 값을 반환한다.

처음에 random( ) 메소드가 호출된 때에 의사 난수 생성기가 생성되고, 그 후에 random( ) 메소드 호출에 사용된다.

● 난수 생성하기

```
// 난수가 발생하기 때문에 result1과 result2는 다를 수 있다
double result1 = Math.random();
double result2 = Math.random();
```

NOTE   보안을 의식한 경우에는 SecureRandom을 사용하자

Math 클래스의 random( ) 메소드에서는 선형 합동법(Linear congruential generators, LCGs)이라는 알고리즘을 바탕으로 난수를 발생시킨다. 따라서 출력되는 값에서 시드를 예측하고 다음 값을 추측할 수 있다. 보다 복잡한 난수를 생성하려면 java.security.SecureRandom 클래스를 사용하자.

● SecureRandom을 사용한 난수 생성

```
// nextInt() 메소드로 랜덤한 정수를 구함
Random r1 = new SecureRandom();
int value1 = r1.nextInt();
int value2 = r1.nextInt();

// 알고리즘과 시드를 지정하고 난수를 생성
Random r2 = SecureRandom.getInstance("SHA1PRNG");
int value3 = r2.nextInt();
int value4 = r2.nextInt();
```

061

반올림 오차가 발생하지 않는 계산

BigDecimal   6 7 8

관련내용	–
이용사례	금리와 금액 등 자세한 수치 계산이 필요한 경우

java.math.BigDecimal 클래스를 사용한다

int, float, double 등의 Java 수치형은 내부적으로는 2진수로 처리된다.

따라서 "1.1+2.2"와 같이 2진수로 처리할 수 없는 수치 계산을 한 경우 반올림 처리를 한다. 이 반올림 처리로 생기는 오차를 '반올림 오차' 라고 한다.

```
// double로 계산하면 반올림 오차가 발생한다
double result = 1.1 +2.2; // => 3.30000000000000003
```

금액의 계산 등 오차가 허용되지 않는 경우에서는 BigDecimal을 사용하여 반올림 오차의 발생을 막을 수 있다. BigDecimal으로 사칙 연산을 하려면 [표 2.20]의 메소드를 사용한다.

표 2.20 BigDecimal으로 사칙 연산을 하기 위한 메소드

메소드	설명
add(BigDecimal)	덧셈
subtract(BigDecimal)	뺄셈
multiply(BigDecimal)	곱셈
divide(BigDecimal)	나눗셈

BigDecimal#divide( ) 메소드로 소수의 나눗셈을 하는 경우 2번째 인수로 소수 몇자리까지를 유효로 할지 3번째 인수로 [표 2.21]처럼 반올림할지, 버릴지 등을 지정할수 있다.

표 2.21 BigDecimal#divide( ) 메소드에 지정하는 옵션

열거형 상수	설명
RoundingMode.CEILING	양의 무한대 값으로 근접하도록 반올림하는 모드
RoundingMode.DOWN	0에 근접하도록 반올림하는 모드
RoundingMode.FLOOR	음의 무한대 값으로 근접하도록 반올림하는 모드

열거형 상수	설명
RoundingMode.HALF_UP	'가장 근사치'로 근접하도록 반올림하는 모드, 이른바 반올림
RoundingMode.UNNECESSARY	반올림을 하지 않는 모드. 만약 반올림이 필요한 경우는 ArithmeticException을 발생시킴
RoundingMode.UP	0에서 멀어지도록 올림하는 모드

● BigDecimal로 사칙 연산하기

```java
// BigDecimal 인스턴스를 생성
BigDecimal bd = new BigDecimal("1.1");

// BigDecimal 덧셈, 뺄셈, 곱셈
BigDecimal bdAdd = new BigDecimal("2.2").add(bd); // => 3.3
BigDecimal bdSubtract = new BigDecimal("2.2").subtract(bd); // => 1.1
BigDecimal bdMultiply = new BigDecimal("2.2").multiply(bd); // => 2.42

// 나눗셈은 소수 5자리에서 반올림
BigDecimal bdDivide = new BigDecimal("2.2")
   .divide(bd, 4, RoundingMode.HALF_UP); // => 2.0000
```

> **NOTE**   **BigDecimal과 float, double의 사용**
>
> BigDecimal을 사용하여 반올림 오차를 막을 수 있지만 BigDecimal은 float, double로의 계산과 비교하면 처리에 시간이 걸린다는 단점이 있다. 따라서 계산의 정확도가 요구되는 경우에만 BigDecimal을 사용하는 등 상황에 따라 구분하여 사용하도록 한다.

062 부호 없는 정수 다루기

toUnsignedString | divideUnsigned | remainderUnsigned   8

parseUnsignedInt | parseUnsignedLong

관련내용	012 Java의 데이터형 알아보기 P.028
이용사례	큰 값을 계산하는 경우

Java 8에서는 int와 long을 부호 없는 정수로 다루기 위한 메소드로 Integer 클래스와 Long 클래스의 static 메소드로 추가되어 있다.

보통의 int는 32비트, long은 64비트를 사용해 정규 정수를 표현하며 이것이 부호 있는 정수이다. 반면 부호가 없는 정수는 int의 경우 32비트, long의 경우 64비트 전부를 사용하여 정규의 정수만을 표현한다. 정수에 한정하면 같은 비트 수라도 부호 있는 정수보다 많은 범위를 처리할 수 있기 때문에 큰 값의 계산에 사용할 수 있다.

부호 없는 정수의 사칙 연산 중 덧셈, 뺄셈, 곱셈은 보통 정수와 비슷하도록 내장 산술 연산자를 사용하여 처리한다. 값을 표시하는 경우는 Integer와 Long 클래스의 toUnsignedString( ) 메소드 문자열로 변환한 것을 표시한다.

● int와 long을 부호 없는 정수로 다루기

```
// int의 최대값(2147483647)에 대해 덧셈을 한다
int a = Integer.MAX_VALUE + 1;

// 그대로 표시하면 오버플로우를 일으켜 음수로 표시된다
System.out.println(a); // => -2147483648

// Integer#toUnsignedString()에서 부호 없는 정수로 표시하면 올바른 결과가 표시된다
System.out.println(Integer.toUnsignedString(a)); // => 2147483648

// long이 최대값(9223372036854775807)에 대해 덧셈을 한다
long b = Long.MAX_VALUE + 1;

// 그대로 표시하면 오버플로우를 일으켜 음수로 표시된다
System.out.println(b); // => -9223372036854775808

// Long#toUnsignedString()에서 부호 없는 정수로 표시하면 올바른 결과가 표시된다
System.out.println(Long.toUnsignedString(b)); // => 9223372036854775808
```

나눗셈 및 나머지에 대해서는 Integer 클래스 또는 Long 클래스의 divideUn-signed( ) 메소드, remainderUnsigned( ) 메소드를 사용해야 한다. 이것은 나눗셈 및 나머지 연산에서는 계산 대상의 값을 부호 있는 정수로 보거나 부호 없는 정수로 간주해 계산 결과가 달라지는 경우가 있기 때문이다.

● 부호 없는 정수의 뺄셈과 나눗셈

```java
int a, b = …

// 나눗셈
int c = Integer.divideUnsigned(a, b);
// 나머지
int d = Integer.remainderUnsigned(a, b);
```

Integer#parseUnsignedInt( ) 메소드나 Long#parseUnsignedLong( ) 메소드에서 문자열을 부호 없는 정수로 변환할 수도 있다. 부호 없는 정수는 정수밖에 다룰 수 없으므로 음수를 나타내는 문자열을 주면 NumberFormatException이 발생된다.

● 문자열을 부호 없는 정수로 변환

```java
// 문자열을 부호 없는 정수의 int로 변환
int a = Integer.parseUnsignedInt("2147483648");

// 문자열을 부호 없는 정수의 long으로 변환
long b = Long.parseUnsignedLong("9999999999999999999");

// 음수를 나타내는 문자열을 주면 예외가 발생한다
int c = Integer.parseUnsignedInt("-100"); // => NumberFormatException
```

NOTE **부호있는 정수의 범위 내에서 계산할 경우**

Java 8에서 부호 없는 정수의 지원은 "부호 있는 정수와 동일한 데이터형을 사용하고 정수형의 오버플로우를 이용하여 표시할 때만 변환을 한다"는 것이다. 따라서 변수가 부호 있는 정수를 나타내고 있는지 부호 없는 정수를 나타내고 있는지를 프로그래머가 의식하여 구분해 사용해야 한다.
Math 클래스의 addExact( ), subtractExact( ), multiplyExact( ), toIntExact( )라는 메소드 [레시피 058] 은 부호 있는 정수로 표현할 수 있는 범위를 오버플로우 한 경우 예외를 발생시킨다. 명시적으로 부호 있는 정수를 표현할 수 있는 범위 내에서 계산 처리를 보증하는 경우는 이러한 메소드를 사용할 수 있다.

레시피 037 에서 설명했듯이 람다식은 다음과 같이 인수와 반환값이 일치하는 함수형 인터페이스의 인스턴스로써 다룰 수 있다.

```
Runnable runnable = () -> System.out.println("Hello world!");
```

다음과 같이 람다식의 캐스트에는 &를 사용할 수 있고(&는 여러 개 지정 가능), 람다식에 대하여 여러 개의 구현을 추가할 수 있다.

```
// Serializable을 시리얼라이즈 가능한 인스턴스가 됨
Object lambda1 = (Runnable & Serializable) () -> …

// 기본 메소드를 포함한 인터페이스를 구현
Object lambda2 = (Runnable & Type) () -> …
// 캐스팅해서 기본 메소드를 호출
String typeName = ((Type) lambda2).getTypeName();
```

이처럼 람다식의 캐스트 시에 형을 지정하는 것을 교차형 캐스트라고 부른다. 다만, &로 여러 개의 형을 지정하는 경우 같은 특징의 함수형 인터페이스이어야 한다. 그렇지 않으면 컴파일 오류가 발생한다.

제 **03** 장
클래스와 인터페이스

063 클래스를 사용하기

class | 생성자 | 인스턴스 | 메소드 | 필드　　　　　　　6 7 8

관련내용	–
이용사례	Java에서 프로그램을 하는 경우

　　class 키워드를 사용하여 클래스를 정의한다. 클래스 내부에는 메소드나 필드 등을 정의한다. 클래스를 구성하는 요소 중 메소드나 필드 등을 '클래스 멤버'라고 한다.

구문 클래스 정의

```
액세스형 class 클래스명 {
    액세스형 데이터형 필드명=값;

    액세스형 반환값형 메소드명(인수형 매개변수명, …) {
        …처리…
        return 반환값;
    }
}
```

●**예 클래스 정의**

```java
public class HelloWorld {
  // 초기값 있음
  private String message = "Hello ";

  // 초기값이 없는 경우는 형에 따른 기본값으로 초기화 됨
  private int f1;    // => 0
  private String f2; // => null

  // 반환값 있음
  public String getHello(String name) {
    // return문을 사용해 반환값을 전달
    return message + name;
  }

  // 반환값이 없는 경우는 반환값형에 void를 지정한다
  public void printHello(String name) {
    // return문은 필요없다
    System.out.println(message + name);
  }
}
```

정의한 클래스를 사용하려면 new 연산자를 사용한다. new 연산자를 사용하여 생성한 객체를 인스턴스라고 한다.

● **클래스를 사용한다**

```
// 클래스의 인스턴스화
HelloWorld instance = new HelloWorld();

// 메소드를 호출한다
String result = instance.getHello("David");
instance.printHello("David");
```

▌ 생성자

인스턴스는 'new 클래스 이름()'처럼 생성하는데 이때 호출되는 것이 생성자다. 생성자에서는 주로 클래스 초기화를 한다.

`구문` **생성자 정의**

```
액세스형 클래스명(인수형 매개변수명, …) {
    …초기화 처리…
}
```

● `예` **생성자 정의**

```
public class ConstructorSample {
  private String str;

  // 인수 없는 생성자
  public ConstructorSample() {
    this("default");
  }

  // 인수 있는 생성자
  public ConstructorSample(String str) {
    this.str = str;
  }
}
```

인수는 인스턴스 생성 시 지정한 것이 생성자로 전달된다.

```
// 인수 있는 생성자를 사용하여 인스턴스화
ConstructorSample instance = new ConstructorSample("인수 있음");
```

COLUMN **this란?**

this란 자기 자신의 인스턴스를 나타낸다. 예를 들면 'this.필드명'에서 자기 자신의 필드를 참조할 수 있다. 또한, 생성자 내에서는 'this(인수)'처럼 자기 자신에 정의되어 있는 다른 생성자를 참조할 수도 있다. 다만 생성자에서 다른 생성자를 호출하는 경우는 생성자의 앞부분에서 호출해야 한다.

다른 생성자의 호출

```java
public class ConstructorSample {
  private String name;
  private String gender;

  public ConstructorSample() {
    // 이것은 OK
    this("unknown", "unknown");
  }

  public ConstructorSample(String name) {
    // 다른 생성자 호출 전에 코드 실행이 있으므로 컴파일 오류
    System.out.println(name);
    this(name, "unknown");
  }

  public ConstructorSample(String name, String gender) {
    this.name = name;
    this.gender = gender;
  }
}
```

064 인터페이스를 사용하기

interface │ implements   6 7 8

관련내용	–
이용사례	처리를 인터페이스화하는 경우

interface 키워드를 사용하여 인터페이스를 정의한다. 인터페이스 내부에는 추상 메소드와 상수만 정의할 수 있다. Java 8 이후라면 기본 구현한 메소드나 static 메소드를 정의할 수도 있다(레시피 065).

구문 인터페이스 정의

```
액세스형 interface 인터페이스명 {
  public static final 형 상수명 = 값;

  public 반환값 형 메소드명(인수형 인수명, ...);
}
```

●**예** 인터페이스 정의

```
public interface HelloWorld {
  // 액세스형을 생략하면 public이 된다
  // 상수 static final도 생략 가능
  public static final String MESSAGE = "Hello ";

  public void hello(String name);
}
```

COLUMN   final이란?

필드에 final을 붙이면 상수로 나눠시며, 한 번 값을 대입하면 변경할 수 없다.
또한, final은 필드 이외에도 붙일 수 있고 그 동작을 제한할 수 있다. 클래스에 붙이는 경우는 상속할 수 없는 클래스가 된다(레시피 068). 메소드에 붙인 경우는 오버라이드 할 수 없는 메소드가 된다(레시피 070). 로컬 변수와 메소드의 인수에 붙인 경우는 필드의 경우와 마찬가지로 값 변경을 할 수 없는 변수가 된다.

인터페이스는 직접 인스턴스화할 수 없다. 정의된 인터페이스를 사용하려면 우선 implements 키워드를 사용하여 구현 클래스를 정의하고 구현 클래스의 인스턴스를 생성한다.

●인터페이스를 사용한다

```
// 구현 클래스를 정의
public class HelloWorldImpl implements HelloWorld {
  @Override
  public void hello(String name) {
    System.out.println(MESSAGE + name);
  }
}

// 구현 클래스의 인스턴화
HelloWorld instance = new HelloWorldImpl();
instance.hello("David");
```

┃ 인터페이스 상속과 다중 구현

인터페이스는 다른 인터페이스를 여러 개 상속하여 정의할 수 있다.

```
// 상속할 클래스를 여러 개 지정하는 경우는 콤마로 구분한다
public interface 인터페이스명
  extends 인터페이스명, 인터페이스명…
```

또한, 구현 클래스도 여러 개의 인터페이스를 상속할 수 있다.

```
public class 클래스명 implements 인터페이스명, 인터페이스명…
```

> **NOTE** 역자주 **Java와 다중 상속**
>
> Java 클래스는 다중 상속을 지원하지 않는다. 그 대신 인터페이스를 두어 제한적으로 다중 상속을 지원하므로 다른 C++과 같은 언어와 혼동하지 않도록 한다.

065 인터페이스에 메소드를 구현하기

interface | default | static 메소드   8

| 관련내용 | 064 인터페이스를 사용하기 P.117 |
| 이용사례 | 기존의 구현 클래스에 영향 없이 메소드를 추가하는 경우
여러 개의 구현 클래스에서 처리가 똑같은 메소드를 정의하는 경우 |

Java 8 이후로 인터페이스의 메소드에는 default 키워드를 사용하여 기본 구현을 정의할 수 있다.

● 인터페이스의 메소드에 기본 구현을 정의한다

```java
public interface HelloWorld {
  default public String hello(String name) {
    return "Hello " + name;
  }
}
```

이 인터페이스의 구현 클래스에서는 메소드를 구현할 필요는 없다.

● 기본 구현한 메소드를 사용한다

```java
// 구현 클래스
public class HelloWorldImpl implements HelloWorld {
    ⋮
}

// 기본 구현 메소드가 호출된다
new HelloWorldImpl().hello("영이"); // => Hello 영이
```

구현 클래스에서 처리를 바꾸고 싶은 경우 기본 구현을 오버라이드할 수 있다.

● 기본 구현의 메소드를 오버라이드 한다

```java
// 구현 클래스
public class HelloWorldImpl implements HelloWorld {
  // 기본 구현을 오버라이드
  @Override
  public String hello(String name) {
    // super를 사용하여 기본 구현을 호출한다
    return String.format("*** %s ***", super.hello(name));
  }
}
```

```
// 오버라이드한 처리가 호출된다
new HelloWorldImpl().hello("영이"); // => *** Hello 영이 ***
```

▌ 인터페이스를 지정하여 기본 구현을 호출

여러 인터페이스를 상속하거나 구현한 경우 같은 이름의 메소드가 여러 곳의 인터
페이스에 구현되어 있으면 컴파일 오류가 된다. 이러한 경우는 구현 클래스에서 오버
라이드함으로써 컴파일 오류를 피할 수 있다.

● 실행하고자 하는 기본 구현을 지정

```
interface A { default void method() … }
interface B { default void method() … }
class C implements A, B {
  @Override
  public void method() {
    // A의 기본 구현을 호출한다
    A.super.method();
  }
}
```

구현 클래스에서는 위의 예제와 같이 명시적으로 인터페이스를 지정하여 특정 기
본 구현을 호출할 수 있지만, super에 지정할 수 있는 것은 직접 상속과 구현하는 인
터페이스뿐이라는 점에 주의한다. 부모의 인터페이스를 상속하는 인터페이스는 지정
할 수 없다.

▌ static 메소드를 정의

인터페이스에는 static 메소드를 정의할 수도 있다. 그 인터페이스의 인스턴스를 생
성하는 팩토리 메소드 등은 해당 인터페이스에 static 메소드로 구현해 두도록 한다.

```
public interface Stream<T> extends BaseStream<T, Stream<T>> {
  public static<T> Builder<T> builder() {
      ⋮
  }
}
```

중첩 클래스를 사용하기

관련내용	–
이용사례	엔클로징형과 관련된 클래스를 정의하는 경우

클래스 내부에 클래스(중첩 클래스)를 정의할 수 있다. 중첩 클래스는 static이 붙는지의 여부로 특징이 달라진다.

내부 클래스

static이 붙어 있지 않은 중첩 클래스를 내부 클래스라고 한다. 내부 클래스는 외부 클래스 필드, 메소드에 직접 액세스할 수 있다.

● 내부 클래스의 정의

```java
// 외부 클래스(엔클로징형)
public class Outer {
  private String outerField = "outer ";

  // 내부 클래스(중첩형)
  public class Inner {
    private String innerField = "inner";

    public String innerMethod() {
      // 외부 클래스의 메소드나 필드로 직접 액세스 가능
      outerMethod();
      return outerField + innerField;
    }
  }

  public void outerMethod() {
    Inner inner = new Inner();

    // 내부 클래스의 private 필드로 액세스 가능
    System.out.println(inner.innerField);
    System.out.println(inner.innerMethod());
  }
}
```

외부 클래스 밖에서 내부 클래스 인스턴스를 생성하려면 다음과 같이 한다.

```
import Outer.Inner;
Outer outer = new Outer();
// 외부 클래스 인스턴스로부터 내부 클래스를 인스턴스화
Inner inner = outer.new Inner();
```

▌ static 중첩 클래스

static이 붙은 중첩 클래스를 static 중첩 클래스라고 한다. static 중첩 클래스는 외부 클래스 필드와 메소드에 직접 액세스할 수 없으며, 일반 클래스와 같은 행동을 한다.

● static 중첩 클래스의 정의

```
// 외부 클래스(엔클로징형)
public class Outer {
  private String outerField = "outer ";

  // static 중첩 클래스(중첩형)
  public static class Nested {
    private String nestedField = "nested";

    public String nestedMethod() {
      // 외부 클래스의 메소드나 필드에는 액세스 접근 불가
      // outerMethod(); // 오류
      // return outerField; // 오류
      return nestedField;
    }
  }

  public void outerMethod() {
    Nested nested = new Nested();

    // static 중첩 클래스의 private 필드로 액세스 가능
    System.out.println(nested.nestedField);
    System.out.println(nested.nestedMethod());
  }
}
```

외부 클래스 밖에서 static 중첩 클래스의 인스턴스를 생성하려면 다음과 같이 한다.

```
import Outer.Nested;

// 일반 클래스와 마찬가지로 인스턴스화
Nested nested = new Nested();
```

NOTE **중첩 인터페이스와 열거형**

클래스의 내부에 인터페이스 및 열거형을 정의할 수 있지만 클래스와는 다른 암묵적인 static이다. 따라서 static을 생략해도 항상 static으로 처리되고 보통 인터페이스 열거형과 같은 동작을 한다. 예를 들어 중첩된 열거형을 다음과 같이 정의한다.

● **중첩 열거형을 정의한다**

```
public class Outer {
  // static을 생략
  public enum Sex {
    MAN, WOMAN
  }

    ⋮

}
```

외부 클래스 밖에서 인스턴스를 사용하는 경우 보통의 열거형과 같이 열거 이름을 통해서 enum 정수에 액세스할 수 있다.

```
import Outer.Sex;

// 열거명을 통해서 enum 상수로 액세스
Sex sex = Sex.MAN;
```

067 익명 클래스를 사용하기

익명 클래스 | 무명 클래스   6 7 8

관련내용	037 람다식이란? P.073
이용사례	재사용하지 않는 추상 클래스와 인터페이스를 구현하는 경우

　인스턴스화와 동시에 정의하고 클래스 이름이 없는 클래스를 익명 클래스(또는 무명 클래스)라고 한다. 추상 클래스와 인터페이스의 구현을 할 때 처리가 간단하고 앞으로 재사용할 가능성이 없는 일회성 처리를 하는 경우에 사용한다.

● 익명 클래스 정의

```java
// new Comparator 이후 {…}가 익명 클래스
Comparator<String> comparator = new Comparator<String>() {
  @Override
  public int compare(String o1, String o2) {
    return o1.compareTo(o2);
  }
};
```

　주의사항으로 익명 클래스에는 몇 가지 제한이 있다. 먼저 익명 클래스에는 클래스 이름이 없기 때문에 다음과 같은 것은 할 수 없다.

- 생성자를 정의할 수 없다
- 슈퍼 클래스가 될 수 없다

　또한, 익명 클래스에서 외부 메소드의 로컬 변수는 final만 액세스할 수 있다.

```java
public void outer(final String message) {
  Runnable runnable = new Runnable() {
    @Override
    public void run() {
      // outer 메소드의 인수가 final이므로 액세스 가능
      System.out.println("메시지: " + message);
    }
  };
}
```

MEMO

068 / 클래스를 상속하기

extends │ 슈퍼 클래스 │ 서브 클래스   6 7 8

| 관련내용 | – |
| 이용사례 | 클래스를 확장하는 경우 |

extends 키워드를 사용한다. extends 키워드는 이미 작성된 클래스에 영향을 주는 일 없이 기능을 확장하고 싶은 경우 등에 사용한다. 예를 들어 인증이라고 하는 애플리케이션 전체에 공통되는 처리를 기본 클래스에 정의해 두고 이 기본 클래스를 상속하여 각각의 처리를 구현하는 용도가 있을 수 있다.

● 클래스를 상속받는다

```java
// 슈퍼 클래스(기본 클래스 또는 부모 클래스)
public class SuperClass {
  private String superField;

  // 생성자
  public SuperClass(String arg) {
    superField = arg;
  }

  protected String superMethod() {
    return superField;
  }
}

// 서브 클래스(파생 클래스 또는 자식 클래스)
public class SubClass extends SuperClass {
  // 생성자
  public SubClass(String arg) {
    // 슈퍼 클래스의 생성자를 호출한다
    super(arg);
  }

  public void print() {
    // 슈퍼 클래스의 멤버는 서브 클래스에 상속된다
    System.out.println(superMethod());
  }
}
```

Java에서는 다중 상속(슈퍼 클래스를 여러 개 가진 상속)을 지원하지 않는다. 클래스를 상속받을 수 있는 클래스는 1개뿐이다. 또한, final이 붙은 클래스는 상속받을 수 없다.

●상속받을 수 없는 클래스

```
final class SuperClass { … }
class SubClass extends SuperClass { … } // 컴파일 오류
```

COLUMN   **super란?**

SubClass 클래스에서 super라고 하는 키워드는 슈퍼 클래스 자신의 인스턴스를 나타낸다. 서브 클래스에서 슈퍼 클래스의 인스턴스를 참조하는 경우에 이용한다. 'super(arg)'는 슈퍼 클래스의 생성자 'SuperClass(String)'을 참조한다. 또한, 서브 클래스에서 메소드를 오버라이드 할 경우 슈퍼 클래스의 오버라이드된 메소드를 참조할 때도 이용한다(레시피 070).

▍초기화 순서

서브 클래스의 인스턴스를 생성하면 초기화는 슈퍼 클래스, 서브 클래스의 순서로 된다. 쉽게 생각이 안 들 수 있으므로 구체적인 코드를 나타낸다.

●초기화 처리를 정의

```
// 슈퍼 클래스
public class SuperClass {
  static {
    System.out.println("슈퍼 클래스: static 이니셜라이져");
  }

  {
    System.out.println("슈퍼 클래스: 인스턴스 이니셜라이져");
  }

  public SuperClass() {
    System.out.println("슈퍼 클래스: 생성자");
  }
}
```

```java
// 서브 클래스
public class SubClass extends SuperClass {
  static {
    System.out.println("서브 클래스: static 이니셜라이저");
  }

  {
    System.out.println("서브 클래스: 인스턴스 이니셜라이저");
  }

  public SubClass() {
    System.out.println("서브 클래스: 생성자");
  }
}
```

SubClass의 인스턴스를 생성하면 다음과 같이 된다.

▼실행 결과

```
슈퍼 클래스: static 이니셜라이저
서브 클래스: static 이니셜라이저
슈퍼 클래스: 인스턴스 이니셜라이저
슈퍼 클래스: 생성자
서브 클래스: 인스턴스 이니셜라이저
서브 클래스: 생성자
```

보통의 클래스와 마찬가지로 다음의 순서로 실행된다.

❶ static 이니셜라이저
❷ 인스턴스 이니셜라이저
❸ 생성자

주의해야 할 것은 슈퍼 클래스, 서브 클래스의 순서로 호출되고 있다는 점이다.
또한, 서브 클래스에서 슈퍼 클래스의 생성자를 명시적으로 호출하지 않는 경우는
인수가 없는 생성자가 암묵적으로 실행된다. 인수가 있는 생성자를 실행하고 싶은 경
우는 명시적으로 호출해야 한다.

## 069

추상 클래스를 사용하기

관련내용	068 클래스를 상속하기 P.126
이용사례	처리의 틀을 정의하는 경우

　　abstract 키워드를 사용하여 추상 클래스를 정의한다. 추상 클래스 내부에는 일반적인 멤버를 추가해 메소드 정의만 하는 추상 메소드를 기술할 수 있다.

구문 추상 클래스 정의

```
액세스형 abstract class 클래스명 {
  // 추상 메소드(필수는 아니다)
  액세스형 abstract 반환값형 메소드명(인수형 인수명, …);

  …일반적인 멤버도 정의 가능…
}
```

예 추상 클래스(AbstractClass 클래스)

```java
public abstract class AbstractClass {
  public abstract int calculate(int value1, int value2);

  public void execute() {
    System.out.println(calculate(10, 20));
  }
}
```

　　추상 클래스는 직접 인스턴스화할 수 없다. 정의한 추상 클래스를 사용하려면 추상 클래스를 상속한 서브 클래스를 정의한다.

추상 클래스를 사용(AbstractClass 클래스의 이용사례)

```java
// 서브 클래스를 정의
public class SubClass extends AbstractClass {
  // 추상 메소드를 구현
  @Override
  public int calculate(int value1, int value2) {
    return value1 + value2;
  }
}

// 서브 클래스의 인스턴스화
AbstractClass instance = new SubClass();
```

```
// 추상 클래스에 정의한 execute() 메소드를 실행하여 덧셈 처리를 한다
instance.execute();
```

NOTE **초기화 순서를 의식한다**

추상 클래스의 생성자에서 추상 메소드를 호출하는 경우는 주의가 필요하다. 예를 들어 추상 클래스를 다음과 같이 정의한다.

● **추상 클래스**

```
abstract class AbstractClass {
  // 생성자로 추상 메소드를 호출한다
  AbstractClass() {
    init();
  }

  abstract void init();
}
```

서브 클래스에서 추상 메소드를 구현하지만 여기에서는 생성자에 전달된 메시지를 출력한다.

● **서브 클래스**

```
public class SubClass extends AbstractClass {
  private final String message;

  public SubClass(String message) {
    this.message = message;
  }

  @Override
  void init() {
    // 생성자에 전달된 메시지를 출력
    System.out.println(message);
  }
}
```

SubClass의 인스턴스를 생성하면 다음과 같다.

▼ **실행 결과**

```
null
```

이것은 레시피 068 에서 기술한 초기화 순서와 관계가 있다. 추상 클래스의 생성자가 실행된 시점에서 서브 클래스의 생성자는 아직 실행되지 않았다. 따라서 message 필드에 값이 설정되지 않아 null이 된다.
추상 메소드의 구현에서는 예상치 않은 오류가 발생할 수 있으므로 주의한다.

## 070

메소드를 오버라이드 · 오버로드하기

관련내용	068 클래스를 상속하기 P.126
이용사례	서브 클래스에서 처리를 변경하는 경우 유사 처리의 인수를 변경하는 경우

　슈퍼 클래스에서 정의된 메소드를 서브 클래스로 덮어 쓰는 것을 '오버라이드' 라고 한다. 동일한 클래스 내에서 인수는 다르지만 이름은 같은 메소드를 정의하는 것을 '오버로드' 라고 한다.

오버라이드

　서브 클래스에서 슈퍼 클래스와 같은 이름과 인수의 메소드를 정의함으로써 슈퍼 클래스의 메소드 처리를 덮어 쓸 수 있다. 슈퍼 클래스 처리를 바꾸어 놓는 경우나 슈퍼 클래스의 처리를 전후로 자체 처리를 넣고자 하는 경우 등에 이용할 수 있다.

●메소드를 오버라이드하기

```
class SuperClass {
  protected String method() {
    return "슈퍼 클래스";
  }
}

class SubClass extends SuperClass {
  // 오버라이드하는 메소드에는 @Override 어노테이션을 붙여 두었다
  // 액세스형은 제한이 약하므로 오버라이드 가능
  @Override
  public String method() {
    // 슈퍼 클래스의 메소드를 호출한다
    System.out.println(super.method());

    return "서브 클래스";
  }
}
```

참고로, final이 붙은 메소드는 오버라이드 할 수 없다.

● 오버라이드 할 수 없는 메소드

```
class SuperClass {
  protected final String method() { … }
}

class SubClass extends SuperClass {
  @Override
  public String method() { … } // 컴파일 오류
}
```

▌ 오버로드

인수가 다르다면 이름이 같은 메소드를 여러 개 정의할 수 있다(이 인수의 형, 인수의 수, 메소드 이름의 조합을 시그니처라 한다). 예를 들어 날짜의 형식 처리에서 long과 java.util.Date의 2가지를 처리하는 메소드를 만들고 싶은 경우 등에 이용할 수 있다.

● 메소드를 오버로드한다

```
public static String format(long date) {…}

// 오버로드(인수형이 다르다)
public static String format(Date date) {…}

// 오버로드(인수의 수가 다르다)
public static String format(long date, String format) {…}

// 오버로드(인수형이나 수는 같지만 순서가 다르다)
public static String format(String message, long date) {…}
```

또한, 오버로드한 메소드에 액세스형, 반환값의 형, throws는 자유롭게 지정할 수 있다.

```
// 액세스형에 private, 반환값에 long, throws에 Exception을 지정
private static long format(Date date, String format) throws Exception {…}
```

071

static 멤버를 사용하기

static 멤버 | static 필드   6 7 8

관련내용	011 static 멤버를 임포트하기 P.027
이용사례	애플리케이션으로 공통의 데이터를 가진 경우 유틸리티 메소드를 정의하는 경우

　메소드 및 필드에 static 키워드를 붙임으로써 static 메소드(클래스 메소드)와 static 필드(클래스 필드)가 된다. 이 static 멤버는 클래스가 1개만 생성되므로 인스턴스에 관계 없이 애플리케이션 전체에서 공유된다.

● static 멤버의 정의

```
public class StaticMember {
  // static 필드
  public static String staticField = "클래스 필드";

  // static 메소드
  public static void staticMethod() {
    System.out.println("클래스 메소드");
  }
}
```

　static 멤버를 사용하려면 클래스 이름을 통해서 접근한다. 인스턴스화는 필요하지 않다.

● static 멤버를 사용한다

```
// static 필드를 호출한다
String str = StaticMember.staticField;

// static 메소드를 호출한다
StaticMember.staticMethod();
```

　또한, static 임포트 레시피 011 를 사용하면 필드 이름과 메소드 이름만으로 참조할 수 있다.

072 / 이니셜라이져를 사용하기

static 이니셜라이져 | 인스턴스 이니셜라이져　　　6 7 8

관련내용	–
이용사례	정수값의 초기화에 예외 처리가 필요한 경우 익명 클래스의 초기화를 하는 경우

이니셜라이져(초기화자, initializer)에는 static 이니셜라이져와 인스턴스 이니셜라이져 2종류가 있으며, 사용법이 다르다.

▌ static 이니셜라이져(static 초기화)

그 클래스가 로딩될 때, 구체적으로는 다음과 같다.

- 인스턴스가 처음 생성될 때
- static 메소드나 static 필드(초기화 후(직접 대입식을 썼다) 상수를 제외)에 처음으로 접근할 때

한 번만 실행할 처리를 기술한다. 예를 들어 값을 구할 때 예외 처리가 필요하기 때문에 필드 정의 시에 직접 대입식을 쓰지 않는 경우 등에 이용한다.

● static 이니셜라이져의 정의

```java
public final class StaticInitializer {
  private static final int price;

  // static 이니셜라이져
  static {
    int p;
    try {
      p = Integer.parseInt(System.getProperty("price"));
    } catch (Exception e) {
      p = 1000;
    }
    price = p;
  }
}
```

또한, static 이니셜라이져에서 예외를 발생시킬 수 없다. 그런 처리를 기술한 경우 컴파일 오류가 난다.

인스턴스 이니셜라이져(인스턴스 초기화)

그 클래스가 인스턴스화될 때 생성자보다 먼저 실행된다.

● 인스턴스 이니셜라이져의 정의

```java
public class InstanceInitializer {
  // 인스턴스 이니셜라이져
  {
    System.out.println("생성자보다 전에 실행");
  }

  public InstanceInitializer() {
    System.out.println("생성자 실행");
  }
}
```

주로 클래스의 초기화 처리를 기술하지만 보통은 생성자에서 하는 것이 많기 때문에 인스턴스 이니셜라이져를 사용할 기회는 드물다. 단, 익명 클래스는 생성자를 정의할 수 없기 때문에 레시피 067 , 초기화 처리가 필요한 경우 인스턴스 이니셜라이져에서 한다.

● 익명 클래스의 초기화 처리

```java
Runnable r = new Runnable() {
  // 인스턴스 이니셜라이져
  {
    System.out.println("익명 클래스의 초기화 시 실행");
  }

  @Override
  public void run() {
    ⋮
  }
};
```

073 가변 인수를 정의하기

6 7 8

관련내용	–
이용사례	메시지의 플레이스 홀더를 치환하는 경우

가변 인수는 인수의 형 뒤에 '...'을 붙인다. 호출된 메소드 내부에서는 배열로 다룬다.

● 가변 인수의 정의

```java
public void method(String… args) {
  for(String arg:args) {
    System.out.println(arg);
  }
}
```

호출 측은 여러 인수를 콤마 단락으로 건네준다. 인수를 지정하지 않는 경우는 길이 0의 배열이 전달된다.

```java
// 인수 없음
method();

// 인수 1개
method("a");

// 인수 2개 이상
method("a", "b")
```

> **NOTE 가변 인수를 사용할 수 있는 곳**
>
> 가변 길이 인수는 마지막 인수만 정의할 수 있다. 그것 이외는 컴파일 오류가 발생한다.
>
> ```java
> public void method(int i, String… args) {…} // OK
> public void method(String… args, int i) {…} // 컴파일 오류
> ```

074 Java 액세스형에 대해서

public | protected | private   6 7 8

관련내용	–
이용사례	메소드나 필드 참조를 제한하는 경우

필드와 메소드 등에 액세스형을 참조함으로써 그 필드나 메소드에 액세스 가능한 클래스를 제한할 수 있다. Java에는 [표 3.1]의 액세스형이 준비되어 있다. 표 3.1의 아래로 갈수록 액세스 제한이 높아진다.

표 3.1 액세스형

수식자	자기 클래스	동일 패키지의 클래스	서브 클래스	다른 패키지의 클래스
public[※1]	○	○	○	○
protected	○	○	○	×
없음	○	○	×	×
private	○	×	×	×

※1 어디서나 참조 가능

예 액세스형 사용

```java
public class AccessModifierSample {

  // private : 이 클래스 내에서만 참조 가능
  private String name;

  // public : 모든 클래스에서 참조 가능
  public String getName() {
    return this.name;
  }

  // protected : 이 클래스 내 및 같은 패키지 내에서 참조 가능
  // 다른 패키지는 서브 클래스만 참조 가능
  protected void setName(String name) {
    this.name = name;
  }

  // 없음: 이 클래스 내 및 같은 패키지 내에서 참조 가능
  void printName() {
    System.out.println(this.name);
  }
}
```

075 열거형

관련내용	–
이용사례	성별 등의 정수값을 정의하는 경우

enum 키워드를 사용하고 열거형을 정의한다. 열거형의 내부에는 enum 정수(열거자)와 멤버(static 멤버도 가능)를 정의한다.

구문 열거형 정의

```
액세스형 enum 열거 이름 {
  enum 정수, ···;

  ···메소드와 필드도 정의 가능 ···
}
```

● **예** 열거형 정의

```java
public enum Sex {
  MAN, WOMAN;
}
```

정의한 열거형은 switch문을 사용한 비교에 이용할 수 있다.

● 열거형 비교

```java
public void compare(Sex sex) {
  switch(sex) {
  // case문에는 enum 정수를 지정
  case MAN:
    System.out.println("남자입니다");
    break;
  case WOMAN:
    System.out.println("여자입니다");
    break;
  }
}

// 열거명을 통하여 enum 정수로 액세스
compare(Sex.MAN);
```

또한, 열거형에는 [표 3.2]의 메소드가 암묵적으로 정의되어 있다.

표 3.2 **열거형의 암묵적 메소드**

메소드	설명
name	enum 정수의 이름을 구한다.
toString	name( ) 메소드와 같은 값을 구한다. 오버라이드 함으로써 구할 값을 변경할 수 있다.
ordinal	enum 정수 시퀀스 번호를 구한다. 순서 번호는 정의 순서로 0부터 할당된다.
compareTo	enum 정수의 정의 순서를 비교한다. 인수보다 전의 경우는 음의 값, 후의 경우는 양의 값, 같은 경우는 0을 반환한다.
valueOf	인수가 enum 정수의 이름에 해당하는 enum 정수 객체를 구한다.
values	열거형의 모든 enum 정수 객체를 정의 순서대로 구한다.

●**열거형의 암묵적 메소드를 사용한다**

```java
// 해당하는 enum 상수의 객체를 얻기
Sex man = Sex.valueOf("MAN");

// 모든 enum 수를 얻기
for(Sex sex : Sex.values()) {
  // enum 상수의 이름
  System.out.print("name():" + sex.name()); // => MAN, WOMAN 순으로 출력

  // name()과 같은 값
  System.out.print(" toString():" + sex.toString());

  // enum 상수의 순서 번호
  System.out.print(" ordinal():" + sex.ordinal()); // => MAN은 0, WOMAN은 1

  // 순서 번호의 비교(WOMAN보다 앞에 정의되어 있는지)
  System.out.println(" compareTo():" + sex.compareTo(Sex.WOMAN));
      // => MAN은 -1, WOMAN은 0
}
```

▎생성자에서 초기값을 정의한다

열거형은 생성자를 정의할 수 있으므로 초기값을 설정할 수 있다. 조금 전의 성별을 데이터베이스 상에서는 "1"과 "2" 같은 코드값으로 다룰 때 이용할 수 있다.

● 생성자에서 초기값을 정의한다

```java
public enum Sex {
  MAN(1), WOMAN(2); // 여기에서 생성자를 호출한다

  // 생성자
  // 액세스형은 반드시 private(private은 생략 가능)
  private Sex(int code) {
    this.code = code;
  }

  public int getCode() {
    return code;
  }

  private final int code;
}
```

위의 getCode() 메소드처럼 생성자에서 설정한 초기값을 구하는 메소드를 정의해 두면, enum 정수에서 그 값을 구할 수 있다.

● 생성자에서 설정한 초기값을 구한다

```java
Sex woman = Sex.WOMAN;
int code = woman.getCode();    // => 2
```

076

enum 정수마다 메소드를 오버라이드하기

열거형 | 인터페이스 ● 6 7 8

관련내용	075 열거형 P.138
이용사례	성별마다 다른 처리를 하는 경우

인터페이스와 메소드를 정의해 열거형에서 그 인터페이스를 구현함으로써 enum 정수마다 임의의 처리를 할 수 있다.

● **열거형에서 인터페이스를 구현한다**

```java
public interface Color {
  public String getColor();
}

public enum Sex implements Color {
  MAN {
    // enum 정수마다 메소드를 구현
    @Override
    public String getColor() {
      return "파랑";
    }
  },
  WOMAN {
    @Override
    public String getColor() {
      return "빨강";
    }
  };
}
```

구현한 메소드를 호출하는 방법은 enum 정수에 의하여 결정된다.

● **구현한 메소드를 호출**

```java
Color color1 = Sex.MAN;
String str1 = color1.getColor();   // => 파랑

Color color2 = Sex.WOMAN;
String str2 = color2.getColor();   // => 빨강
```

EnumSet | EnumMap `6 7 8`

관련내용	–
이용사례	Set 요소와 Map의 키에 열거형을 저장하는 경우

열거형을 다루는 컬렉션에는 열거형만 요소로 저장할 수 있는 java.util.EnumSet, 키에 열거형만 지정할 수 있는 java.util.EnumMap이 있다. 열거형을 다루는 경우에는 일반적인 Set이나 Map을 사용하는 것보다 효율적이다.

EnumSet

EnumSet의 이용사례로 비트 연산이 있다. 비트 연산은 플래그 처리 등에서 자주 사용하는 기법이지만, EnumSet을 사용함으로써 전달된 플래그가 사용 가능한 값인지 컴파일러에 의해서 확인할 수 있다.

● EnumSet에서 비트 필드를 정의한다

```
// 플래그를 정의
enum Flag {A, B, C, D}

// A와 C 플래그를 생성한다
EnumSet<Flag> flags = EnumSet.of(Flag.A, Flag.C);

// C 플래그가 만들어져 있는지
flags.contains(Flag.C); // => true
```

EnumSet의 주요 메소드는 [표 3.3]과 같다.

표 3.3 EnumSet의 주요 메소드

메소드	설명
of	지정한 enum 정수를 포함한 EnumSet을 작성한다.
allOf	지정한 열거형의 enum 정수를 모두 포함하는 EnumSet을 작성한다.
noneOf	지정한 열거형의 빈 EnumSet을 작성한다.
copyOf	지정한 컬렉션 또는 EnumSet을 복사하는 새로운 EnumSet을 작성한다.
complementOf	지정한 EnumSet의 요소 이외를 포함하는 새로운 EnumSet을 작성한다.
range	지정한 범위에 정의된 enum 정수를 포함하는 EnumSet을 작성한다.

이 밖에도 일반적인 Set이 갖는 메소드(add와 contains 등)도 이용할 수 있다.

EnumMap

EnumMap은 열거형을 키로 무언가 값을 관리하고 싶은 경우에 이용할 수 있다.

● EnumMap을 사용한다

```java
// 생성 시에 열거형의 Class 인스턴스를 전달
EnumMap<Sex, Integer> map = new EnumMap<>(Sex.class);

map.put(Sex.WOMAN, 1);
map.put(Sex.MAN, 2);

// 키와 값을 구하기
for(Entry<Sex, Integer> entry : map.entrySet()) { ──────────────────────❶
  System.out.println(entry.getKey() + ":" + entry.getValue());
      // => MAN:2
      // => WOMAN:1
}
```

EnumMap의 키는 자연 순서(enum 정수를 정의하는 순서)로 관리되고 있다.
따라서, ❶처럼 entrySet, keySet, values 메소드가 반환하는 결과는 enum 정수
의 정의 순서로 나열한다.

```java
// 키만 구하기
for(Sex sex : map.keySet()) {
  System.out.println(sex);
      // => MAN
      // => WOMAN
}

// 값만 구하기
for(int i : map.values()) {
  System.out.println(i);
      // => 2
      // => 1
}
```

관련내용	–
이용사례	Java의 버전에 따라 제네릭스를 사용하는 경우

제네릭스(Generics)를 사용한 클래스와 메소드를 이용할 때는 Java의 버전에 따라 차이가 있으므로 주의해야 한다.

우선 Java 6에서는 인스턴스화할 때에 형 파라미터를 지정해야 한다.

● 제네릭스를 사용한 클래스를 인스턴스화한다(Java 6)

```
List<String> list = new ArrayList<String>();
Map<String, List<String>> map = new HashMap<String, List<String>>();
```

Java 7 이상이면, 다이아몬드 연산자(⟨ ⟩)를 사용함으로써 형 파라미터를 생략할 수 있다.

● 제네릭스를 사용한 클래스를 인스턴스화한다(Java 7 이상)

```
List<String> list = new ArrayList<>();
Map<String, List<String>> map = new HashMap<>();
```

┃ 다이아몬드 연산자의 제한(Java 7)

Java 7에서는 제한이 있으므로 구문상 명백한 경우에 한해서만 사용할 수 있다. 예를 들면, 메소드의 인수에는 다이아몬드 연산자를 사용할 수 없다.

● 메소드의 인수에 다이아몬드 연산자는 사용할 수 없다(Java 7)

```
map.put("키", new ArrayList<>()); // 컴파일 오류
```

┃ 제네릭스를 사용한 메소드 호출의 개선(Java 8)

Java 8에서는 위의 제한은 없으며 메소드의 인수에 다이아몬드 연산자를 사용할 수 있다.

● 메소드의 인수에 다이아몬드 연산자를 사용할 수 있다(Java 8).

```
map.put("키", new ArrayList<>()); // ok
```

또한, 메소드 호출 시에 번잡했던 형의 지정이 필요한 경우에서도 형식을 생략할
수 있게 되었고 가독성이 향상되었다.

Java 7 이하는 제네릭스를 반환하는 메소드 호출을 다른 메소드에 전달하는 경우
메소드의 체인 호출 시 형을 명시적으로 지정하고 확정시켜 둘 필요가 있다.

●제네릭스를 사용한 메소드 호출(Java 7 이하)

```
// 중첩한 리스트(List<String>를 요소로 갖는다)
List<List<String>> list = new ArrayList<>();

// 명시적으로 형 파라미터를 지정
list.add(Collections.<String>emptyList());

// 혹은 변수에 대입하여 형을 확정시켜 둔다
List<String> emptyList = Collections.emptyList();
list.add(emptyList);
```

Java 8에서는 이러한 형의 지정은 불필요하다.

●제네릭스를 사용한 메소드 호출(Java 8)

```
// Java 8은 형 매개변수를 생략할 수 있다(Java 7 이하는 컴파일 오류)
List<List<String>> list = new ArrayList<>();
list.add(Collections.emptyList());
```

제네릭스를 정의하기

관련내용	–
이용사례	타입 세이프에서 범용적인 형식을 정의하는 경우

〈E〉나 〈T〉 같은 형 파라미터(형 인수)를 클래스 및 메소드 정의에 기술한다.

제네릭스를 이용함으로써 사용하는 형을 한정할 수 있고, 다루고 있는 형이 명확하게 된다는 장점이 있다.

E나 T는 '형태 변수' 라고 부르며, 'Element'와 'Type' 등과 같이 사용 목적이나 의미를 나타내는 단어의 머리 글자를 이용하는 경우가 많다.

● 제네릭스의 정의

```java
// 클래스에 정의하는 경우는 클래스명 뒤에 쓴다
public class GenericsClass<T> {
  private T data;

  public GenericsClass(T data) {
    this.data = data;
  }

  public T getData() {
    return data;
  }

  // 메소드에 정의하는 경우는 반환값의 앞에 쓴다
  public static <E> List<E> toList(E e) {
    return Arrays.asList(e);
  }
}

// 형 변수가 여러 개 있을 경우 콤마로 구분하여 기술
public interface Map<K, V> {
  ⋮
}
```

080 형 파라미터에 제한주기

⟨T extends MyClass⟩ 678

관련내용	–
이용사례	형 파라미터로 지정할 수 있는 클래스를 제한하는 경우

⟨T extends MyClass⟩와 같이 기술함으로써 형 파라미터에 지정할 수 있는 형(클래스)을 MyClass 또는 그 서브 클래스로 제한할 수 있다.

● 형 파라미터에 제한을 붙이다

```
// OutputStream의 서브 클래스(예를 들어 FileOutputStream)만 형 파라미터로 지정할 수 있다
public class FileStore<T extends OutputStream> {

    // 「&」로 연결함으로써 여러 개의 상한을 지정할 수 있다
    private <E extends Serializable & Comparable<E>> int compare(E data1, E
data2) {

        // E는 Comparable의 서브 클래스로 명백하기 때문에 compareTo 메소드를 호출한다
        return data1.compareTo(data2);
    }
}
```

제한을 함으로써 임의의 형식을 지정한 경우는 컴파일 오류가 발생하므로 보다 안전한 코드를 기술할 수 있다.

● 형 파라미터에 제한된 형을 지정한다

```
// OK
FileStore<FileOutputStream> store1 = new FileStore<>();
// 컴파일 오류
FileStore<FileInputStream> store2 = new FileStore<>();

// OK
Date date1 = …
Date date2 = …
int i1 = compare(date1, date2);

// 컴파일 오류(ArrayList는 Comparable을 상속받지 않았기 때문에)
ArrayList<String> list1 = …
ArrayList<String> list2 = …
int i2 = compare(list1, list2);
```

관련내용	–
이용사례	형이 분명하지 않아도 타입세이프 코드를 작성하는 경우

와일드 카드(〈?〉)는 컴파일 시 구체적인 형태는 분명하지 않고 실행할 때까지 형을 알 수 없는 것을 의미하는 지정이다. 컴파일 시에는 형을 모르기 때문에 와일드 카드 형으로 얻은 값은 항상 Object형으로 된다. 예를 들어 List〈?〉#get 메소드의 반환값은 Object형이다.

언뜻 보면 반환값이 항상 Object형이어서 불편하게 느낄지도 모르지만, 와일드 카드의 이점으로 구체적인 형태는 몰라도 제네릭스를 사용한 코드를 작성할 수 있다는 점을 들 수 있다. 예를 들어 사용하고 있는 라이브러리가 예전 raw형(형 삭제한 클래스)을 반환하는 경우에 와일드 카드로 대체함으로써 억지로 경고를 삭제하지 않고 형 안정성이 보증된 코드를 작성할 수 있다.

●**와일드 카드를 사용한다**

```java
// raw형을 반환하는 메소드
public List getList() { … }

// raw형으로 받으면 경고가 나오므로 어노테이션으로 억제한다
@SuppressWarnings("rawtypes")
List list = getList();

// 와일드 카드로 형이 있는 것을 보증할 수 있다
List<?> list=getList();
```

또한, 와일드 카드 형에는 값을 설정할 수 없다. 따라서 다음과 같은 코드는 컴파일 오류가 발생한다.

```java
public static void replace(List<?> list, int i) {
  // 와일드 카드를 사용한 List에는 null 이외를 설정할 수 없다
  list.set(i, list.get(i - 1));
}
```

이런 경우는 와일드 카드를 포착하여 헬퍼 메소드에 구현을 넘기는 캡처 · 헬프로 불리는 이디엄을 사용하면 해결될 것이다.

```java
public static void replace(List<?> list, int i) {
  replaceHelper(list, i); ─────────────────────────────────────── ❶
}

private static <E> void replaceHelper(List<E> list, int i) {
  // List에서 얻은 값은 E형이므로, 설정할 수 있다
  list.set(i, list.get(i - 1));
}
```

❶에서 replaceHelper 메소드를 호출함으로써(실행하기 전까지는 모른다) List형을 E형과 맞춰서 처리를 넘겨 준다. 이에 따라 와일드 카드 형에 형 변수가 할당되므로 List에 값을 설정할 수 있게 된다.

NOTE **와일드 카드에 경계를 붙인다**

와일드 카드에는 [표 3.A]처럼 경계를 붙일 수 있다.

표 3.A 와일드 카드 형의 경계

구문	설명
〈? extends MyClass〉	MyClass 또는 그 서브 클래스를 대입할 수 있음
〈? super MyClass〉	MyClass 또는 그 슈퍼 클래스를 대입할 수 있음

〈?〉의 경우 얻어지는 것은 Object형, 설정은 null 이외는 안 된다는 강한 제약이 있지만, 경계가 되는 형을 정함으로써 지정한 형태로 얻기 및 설정을 할 수 있게 된다.

●와일드 카드에 경계를 붙인다

```java
// Number형이 상한이라고 보증되므로 Number형으로 얻을 수 있다
List<? extends Number> list = Arrays.asList(1);
Number number = list.get(0);

// Integer형이 하한이라고 보증되므로 Integer형을 설정할 수 있다
Number number = 1;
List<? super Integer> list = new ArrayList<> (Arrays.asList(number));
list.add(2);
```

관련내용	073 가변 인수를 정의하기 P.136
이용사례	가변 인수에 형 파라미터를 정의하는 경우

가변 인수로 제네릭스를 사용하면 컴파일 시 다음과 같은 경고가 표시된다(컴파일 시 -Xlint:unchecked 옵션을 붙인 경우).

▼실행 결과

(메소드를 정의하고 있는 곳)
파라미터화된 가변 인수형 java.util.List<java.lang.String>부터 힙 오염의 가능성이 있다

(메소드를 호출하고 있는 곳)
형 java.util.List<java.lang.String>[]의 가변 인수 파라미터에 대한 총칭 형 배열의 무검사 작성이다

이것은 다음과 같이 가변 인수가 배열로 취급되는 것으로, 형 안전성을 파괴하는 코드를 기술해버릴 수 있다는 위험성을 경고하고 있는 것이다.

●경고가 표시되는 메소드

```java
public static String head(List<String> … elements) {
  Object[] args = elements;
  args[0] = Arrays.asList(1); // 배열에 List<Integer>를 설정한다
  return elements[0].get(0); // 여기에서 ClassCastException이 발생한다
}
```

메소드에 @SafeVarargs 어노테이션을 부여함으로써 메소드에 이처럼 문제가 없음을 명시하고 경고를 억제할 수 있다.

●@SafeVarargs 어노테이션으로 경고를 억제하기

```java
@SafeVarargs
public static String head(List<String>... elements) {
  if(elements.length == 0 || elements[0].isEmpty()) {
    return null;
  }
  return elements[0].get(0);
}
```

@SafeVarargs 어노테이션은 생성자와 메소드(static 메소드 또는 final 메소드)에 부여한다.

● **@SafeVarargs 어노테이션을 부여할 수 있는 요소**

```java
public class SafeVarargsSample<T> {
  // 생성자
  @SafeVarargs
  public SafeVarargsSample(T... params) {
    ⋮
  }

  // static 메소드
  @SafeVarargs
  public static void copy(List<T>... params) {
    ⋮
  }

  // final 메소드
  @SafeVarargs
  public final void set(List<T>... params) {
    ⋮
  }
}
```

NOTE **Java 6에서 경고를 억제**

@SafeVarargs 어노테이션은 Java 7부터 도입된 어노테이션으로 Java 6에서는 사용할 수 없다.
Java 6에서 이 경고를 억제하려면 해당 메소드 및 그 메소드를 호출하고 있는 곳에 @Suppress
Warnings("unchecked")를 부여하도록 한다.

---

083 표준 어노테이션

6 7 8

@Deprecated | @Override | @SuppressWarnings | @SafeVarargs

@FunctionalInterface

관련내용	–
이용사례	기대하는 결과를 얻을 수 없는 코드를 경고와 컴파일 오류로 하는 경우

클래스와 메소드 필드 등에 @로 시작하는 어노테이션을 기술함으로써 코드만으로는 표현할 수 없는 메타 데이터를 부여한다. Java에서 정의되는 표준 어노테이션은 [표 3.4]와 같다.

표 3.4 Java의 표준 어노테이션

어노테이션	설명	Java 6	Java 7	Java 8
@Deprecated	API의 사용을 권장하지 않음을 표시한다	○	○	○
@Override	메소드가 오버라이드 되고 있음을 표시	○	○	○
@SuppressWarnings	컴파일러가 내는 경고를 무시	○	○	○
@SafeVarargs	제네릭스를 지정한 가변 인수의 경고를 억제 레시피 082	–	○	○
@FunctionalInterface	함수형 인터페이스인 것을 표시 레시피 039	–	–	○

● 표준 어노테이션을 사용

```java
public class MyException extends Exception {
  @Override
  public String toString() {
    return "뜻밖의 오류가 발생했다";
  }

  @Deprecated
  public String getMessage() {
    return "권장하지 않는 메소드";
  }

  @SuppressWarnings("rawtypes")
  public List getMessageList() {
    ⋮
  }
}
```

@SuppressWarnings에는 무시하고 싶은 경고에 맞는 문자열을 지정한다. 배열을 사용하여 여러 개 지정할 수도 있다.

```
@Suppress Warnings({"unchecked", "varargs"})
```

NOTE **Eclipse에서 @SuppressWarnings를 보완한다**

경고의 내용에 따라 @SuppressWarnings에 지정하는 값은 다양하지만, Eclipse에서는 경고가 표시되는 부분에 커서를 두고 Ctrl + 1 을 누르면 Quick Fix에 적절한 @SuppressWarnings이 표시되므로 편리하다(그림 3.A).

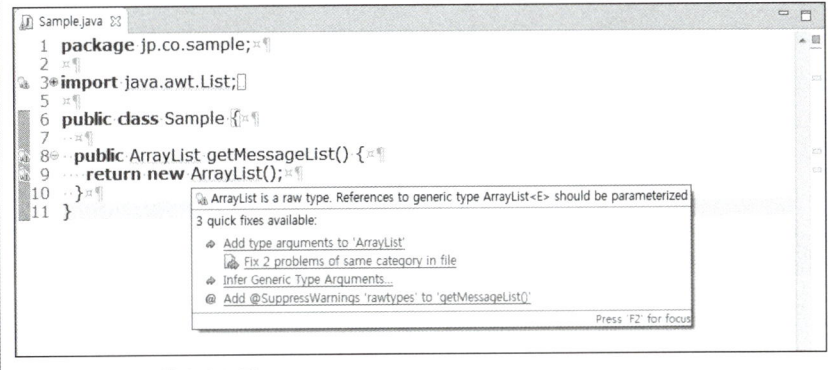

그림 3.A Eclipse의 Quick Fix

084

자체 어노테이션을 작성

@interface | 메타 어노테이션   6 7 8

관련내용	091 리플렉션에서 어노테이션의 정보를 얻기 P.170
이용사례	자체의 설정 항목을 어노테이션에 정의하는 경우

어노테이션은 @interface 키워드를 사용해 정의한다. 어노테이션의 종류는 속성에 따라 다음의 3종류가 있다.

- 마커 · 어노테이션·············속성이 없는 어노테이션. 표시를 달기 위해 사용
- 풀 · 어노테이션··················속성이 있는 어노테이션
- 단일값 어노테이션 ··········value라는 이름의 속성이 1개 정의된 어노테이션

● 어노테이션의 정의

```java
// 마커 · 어노테이션
// 이용 예: @Check
public @interface Check {
}

// 단일값 어노테이션
// 이용 예: @Check("message")                                              ❶
public @interface Check {
  String value();
}

// 풀 · 어노테이션
// 이용 예: @Check(id = 1, value = "message")
public @interface Check {
  String value();
  int id();
]
```

단일값 어노테이션은 이용 시에 속성 이름을 생략할 수 있다(❶). 만약, 속성 이름이 value가 아닌 경우 이처럼 생략할 수 없다.

▎ 기본값을 설정

어노테이션의 속성에 기본값을 설정하려면 default 키워드를 사용한다.

● 어노테이션의 속성에 기본값을 설정한다

```java
public @interface Check {
  // 기본값으로 true를 설정
```

```
  boolean value() default true;
}
```

@Check처럼 값을 생략한 경우는 기본값이 사용된다. 기본값 이외를 쓰는 경우는 @Check(false)처럼 값을 명시적으로 지정한다.

▎메타 어노테이션

어노테이션에는 메타 정보로서 메타 어노테이션(표 3.5)을 부여한다. 메타 어노테이션은 java.lang.annotation 패키지에 있다.

표 3.5 **메타 어노테이션**

메타 어노테이션	설명	Java 6	Java 7	Java 8
@Target	어노테이션이 부여할 수 있는 장소를 java.lang.annotation. ElementType을 사용하여 지정한다. 생략한 경우는 임의의 장소에 부여할 수 있는 어노테이션이 된다.	○	○	○
@Retention	어노테이션에서 부여한 정보의 유효 범위를 java.lang. annotation.RetentionPolicy를 사용하여 지정한다. 생략한 경우는 RetentionPolicy.CLASS(컴파일 시에 저장하지만, Java VM 상에는 유지하지 않는다)로 한다.	○	○	○
@Documented	어노테이션에서 부여한 정보가 문서화된다. @Retention을 RetentionPolicy.RUNTIME(컴파일 시 저장, Java VM 상에도 유지한다)으로 해야 한다.	○	○	○
@Inherited	어노테이션이 서브 클래스에 상속된다. 클래스에 부여하는 경우에만 유효하고 그것 이외는 무의미해진다.	○	○	○
@Repeatable	여러 개 지정할 수 있는 어노테이션임을 나타낸다. 이 어노테이션을 유지하는 컨테이너 어노테이션이 별도 필요하다.	–	–	○

●메타 어노테이션을 사용한다

```
import static java.lang.annotation.ElementType.*;
import static java.lang.annotation.RetentionPolicy.RUNTIME;

import java.lang.annotation.*;

@Documented
@Inherited
@Target({TYPE, METHOD})   // 클래스와 인터페이스 및 열거형, 메소드에 부여할 수 있다
@Retention(RUNTIME)       // 컴파일 시 유지하고 실행 시에 Java VM 상에도 유지
public @interface Check {
}
```

┃ 같은 어노테이션을 여러 개 지정(Java 8)

Java 8에서는 1개의 장소에 같은 어노테이션을 여러 개 기술할 수 있다(Java 7 이전은 컴파일 오류가 난다). 여러 개 지정 가능한 어노테이션을 만들려면 다음의 2개를 세트로 정의해야 한다.

❶ 실제로 여러 개 지정할 어노테이션
❷ 위의 여러 어노테이션을 유지하는 어노테이션(컨테이너 어노테이션)

우선 ❶의 어노테이션을 정의할 때는 @Repeatable 메타 어노테이션을 사용해야 한다.

● 여러 개 지정 가능한 어노테이션을 정의한다

```
@Repeatable(Schedules.class) ──────────────────────────── ❶
public @interface Schedule {
  String dayOfMonth();
}
```

여기에서 @Repeatable의 속성에는 ❷의 컨테이너 어노테이션을 지정한다(❶). 컨테이너 어노테이션은 다음과 같이 정의한다.

● 컨테이너 어노테이션을 정의한다

```
public @interface Schedules { ────────────────────────── ❷
  // @Repeatable을 부여한 어노테이션을 유지한다
  Schedule[] value();
}
```

이렇게 함으로써 @Schedule 어노테이션은 여러 개 기술할 수 있는 어노테이션이 된다.

● @Schedule 어노테이션을 사용한다

```
@Schedule(dayOfMonth = "10 03:00:00")
@Schedule(dayOfMonth = "20 03:00:00")
public class Cron {
  ⋮
}
```

085 타입 어노테이션이란?

관련내용	–
이용사례	실행 시 오류가 되는 버그를 컴파일 시에 검출하고 싶은 경우

타입 어노테이션은 형에 대해서 부여할 수 있는 어노테이션이다.

Java 7까지는 클래스나 메소드 등의 선언에 대해서만 어노테이션을 붙일 수 있었으나 Java 8에서는 변수의 형이나 제네릭스의 형 파라미터 등의 형에 대해서도 어노테이션을 붙일 수 있다. 타입 어노테이션은 형 앞에 기술한다.

● 타입 어노테이션을 부여할 수 있는 요소

```java
// 인스턴스 생성 시
new @Interned MyClass();

// 인터페이스 구현 시
class MyClass implements @Readonly MyInterface {…}

// 캐스트 시
String str=(@NonNull String) object;

// instanceof 연산자
obj instanceof @NonNull String

// 제네릭스형 파라미터
@NonNull List<@Readonly User> list=…

// 리시버
class MyClass {
  public String toString(@Readonly MyClass this) {…}

}

// 배열
User @Readonly[][] user=new User @Readonly[1][2]; // [1]이 Readonly
User[] @Readonly[] user=new User[1] @Readonly[2]; // [2]가 Readonly
```

086 Class 인스턴스를 얻기

.class | getClass | Class | forName   6 7 8

관련내용	–
이용사례	형식을 지정하여 Class 인스턴스를 구할 경우

'클래스 이름.class' 라고 기술한다.

●Class 인스턴스를 구한다

```
Class<Exception> e = Exception.class;
```

인스턴스에서 Class 인스턴스를 구하는 경우는 getClass( ) 메소드를 사용한다.

```
Exception instance = new Exception();
Class<? extends Exception> e = instance.getClass();
```

또한, Class#forName( ) 메소드에서 클래스 이름의 문자열로부터 구할 수도 있다.

```
Class<?> e = Class.forName("java.lang.Exception");
```

취득한 Class 인스턴스로부터는 다음과 같이 해당 클래스에 관한 정보를 구할 수 있다.

●클래스의 정보를 얻기

```
// Runnable 인터페이스의 Class 인스턴스를 얻기
Class<Runnable> c = Runnable.class;

// 인터페이스인지
System.out.println(c.isInterface()); // => true

// 어노테이션인지
System.out.println(c.isAnnotation()); // => false

// 배열인지
System.out.println(c.isArray()); // => false
```

```
// 열거형인지
System.out.println(c.isEnum()); // => false

// 인수의 인스턴스가 Runnable형인지
System.out.println(c.isInstance(new Thread())); // => true

// 인수의 클래스가 Runnable 서브 클래스/구현 클래스인지
System.out.println(c.isAssignableFrom(Thread.class)); // => true
```

COLUMN **리플렉션은?**

Class 객체로부터는 필드나 메소드 등의 정보를 받을 수 있고, 그것들의 필드나 메소드를 동적으로 호출할 수 있다. 이를 리플렉션이라고 한다.

● 예 리플렉션

```
// Class 객체를 얻기
Class<?> clazz = obj.getClass();

// 메소드 이름과 인수형을 지정하고 Method 객체를 구하기
Method method = clazz.getMethod("setName", String.class);

// setName() 메소드를 호출
method.invoke(obj, "Nice");
```

리플렉션을 사용하면 실제의 형태를 몰라도 메소드 호출 및 필드에 접근해 인스턴스의 생성 등을 할 수 있다.

## 087

리플렉션에서 클래스 멤버의 정보를 얻기

관련내용	086 Class 인스턴스를 얻기 P.159
이용사례	실행 시 클래스 멤버의 정보를 동적으로 취득하는 경우

생성자의 정보는 java.lang.reflect.Constructor 클래스, 메소드의 정보는 java.lang.reflect.Method 클래스, 필드의 정보는 java.lang.reflect.Field 클래스에서 구한다.

● 리플렉션에서 클래스 멤버의 정보를 구한다

```java
// File 클래스의 public 생성자를 얻기
for(Constructor<?> constructor : File.class.getConstructors()) {
  // 생성자명
  String name = constructor.getName();

  // 인수형
  Class<?>[] type = constructor.getParameterTypes();

  // 수식자가 public인지
  boolean mod = Modifier.isPublic(constructor.getModifiers());
}

// File 클래스(슈퍼 클래스도 포함)의 public 메소드를 얻기
for(Method method : File.class.getMethods()) {
  // 메소드명
  String name = method.getName();

  // 반환값 형
  Class<?> type = method.getReturnType();

  // 인수형
  Class<?>[] params = method.getParameterTypes();

  // 수식자가 static인지
  boolean mod = Modifier.isStatic(method.getModifiers());
}

// File 클래스(슈퍼 클래스도 포함)의 public 필드를 얻기
for(Field field : File.class.getFields()) {
  // 필드명
  String name = field.getName();
```

```
  // 필드의 형
  Class<?> type = field.getType();

  // 수식자가 final인지
  boolean mod = Modifier.isFinal(field.getModifiers());
}
```

또한, public 이외의 멤버도 얻고 싶다면 getDeclaredConstructors( ) 메소드, getDeclaredMethods( ) 메소드, getDeclaredFields( ) 메소드를 사용함으로써 대상 클래스에 정의되어 있는 모든 것을 제공한다. 단, 슈퍼 클래스는 포함되지 않으므로 주의한다.

● 클래스의 모든 멤버를 구한다

```
// File 클래스의 모든 생성자를 얻기
File.class.getDeclaredConstructors();

// File 클래스(슈퍼 클래스는 제외)의 모든 메소드를 얻기
File.class.getDeclaredMethods();

// File 클래스(슈퍼 클래스는 제외)의 모든 필드를 얻기
File.class.getDeclaredFields();
```

COLUMN   **Java 8에서 메소드가 기본 구현 여부를 판정**

Java 8에서 인터페이스의 메소드에는 기본 구현을 정의할 수 있다(레시피 065). Method#isDefault( ) 메소드는 메소드가 기본 구현 여부를 판정할 수 있다.

```
for(Method method : List.class.getMethods()) {
  boolean res = method.isDefault();
}
```

인수 이름을 구한다(Java 8)

Java 8에서는 리플렉션에서 생성자와 메소드의 인수 이름을 구할 수 있다.
다만, 인수 이름을 구하기 위해서는 컴파일 시 -parameters 옵션을 설정해 두어야 한다.

Eclipse의 경우는 Java의 컴파일러 설정에서 [Store Information about method parameters]를 체크 표시한다(그림 3.1). 인수의 정보는 java.lang.reflect.Parameter 클래스에 저장되어 있으며, Constructor 및 Method의 슈퍼 클래스인 java.lang.reflect.Executable#getParameters( ) 메소드로 구한다.

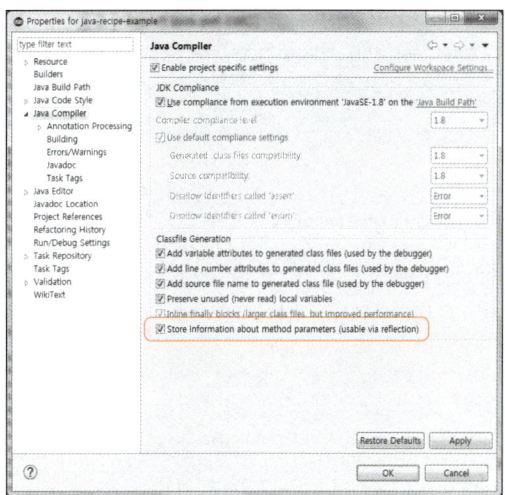

그림 3.1 **매개변수 이름을 구하기 위한 설정**

●리플렉션에서 인수명을 얻는다

```java
// 컨스트럭터의 정보
Executable exe = User.class.getConstructor(String.class);
for(Parameter param : exe.getParameters()) {
  // 인수명
  String name = param.getName();
}

// 조작 대상 클래스
public class User {
  private final String initial;

  public User(String initial) {
    this.initial = initial;
  }
    ⋮
}
```

088

리플렉션에서 인스턴스를 생성하기

Class | Constructor | newInstance   6 7 8

관련내용	086 Class 인스턴스를 얻기 P.159
이용사례	실행 시 클래스 인스턴스를 동적으로 생성할 경우

인수 없이 생성자를 사용할 때에는 Class#newInstance( ) 메소드를 사용한다.
인수 있는 생성자를 사용할 때에는 Constructor#newInstance( ) 메소드를 사용한다.

● 리플렉션에서 인스턴스를 생성한다

```java
try {
  // 인수 없음
  StringBuilder sb = StringBuilder.class.newInstance();

  // 인수 있음
   StringBuilder sb = StringBuilder.class.getConstructor(String.class).newIn↵
stance("초기값");

} catch(ReflectiveOperationException e) {
  throw new RuntimeException(e);
}
```

NOTE   Java 6의 리플렉션 예외 처리

ReflectiveOperationException은 Java 7부터 도입된 예외이기 때문에 Java 6에서는 이용할 수 없다.
따라서 다음과 같이 발생할 수 있는 모든 예외에 대해서 대처가 필요하다.

```java
try {
  StringBuilder.class.newInstance();

} catch(InstantiationException e) {
  throw new RuntimeException(e);
} catch(IllegalAccessException e) {
  throw new RuntimeException(e);
}
```

Method | invoke | Field
6 7 8

관련내용	087 리플렉션에서 클래스 멤버의 정보를 얻기 P.161
이용사례	실행 시에 메소드를 동적으로 실행하는 경우 실행 시에 필드의 값을 동적으로 얻는 경우

메소드를 호출할 때에는 Method#invoke( ) 메소드를 사용한다. 필드로부터 값 얻기와 설정에는 Field#get( ) 메소드 및 Field#set( ) 메소드를 사용한다.

● 리플렉션에서 메소드, 필드를 호출한다

```
SampleBean bean = new SampleBean();
try {
  // 메소드(인수 있음)
  Method addMethod = SampleBean.class.getMethod("add", int.class);
  addMethod.invoke(bean, 100);

  // 메소드(인수 없음)
  Method getDataMethod = SampleBean.class.getMethod("getData");
  Object methodResult = getDataMethod.invoke(bean);

  // 필드
  Field field = SampleBean.class.getDeclaredField("field");
  field.setAccessible(true); ─────────────────────────────────❶

  field.set(bean, 200);
  Object fieldValue = field.get(bean);

} catch(ReflectiveOperationException e) {
  throw new RuntimeException(e);
}

// 조작 대상 클래스
public class SampleBean {
  private int field;

  public int getData() {
    return field;
  }

  public void add(int add) {
    this.field = add;
  }
}
```

public 이외의 메소드 및 필드로 액세스하는 경우는 ❶처럼 setAccessible( ) 메소드로 액세스 가능한 상태로 하고 나서 호출해야 하므로 주의한다.

또한, Java 6의 경우는 예외 처리가 다르다. 상세 정보는 164쪽의 NOTE 'Java 6의 리플렉션의 예외 처리'를 참조한다.

▌ static 메소드, static 필드를 호출한다

리플렉션에서 static 메소드와 static 필드를 호출하려면 invoke( ) 메소드 등을 실행할 때, 조작 대상 클래스의 인스턴스를 전달하는 대신 null을 지정한다.

●리플렉션에서 static 메소드, static 필드를 호출

```
try {
  // static 메소드
  Method method = SampleBean.class.getMethod("getMessage", String.class);
  Object methodResult = method.invoke(null, "David");

  // static 필드
  Field field = SampleBean.class.getField("MESSAGE");
  Object fieldValue = field.get(null);

} catch(ReflectiveOperationException e) {
  throw new RuntimeException(e);
}

// 조작 대상의 클래스
public static class SampleBean {
  public static final String MESSAGE = "Hello ";

  public static String getMessage(String name) {
    return MESSAGE + name;
  }
}
```

090

리플렉션에서 제네릭스의 정보를 얻기

getTypeParameters | TypeVariable | ParameterizedType　　678

관련내용	–
이용사례	형 파라미터와 형식 변수 정보를 구할 경우

제네릭스의 정보는 [표 3.6]의 메소드로 구할 수 있다.

표 3.6 제네릭의 정보를 구하는 메소드

분류	메소드	설명
클래스	Class#getTypeParameters	자신 클래스의 형 정보
	Class#getGenericInterfaces	구현하는 인터페이스의 형 정보
	Class#getGenericSuperclass	슈퍼 클래스의 형 정보
생성자	Constructor#getTypeParameters	생성자에 선언된 형 정보
	Constructor#getGenericParameterTypes	생성자 인수의 형식 정보
	Constructor#getGenericExceptionTypes	생성자의 throws에 선언하는 예외의 형 정보
메소드	Method#getTypeParameters	메소드에 선언한 형 정보
	Method#getGenericReturnType	메소드의 반환값의 형 정보
	Method#getGenericParameterTypes	메소드 인수의 형 정보
	Method#getGenericExceptionTypes	메소드의 throws에 선언한 예외의 형 정보
필드	Field#getGenericType	필드의 형 정보

이러한 메소드에서 java.lang.reflect.Type 인터페이스를 구할 수 있지만, 형 변수 및 와일드 카드 등의 정보는 반환값이 [표 3.7]의 어느 서브 인터페이스에서 결정된다.

표 3.7 Type 인터페이스의 서브 인터페이스

인터페이스	설명
Class	보통의 형을 나타낸다
java.lang.reflect.ParameterizedType	파라미터된 형(예를 들어 List⟨T⟩)을 표현
java.lang.reflect.GenericArrayType	제네릭스의 배열(예를 들어 T[])을 표현
java.lang.reflect.TypeVariable	형 변수(예를 들어 List⟨T⟩의 T)를 표현
java.lang.reflect.WildcardType	와일드 카드(예를 들어 List⟨?⟩의 ?)를 표현

다음의 클래스에서 리플렉션을 사용하여 제네릭스의 정보를 구해 본다.

●제네릭스 정보의 취득 대상이 되는 클래스

```java
// 제네릭스를 사용한 인터페이스
interface GenericInterface<V> {
}

// 제네릭스 정보의 취득 대상이 되는 클래스
class GenericSample<T, U extends Exception> implements GenericInterface<Integer> {
    public T t;
    public T[] tArray;
    public List<String> list;
    public List<T> tList;
    public List<U> boundList;
    public List<? extends Exception> wildList;
}
```

위의 GenericSample 클래스에서 제네릭스 정보를 구하는 코드는 다음과 같다.

●리플렉션에서 제네릭스 정보를 구하기

```java
Class<GenericSample> clazz = GenericSample.class;

/*********** 각 필드 정보 ************/
{
    // 형변수 : T
    TypeVariable<?> type = (TypeVariable<?>) clazz.getField("t").getGeneric↵
Type();
    String name = type.getName();                    // => "T"
    GenericDeclaration decl = type.getGenericDeclaration();
                                        // => Class<GenericSample>
    Type bound = type.getBounds()[0];        // => Class<Object> ──❶
}
{
    // 형변수의 배열: T[]
    GenericArrayType tArray = (GenericArrayType) clazz.getField("tArray") ↵
.getGenericType();
    TypeVariable<?> type = (TypeVariable<?>) tArray.getGenericComponentType();
}
{
    // 파라미터화된 형: List<String>
    ParameterizedType type = (ParameterizedType) clazz.getField("list") ↵
.getGenericType();
    Type rawType = type.getRawType();                // => Class<List>
    Type actual = type.getActualTypeArguments()[0];  // => Class<String>
```

```
}
{
    // 파라미터화된 형: List<T>
    ParameterizedType type = (ParameterizedType) clazz.getField("tList") ↵
.getGenericType();
    Type rawType = type.getRawType();                        // => Class<List>
    Type actual = type.getActualTypeArguments()[0];   // => TypeVariable
}
{
    // 제한있는 파라미터화된 형: List<U>
    ParameterizedType boundList = (ParameterizedType) clazz.getField("boundList") ↵
.getGenericType();
    TypeVariable<?> type = (TypeVariable<?>) boundList.getActualTypeArguments()[0];
    String name = type.getName();                           // => "U"
    Type bound = type.getBounds()[0];                      // => Class<Exception> ─ ❷

    // 상한있는 와일드 카드: List<? extends Exception>
    ParameterizedType wildList = (ParameterizedType) clazz.getField("wildList") ↵
.getGenericType();
    WildcardType type = (WildcardType) wildList.getActualTypeArguments()[0];
    Type upperBound = type.getUpperBounds()[0];       // => Class<Exception>
    Type[] lowerBounds = type.getLowerBounds();        // => 없음(길이 0인 배열)

/*************** 클래스 정보***************/
{
    TypeVariable<Class<GenericSample>>[] types = clazz.getTypeParameters();
    String name1 = types[0].getName();                     // => "T"
    String name2 = types[1].getName();                     // => "U"
}

/*************** 인터페이스 정보***************/
{
    ParameterizedType type = (ParameterizedType) clazz.getGenericInterfaces()[0];
    String name = type.getTypeName(); // => "GenericInterface<java.lang.Integer>"
    Type actual1 = type.getActualTypeArguments()[0];  // => Class<Integer>
}
```

TypeVariable#getBounds( ) 메소드는〈T extends …〉처럼 상한이 지정되면 해당 클래스의 인스턴스를 구할 수 있지만(❷), 〈T〉의 경우는 Object의 Class 인스턴스가 된다(❶).

## 091

리플렉션에서 어노테이션의 정보를 얻기

관련내용	–
이용사례	어노테이션의 설정 항목을 구하는 경우

어노테이션의 정보는 [표 3.8]의 메소드로 구할 수 있다.

표 3.8 어노테이션의 정보를 구하는 메소드

메소드	설명	Java 6	Java 7	Java 8
getAnnotations	모든 어노테이션을 구한다. 슈퍼 클래스에 부여한 어노테이션(메타 어노테이션에서 @Inherited를 지정해야 한다)도 포함	○	○	○
getDeclaredAnnotations	모든 어노테이션을 구한다. 대상 클래스에 부여된 어노테이션만	○	○	○
getAnnotation	지정한 어노테이션을 구한다. 슈퍼 클래스의 어노테이션도 포함	○	○	○
getDeclaredAnnotation	지정한 어노테이션을 구한다. 대상 클래스에 부여된 어노테이션만	–	–	○
isAnnotationPresent	어노테이션이 부여되고 있는지 확인	○	○	○
Method#getParameterAnnotations Constructor#getParameterAnnotations	인수에 부여된 어노테이션을 구한다	○	○	○
getAnnotationsByType	여러 개 지정할 수 있다(메타 어노테이션에서 @Repeatable을 지정한다). 어노테이션을 구한다. 슈퍼 클래스의 어노테이션도 포함	–	–	○
getDeclaredAnnotationsByType	여러 개 지정할 수 있다(메타 어노테이션에서 @Repeatable을 지정한다). 어노테이션을 구한다. 대상 클래스의 어노테이션만	–	–	○

다만, 얻을 수 있는 것은 @Retention(RUNTIME)이 지정된 어노테이션에 한정된다.

●리플렉션에서 어노테이션의 정보를 구한다

```java
// 어노테이션 정의
@Retention(RUNTIME)
public @interface Check {
  String value();
}

// 조작 대상 클래스
@Check("클래스에 부여")
public class AnnotationSample {
  @Check("메소드에 부여")
  public void print(@Check("인수에 부여") String message) {
    System.out.println(message);
  }
}

Class<AnnotationSample> clazz = AnnotationSample.class;

// 클래스에 부여한 @Check를 얻기
Check check = clazz.getAnnotation(Check.class);
check.value();                                    // => 클래스에 부여

Method method = clazz.getMethod("print", String.class);
// @Check가 부여되어 있는 경우
if(method.isAnnotationPresent(Check.class)) {
  // 메소드에 부여한 @Check를 얻기
  method.getAnnotation(Check.class).value();    // => 메소드에 부여
}

for(Annotation[] params : method.getParameterAnnotations()) {
  for(Annotation annotation : params) {
    ((Check) annotation.value());               // => 인수에 부여
  }
}
```

092

인스턴스를 시리얼라이즈 · 디시리얼라이즈 처리

Serializable | transient | serialPersistentFields　6 7 8

관련내용	–
이용사례	인스턴스 상태를 파일 등에 저장하는 경우 네트워크 경로로 인스턴스를 다른 Java VM에 전송하는 경우

시리얼라이즈(serialize)는 객체를 데이터로 저장할 수 있는 형으로 변환하는 것이다. 반대로, 변환된 데이터로부터 객체를 복원하는 것을 디시리얼라이즈(deserialize)라고 한다.

시리얼라이즈를 하려면 우선 대상 클래스가 java.io.Serializable 인터페이스를 구현해야 한다. Serializable 인터페이스는 시리얼라이즈 가능함을 표시하는 마커 인터페이스이므로 실제로 구현할 메소드는 없다.

●시리얼라이즈 대상 클래스

```java
public class SampleBean implements Serializable {

    // 필드는 프리머티브형, 시리얼라이즈 가능한 클래스만 정의 가능
    private int id = 10;
    private String name = "문자열";
}
```

인스턴스를 시리얼라이즈하려면 java.io.ObjectOutputStream을 사용한다.

●시리얼라이즈

```java
// 여기에서는 파일에 저장한다
ObjectOutputStream out = new ObjectOutputStream(new FileOutputStream("..."));
out.writeObject(new SampleBean());
```

반대로 디시리얼라이즈하려면 java.io.ObjectInputStream을 사용한다.

●디시리얼라이즈

```java
// 여기에서는 파일에서 읽어 들인다
ObjectInputStream in = new ObjectInputStream(new FileInputStream("..."));
SampleBean bean = (SampleBean) in.readObject();
```

시리얼라이즈하는 필드의 제어

시리얼라이즈하는 클래스에 정의된 필드는 반드시 모든 것이 시리얼라이즈 대상이되지는 않는다. 기본적으로 다음의 요건을 충족하는 필드는 시리얼라이즈의 대상이아니다.

- transient 키워드를 사용한 필드
- static 필드

이 동작은 serialPersistentFields라는 static 필드에서 시리얼라이즈하는 필드를명시적으로 지정하여 변경할 수 있다. 다만, 이 방법으로 지정 가능한 것은 그 클래스에서 정의된 필드로 부모 클래스의 필드를 지정하면 시리얼라이즈 할 때 예외가 발생한다.

● 시리얼라이즈하는 필드의 지정

```java
public class SampleBean implements Serializable {
  /**
   * 필드 이름은 반드시 serialPersistentFields, 수식자는 private static final로 한다
   * @serialField id int ID
   * @serialField name String 이름
   */
  private static final ObjectStreamField[] serialPersistentFields = {
    new ObjectStreamField("id", int.class),
    new ObjectStreamField("name", String.class)
  };
}
```

## 093

자체적인 시리얼라이즈 · 디시리얼라이즈 처리

관련내용	092 인스턴스를 시리얼라이즈 · 디시리얼라이즈 처리 P.172
이용사례	자체적인 형식으로 시리얼라이즈 · 디시리얼라이즈 처리를 할 경우

　시리얼라이즈, 디시리얼라이즈의 형식을 커스터마이즈하려면 대상 클래스에서 java.io.Externalizable 인터페이스를 구현한다. 시리얼라이즈 처리는 writeExternal() 메소드, 디시리얼라이즈 처리는 readExternal() 메소드에 기술한다.

●**자체 시리얼라이즈 · 디시리얼라이즈**

```
public class SampleBean implements Externalizable {
  /**
   * @serial ID
   */
  private int id = 10;

  /**
   * @serial 이름
   */
  private String lastName = "김";

  /**
   * 시리얼라이즈 대상 외
   */
  private String firstName = "은철";

  /**
   * 시리얼라이즈 처리
   * @serialData ID와 이름을 시리얼라이즈한다
   */
  @Override
  public void writeExternal(ObjectOutput out) throws IOException {
    // 저장할 필드를 지정
    out.writeInt(id + 5);
    out.writeUTF("***" + lastName + "***");
  }

  /**
   * 디시리얼라이즈 처리
   * @serialData ID와 이름을 디시리얼라이즈한다
```

```
  */
  @Override
  public void readExternal(ObjectInput in) throws IOException, ClassNotFound⤶
Exception {
    // 복원할 필드를 지정
    id = in.readInt();
    lastName = in.readUTF();
  }
}
```

NOTE **XML 형식으로 시리얼라이즈 · 디시리얼라이즈**

java.beans.XMLEncoder와 java.beans.XMLDecoder를 사용해서 객체를 XML 형식에 시리얼라이즈 · 디시리얼라이즈 할 수 있다.

XML이라는 범용적인 텍스트 형식을 사용하면 보통 시리얼라이즈에서 발생하는 클래스 정의의 변경이나 VM 버전의 차이로 인해서 시리얼라이즈한 데이터 호환성이 무너지는 문제를 회피할 수 있다.

XML 형식으로 시리얼라이즈 하는 경우 대상 클래스가 Serializable 인터페이스를 구현해야 할 필요가 없는데, 기본 생성자는 필수이다. 또한, 시리얼라이즈 할 수 있는 것은 public인 필드 또는 public인 getter 메소드, setter 메소드를 갖는 속성에 한정된다.

●XML 형식으로 시리얼라이즈 · 디시리얼라이즈

```
// XML로 시리얼라이즈
ByteArrayOutputStream out = new ByteArrayOutputStream();
try(XMLEncoder encoder = new XMLEncoder(out)) {
  encoder.writeObject(new Sample("이순신"));
}

// XML을 얻기
String xml = new String(out.toByteArray(), "UTF-8");

// XML에서 디시리얼라이즈
ByteArrayInputStream in = new ByteArrayInputStream(xml.getBytes("UTF-8"));
try(XMLDecoder decoder = new XMLDecoder(in)) {
  Sample sample = (Sample) decoder.readObject();
}
```

PROGRAMMER'S RECIPE

제 **04** 장
컬렉션

094

컬렉션 사용하기

| 컬렉션 | 배열 | 스트림 | 6 7 8 |

관련내용	095 배열 사용하기 P.180 102 List 사용하기 P.190 113 Set 사용하기 P.205 120 Map 사용하기 P.215 129 Stream 사용하기 P.228
이용사례	데이터 집합을 구하는 경우

컬렉션은 데이터의 집합(여러 요소의 모임)이다. Java의 기본 라이브러리에는 컬렉션을 다루는 구조를 제공하는 '컬렉션 프레임워크'가 포함되어 있다.

▌ 컬렉션 프레임워크

컬렉션 프레임워크가 제공하는 컬렉션 라이브러리 중 기본이 되는 것은 다음과 같이 3개의 인터페이스가 있다.

java.util.List

요소가 순서를 갖는 데이터의 집합으로 사용하기 위한 인터페이스이다. List 인터페이스를 구현한 실제 클래스에는 java.util.ArrayList 등이 있다.

java.util.Set

java.util.List와 비슷하지만 요소의 중복이 없고 순서도 없는 데이터의 집합을 사용하는 인터페이스이다. Set 인터페이스를 구현한 실제 클래스에는 java.util.HashSet 등이 있다.

java.util.Map

키와 값의 쌍을 요소로써 데이터의 집합을 사용하기 위한 인터페이스로 키는 지정해 두고, 키를 지정함으로써 값을 꺼낼 수 있는 것이 특징이다. Map 인터페이스를 구현한 실제 클래스는 java.util.HashMap 등이 있다.

▮ 배열

컬렉션 프레임워크의 일부는 아니지만 Java에는 요소의 집합을 다루는 데이터형으로서 '배열'이 있다. 배열은 List와 같이 순서가 있는 요소의 집합을 다루는 구조지만 List와 다른 점은 다음과 같다.

- 한번 작성한 배열의 크기는 변경할 수 없다
- 원시형(primitive) 배열을 선언할 수 있다

▮ Stream

Java 8에서 제공되는 Stream API에서는 데이터의 집합에 대해서 람다식으로 처리할 수 있다. 기존의 컬렉션 API를 사용한 처리와 비교하면 함수형 언어와 같은 간단한 기술을 할 수 있게 된다.

또한, Stream API에서는 요소가 지연 평가되기 때문에 대량 데이터를 다루는데 맞추어져 있고, 간단하게 병렬화를 할 수 있기 때문에 처리 속도의 향상을 기대할 수 있다는 장점이 있다.

Stream을 생성하는 방법으로는 Collection#stream( ) 메소드나 Arrays#stream( ) 메소드가 있다. 또한, 컬렉션만 아니라 파일 등에서 Stream을 생성할 수도 있다(레시피 194 또는 레시피 197 을 참조).

095 배열 사용하기

관련내용	094 컬렉션 사용하기 P.178
이용사례	배열을 이용하여 데이터의 집합을 다루는 경우

배열은 new 연산자로 생성한다. 배열을 new 연산자로 생성하면 요소의 형에 대응한 초기값(예를 들어 int라면 0, String 등의 참조형의 경우는 null)으로 초기화된다.

● 배열을 생성한다

```
// 요소의 수 10인 int형 배열을 생성
int[] intArray = new int[10];

// 요소의 수 5인 String형 배열을 생성
String[] stringArray = new String[5];
```

또한, 다음과 같이 배열 생성 시에 요소를 지정할 수도 있다.

● 요소를 지정하고 배열을 생성한다

```
// 요소를 지정하여 int형 배열을 생성
int[] intArray = {1, 2, 3, 4, 5};

// 요소를 지정하여 String형 배열을 생성
String[] stringArray = {"A", "B", "C"};
```

생성한 배열은 다음 예제처럼,

변수명 [인덱스]

로 요소에 액세스할 수 있다.

```
String[] array = {"A", "B", "C"};

// 배열의 요소를 구하기
System.out.println(array[0]);  // => A
System.out.println(array[1]);  // => B
System.out.println(array[2]);  // => C

// 배열의 요소를 설정
array[0] = "D";
array[1] = "E";
array[2] = "F";
```

다차원 배열(배열의 요소가 배열을 설정한 것)을 생성하려면 다음과 같이 한다.

●이차원 배열을 생성한다

```
// int형 이차원 배열을 생성
int[][] intArray = new int[3][2];

// String형 이차원 배열을 생성
String[][] stringArray = new String[2][3];
```

다차원 배열에 대해서도 다음과 같이 배열 생성 시 요소를 지정할 수 있다.

●요소를 지정하고 다차원 배열을 생성한다

```
// 요소를 지정하여 int형 이차원 배열을 생성
int[][] intArray = {{1, 2}, {3, 4}, {5, 6}};

// 요소를 지정하여 String형 이차원 배열을 생성
String[][] stringArray = {{"A", "B", "C"}, {"D", "E", "F"}};
```

096 배열의 길이 구하기

배열 | length 6 7 8

관련내용	095 배열 사용하기 P.180
이용사례	배열의 요소 수를 구하는 경우

배열의 length 속성을 사용한다. length 속성으로 배열의 요소 수를 구한다.

● 배열의 크기(요소의 수) 구하기

```
String[] stringArray = {"A", "B", "C"};

System.out.println(stringArray.length);  // => 3
```

배열에 대한 인덱스를 지정하여 요소 구하기 · 설정을 할 때 요소의 범위를 초과하는 인덱스를 지정하면 ArrayIndexOutOfBoundsException이 발생된다. 요소 수를 모르는 배열에 대해서 조작을 하는 경우에는 미리 length 속성으로 배열 크기를 확인하도록 한다.

● 배열의 요소 수를 확인하고 처리한다

```
String[] array = …

// 요소가 1개도 없는 경우는 ArrayIndexOutOfBoundsException이 발생된다
System.out.println("맨 앞의 요소=" + array[0]);

// 요소가 1개 이상 있는 것을 확인한 후 처리를 실행
if(array.length > 0) {
  System.out.println("맨 앞의 요소=" + array[0]);
}
```

097 배열의 요소를 반복 처리하기

배열 | for | 확장 for문   6 7 8

관련내용	095 배열 사용하기 P.180
이용사례	배열의 모든 요소에 대해서 처리를 할 경우

for문을 사용한다. 인덱스를 지정하여 각 요소를 구하는 방법과 확장 for문을 이용하는 방법의 2종류 사용 방법이 있다.

● **배열의 요소를 반복 처리한다**

```java
int[] array = {1, 2, 3};

// 방법 1 : 인덱스를 이용한 경우
for(int i = 0; i < array.length; i++) {
  System.out.println(array[i]);  // => 1 2 3
}

// 방법 2 : 확장 for문을 이용한 경우
for(int value: array) {
  System.out.println(value);      // => 1 2 3
}
```

다차원 배열의 경우는 다음과 같이 사용한다.

● **다차원 배열의 요소를 반복 처리한다**

```java
int[][] array = {{1, 2, 3}, {4, 5, 6}};

// 방법 1 : 인덱스를 이용한 경우
for(int i = 0; i < array.length; i++) {
  for(int j = 0; j < array[i].length; j++) {
    System.out.println(array[i][j]);  // => 1 2 3 4 5 6
  }
}

// 방법 2 : 확장 for문을 이용한 경우
for(int[] inArray: array) {
  for(int value: inArray) {
    System.out.println(value);          // => 1 2 3 4 5 6
  }
}
```

098 / 배열을 복사하기

배열 | Arrays | copyOf | copyRangeOf   6 7 8

관련내용	095 배열 사용하기 P.180
이용사례	배열의 내용을 복사하는 경우

Java 6에서 추가된 Arrays#copyOf( ) 메소드나 Arrays#copyRangeOf( ) 메소드를 사용한다(이러한 메소드는 내부적으로 System#arraycopy( ) 메소드를 호출한다).

● 배열을 복사한다

```
// 복사 원본 배열
int[] array = {30, 10, 20, 15};

// 같은 배열의 길이로 복사하는 경우
int[] sameArray = Arrays.copyOf(array, array.length); // => [30, 10, 20, 15]

// 짧은 배열의 길이로 복사하는 경우, 지정한 배열 길이까지의 범위로 복사하여 반환
int[] shortArray = Arrays.copyOf(array, 2);           // => [30, 10]

// 긴 배열의 길이로 복사하는 경우, 남은 부분에 데이터형에 맞는 값으로 채워 반환
int[] longArray = Arrays.copyOf(array, 6);            // => [30, 10, 20, 15, 0, 0]

// 복사 원본 배열 길이의 범위 내의 인덱스를 지정한 경우,
// from-to 길이의 배열 길이를 복사하여 반환
int[] rangeArray = Arrays.copyOfRange(array, 1, 3);   // => [10, 20]

// 복사 원본 배열 길이 보다 긴 범위의 인덱스를 지정하여 복사하는 경우,
// 데이터형에 맞는 값을 채워 반환
int[] longRangeArray = Arrays.copyOfRange(array, 2, 5); // => [20, 15, 0]
```

Arrays#copyOf( ) 메소드나 System#arraycopy( ) 메소드는 '얕은 복사'가 되는 점에 주의해야 한다.

'얕은 복사(Shallow Copy)'는 복사 장소가 유지하는 참조를 복사하고 새로운 객체를 생성하는 것을 뜻한다. 이에 대해서 '깊은 복사(Deep Copy)'는 복사 장소가 유지하는 참고형 변수 내용을 포함하여 전부 복사하는 것을 뜻한다.

얕은 복사로 충분한지, 깊은 복사가 필요한지는 매번 검토해야 한다. 그리고 깊은 복사가 필요한 경우에는 참조 장소의 객체를 복사해야 한다.

● copyOf( ) 메소드가 '얕은 복사'임을 확인하는 예

```
// srcPoint와 destPoint에 복사
Point[] srcPoint = {new Point(10, 20), new Point(30, 40)};
Point[] destPoint = Arrays.copyOf(srcPoint, 2);

// 복사 원본의 배열 내 객체의 속성을 변경하면
// 복사한 곳의 객체의 속성 값도 바뀐다
srcPoint[0].x = 50;

System.out.println(srcPoint[0].x);  // => 50 (복사 원본의 값)
System.out.println(destPoint[0].x); // => 50 (복사한 곳의 값)
```

● 참조하는 곳의 객체를 복사하는 '깊은 복사'의 예

```
// 복사 원본의 배열
Point[] srcPoint = {new Point(10, 20), new Point(30, 40)};
int size = srcPoint.length;

// 복사할 곳의 배열
Point[] destPoint = new Point[size];

// srcPoint에서 destPoint로 깊은 복사를 한다
for(int i = 0; i < size; i++) {
  // 속성을 토대로 새로운 인스턴스를 작성한다
  destPoint[i] = new Point(srcPoint[i].x, srcPoint[i].y);
}

// 복사 원본의 배열 내의 객체의 속성 값을 변경해도
// 복사한 곳의 객체의 속성 값은 변하지 않는다
srcPoint[0].x = 50;

System.out.println(srcPoint[0].x);  // => 50 (복사 원본의 값)
System.out.println(destPoint[0].x); // => 10 (복사한 곳의 값)
```

099

배열을 정렬하기

배열 | Arrays | sort | parallelSort | Comparator   6 7 8

관련내용	095 배열 사용하기 P.180
이용사례	배열을 오름차순이나 내림차순으로 정렬하는 경우 배열의 내용을 검색하는 경우

Arrays#sort( ) 메소드를 사용한다.

● 배열을 정렬한다

```java
// 배열 array를 오름차순으로 정렬한다
String[] array = {"apple", "strawberry", "blueberry", "orange"};
Arrays.sort(array);
System.out.println(Arrays.toString(array));
  // => [apple, blueberry, orange, strawberry]

// 배열 arrayRange를 인덱스 1에서 3 미만의 범위로 오름차순으로 정렬한다
int[] arrayRange = {1, 5, 2, 4, 3};
Arrays.sort(arrayRange, 1, 3);
System.out.println(Arrays.toString(arrayRange)); // => [1, 2, 5, 4, 3]
```

또한, Arrays#sort( ) 메소드의 인수에 java.util.Comparator 객체를 전달함으로써 정렬 방법을 커스터마이즈 할 수도 있다.

Comparator 인터페이스에서는 compare( ) 메소드가 정의되었으며, 인수 2개의 비교 결과를 다음 반환값으로 구현한다.

- 인수 1 〉 인수 2의 경우 ➡ 양수를 반환한다
- 인수 1 == 인수 2의 경우 ➡ 0을 반환한다
- 인수 1 〈 인수 2의 경우 ➡ 음수를 반환한다

다음 예제에서는 문자열 길이를 비교하는 자체 Comparator를 이용하여 배열을 정렬한다.

● 문자열 길이로 배열을 정렬한다

```java
// 문자열 길이로 비교한다 Comparator 인터페이스의 구현
public class StringLengthComparator implements Comparator<String> {

  @Override
  public int compare(String value1, String value2) {
    // 문자열 길이를 비교한다
    return value1.length() - value2.length();
  }

}

// 배열 array를 오름차순으로 정렬한다
String[] array = {"apple", "strawberry", "blueberry", "orange"};
Arrays.sort(array, new StringLengthComparator());
System.out.println(Arrays.toString(array));
    // => [apple, orange, blueberry, strawberry]
```

Java 8 이후에는 Arrays#parallelSort( ) 메소드를 사용하여 배열을 병렬 정렬할 수 있다. 이 정렬은 Fork/Join Framework(제7장 참조)를 사용하여 구현되고 고속 정렬이 가능하다.

● 병렬 정렬

```java
int[] array = …
Arrays.parallelSort(array);
```

100 배열에 특정 요소가 포함되었는지 조사하기

배열 | Arrays | binarySearch　　　　　　　　　6 7 8

관련내용	095 배열 사용하기 P.180
이용사례	배열 속에 필요한 값이 포함되어 있는지 알아보는 경우

　　Arrays#binarySearch( ) 메소드를 사용한다. 이 메소드로 검색하는 경우 다음의 사항을 유의해야 한다.

- 사전에 Arrays#sort( ) 메소드로 배열을 정렬해야 한다
- 반환되는 인덱스는 정렬된 시점인 것이다
- 배열의 요소에 같은 값이 여러 개 있을 경우 어느 요소가 반환될지는 알 수 없다

　　또한, 목적한 값을 찾지 못한 경우 마이너스 값이 반환된다.

● 특정 요소가 포함되는지를 조사

```java
int[] array = {30, 10, 20, 15};

// 우선 배열을 정렬해둔다
Arrays.sort(array);  // => [10, 15, 20, 30]

// 15가 저장된 인덱스를 구하기
int result1 = Arrays.binarySearch(array, 15);  // => 1

// 1이 저장된 인덱스를 구하기
int result2 = Arrays.binarySearch(array, 1);   // => -1
```

101 배열 비교하기

배열 | Arrays | deepEquals   6 7 8

관련내용	095 배열 사용하기 P.180
이용사례	배열의 내용이 동일한지 확인하는 경우

    Arrays#deepEquals( ) 메소드를 사용한다. 이 메소드에서는 2개의 배열의 요소가 똑같은지를 비교할 수 있다.

● 배열을 비교하기

```java
int[][] intArray1 = {{1, 2, 3}, {4, 5, 6}};
int[][] intArray2 = {{1, 2, 3}, {4, 5, 6}};

System.out.println(Arrays.deepEquals(intArray1, intArray2));  // => true
```

NOTE   **deepEquals 메소드와 equals 메소드의 차이**

Arrays#equals( ) 메소드에서도 배열 비교를 할 수 있다. 그러나 Arrays#equals( ) 메소드는 요소의 내용이 아닌 참조처가 같은지 비교하기 때문에 다음의 경우에는 다른 배열이라고 판정한다.

● 배열을 비교하기

```java
int[][] intArray1 = {{1, 2, 3}, {4, 5, 6}};
int[][] intArray2 = {{1, 2, 3}, {4, 5, 6}};

// Arrays#equals() 메소드를 사용한 경우
System.out.println(Arrays.equals(intArray1, intArray2)); // => false
```

List | ArrayList | LinkedList | new 　　　　　　　　　　　　　　6 7 8

관련내용	094 컬렉션 사용하기 P.178
이용사례	항목을 목록으로 표시하는 경우

순서성을 갖는 데이터의 집합을 다룰 때 List를 사용한다. List 인터페이스의 주요 구현 클래스에는 ArrayList, LinkedList가 있다.

List의 생성

List를 생성하려면 다음과 같이 한다. 여기에서는 ArrayList를 사용한다. 형 인수로 저장할 요소의 형식을 지정할 필요가 있다는 점에 주의한다. 또한, Java 7 이후이면 우변의 형식 지정을 생략할 수 있다(레시피 078).

● List를 생성한다

```
// Java 6의 경우
List<String> list = new ArrayList<String>();

// Java 7 이후의 경우
List<String> list1 = new ArrayList<>();
```

List는 나중에 요소를 추가하지만 처음부터 저장하는 요소 수의 기준을 알고 있다면 ArrayList가 내부적으로 확보하는 영역을 지정하고 List를 생성한다.

● 요소 수를 지정하여 List를 생성한다

```
// ArrayList 생성 시에 100개분의 영역을 확보
List<String> list = new ArrayList<>(100);
```

List의 주요 메소드

자주 사용하는 메소드를 [표 4.1]에 나타낸다.

표 4.1 List의 주요 메소드

메소드	설명
add	List에 요소를 추가한다. 레시피 103
addAll	List에 컬렉션의 요소를 모두 추가한다. 레시피 111
clear	List의 모든 요소를 삭제한다. 레시피 106
contains	지정된 요소가 List에 포함되고 있는지 조사한다. 레시피 110
forEach `Java 8 이후`	List 요소를 반복 처리한다. 레시피 107
get	지정한 인덱스의 요소를 구한다. 레시피 104
indexOf	지정한 요소가 List 내에서 최초로 발견된 인덱스를 반환한다. 1개라도 발견된 경우는 −1을 반환한다. 레시피 110
isEmpty	List에 요소가 없는 경우 true를 반환한다. 레시피 108
lastIndexOf	지정한 요소가 List 내에서 마지막으로 발견된 인덱스를 반환한다. 1개라도 발견되지 않은 경우는 −1을 반환한다. 레시피 110
remove	요소를 삭제하고 삭제한 요소를 반환한다. 레시피 106
removeAll	지정한 컬렉션의 모든 요소를 삭제하고 List가 변경되면 true를 반환한다. 레시피 106
removeIf `Java 8 이후`	특정 조건을 충족시키는 요소를 삭제하고 List가 변경되면 true를 반환한다. 레시피 106
replaceAll `Java 8 이후`	모든 요소들을 바꿔 놓는다. 레시피 105
retainAll	지정한 컬렉션 이외의 모든 요소를 삭제하고 List가 변경되면 true를 반환한다. 레시피 106
set	지정한 인덱스의 요소를 대체하고 바꾼 요소를 반환한다. 레시피 105
size	List의 요소 수를 반환한다. 레시피 108
toArray	List를 Object형 배열로 변환한다. 레시피 112

List의 주요 구현 클래스

List를 구현한 클래스는 다음과 같이 2개가 있다.

ArrayList

List 인터페이스의 크기를 변경할 수 있는 배열로 구현한 클래스이다. 내부적으로 배열을 이용하고 있어서 각 요소의 읽기 쓰기는 고속이다. 단, 요소의 추가·삭제(그림 4.1)는 요소를 추가·삭제한 위치보다 뒤의 요소를 이동해야 하기 때문에 이동에 필요한 요소 수가 많을(List의 선두에 가까움)수록 무겁게 처리된다.

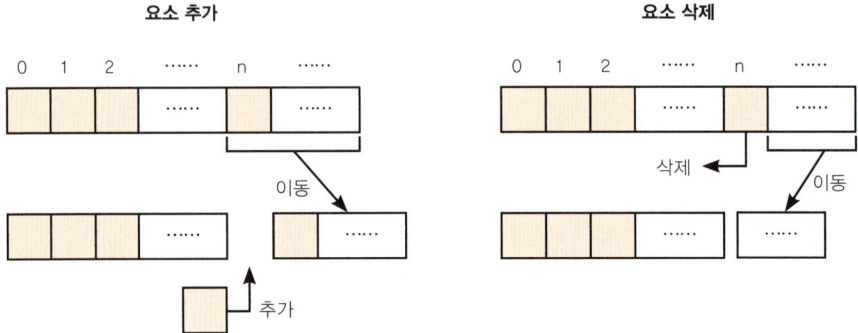

그림 4.1 ArrayList 클래스의 요소 추가 · 삭제

LinkedList

List 인터페이스의 링크 리스트를 구현한 클래스이다. 각 요소는 전후의 요소에 대한 링크를 갖고 있으며, 각 요소를 다루는 경우는 인덱스의 장소에 따라 List의 앞 혹은 끝에서 링크를 찾아간다(그림 4.2). 따라서 List의 양 끝은 빠르게 접근할 수 있지만, 중앙 부근의 요소를 접근할 경우 링크를 거슬러 올라가는 횟수가 많아지면서 ArrayList 클래스와 비교해서 효율이 나빠진다.

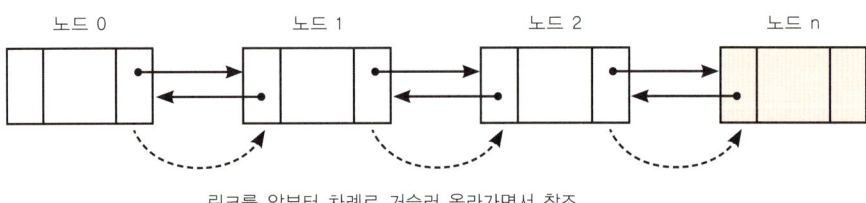

링크를 앞부터 차례로 거슬러 올라가면서 참조

그림 4.2 LinkedList 클래스의 요소 참조

한편, LinkedList 클래스에 요소를 추가 · 삭제할 경우는 링크 연결만으로 구현할 수 있기 때문에 ArrayList 클래스와 비교해서 효율적이다(그림 4.3). 단, 요소 추가/삭제 전에 링크를 거슬러 올라가 찾는 처리가 있다는 점에는 유의해야 한다. 컬렉션의 앞이나 끝에 요소 추가 및 삭제를 자주 하지 않는 한 일반적으로는 ArrayList 클래스를 이용하는 것이 더 효율적이다.

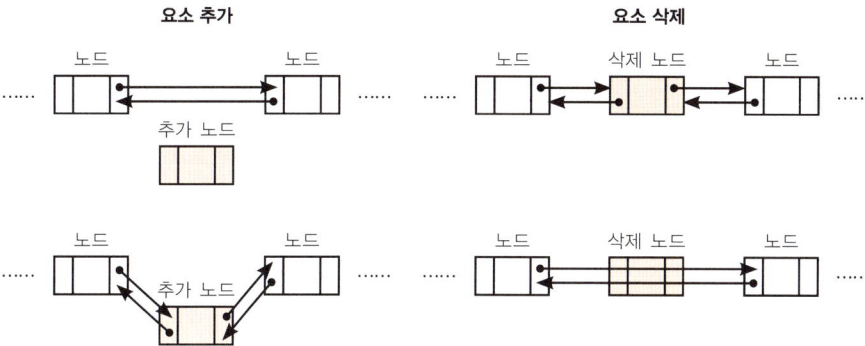

그림 4.3 LinkedList 클래스의 요소 추가 · 삭제

빈 컬렉션이 필요한 경우

Collections 클래스의 emptyList( ) 메소드, emptySet( ) 메소드, emptyMap( ) 메소드 등을 사용하면 빈 컬렉션을 취득할 수 있다.

● **메소드의 반환값으로 빈 컬렉션을 반환하는 경우**

```java
public static List<String> splitByComma(String str) {
  if(str == null || str.length() == 0) {
    // 인수가 null 또는 빈 문자열인 경우는 빈 List를 반환한다
    return Collections.emptyList();
  }
  return Arrays.asList(str.split(","));
}
```

이러한 메소드는 싱글톤 컬렉션의 인스턴스를 반환한다. 따라서 메소드 반환값의 처리 결과로 빈 컬렉션을 반환하는 경우는 스스로 생성한 컬렉션을 반환하는 것보다 메모리나 인스턴스의 생성 비용을 절약할 수 있다.

※ 싱글톤 역자주

싱글톤이란 하나의 프로그램에서 단 하나의 인스턴스를 생성하여 사용하는 것을 말한다. 즉, 싱글톤을 사용하면 특정 클래스의 인스턴스가 1개만으로 보장된다.

List에 요소를 추가하기

관련내용	102 List 사용하기 P.190
이용사례	List에 요소를 추가하는 경우

List#add( ) 메소드를 사용한다. List의 끝 또는 지정한 인덱스의 위치에 요소를 추가할 수 있다.

● **List에 요소를 추가한다**

```java
List<String> list = new ArrayList<>();
// List의 끝에 요소를 추가
list.add("A");
list.add("B");
list.add("C");
System.out.println(list);  // => [A, B, C]

// [A, B, C]의 인덱스 2번째에 요소를 삽입
list.add(2, "Z");
System.out.println(list);  // => [A, B, Z, C]

// List의 앞에 요소를 추가
list.add(0, "X");
System.out.println(list);  // => [X, A, B, Z, C]
```

또한, List에 다른 컬렉션의 요소를 한꺼번에 추가할 경우는 add( ) 메소드 대신 addAll( ) 메소드(레시피 111)를 사용할 수 있다.

104 List 요소 구하기

List ｜ get   6 7 8

관련내용	102 List 사용하기 P.190
이용사례	List의 특정 요소를 표시하는 경우

List#get( ) 메소드를 사용한다.

● List 요소를 구한다

```
List<String> list = new ArrayList<>();
list.add("A");
list.add("B");
list.add("C");
System.out.println(list);          // => [A, B, C]

// 인덱스 1의 요소를 구한다
System.out.println(list.get(1));  // => B
```

NOTE   List의 요소 수를 사전에 확인한다

List에 대한 인덱스를 지정하고 요소의 추가·취득·삭제 등의 조작을 하는 메소드를 호출 시 범위 밖의 인덱스를 지정하면 IndexOutOfBoundsException이 발생된다. 요소 수를 모르는 List에 대해서 조작을 하는 경우는 사전에 size( ) 메소드(레시피 108)에서 List의 크기를 확인한 후 처리하도록 한다.

● List의 요소 수를 확인하고 처리한다

```
List<String> list = …

// List가 빈 경우 IndexOutOfBoundsException이 발생된다
System.out.println("앞 부분 요소" + list.get(0));

// 요소가 1개 이상 있는 것을 확인한 후 처리를 실행
if(list.size() > 0) {
    System.out.println("앞 부분 요소" + list.get(0));
}
```

105

List 요소 변경하기

List | set | replaceAll 　　　　　　　　 6 7 8

관련내용	102 List 사용하기 P.190
이용사례	List의 특정 요소를 변경하는 경우

List#set( ) 메소드를 사용한다.

●List 요소를 변경하기

```java
List<String> list = new ArrayList<>();
list.add("A");
list.add("B");
list.add("C");
System.out.println(list); // => [A, B, C]

// 인덱스 1의 요소를 "X"로 변환
list.set(1,"X"); // => B
System.out.println(list); // => [A, X, C]
```

Java 8 이후에는 List#replaceAll( ) 메소드에서 List 내의 모든 요소들을 람다식의 반환값으로 바꿀 수 있다.

●List 요소를 바꾸기

```java
List<String> list = new ArrayList<>();
list.add("A");
list.add("B");
list.add("C");
System.out.println(list); // => [A, B, C]

// 모든 요소를 소문자로 변환
list.replaceAll(s -> s.toLowerCase());
System.out.println(list); // => [a, b, c]
```

106 List 요소를 삭제하기

List | remove | removeAll | retainAll | clear | removelf   6 7 8

관련내용	102 List 사용하기 P.190
이용사례	List의 특정 요소를 삭제하는 경우

요소의 삭제 범위에 따라 remove( ), removeAll( ), retainAll( ), clear( )의 각 메소드를 사용한다.

- E remove(int index) ································지정한 인덱스의 요소를 삭제하고, 삭제한 요소를 반환한다
- boolean remove(Object o) ··················지정한 요소를 삭제하고, 삭제한 경우 true, 삭제할 요소가 없을 경우 false를 반환한다
- boolean removeAll(Collection〈?〉 c)········지정한 컬렉션의 모든 요소를 삭제하고, List가 변경되면 true를 반환한다
- boolean retainAll(Collection〈?〉 c) ········지정한 컬렉션 이외의 모든 요소를 삭제하고, List가 변경되면 true를 반환한다
- void clear( ) ···List의 모든 요소를 삭제한다

● List 요소를 삭제한다

```java
List<String> list1 = new ArrayList<>();
list1.add("A");
list1.add("B");
list1.add("C");
list1.add("X");
list1.add("D");
list1.add("Y");
list1.add("E");
System.out.println(list1);  // => [A, B, C, X, D, Y, E]

// 삭제 대상의 요소를 저장
List<String> list2 = new ArrayList<>();
list2.add("X");
list2.add("Y");
```

```java
// 삭제하지 않는 대상의 요소를 저장
List<String> list3 = new ArrayList<>();
list3.add("A");
list3.add("E");

// 지정한 인덱스의 요소를 삭제하고, 삭제한 요소를 반환한다
System.out.println(list1.remove(2));          // => C
System.out.println(list1);                    // => [A, B, X, D, Y, E]

// 지정한 요소를 삭제하고, 삭제하는 요소가 없을 경우 false를 반환한다
System.out.println(list1.remove("D"));        // => true
System.out.println(list1);                    // => [A, B, X, Y, E]

// 지정한 컬렉션의 모든 요소를 삭제하고, List가 변경되면 true를 반환한다
System.out.println(list1.removeAll(list2));   // => true
System.out.println(list1);                    // => [A, B, E]

// 지정한 컬렉션 이외의 모든 요소를 삭제하고, List가 변경되면 true를 반환한다
System.out.println(list1.retainAll(list3));   // => true
System.out.println(list1);                    // => [A, E]

// 모든 요소를 삭제
list1.clear();
System.out.println(list1.size());             // => 0
System.out.println(list1.isEmpty());          // => true
```

Java 8 이후에는 List#removeIf( ) 메소드를 사용하여 람다식에서 지정한 조건에 일치하는 요소를 삭제할 수 있다.

●소건에 일치하는 요소를 식세한나

```java
List<String> list = new ArrayList<>();
list.add("Java");
list.add("JavaScript");
list.add("CSS");
list.add("HTML");

// 앞부분이 "J"로 시작하는 요소를 삭제
list.removeIf(s -> s.startsWith("J")); // => true
System.out.println(list);              // => [CSS, HTML]
```

107 List 요소를 반복 처리하기

List | 확장 for문 | forEach 6 7 8

관련내용	102 List 사용하기 P.190
이용사례	List 요소를 앞에서부터 순서대로 처리할 경우

for문을 사용한다. 또한, Java 8 이후에는 List#forEach( ) 메소드를 사용하여 람다식으로 반복 처리를 기술할 수 있다.

● List 요소를 반복 처리하기

```java
List<String> list = new ArrayList<>();
list.add("A");
list.add("B");
list.add("C");

// 확장 for문을 사용하는 경우
for(String value : list) {
  System.out.println("(" + value + ")");   // => (A) (B) (C)
}

// forEach 메소드를 사용한 경우 (Java 8 이후)
list.forEach(s -> System.out.println("[" + s + "]")); // => [A] [B] [C]
```

108 List 요소 수 구하기

List | size | isEmpty 678

관련내용	102 List 사용하기 P.190
이용사례	List에 저장되어 있는 요소 수를 조사할 경우 List에 요소가 비어 있음을 알아보는 경우

List#size() 메소드를 사용한다. 또한, List가 비어 있는지를 조사할 경우 List#isEmpty() 메소드를 사용한다.

● List의 요소 수 구하기

```
List<String> list = new ArrayList<>();
list.add("A");
list.add("B");
list.add("C");
System.out.println(list);              // => [A, B, C]

// List의 요소 수를 알아낸다
System.out.println(list.size());       // => 3

// List가 비어 있는지 알아낸다
System.out.println(list.isEmpty());  // => false
```

109 List 정렬하기

Collections | sort | reverse   6 7 8

관련내용	099 배열을 정렬하기 P.186
	102 List 사용하기 P.190
이용사례	List를 오름차순이나 내림차순으로 정렬할 경우
	List를 임의의 규칙으로 정렬하는 경우

Collections#sort( ) 메소드를 사용한다.

기본적으로 요소의 자연 순서화(String은 알파벳순, Integer는 수치순)에 따라 오름차순으로 정렬된다. 내림차순으로 정렬하고 싶은 경우는 정렬 후의 List를 Collections#reverse( ) 메소드로 반전시킨다.

● List를 오름차순으로 정렬한다

```
List<String> list = new ArrayList<>();
list.add("apple");
list.add("strawberry");
list.add("blueberry");
list.add("orange");

// 오름차순으로 정렬
Collections.sort(list);
System.out.println(list);    // => [apple, blueberry, orange, strawberry]

// 내림차순으로 정렬
Collections.reverse(list);
System.out.println(list);    // => [strawberry, orange, blueberry, apple]
```

Collections#sort( ) 메소드의 인수에 Comparator를 전달함으로써 자체적인 정렬 규칙으로 List를 정렬할 수 있다.

다음은 레시피 099 의 예제에 있는 문자열 길이를 비교하는 자체 Comparator를 사용하여 List를 정렬한다.

● 문자열 길이에 의한 List의 정렬 예

```
List<String> list = new ArrayList<>();
list.add("apple");
list.add("strawberry");
list.add("blueberry");
list.add("orange");

// 자체 정렬 규칙(이 예에서는 문자열 길이)으로 List를 정렬
Collections.sort(list, new StringLengthComparator());
System.out.println(list);    // => [apple, orange, blueberry, strawberry]
```

110 List에 특정 요소의 포함 여부 조사하기

List | contains | containsAll | indexOf | lastIndexOf   678

관련내용	102 List 사용하기 P.190
이용사례	List 요소가 포함되어 있는지 알아보는 경우 List 요소를 검색하고 그 인덱스 번호를 알아보는 경우

　　List#contains( ) 메소드 또는 List#containsAll( ) 메소드를 사용한다.
　　또한, 요소가 포함되어 있는지 여부와 더불어 그 인덱스 번호도 알고 싶은 경우에는 List#indexOf( ) 메소드 또는 List#lastIndexOf( ) 메소드를 사용한다.

●List 검색 예

```java
List<String> list1 = new ArrayList<>();
list1.add("A");
list1.add("B");
list1.add("C");
list1.add("B");                                    // => [A, B, C, B]

List<String> list2 = new ArrayList<>();
list2.add("A");
list2.add("B");

List<String> list3 = new ArrayList<>();
list3.add("A");
list3.add("D");

// 지정한 요소가 List에 포함되어 있는지 알아내기
System.out.println(list1.contains("A"));           // => true
System.out.println(list1.contains("D"));           // => false

// 지정한 컬렉션의 모든 요소가 List에 포함되어 있는지 알아내기
System.out.println(list1.containsAll(list2));      // => true
System.out.println(list1.containsAll(list3));      // => false

// 지정된 요소가 List 내에서 「처음으로」 검출된 인덱스를 반환한다
System.out.println(list1.indexOf("C"));            // => 2

// 지정된 요소가 List에 없는 경우 -1을 반환한다
System.out.println(list1.indexOf("E"));            // => -1

// 지정된 요소가 List 내에서 「마지막으로」 검출된 인덱스를 반환한다
System.out.println(list1.lastIndexOf("B"));        // => 3

// 지정된 요소가 List에 없는 경우 -1을 반환한다
System.out.println(list1.lastIndexOf("E"));        // => -1
```

111 2개의 List를 연결하기

List | addAll   6 7 8

관련내용	102 List 사용하기 P.190
이용사례	여러 개의 List를 연결하여 1개의 List로 할 경우

List#addAll( ) 메소드를 사용한다.

●2개의 List를 연결하기

```java
List<String> list1 = new ArrayList<>();
list1.add("A");
list1.add("B");
list1.add("C");

List<String> list2 = new ArrayList<>();
list2.add("X");
list2.add("Y");

// [A, B, C]의 끝에 [X,Y]를 추가
list1.addAll(list2);
System.out.println(list1);  // => [A, B, C, X, Y]

// [A, B, C]의 인덱스 2번째에 [X,Y]를 추가
list1.addAll(2, list2);
System.out.println(list1);  // => [A, B, X, Y, C, X, Y]
```

112 List와 배열을 상호 변환하기

배열 | List | toArray | Arrays | asList   **6 7 8**

관련내용	095 배열 사용하기 P.180 102 List 사용하기 P.190
이용사례	List의 내용을 배열로써 이용하는 경우

List를 배열로 변환하는 경우는 List#toArray( ) 메소드를 사용한다. 형 안전성을 확보하기 때문에 인수로 List 요소의 저장 장소의 배열을 지정한다.

●List를 배열로 변환하기

```java
List<String> list = new ArrayList<>();
list.add("A");
list.add("B");
list.add("C");

// 형 안전성을 위하여 인수가 있는 toArray 메소드를 이용
String[] array = list.toArray(new String[list.size()]);
System.out.println(Arrays.toString(array));    // => [A, B, C]
```

반대로, 배열을 List로 변환하는 경우는 Arrays#asList( ) 메소드를 사용한다.

●배열을 List로 변환하기

```java
String[] array = {"A", "B", "C", "D"};
List<String> list = Arrays.asList(array);
System.out.println(list);    // => [A, B, C, D]
```

> **COLUMN**   **Arrays#asList()로 쉽게 List를 생성한다**
>
> Arrays#asList( ) 메소드는 배열을 List로 변환할 뿐 아니라 다음과 같은 표기로 간단하게 List를 생성할 수도 있다.
>
> ●Arrays#asList( ) 메소드를 이용하여 List 생성하기
>
> ```java
> List<String> list = Arrays.asList("apple", "orange", "pineapple", "straw berry");
> ```

113 Set 사용하기

Set | HashSet | LinkedHashSet | TreeSet | new   **6 7 8**

관련내용	094 컬렉션 사용하기 P.178
이용사례	중복 없는 값의 집합을 취급하는 경우

중복 없는 데이터의 집합을 다룰 때 Set을 사용한다. Set의 요소는 모두 같다. Set 인터페이스의 주요 구현 클래스에는 HashSet, LinkedHashSet, TreeSet이 있다.

▌ Set의 생성

Set을 생성하려면 다음과 같이 한다. 여기에서는 HashSet을 사용한다.

형 인수로 저장할 요소의 형식을 지정해야 한다. Java 7 이후라면 우변의 형식 지정을 생략할 수 있다(레시피 078).

● Set을 생성하기

```
// Java 6의 경우
Set<String> set = new HashSet<String>();

// Java 7 이후의 경우
Set<String> set = new HashSet<>();
```

Set은 나중에 요소를 추가하지만 처음부터 저장할 요소 수의 기준을 알고 있다면 내부적으로 확보할 영역을 지정하고 Set을 생성한다.

● 요소 수를 지정하여 Set을 생성하기

```
// HashSet 생성 시에 100개분의 영역을 확보
Set<String> set = new HashSet<>(100);
```

Set의 주요 메소드

자주 사용하는 메소드는 [표 4.2]와 같다.

표 4.2 Set의 주요 메소드

메소드	설명
add	지정된 요소가 Set에 포함되지 않은 경우 Set에 요소를 추가한다. 레시피 114
addAll	지정된 컬렉션의 모든 요소에 대해서 요소가 Set 내에 포함되지 않은 경우 Set에 추가한다. Set이 변경된 경우 true를 반환한다. 레시피 119
clear	모든 요소를 Set으로부터 삭제한다. 레시피 115
contains	지정된 요소가 Set에 포함되어 있는지 조사한다. 레시피 118
containsAll	지정한 컬렉션의 모든 요소가 Set에 포함되어 있는지 조사한다. 레시피 118
forEach Java 8 이후	Set의 요소를 반복 처리한다. 레시피 116
isEmpty	Set에 요소가 없는 경우 true를 반환한다. 레시피 117
remove	지정한 요소를 삭제한다. 삭제한 경우는 true를 반환한다. 레시피 115
removeAll	지정한 컬렉션의 모든 요소를 삭제하고 Set이 변경되면 true를 반환한다. 레시피 115
removeIf Java 8 이후	특정 조건을 충족시키는 요소를 삭제하고 Set이 변경되면 true를 반환한다. 레시피 115
retainAll	지정한 컬렉션 이외의 모든 요소를 삭제하고 Set이 변경되면 true를 반환한다. 레시피 115
size	Set의 요소 수를 반환한다. 레시피 117

Set의 주요 구현 클래스

Set을 구현한 클래스는 다음과 같이 3개가 있다.

HashSet

해시를 이용한 Set의 구현 클래스이다. 내부적으로는 HashMap 클래스 키의 집합만을 이용하여 구현된다. 이 클래스는 요소의 추가나 검색이 빠르지만 요소는 순서가 없고 추가된 순서와 무관하게 저장된다.

LinkedHashSet

HashSet 클래스에 링크 리스트에 의한 순서를 부여한 클래스이다. 단, LinkedList 클래스 같은 양방향 접근은 할 수 없다.

TreeSet

트리 구조를 이용한 Set의 구현 클래스이다. 요소는 자연적으로 순서화되어 있는데 Comparator를 설정함으로써 임의의 순서로도 데이터를 보관 유지할 수 있다.

다음의 예제에서 각 클래스에 따라 순서가 다르다는 것을 확인할 수 있다.

●순서 확인

```java
// HashSet 생성
Set<String> hashSet = new HashSet<>();
hashSet.add("A");
hashSet.add("C");
hashSet.add("E");
hashSet.add("D");
hashSet.add("B");
System.out.println(hashSet);        // => [D, E, A, B, C] 순서 없이 저장됨

// LinkedHashSet 생성
Set<String> linkedHashSet = new LinkedHashSet<>();
linkedHashSet.add("A");
linkedHashSet.add("C");
linkedHashSet.add("E");
linkedHashSet.add("D");
linkedHashSet.add("B");
System.out.println(linkedHashSet); // => [A, C, E, D, B] 저장 순서대로

// TreeSet 생성
Set<String> treeSet = new TreeSet<>();
treeSet.add("A");
treeSet.add("C");
treeSet.add("E");
treeSet.add("D");
treeSet.add("B");
System.out.println(treeSet);        // => [A, B, C, D, E] 오름차순 정렬
```

114 Set에 요소를 추가하기

Set | add   6 7 8

| 관련내용 | 119 2개의 Set을 연결하기 P.214 |
| 이용사례 | Set에 특정 요소를 추가하는 경우 |

Set#add( ) 메소드를 사용한다. 요소를 추가한 경우 true, 이미 같은 요소가 있는 경우는 false를 반환한다.

● Set에 요소를 추가하기

```
Set<String> set = new HashSet<>();

// Set에 요소를 추가
set.add("A");
set.add("B");
set.add("C");
System.out.println(set.add("A"));  // => 이미 요소가 있기 때문에 false
System.out.println(set.add("D"));  // => true
System.out.println(set);           // => [D, A, B, C]
```

Set에 다른 컬렉션의 요소를 한꺼번에 추가할 경우는 add( ) 메소드 대신 .addAll( ) 메소드(레시피 119)를 사용할 수 있다.

115 Set의 요소를 삭제하기

Set | remove | removeAll | retainAll | removeIf | clear 　　　　　6 7 8

관련내용	113 Set 사용하기 P.205
이용사례	Set의 특정 요소를 삭제하는 경우 Set의 요소를 지정한 요소로 필터링하는 경우

　　요소의 삭제 범위에 따라 remove( ), removeAll( ), retainAll( ), clear( )의 각 메소드를 사용한다.

● boolean remove(Object o) ················ 지정한 요소를 삭제한 경우 true를, 삭제하는 요소가 없을 경우 false를 반환한다

● boolean removeAll(Collection〈?〉 c)······ 지정한 컬렉션의 모든 요소를 삭제하고, Set이 변경되면 true를 반환한다

● boolean retainAll(Collection〈?〉 c) ······ 지정한 컬렉션 이외의 모든 요소를 삭제하고, Set이 변경되면 true를 반환한다

● void clear( )····································· 모든 요소를 Set에서 삭제한다

● Set의 요소를 삭제하기

```java
// Set 생성
Set<String> set1 = new HashSet<>();
set1.add("A");
set1.add("B");
set1.add("C");
set1.add("E");
set1.add("F");
set1.add("D");
System.out.println(set1);              // => [D, E, F, A, B, C]

// 삭제 대상의 요소를 저장
Set<String> set2 = new HashSet<>();
set2.add("D");
set2.add("E");

// 삭제하지 않는 대상의 요소를 저장
Set<String> set3 = new HashSet<>();
set3.add("B");
set3.add("C");
```

```
// Set 요소를 삭제한다. 삭제한 경우는 true를 반환한다
System.out.println(set1.remove("A"));        // => true
System.out.println(set1.remove("G"));        // => false
System.out.println(set1);                    // => [D, E, F, B, C]


// 지정한 컬렉션의 모든 요소를 삭제하고, Set이 변경되면 true를 반환한다
System.out.println(set1.removeAll(set2));    // => true
System.out.println(set1);                    // => [F, B, C]


// 지정한 컬렉션 이외의 모든 요소를 삭제하고, Set이 변경되면 true를 반환한다
System.out.println(set1.retainAll(set3));    // => true
System.out.println(set1);                    // => [B, C]


// 모든 요소를 삭제
set1.clear();
System.out.println(set1.size());             // => 0
System.out.println(set1.isEmpty());          // => true
```

Java 8 이후 Set#removeIf( ) 메소드를 사용하면 람다식에서 지정한 조건에 일치한 요소를 삭제할 수 있다.

● 조건에 일치하는 요소를 삭제하기

```
Set<String> set = new HashSet<>();
set.add("Java");
set.add("JavaScript");
set.add("CSS");
set.add("HTML");


// 앞부분이 "J"로 시작하는 요소를 삭제
set.removeIf(s -> s.startsWith("J")); // => true
System.out.println(set);              // => [CSS, HTML]
```

116 Set의 요소를 반복 처리하기

Set │ 확장 for문 │ forEach 6 7 8

관련내용	113 Set 사용하기 P.205
이용사례	Set의 요소를 앞에서부터 차례로 처리할 경우

for문을 사용한다. 또한, Java 8 이후에는 Set#forEach( ) 메소드를 사용함으로써 람다식으로 반복 처리를 기술할 수 있다.

● Set 요소 반복 처리

```java
Set<String> set = new HashSet<>();
set.add("A");
set.add("B");
set.add("C");

// 확장 for문을 사용하는 경우
for(String value : set) {
  System.out.println("(" + value + ")");  // => (A) (B) (C)
}

// forEach 메소드를 사용한 경우(Java 8 이후)
set.forEach(s -> System.out.println("[" + s + "]")); // => [A] [B] [C]
```

위의 에제에서 사용하고 있는 HashSet은 요소의 순서화를 하지 않기 때문에 for문과 forEach( ) 메소드로 구할 수 있는 요소의 순서는 일정하지 않다. LinkedHashSet의 경우 추가된 순서대로, TreeSet의 경우는 오름차순 또는 임의의 Comparator에서 정렬된 순서로 요소를 구할 수 있다.

117 Set의 요소 수 구하기

Set | size | isEmpty   6 7 8

관련내용	113 Set 사용하기 P.205
이용사례	Set에 저장되어 있는 요소 수를 조사하는 경우 Set에 요소가 없음을 알아보는 경우

Set#size( ) 메소드를 사용한다. 또한, Set이 비어 있는지를 조사하려면 Set#is Empty( ) 메소드를 사용한다.

● Set의 요소 수를 구하기

```java
Set<String> set = new HashSet<>();
set.add("A");
set.add("B");
set.add("C");
System.out.println(set);            // => [A, B, C]

// Set 요소 수(사이즈)를 알아낸다
System.out.println(set.size());      // => 3

// Set이 비어 있는지를 알아낸다
System.out.println(set.isEmpty());   // => false
```

118 Set에 특정 요소가 포함되는지 조사하기

Set | contains | containsAll

6 7 8

관련내용	113 Set 사용하기 P.205
이용사례	Set의 요소를 검색하는 경우 Set의 요소가 지정한 조건을 충족하는지를 알아보는 경우

Set#contains( ) 메소드와 Set#containsAll( ) 메소드를 사용한다.

● Set 검색 예

```
Set<String> set1 = new HashSet<>();
set1.add("A");
set1.add("B");
set1.add("C");

Set<String> set2 = new HashSet<>();
set2.add("B");
set2.add("C");

Set<String> set3 = new HashSet<>();
set3.add("A");
set3.add("D");

// 지정한 요소가 Set에 포함되어 있는지 알아낸다
System.out.println(set1.contains("A"));        // => true
System.out.println(set1.contains("D"));        // => false

// 지정한 컬렉션의 모든 요소가 Set에 포함되어 있는지 알아낸다
System.out.println(set1.containsAll(set2));    // => true
System.out.println(set1.containsAll(set3));    // => false
```

119 2개의 Set을 연결하기

관련내용	113 Set 사용하기 P.205
이용사례	여러 개의 Set을 연결하여 1개의 Set으로 하는 경우

Set#addAll( ) 메소드를 사용한다.

● 2개의 Set을 연결하기

```java
Set<String> set1 = new HashSet<>();
set1.add("A");
set1.add("B");
set1.add("C");
set1.add("D");

Set<String> set2 = new HashSet<>();
set2.add("E");
set2.add("F");

// set1과 set2를 연결
set1.addAll(set2);
System.out.println(set1);  // => [D, E, F, A, B, C]
```

120 Map 사용하기

Map | HashMap | LinkedHashMap | TreeMap | new 678

관련내용	094 컬렉션 사용하기 P.178
이용사례	키와 값의 쌍으로 데이터를 다루는 경우

키와 값의 쌍으로 데이터를 다루는 경우는 Map을 사용한다. 키와 값의 쌍이 Map의 요소가 되고 키는 모두 유일한 값이 된다. Map 인터페이스의 주요 구현 클래스에는 HashMap, LinkedHashMap, TreeMap이 있다.

▌Map의 생성

Map을 생성하려면 다음과 같이 한다. 여기에서는 HashMap을 사용한다.

형 인수로 저장할 요소의 형식을 지정해야 한다. 또한, Java 7 이후이면 우변의 형식 지정이 생략 가능하다. 레시피 078

●Map을 생성하기

```
// Java 6의 경우
Map<String, String> hashMap = new HashMap<String, String>();

// Java 7 이후의 경우
Map<String, String> hashMap = new HashMap<>();
```

Map은 나중에 요소를 추가하지만 처음부터 저장할 요소 수의 기준을 알고 있다면 내부적으로 확보할 영역을 지정하고 Map을 생성한다.

●요소 수를 지정하여 Map을 생성하기

```
// HashMap 생성 시에 100개분의 영역을 확보
Map<String, String> hashMap = new HashMap<>(100);
```

Map의 주요 메소드

자주 사용하는 메소드는 [표 4.3]과 같다.

표 4.3 **Map의 주요 메소드**

메소드	설명
clear	Map의 엔트리를 모두 삭제한다. 레시피 125
compute `Java 8 이후`	지정된 키, 람다식의 반환값을 Map에 추가한다. 레시피 121
computeIfAbsent `Java 8 이후`	지정된 키가 존재하지 않는 경우만 람다식의 반환값을 설정한다. 레시피 121
computeIfPresent `Java 8 이후`	지정된 키가 존재하는 경우만 람다식의 반환값을 덮어쓴다. 레시피 121
containsKey	Map에 지정된 키가 포함되어 있는 경우 true를 반환한다. 레시피 127
containsValue	Map에 지정된 값이 포함되어 있는 경우 true를 반환한다. 레시피 128
entrySet	Map에 포함된 모든 엔트리를 구한다. 레시피 124
forEach `Java 8 이후`	Map의 요소를 반복 처리한다. 레시피 124
get	지정된 키 값을 반환한다. 키가 존재하지 않을 경우 null을 반환한다. 레시피 122
getOrDefault `Java 8 이후`	지정된 키 값을 반환한다. 키가 존재하지 않을 경우 기본값을 반환한다. 레시피 122
isEmpty	Map에 1개의 엔트리도 없을 경우 true를 반환한다. 레시피 126
keySet	Map에 포함된 모든 키를 구한다. 레시피 123
merge `Java 8 이후`	지정한 키가 존재하지 않으면 값을 설정하고, 존재할 경우에는 기존 값과 지정한 값을 합친다. 레시피 121
put	지정된 키, 값을 Map에 추가한다. 이미 키에 대한 값이 추가되어 있는 경우에는 새로운 값으로 덮어쓴다. 레시피 121
putIfAbsent `Java 8 이후`	지정된 키가 존재하지 않는 경우만 값을 설정한다. 레시피 121
remove	지정된 키를 Map에서 삭제하고 키와 관련된 값을 반환한다. 레시피 125
replace `Java 8 이후`	지정된 키 값이 존재하는 경우만 값을 덮어쓴다. 레시피 121
replaceAll `Java 8 이후`	모든 요소들을 치환한다. 레시피 121
size	Map의 엔트리 수(사이즈)를 반환한다. 레시피 126
values	Map에 포함된 모든 값을 반환한다. 레시피 122

Map의 주요 구현 클래스

Map을 구현한 클래스로는 다음과 같이 3개가 있다.

HashMap

해시를 이용한 Map의 구현 클래스이다. 키를 해시 코드로 변환하고 해시 코드는 대응하는 값에 접근하기 위해 이용된다. 이 클래스의 요소는 순서와 무관하게 저장된다.

LinkedHashMap

HashMap 클래스를 확장하고 Map 내의 키에 대한 링크 리스트에 의한 순서를 갖는 클래스이다. 요소는 추가한 순서대로 정렬된다.

TreeMap

트리 구조를 이용한 Map의 구현 클래스이다. 요소는 키의 오름차순으로 정렬되지만, Comparator를 설정함으로써 임의의 순서대로 데이터를 보관 유지(정렬)할 수도 있다.

다음의 예제에서 구현 클래스에 따라 저장 순서가 다른 것을 확인한다.

● 저장 순서 확인

```java
// HashMap 생성
Map<String, String> hashMap = new HashMap<>();
hashMap.put("A", "1");
hashMap.put("C", "3");
hashMap.put("E", "5");
hashMap.put("D", "4");
hashMap.put("B", "2");
System.out.println(hashMap);        // => {D=4, E=5, A=1, B=2, C=3} 순서 없음

// LinkedHashMap 생성
Map<String, String> linkedHashMap = new LinkedHashMap<>();
linkedHashMap.put("A", "1");
linkedHashMap.put("C", "3");
linkedHashMap.put("E", "5");
linkedHashMap.put("D", "4");
linkedHashMap.put("B", "2");
System.out.println(linkedHashMap); // => {A=1, C=3, E=5, D=4, B=2}  저장 순서대로

// TreeMap 생성
Map<String, String> treeMap = new TreeMap<>();
treeMap.put("A", "1");
treeMap.put("C", "3");
treeMap.put("E", "5");
treeMap.put("D", "4");
treeMap.put("B", "2");
System.out.println(treeMap);        // => {A=1, B=2, C=3, D=4, E=5} 오름차순
```

121 Map에 요소를 추가하기

Map | put | putIfAbsent | replace | replaceAll | compute 6 7 8
computeIfPresent | computeIfAbsent | merge

관련내용	120 Map 사용하기 P.215
이용사례	Map에 특정 요소를 추가하는 경우

Map#put( ) 메소드를 사용한다.

●Map에 요소를 추가하기

```java
Map<String, String> map = new HashMap<>();
map.put("A", "1");
map.put("B", "2");
map.put("C", "3");

// 이미 키가 등록되어 있는 경우 덮어씀
map.put("A", "5");

System.out.println(map);  // => {A=5, B=2, C=3}
```

Java 8 이후에는 Map#putIfAbsent( ) 메소드로 키가 존재하지 않는 경우만 값을 추가할 수 있다.

●Map에 요소를 추가하기

```java
Map<String, String> map = new HashMap<>();
map.put("A", "1");

// 이미 키가 등록되어 있는 경우는 아무것도 안 함
map.putIfAbsent("A", "2");
System.out.println(map);  // => {A=1}

// 키가 없는 경우 추가
map.putIfAbsent("B", "2");
System.out.println(map);  // => {A=1, B=2}
```

▌요소의 치환

Map#replace( ) 메소드로 요소의 값을 치환할 수 있다. 또한, Map#replaceAll( ) 메소드에서 모든 요소들을 람다식의 반환값으로 치환할 수 있다.

● 요소의 치환

```java
Map<String, String> map = new HashMap<>();
map.put("A", "VB");
map.put("B", "VBScript");

// A의 값을 Java로 치환함(변환된 값은 쓰기 전의 값)
String replaced = map.replace("A", "Java");
System.out.println(replaced);    // => VB
System.out.println(map);         // => {A=Java, B=VBScript}

// B 값이 VBScript의 경우에만 JavaScript로 치환함
// (치환에 성공하면 반환값은 true)
boolean isReplaced = map.replace("B", "VBScript", "JavaScript");
System.out.println(isReplaced);  // => true
System.out.println(map);         // => {A=Java, B=JavaScript}

// Map의 모든 요소의 값을 대문자로 변환
map.replaceAll((key, value) -> value.toUpperCase());
System.out.println(map);         // => {A=JAVA, B=JAVASCRIPT}
```

▌람다식 요소의 추가 · 치환

Java 8 이후의 경우 Map#compute( ) 메소드, Map#computeIfAbsent( ) 메소드, Map#computeIfPresent( ) 메소드에 람다식의 반환값을 값으로 Map에 추가한다.

또한, computeIfAbsent( ) 메소드는 키가 존재하지 않을 경우만, computeIfPresent( ) 메소드는 키가 존재하는 경우만 값을 치환한다.

● 람다식의 반환값을 Map에 추가하기

```java
Map<String, String> map = new HashMap<>();
map.put("A", "1");

// 람다식의 반환값을 Map에 추가한다
//
// 람다식의 인수 :
// key: 키
// existValue: 이미 키가 존재할 경우 그 값, 없으면 null
```

```
map.compute("B", (key, existValue) -> {
  if(existValue != null) {
      // 이미 키가 존재하면 그 값을 그대로 사용
      return existValue;
  } else {
      // 키가 존재하지 않으면 Nothing이란 값을 추가
      return "Nothing";
  }
});

System.out.println(map);   // => {A=1, B=Nothing}

// 키가 존재하지 않는 경우에만 람다식의 반환값을 Map에 추가
map.computeIfAbsent("B", (key) -> key + " does not exist"); // B는 이미 존재하므로
                                                               추가하지 않음
map.computeIfAbsent("C", (key) -> key + " does not exist"); // C는 존재하지 않으므로
                                                               추가함

System.out.println(map);   // => {A=1, B=Nothing, C=C does not exist}

// 키가 존재하는 경우에만 람다식의 반환값을 치환함
map.computeIfPresent("B", (key, existValue) -> key + " is " + existValue);
    // B는 이미 값이 존재하므로 덮어쓰기 함

System.out.println(map); // => {A=1, B=B is Nothing, C=C does not exist}
```

Map#merge() 메소드를 사용하면 Map에 지정한 키가 없는 경우는 지정한 값을 설정할 수 있고, 키가 존재하는 경우에는 기존 값과 지정된 값을 람다식에서 통합한 값으로 치환할 수 있다.

●요소 합치기(merge)

```
Map<String, String> map = new HashMap<>();
map.put("A", "good");

// 키카 존재하므로 람다식의 결과값을 치환함
map.merge("A", "Java", (oldValue, newValue) -> newValue + " is " + oldValue);

// 키가 존재하지 않으므로 지정한 값(Java)을 값으로써 설정함
map.merge("B", "Java", (oldValue, newValue) -> newValue + " is " + oldValue);

System.out.println(map); // => {A=Java is good, B=Java}
```

122 Map의 값 구하기

Map | get | values | getOrDefault
678

관련내용	120 Map 사용하기 P.215
이용사례	Map의 지정한 키에 관련된 값을 구하는 경우 Map의 값을 모두 구하는 경우

Map#get() 메소드를 사용한다. Map의 값을 모두 구할 경우 Map#values() 메소드를 사용한다.

●Map의 값을 구하기

```java
Map<String, String> map = new HashMap<>();
map.put("A", "1");
map.put("B", "2");
map.put("C", "3");

// 지정된 키와 관련된 값을 구함
System.out.println(map.get("A"));  // => 1
System.out.println(map.get("B"));  // => 2
System.out.println(map.get("C"));  // => 3

// Map에 포함된 모든 값을 구함
Collection<String> collection = map.values();
for(String value : collection) {
  System.out.println(value);          // => 1 2 3
}
```

Java 8 이후에는 Map#get() 메소드 대신 getOrDefault() 메소드를 사용함으로써 키가 존재하지 않은 경우의 기본값을 지정하여 값을 구할 수 있다.

●키가 존재하지 않는 경우의 값을 지정하기

```java
Map<String, String> map = new HashMap<>();
map.put("A", "1");

// 존재하는 키를 지정하고 값을 구함
System.out.println(map.getOrDefault("A", "-")); // => 1
// 존재하지 않는 키를 사용해서 값을 구함
System.out.println(map.getOrDefault("B", "-")); // => -
```

123 Map의 키 구하기

관련내용	120 Map 사용하기 P.215
이용사례	Map의 키를 모두 구하는 경우

Map#keySet( ) 메소드를 사용한다. 이 메소드에서는 Map의 모든 키를 구할 수 있다.

● **Map의 키를 구하기**

```java
Map<String, String> map = new HashMap<>();
map.put("A", "1");
map.put("B", "2");
map.put("C", "3");
map.put("D", "4");

// Map#keySet () 메소드를 이용한 키셋을 구함
Set<String> keyset = map.keySet();
System.out.println(keyset);     // => [D, A, B, C]
```

위의 샘플에서 사용하고 있는 HashMap은 요소의 순서화를 하지 않기 때문에 key Set( ) 메소드가 반환하는 키 순서는 일정하지 않다. LinkedHashMap의 경우 추가된 순서대로, TreeMap의 경우는 키를 오름차순 또는 임의의 Comparator로 정렬된 순서로 구할 수 있다.

124 Map의 요소 구하기

Map | entrySet | forEach | Map.Entry | getKey | getValue   6 7 8

관련내용	120 Map 사용하기 P.215
이용사례	Map에 포함된 모든 요소를 구하는 경우 Map의 요소를 반복 처리하는 경우

Map#entrySet( ) 메소드를 사용한다. 이 메소드에서는 Map의 모든 요소(키와 값의 쌍)를 구할 수 있다. 요소에서 키와 값을 구하는 경우는 Map.Entry 인터페이스에 정의되어 있는 getKey( ) 메소드, getValue( ) 메소드를 사용한다.

또한, Java 8 이후에는 forEach( ) 메소드를 사용하여 키와 값을 람다식에서 반복 처리할 수도 있다.

● **Map의 모든 요소를 구하기**

```
Map<String, String> map = new HashMap<>();
map.put("A", "1");
map.put("B", "2");
map.put("C", "3");
map.put("D", "4");

// Map에 저장된 모든 요소를 구함
Set<Map.Entry<String, String>> set = map.entrySet();

// 각 요소의 키와 값을 구함
for(Map.Entry<String, String> entry : set) {
  System.out.println(entry.getKey() + ", " + entry.getValue());
    // => A,1 B,2 C,3 D,4
}

// 람다식에서 키와 값을 반복 처리(Java 8 이후)
map.forEach((key, value) -> System.out.println(key + ", " + value));
    // => A,1 B,2 C,3 D,4
```

위의 샘플에서 사용하고 있는 HashMap은 요소의 순서화를 하지 않기 때문에 entrySet( ) 메소드나 forEach( ) 메소드로 구할 수 있는 요소의 순서는 일치하지 않는다.

LinkedHashMap의 경우는 추가된 순서대로, TreeMap의 경우는 키를 오름차순 또는 임의의 Comparator로 정렬한 순서로 요소를 구할 수 있다.

Map의 요소를 삭제하기

관련내용	120 Map 사용하기 P.215
이용사례	Map의 키를 삭제하는 경우 Map 요소를 모두 삭제하는 경우

　　Map#remove( ) 메소드를 사용한다. 이 메소드에서는 지정한 키를 Map에서 삭제할 수 있다. 또한, Map 요소를 모두 삭제하는 경우 Map#clear( ) 메소드를 사용한다.

● **Map의 요소를 삭제하기**

```java
Map<String, String> map = new HashMap<>();
map.put("A", "1");
map.put("B", "2");
map.put("C", "3");

// Map에서 요소를 삭제(반환값은 삭제한 값)
String removed = map.remove("C");
System.out.println(removed); // => 3
System.out.println(map);     // => {A=1, B=2}

// Map의 모든 요소를 삭제
map.clear();
System.out.println(map);     // => {} 요소 없음
```

126 Map의 요소 수 구하기

Map | size | isEmpty 678

관련내용	120 Map 사용하기 P.215
이용사례	Map에 저장되어 있는 요소 수를 조사할 경우 Map에 요소가 없음을 알아보는 경우

　Map#size( ) 메소드를 사용한다. 또한, Map이 비어 있는지 여부를 알아보는 경우는 Map#isEmpty( ) 메소드를 사용한다.

● Map의 요소 수를 구하기

```
Map<String, String> map = new HashMap<>();
map.put("A", "1");
map.put("B", "2");
map.put("C", "3");

// Map의 요소 수를 구하기
System.out.println(map.size());     // => 3

// Map이 비어 있는지 조사
System.out.println(map.isEmpty());  // => false
```

MEMO

| Map | containsKey | 6 7 8 |

관련내용	120 Map 사용하기 P.215
이용사례	Map에 포함되는 키를 검색하는 경우

Map#containsKey( ) 메소드를 사용한다. Map이 지정한 키를 포함하고 있는 경우 true, 포함하지 않는 경우는 false를 반환한다.

●Map에 포함되는 키 검색 예

```java
Map<String, String> map = new HashMap<>();
map.put("A", "1");
map.put("B", "2");
map.put("C", "3");

// 지정한 키가 포함되어 있는지 조사
System.out.println(map.containsKey("A"));  // => true
System.out.println(map.containsKey("1"));  // => false
```

MEMO

Map에 특정 값이 포함되어 있는지 조사하기

관련내용	120 Map 사용하기 P.215
이용사례	Map에 포함되는 값을 검색하는 경우

　Map#containsValue( ) 메소드를 사용한다. Map이 지정한 값을 포함하고 있는 경우 true, 포함하지 않는 경우는 false를 반환한다.

● Map에 포함되는 값 검색 예

```
Map<String, String> map = new HashMap<>();
map.put("A", "1");
map.put("B", "2");
map.put("C", "3");

// 지정한 값을 포함하고 있는지 조사
System.out.println(map.containsValue("A"));  // => false
System.out.println(map.containsValue("1"));  // => true
```

MEMO

129 Stream 사용하기

Stream	6 7 8

관련내용	094 컬렉션 사용하기 P.178
이용사례	컬렉션에 대한 처리 방안을 람다식으로 간단하게 기술하고 싶은 경우 컬렉션에 대한 처리를 병렬화하는 경우

Java 8에서는 컬렉션 프레임워크에 새롭게 Stream 인터페이스가 추가되었다. Stream을 사용하면 다음과 같은 장점이 있다.

- 컬렉션의 요소에 대한 변환, 필터링, 집계의 처리를 람다식을 사용하여 간결하게 기술할 수 있게 된다
- 컬렉션에 대한 조작을 병렬화할 수 있으므로 처리를 쉽게 고속화할 가능성이 있다

▌ Stream 생성

Stream은 List와 Map 같은 컬렉션에 대해서 stream() 메소드를 호출함으로써 구할 수 있다.

● Stream 구하기

```java
// List에서 Stream 구하기
List<String> list = Arrays.asList("Java","Scala","JavaScript","Groovy");
Stream<String> s1 = list.stream();

// Set에서 Stream 구하기
Set<String> set = new HashSet<>();
Stream<String>s2 = set.stream();

// Map의 경우 entrySet() 메소드 등에서 Stream 구하기
Map<String, String> map = new HashMap<>();
Stream<Map.Entry<String, String>> s3 = map.entrySet().stream();
```

또한, Stream#of() 메소드로 배열이나 고정 요소에서 Stream을 구할 수도 있다.

● Stream#of() 메소드로 Stream을 생성하기

```java
// 배열에서 Stream을 생성
String [] array = {"Java", "Scala", "JavaScript", "Groovy"};
Stream<String> s1 = Stream.of(array);

// 고정 요소에서 Stream을 생성
Stream<String> s2 = Stream.of("Java", "Scala", "JavaScript", "Groovy");
```

배열에서 Stream을 생성할 경우는 Arrays#stream( ) 메소드를 사용할 수 있다. 이러한 경우 int형, long형, double형 배열을 인수로 호출하면 보통의 Stream에서는 없는 IntStream, LongStream, DoubleStream을 구할 수 있다. 이 수식형을 다루기 위한 스트림에 대한 자세한 내용은 레시피 130 을 참조하도록 한다.

● 배열로부터 Stream을 생성하기

```java
// 배열로부터 Stream을 생성
String [] array1 = {"Java", "Scala", "JavaScript", "Groovy"};
Stream<String> s1 = Arrays.stream(array1);

// int형 배열은 IntStream
int [] array2 = {1, 2, 3};
IntStream s2 = Arrays.stream(array2);
```

생성된 스트림은 다음과 같이 메소드 체인으로 다양한 처리를 할 수 있다.

● Stream에 대한 처리

```java
List<String> list = …

list.stream()
    .filter(s -> s.startsWith("J"))          // 선두가 J로 시작되는 것만
    .map(s -> s.toUpperCase())               // 각 요소를 대문자로 변환
    .sorted((a, b) -> a.length() - b.length()) // 문자 수가 작은 순으로 정렬
    .forEach(System.out::println);           // 표준 출력에 사용
```

Stream의 주요 메소드

자주 사용하는 메소드는 [표 4.4]와 같다.

표 4.4 Stream의 주요 메소드

메소드	설명
of	지정된 값으로부터 Stream을 생성한다. 레시피 129
count	Stream의 요소 수를 반환한다. 레시피 131
distinct	Stream 요소의 중복을 배제한다. 레시피 132
forEach	Stream의 요소에 대해 임의의 처리를 한다. 레시피 133
filter	Stream의 요소를 지정하는 조건으로 필터링한다. 레시피 134
concat	2개의 Stream을 연결한다. 레시피 135

메소드	설명
map	Stream의 요소를 변환한다. 레시피 136
mapToDouble	Stream의 요소를 double형으로 변환하고 DoubleStream을 반환한다. 레시피 130
mapToInt	Stream의 요소를 int형으로 변환하고 IntStream을 반환한다. 레시피 130
mapToLong	Stream의 요소를 long형으로 변환하고 LongStream을 반환한다. 레시피 130
flatMap	Stream의 요소를 변환하고 요소를 정리한다. 레시피 136
allMatch	Stream의 모든 요소가 조건을 충족하는지 알아본다. 레시피 137
anyMatch	Stream 요소가 1개라도 조건을 충족시키는지 알아본다. 레시피 137
noneMatch	Stream의 요소가 모든 조건을 충족시키는지 않는지 알아본다. 레시피 137
reduce	Stream의 요소를 집계한다. 레시피 138
sum	Stream의 요소를 합계한다. 레시피 138
sorted	Stream의 요소를 정렬한다. 레시피 139
collect	Stream 요소의 집계 처리와 컬렉션으로 변환 등을 한다. 레시피 140 · 141
toArray	Stream을 배열로 변환한다. 레시피 141
iterate	무한값을 반환하는 Stream을 생성한다. 레시피 142
limit	앞에서 지정한 건수 만큼 반환한다. 레시피 142
parallelStream	순서대로 처리하는 Stream에서 병렬 처리할 수 있는 Stream을 구한다. 레시피 143
sequential	병렬 처리가 가능한 Stream에서 순서대로 처리할 Stream을 구한다. 레시피 143

NOTE 종단(final) 메소드

Stream은 메소드 체인으로 다양한 처리를 연쇄적으로 기술할 수 있지만 count( ), forEach( ), reduce( ) 등을 호출하면 거기서 메소드 체인을 종료하는 메소드가 있다.

이들 메소드를 종단 메소드라고 한다. 종단 메소드를 호출하면 거기서 메소드 체인을 종료할 뿐 아니라 그 스트림은 닫히면서 더 이상 사용할 수 없게 된다.

●종단 메소드 호출 후의 Stream은 재사용할 수 없다

```
Stream<String> stream=Stream.of("Java", "Scala", "JavaScript", "Groovy");

// Stream의 요소를 표준 출력에 출력
stream.forEach(System.out::println);

// 다시 한 번 호출하면 IllegalStateException이 발생된다
stream.forEach(System.out::println);
```

이런 경우는 필요에 따라 그 때마다 Stream을 생성해야 한다.

130

Stream에서 수치를 다루기

IntStream | LongStream | DoubleStream   8

관련내용	129 Stream 사용하기 P.228
이용사례	원시형의 수치를 Stream에서 효율적으로 다루고 싶은 경우

　보통 Stream에서도 물론 수치형을 다룰 수는 있지만 java.util.stream 패키지에는 IntStream, LongStream, DoubleStream과 같은 수치 전용 Stream도 준비되어 있다. 이들 클래스를 사용하면 원시형을 감싸지 않고 다루기 때문에 불필요한 오버헤드를 피할 수 있다.

● IntStream을 생성한다

```
// 고정 요소로부터 IntStream을 생성
IntStream intStream1 = IntStream.of(1, 2, 3);

// 배열로부터 IntStream을 생성
int [] array = {1, 2, 3};
IntStream intStream2 = IntStream.of(array);

// 1부터 9까지 값을 갖는 IntStream을 생성
IntStream intStream3 = IntStream.range(1, 10);

// 1부터 10까지 값을 갖는 IntStream을 생성
IntStream intStream4 = IntStream.rangeClosed(1, 10);
```

　또한, Stream#mapToInt( ), Stream#flatMapToInt( ) 등의 메소드를 사용하면 일반 Stream을 IntStream 등으로 변환할 수 있다. map( ) 메소드의 변환 결과가 수치형이 되는 경우는 대신 이런 메소드를 사용하여 IntStream 등을 사용하면 좋다.

● 일반적의 Stream을 IntStream으로 변환한다

```
Stream<String> stream = Stream.of("Java", "Scala", "JavaScript", "Groovy");

// Stream#mapToInt() 메소드로 IntStream으로 변환
IntStream intStream = stream.mapToInt(s -> s.length());

// IntStream의 각 요소를 표준 출력에 출력
intStream.forEach(System.out::println); // => 4, 5, 10, 6의 순서로 표시
```

131 Stream의 길이 구하기

관련내용	129 Stream 사용하기 P.228
이용사례	Stream의 요소 수를 조사할 경우

Stream#count( ) 메소드를 사용한다. 이 메소드에서는 Stream의 요소 수를 구할 수 있다.

다만, 이 메소드는 Stream의 요소를 끝까지 따라가야 하므로 무한 요소를 반환하는 Stream 레시피 142 에 대해 호출하면 무한 루프에 빠지고 만다. 또한, 대량 데이터를 필요에 따라 지연 설정하는 Stream에 대해 호출하면 요소 수를 구하는데 많은 시간이 소요될 것으로 생각되므로 주의해야 한다.

● Stream의 요소 수를 조사하다

```
// 요소 수가 제한된 Stream인 경우
List<String> list = Arrays.asList("Java", "Scala", "JavaScript", "Groovy");
Stream<String> stream1 = list.stream();
long count1 = stream1.count(); // => 4
System.out.println(count1);

// 요소 수가 무한인 Stream인 경우
IntStream stream2 = IntStream.iterate(0, i -> i + 1);
long count2 = stream2.count(); // => 무한 루프가 된다
System.out.println(count2);
```

132

Stream에서 중복 요소를 배제하기

Stream │ distinct

8

관련내용	129 Stream 사용하기 P.228
이용사례	Stream에서 중복 요소를 무시하고 처리를 할 경우

Stream#distinct( ) 메소드를 사용한다.

● 중복하는 요소를 배제한 건수를 구한다

```
List<String> list = Arrays.asList("Java", "Scala", "Java", "Groovy");

// 중복된 요소를 배제하고 개수를 구하기
long count = list.stream().distinct().count(); // => 3
```

MEMO

## 133

Stream 요소를 반복 처리하기

관련내용	129 Stream 사용하기 P.228
이용사례	Stream의 요소에 대한 처리를 할 경우

Stream#forEach() 메소드를 사용한다. 이 메소드를 사용하면 Stream의 각 요소에 대해서 임의의 처리를 할 수 있다. forEach() 메소드의 인수에는 요소를 받고 임의의 처리를 하는 람다식을 반환한다.

● Stream의 요소에 대해서 처리를 한다

```
List<String> list = Arrays.asList("Java", "Scala", "JavaScript", "Groovy");

// Stream의 각 요소를 표준 출력에 출력
list.stream().forEach(s -> System.out.println(s));

// 람다식 대신 메소드 참조를 전달하는 것도 가능
list.stream().forEach(System.out::println);
```

MEMO

134

Stream의 요소를 필터링하기

Stream | filter   8

관련내용	129 Stream 사용하기 P.228
이용사례	Stream에서 조건에 일치하는 요소를 추출하는 경우

　Stream#filter( ) 메소드를 사용한다. 이 메소드에서는 Stream에서 조건에 맞는 요소만 Stream을 구할 수 있다. filter( ) 메소드의 인수에는 Stream의 요소를 받고 필터 조건을 나타내는 람다식을 반환한다.

●Stream의 요소를 필터링한다

```
List<String> list = Arrays.asList("Java", "Scala", "JavaScript", "Groovy");

list.stream()
    .filter(s -> s.startsWith("J"))   // "J"로 시작되는 요소만
    .forEach(System.out::println);  // "Java", "JavaScript"의 순서로 나열
```

MEMO

135

Stream을 연결하기

Stream | concat   8

관련내용	129 Stream 사용하기 P.228
이용사례	여러 개의 Stream을 하나로 모아서 처리하는 경우

Stream#concat( ) 메소드를 사용한다. 이 메소드에서는 여러 Stream을 연결하는 Stream을 구할 수 있다.

● **Stream을 연결한다**

```
Stream<String> s1 = Stream.of("Java", "Groovy");
Stream<String> s2 = Stream.of("Scala", "Clojure");

// 2개의 Stream을 연결하기
Stream<String> s3 = Stream.concat(s1, s2);

// 연결된 Stream의 내용을 표시
s3.forEach(System.out::println); // => "Java", "Groovy", "Scala", "Clojure"의 순서로 나열
```

MEMO

136

Stream의 요소를 변환하기

Stream | map | flatMap   8

관련내용	129 Stream 사용하기 P.228
이용사례	Stream의 요소로부터 특정 속성을 추출하는 경우

　Stream#map() 메소드를 사용한다. 이 메소드에서는 각 요소를 변환한 새로운 Stream을 구할 수 있다. map() 메소드의 인수에는 Stream의 요소를 받고, 변환 후 값을 반환하는 람다식을 반환한다.

● **Stream의 요소를 변환한다**

```
List<String> list = Arrays.asList("Java", "Scala", "JavaScript", "Groovy");

list.stream()
  .map(s -> s.length())         // 문자열 길이로 변환
  .forEach(System.out::println); // 4, 5, 10, 6의 순서로 표시
```

　Stream#flatMap() 메소드는 map() 메소드를 닮았지만 인수에 Stream을 반환하는 람다식을 주면 람다식이 반환한 Stream의 각 요소가 연결된 Stream을 구할 수 있다.

● **flatMap() 메소드를 사용한다**

```
List<String> list = Arrays.asList("Java,Groovy", "C#,VB.NET");

list.stream()
  .flatMap(s -> Stream.of(s.split(","))) // 콤마로 분리한 Stream을 리턴
  .forEach(System.out::println);          // "Java", "Groovy", "C#", "VB.NET"의 순
                                          // 으로 표시
```

137 Stream 요소가 조건에 일치하는지 조사하기

Stream | allMatch | anyMatch | noneMatch 　　8

관련내용	129 Stream 사용하기 P.228
이용사례	Stream 요소가 조건에 일치하는지를 조사하는 경우

Stream#allMatch() 메소드, Stream#anyMatch() 메소드를 사용한다. 또한, Stream#noneMatch() 메소드를 사용하면 조건에 일치하는 요소가 없는지 여부를 조사할 수 있다.

- allMatch() 메소드 ············· 모든 요소가 조건에 일치하는 경우 true를 반환한다
- anyMatch() 메소드 ··········· 1개라도 조건에 일치하는 요소가 있는 경우 true를 반환한다
- noneMatch() 메소드 ·········· 조건에 일치하는 요소가 1개도 없는 경우 true를 반환한다

이러한 메소드의 인수로는 Stream의 요소를 받고 true 또는 false를 반환하는 람다식을 전달한다.

●Stream 요소가 조건에 일치하는지를 알아본다

```
List<String> list = Arrays.asList("Java", "Scala", "JavaScript", "Groovy");

// 모든 요소가 "J"에서 시작하는지 여부 조사
boolean result1 = list.stream().allMatch(s -> s.startsWith("J")); // => false

// "J"로 시작되는 요소가 있는지 여부 조사
boolean result2 = list.stream().anyMatch(s -> s.startsWith("J")); // => true

// "J"로 시작되는 요소가 없는지 여부 조사
boolean result3 = list.stream().noneMatch(s -> s.startsWith("J")); // => false
```

138 Stream의 요소를 집계하기

Stream | sum | reduce   8

관련내용	129 Stream 사용하기 P.228
이용사례	Stream 요소의 합계를 요구하는 경우 Stream 요소에 대해서 임의의 집계를 할 경우

IntStream과 LongStream, DoubleStream의 경우는 sum( ) 메소드로 요소의 합계값을 요구할 수 있다.

●Stream의 합계값을 구한다

```
IntStream stream = IntStream.of(1, 2, 3, 4 ,5);
int total = stream.sum(); // => 15
```

또한, Stream#reduce( ) 메소드를 사용하면 임의의 집계 처리를 할 수 있다.
반환값은 Optional형 레시피 023 으로, 집계 대상의 Stream이 비어 있는 경우는 빈 Optional이 반환된다.

●Stream의 요소를 집계한다

```
Stream<Integer> stream = Stream.of(1, 2, 3, 4, 5);

// (((((1 * 2) * 3) * 4) * 5)라는 계산을 한다
Optional<Integer> result = stream.reduce((a, b) -> a * b);

// 값을 표시(Stream이 비어 있을 경우는 -1)
System.out.println(result.orElse(-1));
```

Stream#reduce( ) 메소드에는 집계 처리의 초기값을 줄 수 있다. 이 경우 반환값은 Optional이 아니라 계산 결과값 자체가 된다(Stream이 비어 있는 경우는 초기값이 그대로 반환된다).

●Stream#reduce( ) 메소드에 초기값을 부여한다

```
Stream<Integer> stream = Stream.of(1, 2, 3, 4, 5);

// ((((((1 * 1) * 2) * 3) * 4) * 5)라는 계산을 한다
Integer result = stream.reduce(1, (a, b) -> a * b);

// 값을 표시
System.out.println(result); // => 120
```

관련내용	129 Stream 사용하기 P.228
이용사례	Stream의 요소를 오름차순이나 내림차순으로 정렬할 경우

　Stream#sorted( ) 메소드를 사용한다. sorted( ) 메소드를 인수 없이 호출한 경우는 요소의 오름차순으로 정렬하고, 인수에 정렬 조건을 지정하기 위한 람다식을 전달할 수도 있다. 람다식은 2가지 요소를 받고 다음의 값을 반환하도록 구현한다.

- 인수 1 〉 인수 2의 경우　➡️　양수를 반환한다
- 인수 1 == 인수 2의 경우　➡️　0을 반환한다
- 인수 1 〈 인수 2의 경우　➡️　음수를 반환한다

●Stream의 요소를 정렬한다

```
List<String> list = Arrays.asList("Java", "Scala", "JavaScript", "Groovy");

list.stream()
  .sorted()                       // 요소를 오름차순으로 정렬
  .forEach(System.out::println); // => "Groovy", "Java", "JavaScript", "Scala"
                                       의 순으로 표시

list.stream()
  .sorted((a, b) -> a.length() - b.length()) // 문자열의 길이로 정렬
  .forEach(System.out::println); // =>"Java", "Scala", "Groovy", "JavaScript"의
                                       순으로 표시
```

　또한, 인수 없이 sorted( ) 메소드를 호출한 경우 Stream 요소가 Comparable 인터페이스를 구현하지 않을 때에는 ClassCastException이 발생된다.

140 / Stream의 요소를 그룹핑하기

Stream | collect | groupingBy | Collectors   8

| 관련내용 | 129 Stream 사용하기 P.228 |
| 이용사례 | Stream의 요소를 지정하는 조건으로 그룹화하는 경우 |

Stream#collect() 메소드에 Collectors#groupingBy() 메소드를 지정함으로써 Stream의 요소를 지정한 조건으로 그룹핑한 Map을 구할 수 있다.

Collectors#groupingBy() 메소드의 인수에는 그룹핑한 키를 반환하는 람다식을 전달한다. 이 람다식이 반환 키가 동일한 것이 그룹화되고 Map에 저장되어 반환된다.

● Stream의 요소를 그룹화한다

```
List<String> list = Arrays.asList("Java", "Scala", "JavaScript", "Groovy");

// 선두의 한 문자가 동일한 요소를 그룹화
Map<Character, List<String>> map = list.stream()
  .collect(Collectors.groupingBy(s -> s.charAt(0)));

// 선두가 'J'로 시작되는 것을 표시
System.out.println(map.get('J')); // => [Java, JavaScript]
// 선두가 'G'로 시작되는 것을 표시
System.out.println(map.get('G')); // => [Groovy]
// 선두가 'S'로 시작되는 것을 표시
System.out.println(map.get('S')); // => [Scala]
```

> **NOTE Collectors에서 정의되어 있는 그 외 메소드**
>
> Collectors에는 그룹핑 이외에도 다음과 같은 메소드가 있고, Stream#collect() 메소드와 조합해서 사용할 수 있다.
>
> - minBy() 메소드 ················· 람다식이 반환하는 값의 최소값을 구한다
> - maxBy() 메소드 ················· 람다식이 반환하는 값의 최대값을 구한다
> - partitioningBy() 메소드········ 람다식의 요소를 지정한 조건으로 분할한다
> - joiningBy() 메소드 ············· 요소를 구분 문자열로 연결된 문자열을 구한다
>
> 또한, Stream을 컬렉션으로 변환하는 경우 Stream#collect() 메소드 [레시피 141] 와 Collectors를 사용한다.

141 Stream을 컬렉션으로 변환하기

Stream | collect | toArray   8

관련내용	094 컬렉션 사용하기 P.178
	129 Stream 사용하기 P.228
이용사례	컬렉션을 받는 메소드에 Stream을 전달하는 경우

Stream#collect( ) 메소드를 사용한다. collect( ) 메소드의 인수에는 Collectors 클래스에 정의되어 있는 변환용 메소드를 지정한다.

●Stream을 컬렉션으로 변환한다

```
List<String> list = Arrays.asList("Java", "Scala", "JavaScript", "Groovy");

// Stream에 대한 처리를 하고 결과를 List로 변환
List<String> result1 = list.stream().map(s -> s.toUpperCase())
  .collect(Collectors.toList());

// Stream에 대한 처리를 하고 결과를 Set으로 변환
Set<String> result2 = list.stream().map(s -> s.toUpperCase())
  .collect(Collectors.toSet());

// Collectors#toCollection() 메소드를 사용하면 변환 후의 내장 클래스를 지정할 수 있음
List<String> result3 = list.stream().map(s -> s.toUpperCase())
  .collect(Collectors.toCollection(LinkedList::new));

// 문자열을 키로 그 문자열의 길이를 넣은 Map으로 변환
Map<String, Integer> map = list.stream()
  .collect(Collectors.toMap(
    s -> s,          // Map의 키를 얻는 람다식
    s -> s.length()  // Map의 값을 얻는 람다식
  ));
```

또한, Stream#toArray( ) 메소드로 Stream을 배열로 변환할 수 있다.

●Stream을 배열로 변환한다

```
List<String> list = Arrays.asList("Java", "Scala", "JavaScript", "Groovy");

// Stream에 대한 처리를 하고 결과를 배열로 반환
Object [] result1 = list.stream().map(s -> s.toUpperCase())
  .toArray();

// toArray() 메소드에 배열의 생성자를 지정하면 그 형의 배열로 변환할 수 있다
String [] result2 = list.stream().map(s -> s.toUpperCase())
  .toArray(String[]::new);
```

142 무한의 길이를 갖는 Stream을 생성하기

Stream | iterate | limit   8

관련내용	129 Stream 사용하기 P.228
이용사례	필요한 요소 수를 모르는 경우

　　Stream#iterate() 메소드를 사용하면 지정한 식에서 무한으로 값을 반환하는 Stream을 생성할 수 있다. iterate() 메소드의 인수에는 초기값과 다음의 값을 반환하는 람다식을 전달한다. 이 Stream에 대해 처리하면 무한 루프에 빠져 버린다. 따라서 limit() 메소드로 필요한 건수만 반환하도록 하여 사용한다.

● 무한 값을 반환하는 Stream

```
// 10, 20, 40, 80, … 무한값을 갖는 Stream을 생성
Stream<Integer> stream = Stream.iterate(10, i -> i * 2);

// 선두의 5건만 표시
stream.limit(5).forEach(System.out::println); // => 10, 20, 40, 80, 160 순으로
                                                                표시
```

MEMO

143 Stream의 요소를 병렬로 처리하기

Stream | parallelStream | sequential　　　　　　　　　　　8

관련내용	129 Stream 사용하기 P.228
이용사례	Stream에 대한 처리를 고속화하고 싶은 경우

　컬렉션에서 Stream을 구할 때 stream( ) 메소드 대신 parallelStream( ) 메소드를 사용하면 병렬 처리할 수 있는 Stream을 구할 수 있다. 또한, 일반 Stream에서 parallel( ) 메소드로 병렬 처리할 수 있는 Stream을 구할 수 있다.

　거대한 Stream에 대해 처리하고 싶은 경우, 1개의 요소에 대한 처리에 시간이 걸리는 경우에 사용하는 것으로 처리 시간을 단축할 수 있다.

●Stream의 요소를 병렬 처리한다

```
// List에서 병렬 처리할 수 있는 Stream을 구하기
List<String> list = Arrays.asList("Java", "Scala", "JavaScript", "Groovy");

list.parallelStream()              // 병렬 처리할 수 있는 Stream을 구함
  .map(s -> s.toUpperCase())       // 대문자로 변환
  .forEach(System.out::println);   // 표준 출력에 표시

// Stream에서 병렬 처리할 수 있는 Stream을 구하기
IntStream.range(1, 100)
  .parallel()                      // 병렬 처리할 수 있는 Stream을 구함
  .filter(i -> i % 2 == 0)         // 짝수만 추출
  .forEach(System.out::println);   // 표준 출력에 표시
```

　또한, 반대로 병렬 처리할 수 있는 Stream에 대해 sequential( ) 메소드를 호출함으로써 순차적으로 처리가 실행되는 일반 Stream을 구할 수 있다.

NOTE　병렬 처리 가능한 Stream 사용 시의 주의점

통상적으로 Stream은 Stream이 요소를 반환하는 순서로 처리가 실행되지만, 병렬 처리 가능한 Stream에서는 각 요소에 대한 처리가 병렬로 호출되므로 Stream이 요소를 반환하는 순서와 실제 처리되는 순서는 다르다.

또한, Stream에 대한 처리 중에서도 reduce( ) 메소드는 각 요소에 대해 순서대로 처리해야 하기 때문에 병렬화할 수 없다.

PROGRAMMER'S RECIPE

제 **05** 장
날짜 조작

관련내용	–
이용사례	날짜를 조작하는 API를 알고 싶은 경우

　Java에서 날짜 조작을 하려면 java.util.Date와 java.util.Calendar 클래스를 사용한다. Date 클래스는 일시를 나타내는 클래스로 날짜를 실제로 더하거나 빼는 날짜 조작을 할 때에는 Calendar 클래스를 사용한다.

　이러한 클래스는 사용이 불편하고 국제화 관련 기능이 약하다는 문제가 있기 때문에 Java 8부터는 새롭게 java.time 패키지에서 Date and Time API(이하, TimeAPI)가 제공된다. Time API는 ISO 8601이라는 날짜와 시간의 국제 규격에 준거하며 변경할 수 없는 스레드 세이프라는 특징을 갖는다. Date와 Calendar와는 달리 Time API에서는 용도에 따라 [표 5.1]처럼 클래스가 분할된다.

표 5.1 Time API의 주요 클래스

클래스 이름	개요	예
LocalDate	타임존을 갖지 않는 날짜를 표시	2015-05-23
LocalDateTime	타임존을 갖지 않는 일시를 표시	2015-05-23T17:04:00
LocalTime	타임존을 갖지 않는 시간을 표시	17:04:00
OffsetDateTime	UTC의 시차를 가진 일시를 표시	2020-09-27T23:15:30-09:00
OffsetTime	UTC의 시차를 가진 시간을 표시	10:15:30-09:00
ZonedDateTime	타임존을 가진 일시를 표시	2014-12-03T10:15:30+01:00Europe/Paris
Duration	기간을 시간으로 표시	PT3600S
Period	기간을 날짜로 표시	P1Y2M3D

　Java 8 이후라면 날짜 조작에는 가능한 한 Time API를 사용하도록 한다. 또한, 기존 라이브러리 등과 상호 호환성을 위하여 기존의 Date 클래스와 Time API 클래스를 변환하기 위한 메소드도 있다(레시피 165 · 166).

Joda Time

Java에서 날짜 조작을 하기 위한 대표적인 라이브러리에 Joda Time이 있다.

```
http://www.joda.org/joda-time/
```

Joda Time에서는 일시를 DateTime으로 나타내거나 현재 일시를 now( ) 메소드로 구할 수 있고 사용법이 Time API와 비슷하다. 사실 Time API의 사양 책정에는 이 Joda Time의 개발자도 관여했으며 Joda Time에서 얻은 발상이 크게 반영되었다.
Time API를 사용할 수 없는 Java 7 이전에는 날짜 조작 편리성 향상에 Joda Time의 이용을 검토하도록 한다.

변하지 않는(immutable) API란?

Time API에서 날짜를 나타내는 LocalDateTime 등의 클래스는 모두 변하지 않는 클래스이다. immutable 클래스는 한번 인스턴스를 생성하면 그 후 상태 변화가 없는 클래스를 가리킨다.
예를 들어, java.util.Calendar는 set( ) 메소드나 add( ) 메소드를 사용하여 그 인스턴스가 나타내는 날짜를 변경할 수 있다. 이러한 클래스를 mutable 클래스라고 말한다. 이에 대하여 Time API의 LocalDateTime은 plus( ) 메소드나 minus( ) 메소드로 날짜를 가산·감산할 수 있지만, 자신의 나타내는 날짜를 바꾸지 않고 새로운 LocalDateTime 인스턴스를 생성하고 반환값으로 반환한다.

●Calendar와 LocalDateTime의 차이

```
// Calendar에 1일을 더하면 그 인스턴스 자신의 날짜가 바뀐다
Calendar calendar=Calendar.getInstance();
calendar.add(Calendar.DAY_OF_MONTH, 1);

// LocalDateTime에 1일을 더하면 그 인스턴스의 날짜는 그대로
// 가산 후의 날짜를 나타내는 새로운 LocalDateTime 인스턴스가 반환된다
LocalDateTime dateTime=LocalDateTime.now();
LocalDateTime result=dateTime.plusDays(1);
```

불변 클래스는 한번 생성하면 값이 변경되지 않기 때문에 의도하지 않는 값의 수정 등에 기인하는 오류를 방지할 수 있고, 변하는 API보다도 안전성이 높은 프로그래밍을 할 수 있게 된다.

현재 시간 구하기

관련내용	–
이용사례	Java 7 이전에서 현재 날짜를 구할 경우

Date 클래스의 생성자를 인수 없이 호출하면 현재 일시를 가진 Date 인스턴스가 생성된다.

또한, Calendar#getInstance( ) 메소드로 현재 일시의 달력을 생성하고 캘린더에서 Date 인스턴스를 구할 수도 있다.

```java
// 실행한 순간의 일시가 생성된다(실행 결과는 매번 다르다)
Date date1 = new Date();

// 현재 일시를 나타내는 캘린더에서 Date 인스턴스를 생성
Calendar calendar = Calendar.getInstance();
Date date2 = calendar.getTime();
```

또한, Calendar#getInstance( ) 메소드의 인수에는 TimeZone을 지정할 수도 있다. TimeZone은 세계의 시차를 나타내는 것으로 한국의 경우 "Asia/Seoul"이다. 기본으로는 OS의 타임존이 설정된다.

● 타임존을 지정하고 캘린더를 생성한다

```java
// 디폴트 타임존, 로케일 정보를 가진 캘린더 클래스의 생성
Calendar calendar1 = Calendar.getInstance();

// 로케일이 US인 캘린더 생성
Calendar calendar2 = Calendar.getInstance(Locale.US);

// 타임존이 미국 서해안의 캘린더 생성
TimeZone timezone = TimeZone.getTimeZone("America/Los_Angeles");
Calendar calendar3 = Calendar.getInstance(timezone);
```

> **NOTE** 이용 가능한 타임존의 목록
>
> TimeZone 클래스의 getAvailableIDs( )라는 static 메소드를 사용하면 이용 가능한 타임존의 목록을 String 배열로 얻을 수 있다.

146 연월일 등을 구하기 · 설정하기

678

Calendar	set	get

관련내용	–
이용사례	연월일 등을 직접 지정하고 일시를 구하는 경우

Calendar 클래스의 set( ) 메소드, get( ) 메소드를 사용한다. 연월일 등 어떤 값을 구하고 설정할지는 Calendar 클래스에 정의된 정수를 사용하여 지정한다.

● **연월일 구하기 · 설정**

```
// 생성 단계에서는 현재 일시가 들어 있다
Calendar calendar = Calendar.getInstance();

// 필드를 지정하여 설정
calendar.set(Calendar.YEAR, 1980);
calendar.set(Calendar.HOUR_OF_DAY, 22);
calendar.set(Calendar.DAY_OF_WEEK, Calendar.SUNDAY);
calendar.set(Calendar.MONTH, Calendar.JULY);

// 필드를 지정하여 구하기
int year = calendar.get(Calendar.YEAR);
// MONTH는 0~11로 반환되기 때문에 +1
int month = calendar.get(Calendar.MONTH) + 1;

// 캘린더의 날짜를 Date 인스턴스로 구하기
Date date = calendar.getTime();
```

> **NOTE** **Calendar.MONTH는 0부터 시작한다**
> Calendar 클래스의 MONTH 필드는 0~11으로 관리되고, 실제의 월과 맞추려면 +1을 해야 한다.

또한, 날짜 등을 합쳐서 설정할 수 있는 set( ) 메소드도 있다.

```
// 연월일을 설정
calendar.set(1980, Calendar.JULY, 1);
// 연월일시분을 설정
calendar.set(1980, Calendar.JULY, 1, 12, 0);
```

```
// 연월일시분초를 설정
calendar.set(1980, Calendar.JULY, 1, 12, 0, 0);
```

Calendar 클래스에 정의되는 주요 정수는 [표 5.2]와 같다.

표 5.2 Calendar 클래스에 정의되는 주요 정수

필드(정수)	의미
YEAR	연
MONTH	월
DATE	일
HOUR	오전·오후의 시간
HOUR_OF_DAY	시간
MINUTE	분
SECOND	초
DAY_OF_WEEK	요일
MONDAY	월요일
TUESDAY	화요일
WEDNESDAY	수요일
THURSDAY	목요일
FRIDAY	금요일
SATURDAY	토요일
SUNDAY	일요일
JANUARY	1월
FEBRUARY	2월
MARCH	3월
APRIL	4월
MAY	5월
JUNE	6월
JULY	7월
AUGUST	8월
SEPTEMBER	9월
OCTOBER	10월
NOVEMBER	11월
DECEMBER	12월

147 날짜를 문자열로 형식화하기

SimpleDateFormat | format   6 7 8

관련내용	148 문자열을 날짜로 변환하기 P.252
	295 메시지를 국제화하기 P.514
이용사례	날짜를 문자열(2020/07/24 등)로 바꾸는 경우

Date 인스턴스를 형식화하여 표시하려면 java.text.SimpleDateFormat 클래스를 사용한다. 형식화는 SimpleDateFormat 생성자에 "yyyy년 MM월 dd일"처럼 지정한다. 지정할 수 있는 문자열은 [표 5.3]과 같다.

표 5.3 SimpleDateFormat으로 지정할 수 있는 주요 형식

문자	의미	표시 예
y	연	2010. 10
M	월	12, Dec
d	일	25
E	요일	금요일, Friday
a	오전·오후	오전, AM
H	시간(24시간 표기)	23
K	시간(12시간 표기)	11
m	분	58
s	초	47
S	1/1000 초	978
z	타임존	KST

또한, Locale을 지정하면 지정한 Locale에 맞는 형식으로 형식화한다.

● **날짜를 문자열로 형식화한다**

```
// 형식화 규칙과 Locale을 지정한 SimpleDateFormat 클래스의 생성
SimpleDateFormat jpSdf=new SimpleDateFormat("yyyy'년'MM'월'dd'일'E, a KK':'mm,z");
SimpleDateFormat ukSdf=new SimpleDateFormat("yyyy'/'MM'/'dd'/'EEE, a KK':'mm", ↵
Locale.US);

// 현재의 시간을 문자열로 형식화
String str1=jpSdf.format(new Date()); // => "2013년 08월 11일 일, 오전 10:52, KST"
String str2=ukSdf.format(new Date()); // => "2013/08/11/ Sun, AM 10:52"
```

148

문자열을 날짜로 변환하기

SimpleDateFormat | parse 　　　　　　　　　　　　　　　　　　 6 7 8

관련내용	147 날짜를 문자열로 형식화하기 P.251
이용사례	문자열에서 날짜를 생성할 경우

　　2015/07/23과 같은 문자열에서 Date 객체를 생성하려면 SimpleDateFormat 클래스의 parse( ) 메소드를 사용한다. SimpleDatFormat에 지정할 수 있는 형식에 대해서는 　레시피 147　을 참조한다.

　　parse( ) 메소드는 Date형으로 변환할 수 없는 경우 ParseException을 발생시킨다.

● 문자열로부터 날짜를 생성한다

```
SimpleDateFormat sdf = new SimpleDateFormat("yyyy'/'MM'/'dd hh':'mm");

try {
  // 생성된 Date 객체를 출력하면 Thu Jul 23 00:05:00 KST 2015
  Date date = sdf.parse("2015/07/23 12:05");

} catch(ParseException e) {
  // Date로 변환할 수 없는 문자열이 전달된 경우 발생
  e.printStackTrace();
}
```

149 날짜 계산하기

Calendar | add 678

관련내용	146 연월일 등을 구하기 · 설정하기 P.249
이용사례	어느 날부터 30일 후의 날짜를 알고 싶은 경우

Calendar 클래스의 add( ) 메소드를 사용한다. 연월일의 뺄셈일 경우에도 음수를 지정하여 add( ) 메소드를 사용한다. 지정할 수 있는 필드는 레시피 146 을 참고한다.

● 날짜를 계산하는 코드

```
Calendar calendar = Calendar.getInstance();

// 현재 시간이 반환된다
Date date1 = calendar.getTime();

// 현재 일시에 45일을 더한다
calendar.add(Calendar.DATE, 45);
// 현재 일시에 45일을 더한 날짜가 반환된다
Date date2 = calendar.getTime();

// 현재 일시에 45일을 더하고 1개월 뺀 값을 계산한다
calendar.add(Calendar.MONTH, -1);
// 현재 일시에 45일을 더하고 1개월 뺀 값이 반환된다
Date date3 = calendar.getTime();
```

150 날짜의 전후 관계 알아보기

Date | Calendar | before | after | compareTo   6 7 8

| 관련내용 | – |
| 이용사례 | 어느 날짜가 해당 날짜보다 전인지 알아보는 경우 |

날짜 2개의 전후 관계를 조사하려면 Date 클래스의 after( ) 메소드 또는 before( ) 메소드를 사용한다. after( ) 메소드는 Date 인스턴스가 인수의 날짜보다도 나중인지, before( )는 인수의 날짜보다 이전인지를 조사한다.

● 날짜의 전후 관계를 알아보기

```
Date date1 = …
Date date2 = …

if(date1.before(date2)) {
  // date1이 date2보다도 이전의 경우
} else {
  // date1이 date2와 같거나 이후인 경우
}
```

Calendar 클래스에서도 마찬가지로 after( ) 메소드 또는 before( ) 메소드로 Calendar 인스턴스 간의 전후 관계를 조사할 수 있다.

● 달력의 전후 관계를 알아보기

```
Calendar calendar1 = …
Calendar calendar2 = …

if(calendar1.before(calendar2)) {
  // calendar1의 날짜가 calendar2보다도 이전의 경우
} else {
  // calendar1의 날짜가 calendar2와 같거나 이후의 경우
}
```

또한, Date 및 Calendar 클래스의 compareTo( ) 메소드를 사용하면 날짜의 크고 작음을 비교할 수 있다. A.compareTo(B)처럼 실행하면 반환값은 다음과 같다.

- A와 B가 일치 ➡ 0
- A가 B보다 전 ➡ 음의 값(0보다 작다)
- A가 B보다 후 ➡ 양의 값(0보다 크다)

151 월의 마지막 날 구하기

Calendar | getActualMaximum   6 7 8

관련내용	–
이용사례	어느 달의 마지막 날이 며칠인지 알고 싶은 경우

어느 달의 마지막 날, 예를 들어 4월이면 30일 5월이면 31일을 알아내려면 Calendar#getActualMaximum() 메소드를 사용한다. 인수에 Calendar.DATE를 지정하여 마지막 날을 알아낸다. 이 메소드는 윤년에도 사용할 수 있다.

● 달의 마지막 날을 알아내는 코드

```
Calendar calendar = Calendar.getInstance();

// 2015/02를 설정
calendar.set(2015, Calendar.FEBRUARY, 1);
int day1 = calendar.getActualMaximum(Calendar.DATE); // => 28

// 2015/09를 설정
calendar.set(2015, Calendar.SEPTEMBER, 1);
int day2 = calendar.getActualMaximum(Calendar.DATE); // => 30

// 2016/02를 설정(윤년)
calendar.set(2016, Calendar.FEBRUARY, 1);
int day3 = calendar.getActualMaximum(Calendar.DATE); // => 29
```

152 요일 구하기

관련내용	–
이용사례	그날이 무슨 요일인지 구하는 경우

어느 날이 무슨 요일인지 알고 싶은 경우는 Calendar#get( ) 메소드에 Calendar.DAY_OF_WEEK 인수를 지정한다. 반환값은 Calendar.MONDAY 등의 int값이다.

● 요일을 구하는 코드

```
Calendar calendar = Calendar.getInstance();

switch(calendar.get(Calendar.DAY_OF_WEEK)) {
  case Calendar.MONDAY:
    // 월요일의 경우
  case Calendar.TUESDAY:
    // 화요일의 경우
  case Calendar.WEDNESDAY:
    // 수요일의 경우
  case Calendar.THURSDAY:
    // 목요일의 경우
  case Calendar.FRIDAY:
    // 금요일의 경우
  case Calendar.SATURDAY:
    // 토요일의 경우
  case Calendar.SUNDAY:
    // 일요일의 경우
  default:
    // 그 외의 경우(있을 수 없다)
}
```

153 Time API에서 현재 일시 구하기

LocalDateTime | OffsetDateTime | ZonedDateTime | now   8

관련내용	–
이용사례	현재 일시를 알아내는 경우

　LocalDateTime#now( ) 메소드를 사용한다. 이 메소드에서는 현재 일시를 나타내는 LocalDateTime 인스턴스를 구할 수 있다. 또한, 날짜만 알아내려면 LocalDate 클래스를, 시간만을 알아내려면 LocalTime 클래스를 사용한다.

● **현재 일시를 알아낸다**

```
// 현재 일시를 생성
LocalDateTime localDateTime = LocalDateTime.now(); // => 2015-08-11T15:31:11.703
// 현재 일을 생성
LocalDate localDate = LocalDate.now(); // => 2015-08-11
// 현재 시간을 생성
LocalTime localTime = LocalTime.now(); // => 15:31:11.707
```

　OffsetDateTime 클래스와 ZonedDateTime 클래스에서도 마찬가지로 now( ) 메소드로 현재 일시를 나타내는 인스턴스를 구할 수 있다.

● **OffsetDateTime과 ZonedDateTime 클래스의 현재 날짜를 알아낸다**

```
OffsetDateTime offsetDateTime = OffsetDateTime.now();
    // => 2016-03-29T13:20:11.607+09:00
ZonedDateTime zonedDateTime = ZonedDateTime.now();
    // => 2016-03-29T13:20:11.607+09:00[Asia/Seoul]
```

　인수에는 타임존을 나타내는 java.time.ZoneId를 지정할 수도 있다.

● **타임존을 지정하여 현재 날짜를 받는다**

```
ZonedDateTime dateTime = ZonedDateTime.now(ZoneId.of("America/New_York"));
    // => 2017-10-26T23:46:49.621-04:00[America/New_York]
```

NOTE **ZonedDateTime과 OffsetDateTime의 차이**

ZonedDateTime 클래스는 OffsetDateTime 클래스와 비슷하지만 OffsetDateTime 클래스가 시차만 고려하는데에 반해 ZonedDateTime 클래스는 지정한 타임존의 썸머 타임 등을 포함한 날짜 처리를 할 수 있다.

now( ) 메소드에는 또 다른 java.time.Clock 클래스를 인수로 받는 메소드도 있다. 이 Clock 클래스는 시스템 클럭을 나타내며, 지정한 시계에서 현재 일시를 구할 수 있다. 즉, 구할 수 있는 현재 일시를 프로그래머가 조작할 수 있다는 것을 의미하고, 테스트의 경우 등은 시스템 클럭을 사용할 수 있게 된다.

예를 들어 현재 일시를 구하는 방법은 다음과 같이 정의한다.

```java
public class MyBean {
  private Clock clock;

  // 여기에서는 시스템 클럭을 생성자로 건네도록 한다
  public MyBean(Clock clock) {
    this.clock = clock;
  }

  // 지정한 시스템 클럭에서 현재 일시를 구한다
  public LocalDateTime current() {
    return LocalDateTime.now(clock);
  }
}
```

이렇게 함으로써 테스트의 경우 등은 인스턴스 생성 때 시스템 클럭을 전달하면 항상 일정한 값을 반환할 수 있으므로 테스트가 쉬워진다.

●시스템 클럭을 사용한다

```java
// 보통 에폭 타임을 반환하는 시스템 클럭
Clock mock = Clock.fixed(Instant.EPOCH, ZoneId.systemDefault());

MyBean bean = new MyBean(mock);
LocalDateTime current = bean.current(); // => 1970-01-01T09:00
```

또한, 원래의 시스템 클럭은 systemDefaultZone( ) 메소드나 system( ) 메소드로 구할 수 있다.

```java
// 디폴트 타임존을 사용
Clock krClock=Clock.systemDefaultZone();
// 타임존을 지정
Clock usClock=Clock.system(ZoneId.of("America/New_York"));
```

154 / Time API에서 특정 일시의 날짜 구하기

| LocalDateTime | ZonedDateTime | OffsetDateTime | of | | 8 |

관련내용	–
이용사례	특정 날짜를 구하는 경우

LocalDateTime 클래스의 of( ) 메소드를 사용한다. 또한, 날짜만을 지정하려면 LocalDate 클래스를, 시간만을 지정하려면 LocalTime 클래스를 사용한다.

● **일시를 지정해서 날짜를 구한다**

```
// 연월일 등을 지정(초, 나노초는 생략 가능)
LocalDateTime dateTime1 = LocalDateTime.of(2014, Month.MARCH, 12, 12, 5);
    // => 2014-03-12T12:05
LocalDateTime dateTime2 = LocalDateTime.of(2014, 3, 12, 12, 5, 20, 100);
    // => 2014-03-12T12:05:20.000000100

// 날짜만
LocalDate date = LocalDate.of(2014, 3, 12);
    // => 2014-03-12

// 시간만(초, 나노초는 생략 가능)
LocalTime time = LocalTime.of(12, 5);
    // => 12:05

// LocalDate와 LocalTime에서 LocalDateTime을 구하기
LocalDateTime dateTime3 = LocalDateTime.of(date, time);
    // => 2014-03-12T12:05
```

ZonedDateTime 클래스는 ZoneId를 지정하고 OffsetDateTime 클래스는 Zone Offset을 지정하여 타임존과 시차를 갖는 날짜를 구할 수 있다.

● **타임존과 시차를 지정해서 날짜를 구한다**

```
// 디폴트 타임존에서 일시를 구한다
ZonedDateTime zoned1 = ZonedDateTime.of(
  2014, 3, 12, 12, 5, 20, 100,
  ZoneId.systemDefault());
      // => 2014-03-12T12:05:20.000000100+09:00[Asia/Seoul]
```

```
// 시차 -9 시간을 갖는 일시를 구한다
OffsetDateTime offset = OffsetDateTime.of(
  2014, 3, 12, 12, 5, 20, 100,
  ZoneOffset.ofHours(-9));
      // => 2014-03-12T12:05:20.000000100-09:00

// LocalDateTime에서 ZonedDateTime이나 OffsetDateTime을 구하는 것도 가능
ZonedDateTime zoned2 = ZonedDateTime.of(
  dateTime1,
  ZoneId.of("America/New_York"));
      // => 2014-03-12T12:05-04:00[America/New_York]
```

Time API에서 날짜를 재설정하기

withDayOfMonth │ withDayOfYear │ withHour │ withMinute   **8**

withMonth │ withNano │ withSecond │ withYear

관련내용	–
이용사례	한번 생성한 날짜의 일시를 변경하는 경우

Time API의 일시를 나타내는 클래스는 [표 5.4]의 메소드를 사용하고, 연이나 월 등을 변경한 날짜를 생성할 수 있다.

표 5.4 날짜를 다시 설정하기 위한 메소드

메소드	설명
withDayOfMonth	달의 날을 재설정한 날짜를 구한다(날짜는 1~31로 지정).
withDayOfYear	연의 날을 재설정한 날짜를 구한다(날짜는 1~365(윤년은 366)로 지정).
withHour	시간을 재설정한 날짜를 구한다.
withMinute	분을 재설정한 날짜를 구한다.
withMonth	월을 재설정한 날짜를 구한다(달은 1~12로 지정).
withNano	나노초를 재설정한 날짜를 구한다.
withSecond	초를 재설정한 날짜를 구한다.
withYear	연을 재설정한 날짜를 구한다.

또한, LocalDate에는 시간을 구하는 메소드는 없고 LocalTime에는 날짜를 구하는 메소드는 없다.

● **재설정한 날짜를 구한다**

```
LocalDateTime localDateTime = LocalDateTime.now();

// 시분초 나노초를 모두 0으로 설정
LocalDateTime result1 = localDateTime
    .withHour(0)
    .withMinute(0)
    .withSecond(0)
    .withNano(0); // => 2014-03-24T00:00

// 2016년 2월로 설정(월은 1~12로 지정)
LocalDateTime result2 = localDateTime
    .withYear(2016)
    .withMonth(2); // => 2016-02-24T04:47:19.424
```

156 / Time API에서 연월일 등을 구하기

관련내용	–
이용사례	연이나 월만 구하는 경우

LocalDateTime 등 Time API의 일시를 나타내는 클래스에서 연월일 등을 구하기 위한 메소드는 [표 5.5]와 같다.

표 5.5 연월일 등을 구하는 주요 메소드

메소드 이름	설명
getYear	연
getMonth	월. 반환값은 Month형
getMonthValue	반환값은 int형(1부터 12까지)
getDayOfMonth	일(1부터 31까지)
getDayOfYear	일(1부터 365까지. 윤년의 경우는 366까지)
getHour	시
getMinute	분
getSecond	초
getNano	나노초
getDayOfWeek	요일. 반환값은 DayOfWeek형

또한, LocalDate에는 시간을 구하는 메소드가 없고, LocalTime에는 날짜를 구하는 메소드가 없다.

●연월일 등을 구한다

```
LocalDateTime dateTime = LocalDateTime.of(2014, 3, 12, 12, 5, 20);

// 연
int year = dateTime.getYear();        // => 2014

// 월
int month = dateTime.getMonthValue(); // => 3

// 일
int day = dateTime.getDayOfMonth();   // => 12
```

```
// 시
int hour = dateTime.getHour();      // => 12

// 분
int minute = dateTime.getMinute(); // => 5

// 초
int second = dateTime.getSecond(); // => 20
```

관련내용	–
이용사례	일시에서 시간만 나타내는 객체를 구하는 경우 시간에 날짜를 추가하여 일시를 나타내는 객체를 구하는 경우

LocalDateTime 등의 일시를 나타내는 객체와 LocalDate와 LocalTime이라는 날짜, 시간만을 나타내는 객체는 다음과 같이 서로 변환할 수 있다.

● 일시를 나타내는 객체를 서로 변환한다

```
LocalDateTime dateTime1 = LocalDateTime.now();

// LocalDateTime을 LocalDate로 변환
LocalDate date = dateTime1.toLocalDate();

// LocalDateTime을 LocalTime으로 변환
LocalTime time = dateTime1.toLocalTime();

// LocalDate를 LocalDateTime으로 변환
// LocalDate는 날짜 밖에 갖고 있지 않아서 시간을 지정해야 한다
LocalDateTime dateTime2 = date.atTime(0, 0);
LocalDateTime dateTime3 = date.atTime(LocalTime.of(0, 0));

// LocalTime을 LocalDateTime으로 변환
// LocalTime은 시간 밖에 갖고 있지 않아서 날짜를 지정해야 한다
LocalDateTime dateTime4 = time.atDate(LocalDate.of(2013, 12, 8));
```

또한, ZonedDateTime과 OffsetDateTime에서 LocalDateTime, LocalDate, LocalTime으로 변환할 수도 있다.

● ZonedDateTime을 Localxxx로 변환한다

```
ZonedDateTime zoned = ZonedDateTime.now();

// ZonedDateTime을 LocalDateTime, LocalDate, LocalTime으로 변환
LocalDateTime dateTime = zoned.toLocalDateTime();
LocalDate date = zoned.toLocalDate();
LocalTime time = zoned.toLocalTime();
```

Time API의 날짜를 문자열로 형식화하기

관련내용	–
이용사례	날짜를 문자열로 형식화하는 경우

Time API에서는 java.time.format.DateTimeFormatter 클래스를 사용하여 일시를 문자열로 형식화할 수 있다. 형식화 방법은 다음 3가지이다.

▎미리 정의된 형식을 사용

DateTimeFormatter 클래스에는 ISO 형식이 있다. 주요 형식은 [표 5.6]과 같다.

표 5.6 DateTimeFormatter에 정의되는 주요 형식

포맷(정수)	의미	예
BASIC_ISO_DATE	ISO−8601의 가장 기본적인 날짜 형식	20150503
ISO_DATE	ISO−8601의 날짜 형식 시차를 갖고 있는 경우는 그 정보도 포함	2015−05−03 2015−05−03+01:00
ISO_TIME	ISO−8601의 시간 형식 시차를 갖고 있는 경우는 그 정보도 포함	10:15:30 10:15:30+01:00
ISO_DATE_TIME	ISO−8601의 날짜 형식 시차와 타임존을 가지고 있는 경우는 그 정보도 포함	2015−05−03T10:15:30 2015−05−03T10:15:30+01:00[Europe/Paris]

위 정수를 LocalDateTime과 ZonedDateTime의 format( ) 메소드에 전달함으로써 문자열로 형식화할 수 있다.

● ISO−8601 형식의 문자열로 형식화한다

```
LocalDateTime local = LocalDateTime.now();

// 날짜 문자열로 형식화
String format1 = local.format(DateTimeFormatter.ISO_DATE);
    // => 2014-03-22

// 일시 문자열로 형식화
String format2 = local.format(DateTimeFormatter.ISO_DATE_TIME);
    // => 2014-03-22T14:35:58.722
```

```
ZonedDateTime zoned = ZonedDateTime.now();

// ZonedDateTime은 시차나 타임존의 정보를 포함한다
String format3 = zoned.format(DateTimeFormatter.ISO_DATE);
    // => 2014-03-22+09:00

String format4 = zoned.format(DateTimeFormatter.ISO_DATE_TIME);
    // => 2014-03-22T14:35:58.722+09:00[Asia/Seoul]
```

ISO-8601에 따르는 기본적인 형식으로 충분한 경우에 이용하도록 한다.

▌형식화 패턴을 지정한다

표준에서는 제공되지 않는 자체 형식화를 지정할 경우는 먼저 DateTimeFormatter #ofPattern( ) 메소드로 DateTimeFormatter 인스턴스를 구한다.

```
// 형식화를 지정하여 DateTimeFormatter를 생성
DateTimeFormatter formatter = DateTimeFormatter.ofPattern("yyyy/MM/dd HH:mm");
```

지정할 수 있는 형식은 [표 5.7]과 같다.

표 5.7 DateTimeFormatter에 지정할 수 있는 주요 형식

문자	의미	표시 예
y	연	2010
M	월(수치 표기)	7
L	월(문자열 표기)	July
d	일	25
E	요일	Friday
a	오전·오후	AM
H	시간(24시간 표기)	23
K	시간(12시간 표기)	11
m	분	30
s	초	55
S	1/1000초	978
z	타임존	PST
Z	시차	−09:00

생성한 DateTimeFormatter를 LocalDateTime과 ZonedDateTime의 format()
메소드로 전달함으로써 문자열로 형식화할 수 있다.

● 자체 날짜 문자열로 형식화한다

```
LocalDateTime dateTime = LocalDateTime.now();

// 문자열로 형식화
String format = dateTime.format(formatter);
    // => 2014/03/22 12:05
```

▍로케일 고유의 형식을 사용한다

DateTimeFormatter 클래스의 ofLocalizedDate() 메소드나 ofLocalizedDate
Time() 메소드를 사용하면 로케일 고유의 DateTimeFormatter 인스턴스를 구할 수
있다. 이 DateTimeFormatter를 LocalDateTime과 ZonedDateTime의 format() 메
소드로 전달함으로써 문자열로 형식화할 수 있다.

● 로케일 고유의 문자열로 형식화한다

```
LocalDateTime local = LocalDateTime.now();

// 로케일 고유의 날짜 형식을 생성
DateTimeFormatter style1 = DateTimeFormatter.ofLocalizedDate(FormatStyle.↵
FULL);
String format1 = local.format(style1);
    // => 2014년 3월 22일

ZonedDateTime zoned = ZonedDateTime.now();

// 로케일 고유의 일시 형식을 생성
DateTimeFormatter style2 = DateTimeFormatter.ofLocalizedDateTime(Format↵
Style.FULL);
String format2 = zoned.format(style2);
    // => 2014년3월22일 16시38분45초 KST
```

단, 이 방법은 로케일에 따라 결과가 다른 점에 유의해서 사용하도록 한다.

159 Time API로 일시 계산하기

plus | minus   8

관련내용	163 Time API에서 특정 기간을 나타내기 P.273 164 Time API에 2개의 날짜 간격을 구하기 P.274
이용사례	어느 날부터 30일 후의 날짜를 알고 싶은 경우

LocalDateTime 등 Time API의 일시를 나타내는 클래스에서 일시의 가산·감산을 하는 메소드는 [표 5.8]과 같다.

표 5.8 날짜의 가산·감산을 하는 주요 메소드

메소드 이름	설명
plusYears minusYears	연을 가산·감산
plusMonths minusMonths	월을 가산·감산
plusDays minusDays	일을 가산·감산
plusHours minusHours	시간을 가산·감산
plusMinutes minusMinutes	분을 가산·감산
plusSeconds minusSeconds	초를 가산·감산
plusNanos minusNanos	나노초를 가산·감산
plusWeeks minusWeeks	주를 가산·감산

또한, LocalDate에는 시간을 가산·감산하는 메소드가 없고, LocalTime에는 날짜를 가산·감산하는 메소드가 없다.

● 일시의 가산·감산

```
LocalDateTime dateTime = LocalDateTime.of(2013, 12, 8, 0, 0);

// 4년 3개월 후
LocalDateTime result1 = dateTime.plusYears(4).plusMonths(3);
    // => 2018-03-08T00:00
```

```
// 10일 후
LocalDateTime result2 = dateTime.plusDays(10);
    // => 2013-12-18T00:00

// 5시간 30분 후
LocalDateTime result3 = dateTime.plusHours(5).plusMinutes(30);
    // => 2013-12-08T05:30

// 30일 전
LocalDateTime result4 = dateTime.minusDays(30);
    // => 2013-11-08T00:00

// 1분 30초 전
LocalDateTime result5 = dateTime.minusMinutes(1).minusSeconds(30);
    // => 2013-12-07T23:58:30

// 3주 전
LocalDateTime result6 = dateTime.minusWeeks(3);
    // => 2013-11-17T00:00
```

 plus( ) 메소드나 minus( ) 메소드에 가산 또는 감산하는 단위를 지정하고 가산 · 감
산을 할 수 있다.

● 가산 · 감산하는 단위를 지정한다

```
// 5년 후
LocalDateTime result7 = dateTime.plus(5, ChronoUnit.YEARS);
    // => 2018-12-08T00:00

// 6개월 전
LocalDateTime result8 = dateTime.minus(6, ChronoUnit.MONTHS);
    // => 2013-06-08T00:00
```

 plus( ) 메소드나 minus( ) 메소드에는 기간을 나타내는 Duration이나 Period의 인스
턴스를 전달하여 가산 · 감산을 할 수 있다. 자세한 내용은 레시피 163 · 164 를 참조한다.

160

Time API로 날짜의 전후 관계 알아보기

isEqual | isAfter | isBefore   8

관련내용	–
이용사례	어느 날짜가 해당 날짜보다 이전인지 알아보는 경우

Time API의 일시를 나타내는 클래스에서는 다음의 메소드로 날짜의 전후 관계를 알아낼 수 있다.

- isEqual( ) 메소드 …… 일시가 같은 경우에 true를 반환한다
- isAfter( ) 메소드 …… 인수의 날짜보다 이후인 경우에 true를 반환한다
- isBefore( ) 메소드 … 인수의 날짜보다 이전인 경우에 true를 반환한다

● 날짜의 전후 관계를 알아보기

```
LocalDateTime localDateTime1 = …
LocalDateTime localDateTime2 = …

if(localDateTime1.isEqual(localDateTime2)) {
  // localDateTime1과 localDateTime2가 같은 경우
} else if(localDateTime1.isBefore(localDateTime2)) {
  // localDateTime1이 localDateTime2보다 이전의 경우
} else if(localDateTime1.isAfter(localDateTime2)) {
  // localDateTime1이 localDateTime2보다 이후의 경우
}
```

또한, compareTo( ) 메소드를 사용하여 날짜의 크고 작음을 비교할 수 있다. A.compareTo(B)와 같이 실행하면 반환값은 다음과 같다.

- A와 B가 일치   ➜   0
- A가 B보다 전   ➜   음의 값(0보다 작다)
- A가 B보다 후   ➜   양의 값(0보다 크다)

161 Time API로 달의 마지막 날을 알아내기

with | TemporalAdjusters | lastDayOfMonth 8

관련내용	–
이용사례	어느 달의 마지막 날이 며칠인지 알고 싶은 경우

Time API의 일시를 나타내는 클래스에서는 with( ) 메소드를 사용하여 날짜를 조정할 수 있다.

이 메소드와 java.time.temporal.TemporalAdjusters#lastDayOfMonth( ) 메소드를 조합함으로써 해당 달의 마지막 날짜를 구할 수 있다.

● 월말의 날짜를 구한다

```
// 2014년 2월의 마지막 날을 구하기
LocalDate localDate1 = LocalDate.of(2014, 2, 1);
LocalDate endDate1 = localDate1.with(TemporalAdjusters.lastDayOfMonth());
    // => 2014-02-28

// 2016년 2월(윤년)의 마지막 날을 구하기
LocalDate localDate2 = LocalDate.of(2016, 2, 1);
LocalDate endDate2 = localDate2.with(TemporalAdjusters.lastDayOfMonth());
    // => 2016-02-29
```

또한, LocalTime과 같은 시간 정보만 있는 클래스의 인스턴스에 TemporalAdjusters#lastDayOfMonth( ) 메소드로 조정을 하면 DateTimeException이 발생된다.

TemporalAdjusters에는 이 밖에도 [표 5.9]와 같은 조정을 하기 위한 메소드가 있다.

표 5.9 TemporalAdjusters의 메소드

메소드 이름	설명
dayOfWeekInMonth	지정하는 주의 지정한 요일의 날짜를 구한다.
firstDayOfMonth	월의 첫날의 날짜를 구한다.
firstDayOfNextMonth	다음 달의 첫날의 날짜를 구한다.
firstDayOfYear	연의 첫날의 날짜를 구한다.
firstInMonth	월의 첫 지정한 요일의 날짜를 구한다.
lastDayOfMonth	월의 마지막 날의 날짜를 구한다.
lastDayOfYear	연의 마지막 날의 날짜를 구한다.
next	다음 지정한 요일의 날짜를 구한다.
nextOrSame	다음(당일도 포함)의 지정한 요일의 날짜를 구한다.
ofDateAdjuster	LocalDate를 람다식으로 임의의 일시로 조정한다.
previous	이전에 지정한 요일의 날짜를 구한다.
previousOrSame	이전에(당일도 포함) 지정한 요일의 날짜를 구한다.

162 문자열을 Time API의 객체로 변환하기

DateTimeFormatter | parse   8

관련내용	158 Time API의 날짜를 문자열로 형식화하기 P.265
이용사례	문자열에서 Time API의 날짜를 생성할 경우

LocalDateTime과 LocalDate 등의 클래스는 parse( ) 메소드를 사용하고 날짜와 시간을 나타내는 문자열에서 인스턴스를 생성할 수 있다. 기본적으로 클래스마다 지정할 수 있는 문자열의 형식이 정해져 있다.

● 기본 형식으로 파싱한다

```
// "2007-12-03T10:15:30"과 같은 문자열에서 LocalDateTime을 생성
LocalDateTime dateTime = LocalDateTime.parse("2013-12-24T12:00");

// "2007-12-03"과 같은 문자열에서 LocalDate를 생성
LocalDate date = LocalDate.parse("2013-12-25");

// "2007-12-03T10:15:30+01:00"과 같은 문자열에서 OffsetDateTime을 생성
OffsetDateTime offsetDateTime = OffsetDateTime.parse("2014-01-01T00:↵
00:00+01:00");

// "2007-12-03T10:15:30+01:00[Europe/Paris]"와 같은 문자열에서 ZonedDateTime을 생성
ZonedDateTime zonedDateTime =
  ZonedDateTime.parse("2014-01-01T00:11:10+09:00[Asia/Seoul]");
```

또한, DateTimeFormatter 클래스를 사용하여 지정한 형식의 문자열로 인스턴스를 생성할 수도 있다. 지정할 수 있는 형식에 대해서는 레시피 158 을 참조한다.

● 형식을 지정하여 파싱한다

```
// 형식을 지정하여 DateTimeFormatter를 생성
DateTimeFormatter formatter = DateTimeFormatter.ofPattern("yyyy/MM/dd HH:mm");

// "yyyy/MM/dd HH:mm" 형식의 문자열로 LocalDateTime을 생성
LocalDateTime dateTime = LocalDateTime.parse("2013/12/31 00:00", formatter);
```

163 Time API에서 특정 기간을 나타내기

Duration	8

관련내용	–
이용사례	기간을 나타내는 경우

Time API로 기간을 나타내려면 Duration 클래스를 사용한다. 다음과 같이 나타 내고 싶은 기간을 지정하여 인스턴스를 생성한다.

● Duration 인스턴스를 생성한다

```
// 3일 간
Duration duration1 = Duration.ofDays(3);

// 2시간
Duration duration2 = Duration.ofHours(2);

// 30분
Duration duration3 = Duration.ofMinutes(30);

// 10초
Duration duration4 = Duration.ofSeconds(10);
```

Duration 인스턴스를 LocalDateTime과 LocalDate 등 날짜를 나타내는 클래스의 plus() 메소드, minus() 메소드로 전달함으로써 그 Duration 인스턴스가 나타내는 기간을 날짜에 가산 · 감산할 수 있다.

● 기간을 날짜에 가산 · 감산한다

```
// 2014년 12월 8일을 나타내는 LocalDate 인스턴스를 생성
LocalDateTime dateTime = LocalDateTime.of(2014, 12, 8, 0, 0);

// 3일간을 나타내는 Duration을 생성
Duration duration = Duration.ofDays(3);

// LocalDate에 Duration을 가산
LocalDateTime result = dateTime.plus(duration); // => 2014-12-11
```

Time API로 2개의 날짜 간격을 구하기

관련내용	–
이용사례	2개의 날짜 차이가 며칠인지 알고 싶은 경우

Period 클래스 between( ) 메소드를 사용한다. 반환값의 Period 인스턴스에서 getYears( ), getMonths( ), getDays( )라는 메소드를 사용하고 2개의 날짜 간격의 연수, 월수, 일수를 구할 수 있다.

● Time API에 2개의 날짜 간격을 조사

```
// 2개의 날짜를 생성
LocalDate date1 = LocalDate.of(2014, 7, 12);
LocalDate date2 = LocalDate.of(2015, 10, 20);

// 간격을 구하기
Period period = Period.between(date1, date2);

// 연수를 얻기
int years = period.getYears();   // => 1
// 월수를 얻기
int months = period.getMonths(); // => 3
// 일수를 얻기
int days = period.getDays();     // => 8
```

Period 클래스의 인스턴스는 나타내는 간격의 연수, 월수, 일수 등을 지정하여 생성할 수 있다. 또한, LocalDateTime과 LocalDate 등 날짜를 나타내는 클래스의 plus( ) 메소드, minus( ) 메소드에 전달함으로써 그 Period 인스턴스가 나타내는 간격을 날짜에 가산ㆍ감산할 수 있다.

● 간격을 날짜에 가산ㆍ감산한다

```
// 2013년 12월 8일을 나타내는 LocalDate 인스턴스를 생성
LocalDate date = LocalDate.of(2013, 12, 8);

// 1년 6개월을 나타내는 Period를 생성
Period period = Period.of(1, 6, 0);

// LocalDate에 Period를 가산
LocalDate result = date.plus(period); // => 2015-06-08
```

Date | Instant | toInstant | ofInstant   8

| 관련내용 | 166 Time API를 Date 객체의 날짜로 변환하기 P.276 |
| 이용사례 | Date 객체를 Time API의 날짜로 변환하는 경우 |

Date#toInstant( ) 메소드로 Date 객체를 한 차례 java.time.Instant 클래스로 변환하고 나서, LocalDateTime과 ZonedDateTime 등의 ofInstant( ) 메소드로 Time API의 날짜 객체를 생성한다.

● Date에서 Time API 클래스로 변환한다

```
// 현재 일시를 생성
Date nowDate = new Date();

// 현재 일시를 java.time.Instant로 변환
Instant instant = nowDate.toInstant();

// Instant에서 ZonedDateTime로 변환
ZonedDateTime dateTime = ZonedDateTime.ofInstant(instant, ZoneId.system Default());
```

ZonedDateTime은 Instant#atZone( ) 메소드를 사용하여 변환할 수 있다.

```
// atZone() 메소드를 사용하여 ZonedDateTime으로 변환
ZonedDateTime dateTime = instant.atZone(ZoneId.systemDefault());
```

OffsetDateTime은 Instant#atOffset( ) 메소드를 사용해서 변환할 수 있다.

```
// atOffset() 메소드를 사용하여 OffsetDateTime으로 변환
OffsetDateTime dateTime = instant.atOffset(ZoneOffset.ofHours(-9));
```

## 166

Time API를 Date 객체의 날짜로 변환하기

관련내용	165 Date 객체를 Time API의 날짜로 변환하기 P.275
이용사례	Time API 객체를 Date 객체로 변환하는 경우

ZonedDateTime#toInstant( ) 메소드로 한 차례 java.time.Instant 객체로 변경하고 나서 Date#from( ) 메소드로 Date 객체를 생성한다.

● Time API의 클래스에서 Date로 변환한다

```
// ZonedDateTime으로 현재 일시를 생성
ZonedDateTime now = ZonedDateTime.now();

// Instant로 변환
Instant instant = now.toInstant();

// Instant에서 Date로 변환
Date dateNow = Date.from(instant); // =>Sun Oct 27 13:46:36 KST 2013
```

LocalDateTime은 ZoneOffset을 지정하여 Instant 객체로 변환해야 한다.

```
// LocalDateTime으로 현재 일시를 생성
LocalDateTime now = LocalDateTime.now();

// ZoneOffset을 지정하여 Instant로 변환
Instant instant = now.toInstant(ZoneOffset.ofHours(-9));

Date dateNow = Date.from(instant);
```

> **NOTE** **LocalDateTime과 타임존을 Date로 변환**
>
> 타임존을 알고 있는 경우는 한 차례 LocalDateTime을 ZonedDateTime으로 변환하고 나서 Date 객체를 생성한다.
>
> ● LocalDateTime과 타임존을 사용해서 Date로 변환한다
>
> ```
> LocalDateTime local = LocalDateTime.now();
>
> // 타임존을 지정하여 ZonedDateTime을 생성
> ZonedDateTime zoned = local.atZone(ZoneId.systemDefault());
> // Date로 변환
> Date date = Date.from(zoned.toInstant());
> ```

PROGRAMMER'S RECIPE

제 **06** 장
파일과 입출력

## 167

Java에서의 파일 조작

관련내용	–
이용사례	파일 조작을 하는 API의 종류를 알고 싶은 경우

Java에는 파일 조작을 위한 API로 Java 1.0때부터 존재하는 java.io.File과 Java 7부터 도입된 NIO2에 포함된 파일 조작 API의 2종류가 있다.

NIO2를 사용함으로써 java.io.File에서는 불가능한 다음과 같은 조작이 가능하다.

- 심볼릭 링크나 퍼미션을 다룰 수 있다
- 파일 덮어쓰기 이동 및 복사를 간단한 조작으로 할 수 있다
- 파일의 변경을 감시할 수 있다

이처럼 java.io.File보다도 NIO2의 파일 조작 API가 상위 기능이기 때문에 Java 7 이후라면 파일 조작은 기본적으로 NIO2를 사용한다. 다만, 기존의 Java 라이브러리 등 java.io.File을 사용하는 것도 많고 파일 조작을 완전히 NIO2만으로 하는 것이 어려운 경우도 있다. 따라서 java.io.File과 java.nio.file.Path는 서로 변환할 수 있고 필요에 따라 사용할 수 있다.

java.io.File

java.io.File은 파일 또는 디렉터리를 나타내는 클래스에서 파일의 경로를 지정하여 인스턴스를 생성한다.

● File 객체를 작성한다

```
// 절대 경로를 지정
File file1 = new File("C:\\Users\\work\\test.txt");

// 현재 디렉터리에서 절대 경로를 지정
File file2 = new File("test.txt");
File file3 = new File("..\\test\\test.txt");

// 부모 디렉터리와 부모 디렉터리에서 절대 경로를 지정
File parent = new File("C:\\Users\\work");
File file4 = new File(parent, "test\\test.txt");
```

경로 구분 문자는 Windows의 경우 "₩", Unix 계열 OS의 경우 "/"와 같이 플랫폼에 따라 다르다. 따라서 다양한 플랫폼에서 동작하는 프로그램을 기술하는 경우 경로를 하드코딩하지 않도록 주의한다. 플랫폼의 경로 구분 문자는 File.separator 속성으로 구할 수 있다.

```
// Windows의 경우 "₩", Unix 계열 OS의 경우"/"
String sep=File.separator;
```

File에는 파일이나 디렉터리에 대한 조작을 하기 위한 다양한 메소드가 있다.

● File을 사용한 파일 조작

```
// 디렉터리를 작성
File dir=new File("dir");
dir.mkdir();

// 파일을 작성
File file=new File(dir,"test.txt");
file.createNewFile();
```

▐ java.nio.file.Path(Java 7 이후)

NIO2에서는 java.nio.file.Path로 경로를 나타낸다. Path 객체의 생성은 java.nio.file.FileSystem#getPath() 메소드를 사용한다.

● Path 객체를 생성한다

```
// 기본파일 시스템을 구하기
FileSystem fs = FileSystems.getDefault();

// 절대 경로를 지정
Path path1 = fs.getPath("C:\\Users\\work\\test.txt");

// 경로 구분 문자를 사용하지 않고 경로를 지정
Path path2 = fs.getPath("C:", "Users", "work", "test.txt");

// 현재 디렉터리에서의 절대 경로를 지정
Path path3 = fs.getPath("dir", "test.txt");
```

다음과 같이 java.nio.file.Paths#get( ) 메소드로 Path 객체를 생성할 수도 있다.

```
Path path = Paths.get("dir", "testr.txt");
```

NIO2에서는 경로 자체를 나타내는 Path 클래스와 그 경로가 있는 파일이나 디렉터리에 대한 조작은 분리되어 있으며, 파일이나 디렉터리에 대한 조작을 하려면 java.nio.file.Files의 static 메소드를 사용한다.

● NIO2를 사용한 파일 조작

```
// 디렉터리를 작성
Path dir=Paths.get("dir");
Files.createDirectory(dir);

// 파일을 작성
Path file=dir.resolve("test.txt");
Files.createFile(file);
```

▎ File과 Path의 상호 변환

java.io.File과 java.nio.file.Path는 다음과 같이 서로 변환된다.

● File과 Path의 변환

```
// File을 Path로 변환
File file = …
Path path = file.toPath();

// Path를 File로 변환
Path path = …
File file = path.toFile();
```

168 파일이나 디렉터리의 존재 여부

File | exists 678

관련내용	188 경로의 존재 여부를 알아보기 P.303
이용사례	파일이나 디렉터리가 존재하는 경우만 처리할 경우

File#exists( ) 메소드를 사용한다. 파일 또는 디렉터리가 존재하는 경우는 true, 존재하지 않으면 false를 반환한다.

●**파일의 존재 여부 조사**

```
File file = new File("test.txt");

if(file.exists()) {
    …파일이 존재하는 경우의 처리…
} else {
    …파일이 존재하지 않는 경우의 처리…
}
```

MEMO

169 파일인지 디렉터리인지 구분하기

File | isFile | isDirectory   6 7 8

관련내용	193 경로가 있는 파일이나 디렉터리의 속성을 구하기·설정하기 P.309
이용사례	파일이나 디렉터리에서 처리를 구분하는 경우

File#isFile( ) 메소드나 File#isDirectory( ) 메소드를 사용한다.

File#isFile( ) 메소드는 파일이면 true, File#isDirectory( ) 메소드는 디렉터리이면 true를 반환한다.

● **파일인지 디렉터리인지 조사한다**

```java
File file = …

// 파일인지 아닌지를 알아낸다
if(file.isFile()) {
  System.out.println(file.getName() + "은 파일이다.");
}
// 디렉터리인지 아닌지를 알아낸다
if(file.isDirectory()) {
  System.out.println(file.getName() + "은 디렉터리이다.");
}
```

파일이나 디렉터리를 삭제하기

File │ delete 　　　　　　　　　　　　　　　　　　　6 7 8

관련내용	189 경로가 있는 파일 또는 디렉터리를 삭제하기 P.304
이용사례	불필요하게 된 파일 또는 디렉터리를 삭제하는 경우

　File#delete( ) 메소드로 파일 또는 디렉터리를 삭제할 수 있다. 삭제에 성공한 경우 true, 실패했을 경우 false를 반환한다.

● **파일 삭제**

```
File file = …

if(!file.delete()) {
  System.out.println("파일 삭제에 실패했습니다.");
}
```

　디렉터리를 삭제하는 경우 디렉터리가 비어 있어야 한다. 디렉터리 내에 파일이 존재하는 경우는 다음과 같이 재귀적으로 삭제해야 한다.

● **디렉터리를 재귀적으로 삭제한다**

```
/**
 * 디렉터리를 재귀적으로 삭제하는 메소드
 */
private void deleteDirectory(File dir) {
  // 디렉터리 내의 파일을 삭제
  for(File file : dir.listFiles()) {
    if(file.isDirectory()) {
      // 디렉터리의 경우는 재귀적으로 삭제
      deleteDirectory(file);
    } else {
      // 파일의 경우는 삭제
      file.delete();
    }
  }
  // 디렉터리를 삭제
  dir.delete();
}
// 디렉터리를 재귀적으로 삭제
File dir = …
deleteDirectory(dir);
```

File | renameTo 678

관련내용	191 경로가 있는 파일 또는 디렉터리를 복사하기 P.306
이용사례	파일이나 디렉터리의 이름을 변경하는 경우

File#renameTo( ) 메소드로 파일 또는 디렉터리의 이름을 변경할 수 있다. 인수에는 File 객체를 전달한다. 이름 변경에 성공할 경우 true, 실패한 경우는 false를 반환한다.

●**파일의 이름을 변경한다**

```
File oldFile = new File("test.txt");
File newFile = new File("readme.txt");

// test.txt를 readme.txt로 파일명 변경
oldFile.renameTo(newFile);
```

NOTE **파티션이 다른 경우의 파일 이동**

File#renameTo( ) 메소드에 다른 디렉터리의 File 객체를 전달함으로써 파일 이동에도 사용할 수 있지만, 원래 장소와 이동할 곳의 파티션이 다른 경우에는 이동할 수 없다.
이런 경우는 NIO2의 Files#move( ) 메소드(레시피 190)를 사용하거나 파일의 내용을 복사하고 나서 원래 장소의 파일을 삭제하는 처리를 해야 한다.

172

파일 크기를 조사하기

File | length 6 7 8

관련내용	193 경로가 있는 파일이나 디렉터리의 속성을 구하기 · 설정하기 P.309
이용사례	파일이 특정 크기를 초과하는지 검사하는 경우

File#length( ) 메소드로 파일 크기를 바이트 단위로 구할 수 있다.

● **파일 크기를 구한다**

```
File file = new File("test.txt");

// 파일의 크기를 바이트 단위로 구하기
long size = file.length();
```

디렉터리에 대해서 호출한 경우나 존재하지 않는 파일의 경우 length( ) 메소드는 0을 반환한다.

MEMO

파일의 최종 갱신 일시 구하기

관련내용	193 경로가 있는 파일이나 디렉터리의 속성을 구하기 · 설정하기 P.309
이용사례	파일이 특정 날짜보다 오래되었는지 알아보는 경우

File#lastModified( ) 메소드를 사용한다. 이 메소드에서는 파일이나 디렉터리의 최종 갱신 일시, UNIX 시간(그리니치 표준시의 1970년 1월 1일 0시 0분 0초)에서 1/1000초로 구할 수 있다.

● 파일의 최종 갱신 일시를 구한다

```
File file = new File("test.txt");

// 파일의 최종 갱신 일시를 1/1000초로 구하기
long time = file.lastModified();

// 구한 최종 갱신 일시를 Date 객체로 변환
Date date = new Date(time);

// 구한 최종 갱신 일시를 Calendar 객체로 변환
Calendar cal = Calendar.getInstance();
cal.setTime(date);
```

존재하지 않은 파일이나 디렉터리의 경우 등 최종 갱신 일시를 구할 수 없을 때 lastModified( ) 메소드는 오류 없이 0을 반환한다.

> **NOTE** **파일의 최종 갱신 일시를 설정한다**
>
> File#setLastModified( ) 메소드로 파일의 갱신 일시를 설정할 수도 있다.
>
> ```
> // 파일의 최종 갱신 일시를 현재 일시로 설정
> file.setLastModified(System.currentTimeMillis());
> ```

174 / 파일의 속성을 구하기

| File | canRead | canWrite | canExecute | isHidden | 6 7 8 |

관련내용	175 파일의 속성을 설정하기 P.288
	193 경로가 있는 파일이나 디렉터리의 속성을 구하기 · 설정하기 P.309
이용사례	파일의 접근 권한을 구하는 경우

File 클래스의 canRead( ) 메소드, canWrite( ) 메소드, canExecute( ) 메소드로 각각 파일을 읽을 수 있는지, 쓸 수 있는지, 실행할 수 있는지를 알 수 있다. 또한, isHidden( ) 메소드로 파일이 숨은 파일인지도 알 수 있다.

● 파일의 속성을 구한다

```
File file = new File("test.txt");

// 파일을 읽을 수 있는지를 구하기
boolean canRead = file.canRead();
// 파일을 쓸 수 있는지를 구하기
boolean canWrite = file.canWrite();
// 파일을 실행할 수 있는지를 구하기
boolean canExecute = file.canExecute();
// 파일이 숨은 파일인지를 구하기
boolean isHidden = file.isHidden();
```

> **NOTE   숨은 파일**
>
> isHidden( ) 메소드는 Windows의 경우는 파일의 속성이 숨은 파일로 설정되어 있을 때, Linux의 경우는 "."로 시작되는 파일일 때 true를 반환한다.
> 또한, Java 7 이후라면 java.nio.file.attribute 패키지에 포함되는 클래스를 사용하고 플랫폼 고유의 속성 등 보다 자세한 정보를 구하고 설정할 수 있다. 자세한 내용은 레시피 193 을 참조한다.

파일의 속성을 설정하기

File | setReadable | setWritable | setExecutable 6 7 8

관련내용	174 파일의 속성을 구하기 P.287
	193 경로가 있는 파일이나 디렉터리의 속성을 구하기·설정하기 P.309
이용사례	파일의 접근 권한을 설정하는 경우

File 클래스의 setReadable( ) 메소드, setWritable( ) 메소드, setExecutable( ) 메소드로 각각 파일을 읽고 쓸 수 있는지, 실행할 수 있는지를 설정할 수 있다. 이러한 메소드는 설정에 성공할 경우 true, 실패했을 경우 false를 반환한다.

● **파일의 속성을 설정한다**

```
File file = new File("test.txt");

// 파일을 읽을 수 있게 설정
file.setReadable(true);
// 파일을 쓸 수 있게 설정
file.setWritable(true);
// 파일을 실행할 수 있게 설정
file.setExecutable(true);
```

이러한 메소드는 2번째 인수로 읽고 쓰기를 소유자만으로 제한할지를 지정할 수 있다. 예를 들어 다음과 같이 하면 파일의 소유자만 쓸 수 있다.

```
file.setWritable(true, true);
```

또한, Java 7 이후라면 java.nio.file.attribute 패키지에 포함되는 클래스를 사용하고 플랫폼 고유의 속성 등 보다 자세한 정보를 얻고 설정할 수 있다. 자세한 내용은 레시피 193 을 참조한다.

176 파일의 절대 경로 구하기

File | getAbsolutePath | getAbsoluteFile   6 7 8

관련내용	182 경로를 절대 경로로 변환하기 P.296
이용사례	파일의 절대 경로를 구하는 경우

File#getAbsolutePath( ) 메소드를 사용한다. 이 메소드에서는 파일 또는 디렉터리의 절대 경로를 문자열로 구할 수 있다. 구할 수 있는 경로는 Windows의 경우 'C:\sample\test.txt' 등과 같이 플랫폼 고유의 드라이브 레터와 경로 구분 문자를 포함한 것이다.

● 파일의 절대 경로를 구한다

```
// 현재 디렉터리가 "C:\Users\work"인 경우
File file = new File("lib");

// 파일의 절대 경로를 구한다
String absolutePath = file.getAbsolutePath(); // => "C:\Users\work\lib"
```

File#getAbsoluteFile( ) 메소드는 File 객체를 절대 경로의 File 객체로 변환할 수 있다.

● 절대 경로의 File 객체로 변환한다

```
// 현재 디렉터리가 "C:\Users\work"인 경우
File file = new File("lib");

// 절대 경로를 갖는 File 객체로 변환한다
File absoluteFile = file.getAbsoluteFile(); // => "C:\Users\work\lib"
```

NOTE   경로를 정규화

File 객체가 나타내는 경로가 "."나 ".." 등을 포함할 경우 File#getCanonicalPath( ) 메소드, File#getCanonicalFile( ) 메소드로 정규화할 수 있다.

```
File file = new File("C:\\Users\\Kim\\..\\test.txt");

// 정규화한 경로를 얻기
String path = file.getCanonicalPath(); // => "C:\Users\test.txt"
// 정규화한 경로를 나타내는 File 객체를 얻기
File normalized = file.getCanonicalFile();
```

177 부모 디렉터리를 구하기

File | getParent | getParentFile   6 7 8

관련내용	183 부모 디렉터리의 경로를 구하기 P.297
이용사례	파일이 저장되어 있는 디렉터리를 구하는 경우

File#getParent( ) 메소드로 부모 디렉터리 이름, File#getParentFile( ) 메소드로 부모 디렉터리를 나타내는 File 객체를 구할 수 있다.

● 부모 디렉터리를 구한다

```
File file = new File("C:\\Users\\work\\test.txt");

// 부모 디렉터리명을 얻는다
String parentDirName = file.getParent(); // => "C:\Users\work"

// 부모 디렉터리를 나타내는 File 객체를 얻기
File parentDir = file.getParentFile();    // => "C:\Users\work"
```

이러한 메소드는 File 객체가 내부적으로 가지고 있는 파일 경로에서 부모 디렉터리를 반환한다. File 객체가 나타내는 경로에서 부모 디렉터리를 구할 수 없는 경우는 null을 반환한다.

```
// File의 경로에서 부모 디렉터리를 얻을 수 없는 경우
File dir = new File("lib");
File parentDir = dir.getParentFile ( ); // => null
```

이런 경우 getAbsoluteFile( ) 메소드 레시피 176 에서 절대 경로를 가진 File 객체로 한번 변환하면 부모 디렉터리를 제대로 구할 수 있다.

```
// 현재 디렉터리가  "C:\Users\work"인 경우
File dir = new File("lib"); // => "lib"

// 절대 경로로 변환
File absoluteDir = dir.getAbsoluteFile();      // => "C:\Users\work\lib"

// 부모 디렉터리를 얻기
File parentDir = absoluteDir.getParentFile(); // => "C:\Users\work"
```

178 디렉터리 내의 파일 목록 구하기

File | list | listFiles | FilenameFilter | FileFilter   6 7 8

관련내용	194 경로가 있는 디렉터리 내의 파일 목록 구하기 P.315
	195 디렉터리 내의 파일을 재귀적으로 처리하기 P.316
이용사례	특정 디렉터리 아래의 파일을 합하여 처리하는 경우

　File#list( ) 메소드로 디렉터리 파일, 디렉터리 이름의 목록을 배열로 구할 수 있다. 또한, listFiles( ) 메소드로 디렉터리 내의 파일, 디렉터리의 목록을 File 객체의 배열로 제공한다.

● 디렉터리 내 파일의 목록을 구한다

```
File dir = new File("lib");

// lib 디렉터리 내 파일명의 목록을 얻기
String[] fileNames = dir.list();
for(String fileName: fileNames) {
  System.out.println(fileName);
}

// lib 디렉터리 내 파일을 File 객체 배열로 구하기
File[] files = dir.listFiles();
for(File file: files) {
  System.out.println(file.getAbsolutePath());
}
```

　list( ) 메소드에는 java.io.FilenameFilter를 전달할 수 있고 구하는 파일의 목록을 필터링 할 수 있다. FilenameFilter는 인수에 디렉터리와 파일 이름을 얻고 결과에 포함하는 파일의 경우는 true, 결과에 포함하지 않는 파일의 경우 false를 반환하도록 구현한다.

● FilenameFilter에 의한 필터링

```
String[] fileNames = dir.list(new FilenameFilter() {
  @Override
  public boolean accept(File dir, String name) {
    // 파일명의 선두가 "."로 시작되는 파일은 제외
    return !name.startsWith(".");
  }
});
```

listFiles( ) 메소드에는 FilenameFilter뿐만 아니라 java.io.FileFilter를 지정할 수도 있다. 이것은 인수로 File 객체를 얻는다.

● FileFilter에 의한 필터링

```java
File[] files = dir.listFiles(new FileFilter() {
  @Override
  public boolean accept(File pathname) {
    // 파일 이외는 삭제
    return pathname.isFile();
  }
});
```

COLUMN   **Windows에서 유효한 드라이브를 구한다**

Windows의 파일 시스템은 C:\, D:\ 등 드라이브에 맞는 여러 개의 루트 디렉터리를 갖는다. File#listRoots( ) 메소드로 유효한 드라이브를 구할 수 있다.

```java
File[] roots = File.listRoots();
```

또한, File#listRoots( ) 메소드는 UNIX 계열의 플랫폼에서는 "/"를 반환한다.

---

179 새로운 파일을 작성하기

File | createNewFile
6 7 8

관련내용	185 경로로부터 파일을 작성하기 P,300
이용사례	새로운 파일을 작성하는 경우

File#createNewFile( ) 메소드를 사용한다. 파일 작성에 성공할 경우 true, 이미 파일이 존재하는 경우는 아무것도 하지 않고 false를 반환한다. 또한, 부모 디렉터리가 존재하지 않는 등의 이유로 파일의 작성에 실패한 경우는 IOException이 발생된다.

● 새로운 파일을 작성한다

```
File file = new File("test.txt");

// 새로운 파일 test.txt를 작성
if(file.createNewFile()) {
  System.out.println("test.txt를 작성했습니다.");
} else {
  System.out.println("test.txt는 이미 존재합니다.");
}
```

180 임시 파일을 작성하기

File | createTempFile　　　　　　　　　　　　　　　　　6 7 8

관련내용	192 경로로부터 임시 파일 또는 디렉터리를 작성하기 P.308
이용사례	처리 중인 데이터를 일시적으로 파일에 쓰는 경우

File#createTempFile( ) 메소드를 사용한다. 인수에는 임시 파일의 프리픽스(prefix)와 서픽스(suffix)를 지정한다. 임시 파일의 작성에 실패했을 경우 IOException이 발생된다.

●임시 파일을 작성한다

```java
// 임시 파일을 작성
File file = File.createTempFile("temp", ".txt");

// 작성한 임시 파일의 경로를 출력
System.out.println(file.getAbsolutePath());
    // => "C:\Users\work\AppData\Local\Temp\temp2882652318580784773.txt"
```

임시 파일은 시스템 속성 "java.io.tmpdir" 레시피 303 에서 지정된 디렉터리에 작성되고 중복하지 않은 파일 이름이 자동적으로 부여된다. 다음과 같이 임시 파일을 작성하는 디렉터리를 지정할 수도 있다.

```java
// C:\temp에 임시 디렉터리를 작성
File file = File.createTempFile("temp", ".txt","C:\\tempdir");
```

> **NOTE　임시 파일을 VM의 종료 시 삭제한다**
>
> File#deleteOnExit( ) 메소드를 호출해두면 그 파일은 Java VM의 종료 시 자동으로 삭제된다. 이것을 이용하여 Java VM의 종료 시 임시 파일을 삭제할 수 있다(단, Java VM이 크래쉬 등으로 이상 종료 했을 경우 삭제가 되지 않을 수도 있다).
>
> ```java
> // 임시 파일을 작성
> File file=File.createTempFile("temp",".txt");
> // VM의 종료 시 임시 파일을 삭제하도록 설정
> file.deleteOnExit();
> ```

181 디렉터리를 작성하기

File | mkdir | mkdirs 6 7 8

관련내용	186 경로로부터 디렉터리를 작성하기 P.301
이용사례	여러 개의 파일을 만들어 1개의 디렉터리에 저장하는 경우

File#mkdir( ) 메소드를 사용한다. 디렉터리 작성에 성공할 경우 true, 실패한 경우 false를 반환한다.

mkdir( ) 메소드로 디렉터리를 작성하려면 부모 디렉터리가 미리 존재해야 한다. 부모 디렉터리가 존재하지 않을 경우 mkdir( ) 메소드 대신 mkdirs( ) 메소드를 사용함으로써 부모 디렉터리와 합하여 작성할 수 있다.

● 디렉터리를 작성한다

```
// 현재 디렉터리에 work 디렉터리를 작성한다
File dir1 = new File("work");
dir1.mkdir();

// 현재 디렉터리에 work/test 디렉터리를 작성한다
File dir2 = new File("work/test");
dir2.mkdir();
```

182 경로를 절대 경로로 변환하기

Path | toAbsolutePath | isAbsolute   7 8

관련내용	176 파일의 절대 경로 구하기 P.289 184 경로에 따른 상대 경로를 구하기 P.299
이용사례	상대 경로에서 절대 경로를 구하는 경우

Path#toAbsolutePath( ) 메소드로 상대 경로를 절대 경로로 변환할 수 있다. 또한, Path#isAbsolute( ) 메소드로 경로가 절대 경로인지 조사할 수 있다.

● 상대 경로를 절대 경로로 변환

```java
// 현재 디렉터리에서 상대 경로를 지정
Path path1 = Paths.get("temp", "test.txt"); // => "temp\test.txt"
System.out.println(path1.isAbsolute());      // => false

// 절대 경로로 변환
Path path2 = path1.toAbsolutePath();         // => "C:\Users\work\temp\test.txt"
System.out.println(path2.isAbsolute());   // => true
```

183

부모 디렉터리의 경로를 구하기

Path | getParent

7 8

관련내용	177 부모 디렉터리를 구하기 P.290
이용사례	파일이 저장되어 있는 디렉터리의 경로를 구하는 경우

Path#getParent( ) 메소드로 부모 디렉터리의 경로를 가진 Path 객체를 구할 수 있다.

이 메소드는 실제 파일 시스템 상의 부모 디렉터리가 아니라 경로 표기상의 부모 경로를 반환한다. 예를 들면 'C:\temp\.'의 부모 경로는 'C:\temp'가 된다(이러한 번 거로운 표기의 경로는 normalize 메소드로 정규화할 수 있다. 자세한 사항은 298쪽의 NOTE 'Path를 정규화' 참조). 부모 경로를 구할 수 없는 경우는 null을 반환한다.

●부모 디렉터리의 경로를 구한다

```
Path path1 = Paths.get("temp", "test.txt"); // => "temp\test.txt"

// 부모 디렉터리의 경로를 구하기
Path parent1 = path1.getParent();    // => "temp"

// 부모 디렉터리의 경로를 얻을 수 없는 경우
Path path2 = Paths.get("test.txt"); // => "test.txt"
Path parent2 = path2.getParent();    // => null
```

또한, Path#getRoot( ) 메소드로 경로의 루트 컴포넌트를 구할 수 있다. 루트 컴포 넌트를 가지지 않는 경로의 경우 null을 반환한다.

●경로의 루트 컴포넌트를 구한다

```
// 루트 컴포넌트를 가진 경로의 경우
Path path1 = Paths.get("C:", "temp", "test.txt"); // => "C:\temp\test.txt"
Path root1 = path1.getRoot(); // => "C:\"

// 루트 컴포넌트를 가지지 않는 경로의 경우
Path path2 = Paths.get("temp", "test.txt"); // => "temp\test.txt"
Path root2 = path2.getRoot(); // => null
```

Path#normalize( ) 메소드로 "."나 ".." 등을 포함하는 번거로운 경로를 정규화할 수 있다.

```
// 번거로운 경로
Path path = Paths.get("C:", ".", "temp", "..", "etc"); // => C:\.\temp\..\etc
// 경로를 정규화
Path normalizedPath = path.normalize(); // => C:\etc
```

MEMO

184

경로에 따른 상대 경로를 구하기

Path | resolve | resolveSibling   7 8

관련내용	182 경로를 절대 경로로 변환하기 P.296
이용사례	디렉터리 아래의 파일의 경로를 구하는 경우 동일한 디렉터리 내의 파일의 경로를 구하는 경우

Path#resolve( ) 메소드 또는 Path#resolveSibling( ) 메소드를 사용한다.

Path#resolve( ) 메소드를 사용

현재 경로에 대한 상대 경로로 구한다. 디렉터리를 나타내는 경로에 대해서 그 아래의 파일과 디렉터리의 경로를 구할 때 편리하다.

● resolve( ) 메소드에서 상대 경로를 구한다

```
Path path1 = Paths.get("C:\\temp");
Path path2 = Paths.get("test.txt");

Path path3 = path1.resolve(path2); // => "C:\temp\test.txt"
```

Path#resolveSibling( ) 메소드를 사용

현재 경로의 부모 경로에 대한 상대 경로로 구한다. 파일이나 디렉터리를 나타내는 경로에 대해서 같은 디렉터리 내의 다른 파일이나 디렉터리의 경로를 구할 때 편리하다.

● resolveSibling( ) 메소드로 상대 경로를 구한다

```
Path path1 = Paths.get("C:\\temp\\test1.txt");
Path path2 = Paths.get("test2.txt");

Path path3 = path1.resolveSibling(path2); // => "C:\temp\test2.txt"
```

## 185

경로로부터 파일을 작성하기

| Path | Files | createFile | 7 8 |

관련내용	179 새로운 파일을 작성하기 P.293
	186 경로로부터 디렉터리를 작성하기 P.301
	187 경로에서 링크를 작성하기 P.302
이용사례	새로운 파일을 작성하는 경우

Files#createFile( ) 메소드로 Path로부터 새로운 비어 있는 파일을 작성할 수 있다. 파일이 이미 존재하는 경우에는 FileAlreadyExistsException, 파일의 작성에 실패한 경우는 IOException이 발생된다.

● 새 파일을 작성한다

```
Path path = Paths.get("test.txt");

// 새로운 비어 있는 파일을 작성한다
Files.createFile(path);
```

Files#createFile( ) 메소드의 인수에 java.nio.file.attribute.FileAttribute를 전달함으로써 작성하는 파일의 속성을 지정할 수 있다. 다음은 퍼미션을 지정하여 파일을 작성하는 예제이다.

● 퍼미션을 지정하고 파일을 작성한다

```
Set<PosixFilePermission> permission = PosixFilePermissions.fromString("rwxr-x---");
FileAttribute<Set<PosixFilePermission>> attribute = PosixFilePermissions.as↵
FileAttribute(permission);

Path path = Paths.get("test.txt");
Files.createFile(path, attribute);
```

다만, Windows는 POSIX의 퍼미션에 대응하지 않기 때문에 Windows 상에서 위의 코드를 실행하면 UnsupportedOperationException이 발생된다.

186 경로로부터 디렉터리를 작성하기

Path | Files | createDirectory | createDirectories   7 8

관련내용	181 디렉터리를 작성하기 P.295 185 경로로부터 파일을 작성하기 P.300 187 경로에서 링크를 작성하기 P.302
이용사례	여러 개의 파일을 만들어 1개의 디렉터리에 저장하는 경우

Files#createDirectory( ) 메소드로 Path로부터 새로운 디렉터리를 작성할 수 있다.

● 디렉터리를 작성한다

```
Path path = Paths.get("work");

// work 디렉터리를 작성
Files.createDirectory(path);
```

Files#createDirectory( ) 메소드는 작성할 디렉터리의 부모 디렉터리가 존재하지 않는 경우는 java.nio.file.NoSuchFileException을 발생시키지만, Files#createDirectories( ) 메소드를 사용하면 중첩된 여러 디렉터리를 합하여 작성할 수 있다.

● 중첩 디렉터리를 작성한다

```
Path path = Paths.get("work", "java");

// work/java 디렉터리를 작성
Files.createDirectories(path);
```

Files#createDirectory( ) 메소드, Files#createDirectories( ) 메소드의 어느 쪽도 3번째 인수 이후에 FileAttribute를 전달함으로써 작성할 디렉터리의 속성을 지정할 수 있다(레시피 185).

187

경로에서 링크를 작성하기

Path | Files | createLink | createSymbolicLink　　　　7 8

관련내용	185 경로로부터 파일을 작성하기 P.300
	186 경로로부터 디렉터리를 작성하기 P.301
이용사례	하드 링크나 심볼릭 링크를 작성하는 경우

　　Files#createLink( ) 메소드로 하드 링크, Files#createSymbolicLink( ) 메소드에서 심볼릭 링크(symbolic link)를 작성할 수 있다. 플랫폼이 이러한 기능을 지원하지 않는 경우 UnsupportedOperationException, 이미 파일 등이 존재하는 링크를 작성할 수 없는 경우는 FileAlreadyExistsException이 발생한다.

●하드 링크를 작성한다

```
Path path = Paths.get("doc", "readme.txt");
Path link = Paths.get("link.txt");

// doc/readme.txt의 하드 링크를 link.txt로 작성
Files.createLink(link, path);
```

　　Files#createSymbolicLink( ) 메소드는 3번째 인수 이후에 작성하는 심볼릭 링크의 속성을 FileAttribute로 지정할 수 있다(레시피 185).

●심볼릭 링크를 작성한다

```
Path path=Paths.get("doc", "readme.txt");
Path link=Paths.get("link.txt");

// doc/readme.txt의 상징적 링크를 link.txt로 작성
Files.createSymbolicLink(link, path);
```

> **NOTE**　**Windows 7 이후의 심볼릭 링크 작성**
>
> Windows 환경에서 Files#createSymbolicLink( ) 메소드를 호출하면 다음과 같은 예외가 발생한다.
>
> ```
> Exception in thread "main" java.nio.file.FileSystemException: CreateLink
> Sample_symlink.java: 클라이언트는 요구된 특권을 보유하지 않고 있다.
> ```
>
> 이 경우, Java VM을 관리자 모드로 실행해야 한다(Eclipse 상에서 실행하는 경우는 Eclipse를 관리자 모드로 실행해야 한다).

188 경로의 존재 여부를 알아보기

Path | Files | exists | notExists   7 8

관련내용	168 파일이나 디렉터리의 존재 여부 P.281
이용사례	파일이나 디렉터리가 존재하는 경우만 처리할 경우

경로가 존재하는 것을 알아보는 경우는 Files#exists( ) 메소드, 존재하지 않음을 알 아내는 경우는 Files#notExists( ) 메소드를 사용한다.

● 경로의 존재 여부 조사

```
Path path = Paths.get("test.txt");

// 경로가 존재하는 것을 알아낸다
if(Files.exists(path)) {
    …경로가 존재하는 경우의 처리…
}

// 경로가 존재하지 않는 것을 알아낸다
if(Files.notExists(path)) {
    …경로가 존재하지 않는 경우의 처리…
}
```

Files#exists( ) 메소드나 Files#notExists( ) 메소드의 인수에는 옵션으로 Link Option.NOFOLLOW_LINKS를 지정할 수 있다. 이 옵션을 지정하면 Path가 나타내 는 파일이 심볼릭 링크였을 경우에 링크 장소를 거슬러 올라가지 않게 된다.

● 심볼릭 링크를 거슬러 가지 않도록 한다

```
if(Files.exists(path, LinkOption.NOFOLLOW_LINKS)) {
    ⋮
}
```

189 경로가 있는 파일 또는 디렉터리를 삭제하기

Path │ Files │ delete │ deleteIfExists   7 8

관련내용	170 파일이나 디렉터리를 삭제하기 P.283
이용사례	불필요한 파일 또는 디렉터리를 삭제하는 경우

Files#delete( ) 메소드에서 Path가 나타내는 파일 또는 디렉터리를 삭제할 수 있다.

디렉터리를 삭제할 경우 디렉터리가 비어 있어야 한다. 삭제 대상 경로가 존재하지 않는 경우는 NoSuchFileException, 디렉터리가 비어 있지 않기 때문에 삭제할 수 없는 경우는 DirectoryNotEmptyException이 발생된다.

● 파일을 삭제한다

```
Path path = Paths.get("test.txt");

// test.txt를 삭제
Files.delete(path);
```

또한, Files#delete( ) 메소드 대신 Files#deleteIfExists( ) 메소드를 사용함으로써 경로가 존재하는 경우만 삭제할 수 있다. 이 메소드의 경우 경로가 존재하지 않아도 NoSuchFileException은 발생되지 않는다.

190 경로가 있는 파일 또는 디렉터리를 이동하기

Path | Files | move   78

관련내용	171 파일을 이동하기 P.284
	191 경로가 있는 파일 또는 디렉터리를 복사하기 P.306
이용사례	파일이나 디렉터리를 이름 변경 또는 이동하는 경우

Files#move( ) 메소드를 사용한다. 인수에는 원래 장소, 이동할 곳의 Path를 지정한다.

● 파일을 이동한다

```
Path from = Paths.get("test1.txt");
Path to = Paths.get("test2.txt");

// test1.txt를 test2.txt로 이동
Files.move(from, to);
```

이동할 곳이 이미 존재할 경우 FileAlreadyExistsException이 발생되는데 다음과 같이 StandardCopyOption#REPLACE_EXISTING 옵션을 지정함으로써 덮어쓸 수 있다. 다만, 이 옵션을 지정한 경우에도 이동할 곳의 디렉터리가 비어 있지 않은 경우에는 DirectoryNotEmptyException이 발생된다.

```
// 이동할 곳의 파일을 덮어쓴다
Files.move(from, to, StandardCopyOption.REPLACE_EXISTING);
```

191 경로가 있는 파일 또는 디렉터리를 복사하기

Path | Files | copy

7 8

| 관련내용 | 190 경로가 있는 파일 또는 디렉터리를 이동하기 P.305 |
| 이용사례 | 파일이나 디렉터리를 백업하는 경우 |

Files#copy( ) 메소드를 사용한다. 인수에는 원래 복사 장소, 복사할 곳의 Path를 지정한다.

● **파일을 복사한다**

```
Path from = Paths.get("test1.txt");
Path to = Paths.get("test2.txt");

// test1.txt를 test2.txt로 복사
Files.copy(from, to);
```

이동할 곳의 디렉터리가 이미 존재할 경우 FileAlreadyExistsException이 발생되는데, 다음과 같이 StandardCopyOption#REPLACE_EXISTING 옵션을 지정함으로써 덮어쓸 수 있다. 다만 이 옵션을 지정한 경우라도 이동할 곳의 디렉터리가 비어 있지 않은 경우에는 DirectoryNotEmptyException이 발생된다.

```
// 이동할 곳의 파일을 덮어쓴다
Files.copy(from, to, StandardCopyOption.REPLACE_EXISTING);
```

Files#copy( ) 메소드에는 이 밖에도 [표 6.1]의 옵션을 지정할 수 있다.

표 0.1 File#copy 메소드에 지정 가능한 옵션

옵션	설명
REPLACE_EXISTING	복사할 곳에 파일 또는 디렉터리를 덮어쓰기 한다. 단, 디렉터리가 비어 있지 않은 경우는 덮어쓰지 않는다.
COPY_ATTRIBUTES	파일, 디렉터리의 속성을 복사할 곳에 상속한다.
NOFOLLOW_LINKS	심볼릭 링크를 거슬러 가지 않고 심볼릭 자체를 복사한다.

여러 개의 옵션을 지정하는 경우는 다음과 같다.

```
// 여러 개의 옵션을 지정한다
Files.copy(from, to, StandardCopyOption.REPLACE_EXISTING, StandardCopyOption.
COPY_ATTRIBUTES);
```

또한, Files#copy( ) 메소드는 Path의 복사뿐만 아니라 InputStream에서 Path로
복사하거나 Path에서 OutputStream으로 복사하는 것도 있다. 이러한 메소드는 복사
한 바이트 수를 반환한다.

● 스트림에 대한 copy( ) 메소드

```
// InputStream을 Path로 지정한 파일로 복사
try(InputStream in = new FileInputStream("test1.txt")) {
  Path path = Paths.get("test2.txt");
  long size = Files.copy(in, path);
  System.out.println(size + "바이트를 복사했습니다.");
}
// Path에서 지정한 파일을 OutputStream으로 복사
try(OutputStream out = new FileOutputStream("test2.txt")) {
  Path path = Paths.get("test1.txt");
  long size = Files.copy(path, out);
  System.out.println(size + "바이트를 복사했습니다.");
}
```

경로로부터 임시 파일 또는 디렉터리를 작성하기

관련내용	180 임시 파일을 작성하기 P.294
이용사례	처리 중인 데이터를 일시적으로 파일에 쓰는 경우

Files#createTempFile( ) 메소드나 Files#createTempDirectory( ) 메소드를 사용한다.

Files#createTempFile( ) 메소드로는 임시 파일을 작성할 수 있다. 임시 파일은 시스템 속성 'java.io.tmpdir'　레시피 303　에서 지정된 디렉터리에 작성된다. 이때 중복되지 않는 파일 이름이 자동적으로 부여되지만 작성할 디렉터리를 명시적으로 지정할 수도 있다.

● 임시 파일을 작성한다

```
// 임시 파일을 작성
Path path1 = Files.createTempFile("temp", ".txt");
// 작성한 임시 파일의 경로를 출력
System.out.println(path1.toString());
    // => "C:\Users\gsi\AppData\Local\Temp\temp6105142649445558814.txt"


// 디렉터리를 지정하여 임시 파일을 작성
Path path2 = Files.createTempFile(Paths.get("C:", "tempdir"), "temp", ".txt");
// 작성한 임시 파일의 경로를 출력
System.out.println(path2.toString()); // => "C:\tempdir\temp817611668313012006.txt"
```

Files#createTempDirectory( ) 메소드로 임시 디렉터리를 작성할 수 있다. 임시 디렉터리는 임시 파일과 마찬가지로 기본적으로 시스템 속성 "java.io.tmpdir"에서 지정된 디렉터리로 작성되지만, 작성하는 디렉터리를 명시적으로 지정할 수도 있다.

● 임시 디렉터리를 작성한다

```
// 임시 디렉터리를 작성
Path path1 = Files.createTempDirectory("dir");
// 작성한 임시 디렉터리의 경로를 출력
System.out.println(path1.toString( ));
    // => "C:\Users\gsi\AppData\Local\Temp\dir8007627574342506469"


// 디렉터리를 지정하여 임시 디렉터리를 작성
Path path2 = Files.createTempDirectory(Paths.get("C:", "tempdir"), "dir");
// 작성한 임시 디렉터리의 경로를 출력
System.out.println(path2.toString( ));
    // => "C:\tempdir\dir6835176709756152315"
```

Path | Files | getFileAttributeView | readAttributes   **7 8**

관련내용	174 파일의 속성을 구하기 P.287 175 파일의 속성을 설정하기 P.288
이용사례	파일의 작성 일자, 갱신 날짜, 크기 등의 정보를 구하는 경우 파일의 접근 권한을 구하거나 설정하는 경우

NIO2에서는 java.nio.file.attribute 패키지에 포함되는 클래스를 사용하여 파일이나 디렉터리의 자세한 속성에 액세스할 수 있다. 이 패키지에는 용도 및 플랫폼에 따라 파일의 속성을 구하고 설정하기 위한 '뷰'와 '속성 클래스'가 있다(표 6.2).

표 6.2 파일 속성에 액세스하기 위한 뷰

뷰의 인터페이스 이름	속성 클래스 이름	설명
BasicFileAttributeView	BasicFileAttributes	작성 일자, 최종 갱신 날짜, 최종 액세스 날짜, 크기, 디렉터리인지 심볼릭 링크인지 등 파일의 기본적인 정보에 액세스하기 위한 뷰
AclFileAttributeView	AclEntry	파일의 접근 권한 설정에 액세스하기 위한 뷰. 이 뷰는 Windows에서만 사용할 수 있다.
FileOwnerAttributeView	UserPrincipal	파일의 소유자 정보에 액세스하기 위한 뷰
DosFileAttributeView	DosFileAttributes	DOS의 고유 속성 정보(읽기 전용인지, 숨김 파일인지 등)에 액세스하기 위한 뷰. 이 뷰는 Windows에서만 사용할 수 있다.
PosixFileAttributeView	PosixFileAttributes	UNIX의 고유 속성 정보(퍼미션 등)에 액세스하기 위한 뷰. 이 뷰는 UNIX계의 플랫폼에서만 사용할 수 있다.

이러한 뷰를 사용하여 파일의 속성을 구하는 방법은 다음과 같다.

● 뷰를 사용하여 파일 속성을 구하기 · 설정하기

```
Path path = Paths.get("sample.txt");

// 뷰를 얻기
BasicFileAttributeView view = Files.getFileAttributeView(path, BasicFileAt↵
tributeView.class);

// 뷰에서 속성 클래스를 얻기
BasicFileAttributes attrs = view.readAttributes();
// 최종 갱신 일시
FileTime lastModifiedTime = attrs.lastModifiedTime();
```

```
// 뷰를 사용하여 파일의 최종 갱신 날짜를 설정
FileTime currentTime = FileTime.fromMillis(System.currentTimeMillis());
view.setTimes(currentTime, null, null);
```

또한, 속성을 얻는 것만이 목적이라면 다음과 같이 Files#readAttributes() 메소드를 사용함으로써 속성 클래스를 직접 제공할 수 있다.

```
BasicFileAttributes attrs = Files.readAttributes(path, BasicFileAttributes.class);
```

또한, Files#getAttribute() 메소드를 사용하면 뷰 이름과 속성 이름을 문자열로 지정하여 직접 값을 구할 수도 있다.

```
FileTime lastModifiedTime = (FileTime) Files.getAttribute(path, "basic:lastModifi↵
edTime");
```

│ BasicFileAttributeView

파일의 작성 일시, 최종 갱신 일시, 최종 액세스 일시, 크기, 디렉터리인지, 심볼릭 링크인지 등 파일의 기본적인 정보를 구할 수 있다.

●파일의 기본적인 정보를 구한다

```
Path path = Paths.get("sample.txt");

// 뷰를 얻기
BasicFileAttributeView view = Files.getFileAttributeView(path, BasicFileAt↵
tributeView.class);
// 뷰에서 속성 클래스를 얻기
BasicFileAttributes attrs = view.readAttributes();

// 최종 갱신 일시
FileTime lastModifiedTime = attrs.lastModifiedTime();
// 최종 액세스 일시
FileTime lastAccessTime = attrs.lastAccessTime();
// 작성 일시
FileTime creationTime = attrs.creationTime();
// 디렉터리인지
boolean isDirectory = attrs.isDirectory();
// 보통 파일인지
boolean isRegularFile = attrs.isRegularFile();
```

```
// 심볼릭 링크인지
boolean isSymbolicLink = attrs.isSymbolicLink();
// 디렉터리, 보통 파일, 심볼릭 링크 어느 쪽에도 해당하지 않는지
boolean isOther = attrs.isOther();
```

　BasicFileAttributeView#setTimes() 메소드로 파일의 작성 일시, 최종 갱신 일시, 최종 액세스 일시를 갱신할 수 있다.

●파일의 타임 스탬프를 설정한다

```
Path path = Paths.get("sample.txt");

// 최종 갱신 일시(null인 경우는 갱신하지 않는다)
FileTime lastModifiedTime = FileTime.fromMillis(System.currentTimeMillis());
// 최종 액세스 일시(null인 경우는 갱신하지 않는다)
FileTime lastAccessTime = null;
// 작성 일시(null인 경우는 갱신하지 않는다)
FileTime creationTime = null;

// 뷰를 얻어 타임 스탬프를 설정
BasicFileAttributeView view = Files.getFileAttributeView(path, BasicFileAt
tributeView.class);
view.setTimes(lastModifiedTime, lastAccessTime, creationTime);
```

AclFileAttributeView

　Windows에서 파일의 액세스 권한을 구하고 설정할 수 있다.

●파일의 액세스 권한 구하기 · 설정하기

```
Path path = Paths.get("sample.txt");

AclFileAttributeView view = Files.getFileAttributeView(path, AclFileAttribut
eView.class);

//////////////////////////////////////////////////
// 액세스 권한을 구하기
//////////////////////////////////////////////////
List<AclEntry> acl = view.getAcl();

//////////////////////////////////////////////////
// 액세스 권한을 설정
//////////////////////////////////////////////////
// 사용자를 검색
```

```
UserPrincipalLookupService service = FileSystems.getDefault().getUserPrinci ↵
palLookupService();
UserPrincipal user = service.lookupPrincipalByName("kim");
// 사용자에게 읽고, 쓰기를 허용하는 AclEntry를 작성
AclEntry entry = AclEntry.newBuilder()
                .setType(AclEntryType.ALLOW)
                .setPrincipal(user)
                .setPermissions(AclEntryPermission.READ_DATA, AclEntry ↵
Permission.WRITE_DATA)
                .build();
// 작성한 AclEntry를 ACL 앞 부분에 추가
acl.add(0, entry);
// 액세스 권한을 설정
view.setAcl(acl);
```

| FileOwnerAttributeView

파일의 소유자를 구하거나 설정할 수 있다.

●파일의 소유자를 구하기 · 설정하기

```
Path path = Paths.get("sample.txt ");

// 뷰를 얻기
FileOwnerAttributeView view = Files.getFileAttributeView(path, FileOwnerAt ↵
tributeView.class);

//////////////////////////////////////////////////
// 파일 소유자 구하기
//////////////////////////////////////////////////
// 파일 소유자의 사용자 이름을 표시
UserPrincipal owner = view.getOwner();
System.out.println(owner.getName());

//////////////////////////////////////////////////
// 파일 소유자 설정
//////////////////////////////////////////////////
// 사용자를 설정
UserPrincipalLookupService service = FileSystems.getDefault().getUserPrinci ↵
palLookupService();
UserPrincipal user = service.lookupPrincipalByName("kim");
// 파일 소유자를 설정
view.setOwner(user);
```

| DosFileAttributeView

DOS의 파일 속성(읽기 전용 속성, 숨김 속성, 시스템 속성, 아카이브 속성)을 구하고 설정할 수 있다.

● DOS 파일 속성의 구하기 · 설정하기

```
Path path = Paths.get("sample.txt");

// 뷰를 얻기
DosFileAttributeView view = Files.getFileAttributeView(path, DosFileAttribut
eView.class);

//////////////////////////////////////////////////
// DOS 파일 속성 얻기
//////////////////////////////////////////////////
// 뷰에서 속성 클래스를 구하기
DosFileAttributes attrs = view.readAttributes();
// 읽기 전용 속성을 구하기
boolean isReadOnly = attrs.isReadOnly();
// 숨기는 속성을 구하기
boolean isHidden = attrs.isHidden();
// 시스템 속성을 구하기
boolean isSystem = attrs.isSystem();
// 아카이브 속성을 구하기
boolean isArchive = attrs.isArchive();

//////////////////////////////////////////////////
// DOS 파일 속성 설정
//////////////////////////////////////////////////
// 읽기 전용 속성을 설정
view.setReadOnly(true);
// 숨기는 속성을 설정
view.setHidden(true);
// 시스템 속성을 설정
view.setSystem(true);
// 아카이브 속성을 설정
view.setArchive(true);
```

| PosixFileAttributeView

UNIX 계열 플랫폼의 파일 속성(그룹, 퍼미션)을 구하고 설정할 수 있다.

●그룹과 퍼미션을 구하기 · 설정하기

```
Path path = Paths.get("sample.txt");

// 뷰를 얻기
PosixFileAttributeView view = Files.getFileAttributeView(path, PosixFileAt⏎
tributeView.class);

// 뷰에서 속성 클래스를 얻기
PosixFileAttributes attrs = view.readAttributes();

//////////////////////////////////////////////////////
// 그룹 구하기
//////////////////////////////////////////////////////
GroupPrincipal group = attrs.group();
System.out.println(group.getName());

//////////////////////////////////////////////////////
// 퍼미션 구하기
//////////////////////////////////////////////////////
Set<PosixFilePermission> permissions = attrs.permissions();
// Set에 enum이 포함되어 있는지 여부로 퍼미션을 판정할 수 있다
boolean ownerRead    = permissions.contains(PosixFilePermission.OWNER_READ);
boolean ownerWrite   = permissions.contains(PosixFilePermission.OWNER_WRITE);
boolean ownerExecute = permissions.contains(PosixFilePermission.OWNER_EXECUTE);
boolean groupRead    = permissions.contains(PosixFilePermission.GROUP_READ);
boolean groupWrite   = permissions.contains(PosixFilePermission.GROUP_WRITE);
boolean groupExecute = permissions.contains(PosixFilePermission.GROUP_EXECUTE);
boolean othersRead   = permissions.contains(PosixFilePermission.OTHERS_READ);
boolean othersWrite  = permissions.contains(PosixFilePermission.OTHERS_WRITE);
boolean othersExecute = permissions.contains(PosixFilePermission.OTHERS_EXECUTE);

//////////////////////////////////////////////////////
// 그룹을 설정
//////////////////////////////////////////////////////
// 그룹을 검색
UserPrincipalLookupService service = FileSystems.getDefault().getUserPrinci⏎
palLookupService();
GroupPrincipal newGroup = service.lookupPrincipalByGroupName("guest");
// 그룹을 설정
view.setGroup(newGroup);

//////////////////////////////////////////////////////
// 퍼미션을 설정
//////////////////////////////////////////////////////
// 소유자에 실행 권한을 추가
permissions.add(PosixFilePermission.OWNER_EXECUTE);
view.setPermissions(permissions);
```

194 경로가 있는 디렉터리 내의 파일 목록 구하기

Path | Files | list   8

관련내용	129 Stream 사용하기 P.228 178 디렉터리 내의 파일 목록 구하기 P.291 195 디렉터리 내의 파일을 재귀적으로 처리하기 P.316
이용사례	Java 8 이후에서 특정 디렉터리 아래의 파일을 합하여 처리하는 경우

Java 8 이후에는 Files#list( ) 메소드에서 Path에 지정된 디렉터리 아래의 파일, 디렉터리의 목록을 java.util.stream.Stream 레시피 129 로 구할 수 있다. 이 Stream은 InputStream 등과 같이 사용이 끝나면 반드시 close( ) 메소드를 호출해야 한다. 다음 예에서는 try-with-resources 구문 레시피 035 를 사용하여 확실히 닫도록 한다.

● 경로 아래의 파일과 디렉터리의 목록을 구한다

```java
Path parent = Paths.get(".");

// parent 바로 아래 파일, 디렉터리의 목록을 구하기
try(Stream<Path> children = Files.list(parent)) {
  // 읽은 파일, 디렉터리의 절대 경로를 표시
  children.forEach(path -> {
    System.out.println(path.toAbsolutePath());
  });
}
```

Files#list( ) 메소드가 반환하는 Stream에는 다음과 같이 filter( ) 메소드를 사용하여 필터링을 하는 등 람다식을 사용하여 여러 가지 처리를 할 수 있다.

● 파일 이름이 .java로 끝나는 파일의 목록을 구한다

```java
try(Stream<Path> children =
    Files.list(parent).filter(path -> path.getFileName().endsWith(".java"))) {
  ⋮
}
```

디렉터리 내의 파일을 재귀적으로 처리하기

관련내용	178 디렉터리 내의 파일 목록 구하기 P.291
이용사례	특정 디렉터리 아래의 파일을 합하여 처리하는 경우

Files#walkFileTree( ) 메소드에서 Path에 지정된 디렉터리 아래의 파일을 재귀적으로 처리할 수 있다.

인수에는 기점이 된 Path와 java.nio.file.FileVisitor 인터페이스의 인스턴스를 전달한다. FileVisitor에는 [표 6.3]의 메소드가 정의되어 있다.

표 6.3 FileVisitor의 메소드

메소드	설명
preVisitDirectory	디렉터리를 처리하기 전에 호출된다
visitFile	파일을 처리한다
visitFileFailed	파일의 처리에 실패한 경우에 호출된다
postVisitDirectory	디렉터리 내의 모든 파일을 처리한 후에 호출된다

java.nio.file.FileVisitor 인터페이스를 구현한 java.nio.file.SimpleFileVisitor라는 클래스가 있으므로 이 클래스를 상속함으로써 필요한 메소드를 오버라이드만 하면 된다.

● 파일을 재귀적으로 처리한다

```
Path path = Paths.get("src");

// 파일, 디렉터리의 경로를 재귀적으로 표시한다
Files.walkFileTree(path, new SimpleFileVisitor<Path>() {
  /**
   * 파일마다 이 메소드가 호출된다
   */
  @Override
  public FileVisitResult visitFile(Path file,
      BasicFileAttributes attrs) throws IOException {
    // 파일의 절대 경로를 표시
    System.out.println(file.toAbsolutePath());
    // 파일의 처리를 계속
    return FileVisitResult.CONTINUE;
  }
});
```

이 샘플에서는 파일마다 FileVisitor#visitFile() 메소드가 호출된다. 이 메소드는 [표 6.4]의 하나를 반환하도록 구현한다.

표 6.4 FileVisitor#visitFile() 메소드의 반환값

값	설명
FileVisitResult.CONTINUE	처리를 계속한다
FileVisitResult.TERMINATE	이 파일에서 처리를 종료한다
FileVisitResult.SKIP_SUBTREE	이 디렉터리 아래의 파일을 건너뛴다
FileVisitResult.SKIP_SIBLINGS	이 파일과 같은 계층의 파일을 건너뛴다

예를 들어 특정 파일 이름을 찾을 때까지 검색을 하면서 찾으려는 파일이 발견되면 처리를 종료하는 코드는 다음과 같다.

파일이 발견되면 처리를 마친다

```
Files.walkFileTree(path, new SimpleFileVisitor<Path>() {
  @Override
  public FileVisitResult visitFile(Path file,
      BasicFileAttributes attrs) throws IOException {
    if(file.getFileName().toString().equals("test.txt")) {
      // 파일이 발견되면 거기서 처리를 종료
      System.out.println("test.txt를 찾았습니다! ");
      return FileVisitResult.TERMINATE;
    } else {
      // 파일이 발견되지 않는 경우는 처리를 계속
      return FileVisitResult.CONTINUE;
    }
  }
});
```

196 경로가 있는 파일을 읽기

| Path | Files | readAllBytes | readAllLines | 7 8 |

관련내용	197 경로가 있는 파일을 1줄씩 읽기 P.319 204 파일의 내용을 바이트 배열로 읽기 P.329 206 파일의 내용을 문자열로 읽기 P.331
이용사례	파일을 바이트 배열 또는 문자열로 읽을 경우

Files#readAllBytes( ) 메소드나 Files#readAllLines( ) 메소드를 사용한다.

Files#readAllBytes( ) 메소드로는 Path에 있는 파일의 내용을 바이트 배열로 읽어 들일 수 있다.

● 파일의 내용을 바이트 배열로 읽기

```
Path path = Paths.get("test.txt");

byte[] bytes = Files.readAllBytes(path);
```

Files#readAllLines( ) 메소드로는 Path에 있는 파일의 내용을 문자열로 읽어 들일 수 있다. 반환값은 1줄마다 내용(개행을 포함하지 않는다)을 저장한 List가 된다.

```
Path path = Paths.get("test.txt");

// 파일의 내용을 1줄마다 List로 읽는다
List<String> lines = Files.readAllLines(path, StandardCharsets.UTF_8);
// 읽은 파일의 내용을 콘솔에 출력
for(String line: lines) {
  System.out.println(line);
}
```

Files#readAllLines( ) 메소드의 2번째 인수에는 문자 코드를 java.nio.charset. Charset로 지정할 수 있지만, 2번째 인수를 생략한 경우는 UTF-8로 읽힌다.

Charset에 대한 자세한 내용은 레시피 053 을 참조한다.

197 경로가 있는 파일을 1줄씩 읽기

| Path | Files | lines | 8 |

관련내용	196 경로가 있는 파일을 읽기 P.318
	209 클래스 경로에서 파일을 읽기 P.336
이용사례	거대한 텍스트 파일을 읽는 경우

Java 8 이후에는 Files#lines() 메소드로 파일의 내용을 java.util.stream.Stream 으로 1줄씩 읽어 올 수 있다.

Files#readAllLines() 메소드와 비슷하지만 readAllBytes() 메소드는 파일 내용을 한 번에 모두 메모리 상에 읽어 들이는 것에 반해, lines() 메소드는 천천히 읽어 들이는 Stream을 반환한다. 따라서 거대한 파일을 읽어 들여서 순차 처리를 할 수 없는 경우는 lines() 메소드를 사용할 수 있다.

● 파일의 내용을 1줄씩 읽는다

```
Path path = Paths.get("test.txt");

// 파일의 내용을 1행마다 문자열을 반환하는 Stream으로 얻기
try(Stream<String> lines = Files.lines(path, StandardCharsets.UTF_8)) {
  // 읽어 들인 파일의 내용을 콘솔에 출력
  lines.forEach(s -> {
    System.out.println(s);
  });
}
```

Files#lines() 메소드의 2번째 인수에는 문자 코드를 java.nio.charset.Charset으로 지정할 수 있지만, 2번째 인수를 생략한 경우는 UTF-8로 읽힌다. Charset의 자세한 설명은 레시피 053 을 참조하도록 한다.

또한, Files#lines() 메소드가 반환하는 Stream은 FileInputStream 등과 같이 사용이 끝나면 close() 메소드로 닫아야 한다. 다만, Stream은 AutoCloseable 인터페이스를 구현하고 있으므로 위의 샘플처럼 try-with-resources문 레시피 035 를 사용함으로써 확실히 닫을 수 있다.

198

경로가 있는 파일에 쓰기

Path │ Files │ write

7 8

관련내용	205 바이트 배열을 파일에 쓰기 P.330 207 문자열을 파일에 쓰기 P.333
이용사례	파일에 바이트 배열 또는 문자열을 쓰는 경우

Files#write( ) 메소드에서 Path가 가리키는 파일에 바이트 배열 또는 문자열을 쓸 수 있다. 파일이 존재하지 않는 경우는 새롭게 작성되고 이미 존재하는 경우는 덮어 쓰게 된다.

● 바이트 배열 또는 문자열을 파일에 쓴다

```
Path path = Paths.get("test.txt");

// 바이트 배열을 파일에 쓴다
byte[] bytes = …
Files.write(path, bytes);

// 문자열을 파일에 쓴다
List<String> lines = ...
Files.write(path, lines, Charset.forName("UTF-8"));
```

또한, Files#write( ) 메소드의 인수에는 java.nio.files.OpenOption을 지정할 수 있고 파일의 쓰기 모드를 지정할 수 있다. 예를 들어 다음과 같이 하면 파일을 덮어 쓰는 것이 아니라 덧붙여 쓰기를 실행한다.

```
Files.write(path, lines, Charset.forName("UTF-8"), StandardOpenOption.APPEND);
```

199

경로에서 스트림 및 채널을 구하기

Path | Files | newInputStream | newOutputStream   7 8

newByteChannel

관련내용	201 Java에서의 입출력에 대해 알아보기 P.324
	211 채널을 사용하여 파일을 입출력하기 P.340
이용사례	파일에 대해 복잡한 입출력 처리를 할 경우

Files#newInputStream() 메소드, Files#newOutputStream() 메소드, Files#new
ByteChannel() 메소드로 각각 Path가 나타내는 파일에 대한 InputStream, Output
Stream, ByteChannel을 구할 수 있다.

● Path에서 입출력 스트림을 구한다

```
Path path = Paths.get("test.txt");

// InputStream을 얻기
InputStream in = Files.newInputStream(path);

// OutputStream을 얻기
OutputStream out = Files.newOutputStream(path);

// ByteChannel을 얻기
ByteChannel channel = Files.newByteChannel(path);
```

이러한 메소드에는 2번째 인수 이후에 java.nio.file.OpenOption을 전달함으로써
오픈 모드를 지정할 수 있다. OpenOption은 java.nio.file.StandardOpenOption이
라고 하는 enum으로 지정한다.

● 오픈 모드를 지정한다

```
import static java.nio.file.StandardOpenOption.*;

// 이미 존재하는 파일을 추가 모드로 오픈
OutputStream out1=Files.newOutputStream(path, APPEND);

// 파일(존재하지 않으면 신규 작성)을 추가 모드로 오픈
OutputStream out2=Files.newOutputStream(path, CREATE, APPEND);

// 파일을 작성하는 글쓰기 모드로 오픈(이미 파일이 존재하는 경우는 예외를 발생)
OutputStream out3=Files.newOutputStream(path, CREATE_NEW);
```

OpenOption으로 지정 가능한 값은 [표 6.5]와 같다.

표 6.5 OpenOption으로 지정 가능한 값

값	설명
APPEND	파일을 추가 모드로 연다.
CREATE	파일이 존재하지 않는 경우 작성한다.
CREATE_NEW	파일을 작성한다. 이미 파일이 존재하는 경우는 예외를 발생한다.
DELETE_ON_CLOSE	닫힐 때에 파일을 삭제한다.
DSYNC	파일의 내용이 동기적으로 스토리지 디바이스에 작성된다.
READ	파일을 읽기 모드로 연다.
SPARSE	신규로 작성하는 파일이 스파스 파일(sparse file : 데이터 공백의 영역이 있는 경우에 디스크를 할당하지 않고 효율적으로 데이터를 저장할 수 있는 파일)인 경우에 지정한다.
SYNC	파일의 내용 및 메타 데이터가 동기적으로 스토리지 디바이스에 작성된다.
TRUNCATE_EXISTING	파일을 쓰기 모드로 열 경우에 내용을 클리어 한다.
WRITE	파일을 쓰기 모드로 연다.

MEMO

## 200

파일이나 디렉터리의 변경을 감시하기

WatchService   7 8

관련내용	–
이용사례	파일이 변경되면 자동으로 다시 읽기를 하는 경우

java.nio.file.WatchService를 사용함으로써 지정한 디렉터리 내의 파일이나 디렉터리가 변경된 경우에는 통지를 받을 수 있다.

● 파일이나 디렉터리 변경을 감시

```
// C 드라이브 바로 아래에 감시
Path dir = Paths.get("C:\\");
WatchService watcher = FileSystems.getDefault().newWatchService();
// 감시하는 이벤트의 종류를 설정
dir.register(watcher,
        StandardWatchEventKinds.ENTRY_CREATE,
        StandardWatchEventKinds.ENTRY_DELETE,
        StandardWatchEventKinds.ENTRY_MODIFY);

while(true) {
  WatchKey watchKey = watcher.take();
  for(WatchEvent<?> event : watchKey.pollEvents()) {
    WatchEvent.Kind<?> kind = event.kind();
    if(kind == StandardWatchEventKinds.OVERFLOW) {
      continue;
    }
    // 변경된 경로를 얻기
    Path name = (Path) event.context();
    Path child = dir.resolve(name);

    if(kind == StandardWatchEventKinds.ENTRY_CREATE) {
      System.out.println(child + "이 작성되었습니다.");
    } else if(kind == StandardWatchEventKinds.ENTRY_DELETE) {
      System.out.println(child + "가 삭제되었습니다.");
    } else if(kind == StandardWatchEventKinds.ENTRY_MODIFY) {
      System.out.println(child + "가 변경되었습니다.");
    }
  }
  watchKey.reset();
}
```

201

Java에서의 입출력에 대해 알아보기

java.io 패키지 | java.nio 패키지   7 8

관련내용	–
이용사례	파일이나 네트워크의 입출력을 하는 API를 알고 싶은 경우

Java에서의 입출력 처리는 java.io 패키지에 포함된 클래스 인터페이스를 사용한다.

InputStream, OutputStream

java.io.InputStream, java.io.OutputStream은 바이트 열을 입출력하기 위한 인터페이스이다. 구체적인 구현 클래스에는 파일을 입출력하기 위한 java.io.FileInput Stream과 java.io.FileOuputStream, 메모리 상의 바이트 배열에 대해서 입출력을 하는 java.io.ByteArrayInputStream, java.io.ByteArrayOutputStream 등이 있다.

Reader, Writer

java.io.Reader, java.io.Writer는 문자열을 입출력하기 위한 인터페이스이다. 구체적인 구현 클래스에는 파일을 입출력하기 위한 FileReader, FileWriter 등이 있다. java.io.InputStreamReader, java.io.OutputStreamWriter 등의 래퍼 클래스를 사용함으로써 InputStream, OutputStream을 Reader, Writer로 다룰 수도 있다.

Channel

Java 1.4에서 추가된 NIO(New I/O)라는 API에서 java.nio 패키지로 제공된다. 힙 외의 메모리를 사용한 대용량 버퍼에 의한 고속 입출력 처리나 논 블로킹 I/O를 이용한 통신 처리 등을 구현할 수 있다(제11장 11.1절 참조). Channel은 위의 Input Stream, OutputStream과 Reader, Writer와 달리 입력용과 출력용 클래스로 나뉘어 있지 않다. 구체적인 구현 클래스에는 파일을 입출력하기 위한 java.nio.channels. FileChannel과 소켓을 입출력하기 위한 java.nio.channels.SocketChannel 등이 있다.

InputStream, OutputStream과 Reader, Writer는 사용이 끝나면 꼭 닫아야 한다. Java 6 이전에는 입출력 처리 도중에 예외가 발생한 경우에도 스트림을 확실하게 닫기 위해서 try~finally로 닫는 처리를 해야 했지만, Java 7 이후에는 try-with-resources 구문(레시피 035)을 사용하여 간결하게 기술할 수 있다.

●스트림을 확실히 닫는다

```
// Java 6 이전
FileInputStream in = null;
try {
  in = new FileInputStream("sample.txt");
  …FileInputStream에서 읽어 들이는 처리…
} finally {
  if(in != null) {
    try {
      in.close();
    } catch(Exception ex) {
      // 닫을 때 발생한 예외는 무시
    }
  }
}

// Java 7 이후
try(FileInputStream in = new FileInputStream("sample.txt")) {
  …FileInputStream에서 읽어 들이는 처리…
}
```

이 책의 예제 코드는 Java 7의 try-with-resources 구문을 사용하지만, Java 6의 경우는 적당히 바꾸어 읽는다.

System.out | System.err | PrintStream

6 7 8

관련내용	203 콘솔로부터 입력을 받기 P.328
이용사례	프로그램의 처리 결과를 콘솔에 출력하는 경우

System.out에 메시지를 출력한다.

System.out은 java.io.PrintStream형 필드이다. System.out의 print( ) 메소드나 println( ) 메소드로 콘솔에 메시지를 출력할 수 있다. print( ) 메소드는 줄 끝에 개행을 출력하지 않는 반면 println( ) 메소드는 개행을 출력한다. 또한, 이러한 메소드는 임의의 형의 객체를 전달할 수 있지만 기본형과 문자열 이외 객체에 대해서는 toString( ) 메소드의 결과가 출력된다.

●콘솔에 메시지를 출력한다

```
// 개행 없음
System.out.print(1);
System.out.print("문자열");

// 개행 있음
System.out.println(1);
System.out.println("문자열");

// 객체의 경우는 toString()의 결과를 출력
System.out.println(new java.util.Date()); // => "Tue Aug 13 14:23:59 KST 2013"
```

또한, System.out.printf( ) 메소드로 서식이 있는 문자열을 출력할 수도 있다. 지정할 수 있는 형식에 대해서는 레시피 052 를 참조한다.

●콘솔에 서식이 있는 문자열을 출력한다

```
Calendar cal = Calendar.getInstance();
int month = cal.get(Calendar.MONTH) + 1;
int day = cal.get(Calendar.DATE);

System.out.printf("Today is %d/%d.", month, day);
```

표준 오류 출력

System.out 대신 System.err를 사용하면 표준 오류 출력에 메시지를 출력할 수 있다.

```
System.err.println("표준 오류 출력에 메시지를 출력");
```

---

toString() 메소드의 중요성

System.out.println( ) 메소드에 객체를 전달할 경우 toString( ) 메소드의 결과가 출력되지만, 로깅 라이브러리와 IDE의 디버거 등에서도 마찬가지로 변수의 값으로 toString( ) 메소드의 반환값이 출력된다. 따라서 toString( ) 메소드를 오버라이드하여 객체의 내부 상태를 확인하기 쉬운 결과를 반환하도록 두면 디버깅 등에 도움이 된다.

예를 들어 다음 클래스의 인스턴스를 생성하고 System.out.println( ) 메소드에 전달해도 그 인스턴스 상태에 관한 정보는 얻을 수 없다.

```
public class Person {

  private String name;
  private int age;

  public Person(String name, int age) {
    this.name = name;
    this.age = age;
  }
}
```

▼실행 결과

```
sample.Person@6ddaa877
```

그러나 다음과 같이 toString( ) 메소드를 오버라이드 해 두면 필드의 값을 알기 쉽게 출력할 수 있다.

```
  @Override
  public String toString() {
    return String.format("name: %s, age: %d", ths.name, this.age);
  }
```

▼실행 결과

```
name: hubris kim, age: 33
```

203

콘솔로부터 입력을 받기

System.in   6 7 8

관련내용	202 콘솔에 메시지를 출력하기 P.326
이용사례	프로그램에서 사용자 입력을 받을 경우

System.in에서 데이터를 읽는다.

System.in은 InputStream형 필드이다. 다음과 같이 java.io.InputStreamReader로 감싸고 Reader로 변환함으로써 사용자가 입력한 내용을 문자열로 읽을 수 있다. 또한, java.io.BufferedReader로 래핑함으로써 readLine( ) 메소드로 1줄씩 읽어 들이게 된다.

● 콘솔로부터 입력을 받는다

```
BufferedReader reader = new BufferedReader(new InputStreamReader(System.in));

// 사용자에게 입력하도록 하기 위한 메시지
System.out.print("성함을 말씀하세요 : ");

// 콘솔로부터 입력을 받는다
String name = reader.readLine();

// 입력된 내용을 표시
System.out.println("안녕하세요." + name + "씨! ");
```

204

파일의 내용을 바이트 배열로 읽기

FileInputStream   6 7 8

관련내용	196 경로가 있는 파일을 읽기 P.318
	205 바이트 배열을 파일에 쓰기 P.330
이용사례	바이너리 파일을 읽을 경우

FileInputStream을 사용한다.

FileInputStream에서 읽은 내용을 일단 java.io.ByteArrayOutputStream에 작성하고 마지막으로 toByteArray( ) 메소드를 호출하여 작성된 내용을 바이트 배열로 구할 수 있다. 다음의 예제에서는 FileInputStream을 BufferedInputStream으로 래핑함으로써 읽기를 버퍼링한다.

● 파일을 바이트 배열로 읽기

```
try(BufferedInputStream in = new BufferedInputStream(new FileInputStream("test.jpg"));
    ByteArrayOutputStream out = new ByteArrayOutputStream()) {

  // InputStream의 내용을 ByteArrayOutputStream으로 쓴다
  byte[] buf = new byte[1024 * 8];
  int length = 0;
  while((length = in.read(buf)) != -1) {
    out.write(buf, 0, length);
  }

  // 쓴 내용을 바이트 배열로 구하기
  byte[] bytes = out.toByteArray();
    ⋮
}
```

205

바이트 배열을 파일에 쓰기

FileOutputStream   **6 7 8**

관련내용	196 경로가 있는 파일을 읽기 P.318
	204 파일의 내용을 바이트 배열로 읽기 P.329
이용사례	바이너리 파일을 작성하는 경우

FileOutputStream을 사용하여 write( ) 메소드에 byte형 배열을 전달하면서 바이너리 쓰기를 할 수 있다.

다음의 예제에서는 java.io.BufferedOutputStream으로 FileOutputStream을 래핑한다. BufferedOutputStream은 OutputStream으로의 쓰기를 버퍼링함으로써 처리를 효율화하기 위한 것이다.

● 파일에 바이트 배열을 쓰기

```java
// 파일에 쓸 내용
byte[] bytes = …

// 바이트 배열을 파일에 쓰기
try(BufferedOutputStream out = new BufferedOutputStream(new FileOutput Stream
("test.txt"))) {
  out.write(bytes);
}
```

206 파일의 내용을 문자열로 읽기

InputStreamReader | BufferedReader   6 7 8

관련내용	196 경로가 있는 파일을 읽기 P.318
	207 문자열을 파일에 쓰기 P.333
이용사례	텍스트 파일을 읽을 경우

　InputStreamReader에서 FileInputStream을 래핑함으로써 Reader 인터페이스로 변환한다.

　다음의 샘플에서는 InputStreamReader를 다시 한 번 java.io.BufferedReader로 래핑한다. BufferedReader는 Reader의 읽기를 버퍼링하여 처리를 효율화하기 위한 것이다. 또한, BufferedReader로 래핑함으로써 readLine( ) 메소드로 1줄씩 읽을 수 있도록 한다.

● 파일의 내용을 문자열로 읽기

```
try(BufferedReader reader = new BufferedReader(
    new InputStreamReader(new FileInputStream("sample.txt"), StandardCharse⏎
ts.UTF_8))) {

  String line = null;

  // 파일의 내용을 1행씩 읽어 들여서 콘솔에 출력한다
  while((line = reader.readLine()) != null) {
    System.out.println(line);
  }

}
```

> **NOTE**　**BufferedReader#readLine() 메소드의 반환값**
>
> BufferedReader#readLine( ) 메소드의 반환값은 1줄 분의 문자열에서 마지막의 개행 코드를 삭제한 것이다.

파일에 문자열로 입출력을 하기 위한 Reader, Writer의 구현 클래스로 java.io.FileReader, java.io.FileWriter가 있다. 이러한 클래스를 사용하면 InputStream과 OutputStream을 Reader나 Writer로 변환하지 않고도 파일에 대해서 문자열을 입출력할 수 있다.
예를 들어 위의 예제는 FileReader를 사용함으로써 다음과 같이 기술할 수 있다.

```java
try(FileReader reader = new FileReader("Sample.txt")) {
  String line = null;
  while((line = reader.readLine()) != null) {
    System.out.println(line);
  }
}
```

그러나 이러한 클래스는 문자 코드를 지정할 수 없고 항상 플랫폼의 기본 인코딩을 사용하기 때문에 글자가 깨질 위험이 있다. 파일에 한국어가 포함된 경우 등은 InputStreamReader, OutputStreamWriter를 사용하여 명시적으로 문자 코드를 지정한다.

Reader를 사용하지 않고 FileInputStream 레시피 204 로 읽은 바이트 배열을 문자열로 변경할 수도 있다. 이 경우는 바이트 배열에서 문자열을 생성할 때 문자 코드를 지정한다.

● 파일에서 읽은 바이트 배열을 문자열로 변환한다

```java
try(BufferedInputStream in = new BufferedInputStream(new FileInputStream ⏎
("test.jpg"));
    ByteArrayOutputStream out = new ByteArrayOutputStream()) {
  // InputStream 내용을 ByteArrayOutputStream으로 쓴다
  byte[] buf = new byte[1024 * 8];
  int length = 0;
  while((length = in.read(buf)) != -1) {
    out.write(buf, 0, length);
  }
  byte[] bytes = out.toByteArray();

  // 읽은 바이트 배열을 문자열로 변환한다
  String str = new String(bytes, "UTF-8");
}
```

207 문자열을 파일에 쓰기

OutputStreamWriter | **BufferedWriter**   6 7 8

관련내용	196 경로가 있는 파일을 읽기 P.318
	206 파일의 내용을 문자열로 읽기 P.331
이용사례	텍스트 데이터를 파일에 저장하는 경우

OutputStreamWriter에서 FileOutputStream을 래핑함으로써 Writer 인터페이스로 변환한다.

다음의 예제에서는 OutputStreamWriter를 다시 한 번 java.io.BufferedWriter로 래핑하고 있다. BufferedWriter는 Writer로의 쓰기를 버퍼링함으로써 처리를 효율화하기 위한 것이다.

● 파일에 문자열을 쓰기

```
try(BufferedWriter writer=new BufferedWriter(
    new OutputStreamWriter(new FileOutputStream("test.txt"),"UTF-8") {
  // 파일에 문자열을 출력
  writer.write("파일에 문자열을 출력");
  // 파일에 줄바꿈을 출력
  writer.newLine();
}
```

## 208

파일의 임의 부분에 대한 입출력하기

관련내용	–
이용사례	파일의 일부에 대한 입출력을 고속으로 할 경우

java.io.RandomAccessFile을 사용한다.

InputStream, OutputStream과 Reader, Writer는 파일의 앞부분부터 순서대로 읽기, 쓰기를 한다. 따라서 파일의 일부만 변경하거나 읽어 들이는 경우에는 불필요한 부분을 건너뛰어야 하므로 비효율적이다. RandomAccessFile을 사용하면 파일 내의 지정한 위치에서 읽고 쓰기를 할 수 있다.

● 파일 내의 특정 위치에서 읽고 쓰기를 한다

```java
// 조작 대상 파일
File file = new File("test.dat");

try(RandomAccessFile randomAccessFile = new RandomAccessFile(file, "rw")) {
    // 파일 포인터의 위치를 앞에서부터 3바이트 째로 이동
    randomAccessFile.seek(3);

    // 3바이트 째에서 1바이트 읽어 들이기
    byte b = randomAccessFile.readByte();
    System.out.println((char) b);

    // 4바이트 째부터 2바이트 읽어 들이기
    byte [] bytes = new byte[2];
    randomAccessFile.read(bytes);
    System.out.println(new String(bytes));

    // 파일 포인터의 위치를 앞에서부터 1바이트 째로 이동
    randomAccessFile.seek(1);
    // 1바이트째부터 3문자를 덮어쓰기
    randomAccessFile.write("012".getBytes());
}
```

RandomAccessFile 생성자의 두 번째 인수를 파일 액세스 모드로 하여 [표 6.5] 중 하나를 지정한다.

표 6.5 RandomAccessFile의 액세스 모드

값	설명
r	읽기 전용 파일을 연다. write 메소드를 호출하면 IOException이 발생된다.
rw	읽기 및 쓰기용으로 파일을 연다. 파일이 존재하지 않는 경우에는 작성된다.
rws	읽기 및 쓰기용으로 파일을 연다. 파일의 내용 또는 메타 데이터를 갱신했을 때 기억장치에도 동시에 쓴다. 시스템이 고장났을 경우의 정보 손실을 막기 위해서 사용한다.
rwd	rws와 같다. 다만 메타 데이터에 대해서는 기억 장치로 쓰지 않기 때문에 입출력의 수를 줄일 수 있다.

MEMO

209

클래스 경로에서 파일을 읽기

Class | getResourceAsStream   6 7 8

관련내용	–
이용사례	jar 파일 내에 저장한 파일을 읽을 경우

Class#getResourceAsStream( ) 메소드를 사용한다.

● 클래스 경로에서 파일을 읽기

```
try(InputStream in = ClasspathResourceSample.class.getResourceAsStream
("test.txt")) {
  if(in == null) {
    // 리소스가 존재하지 않는 경우
    System.out.println("리소스는 존재하지 않는다.");
  } else {
    // 내용을 읽어들여 표준 출력에 표시
    ByteArrayOutputStream out = new ByteArrayOutputStream();
    byte[] buf = new byte[1024 * 8];
    int length = 0;
    while((length = in.read(buf)) != -1) {
      out.write(buf, 0, length);
    }
    System.out.println(new String(out.toByteArray(), "UTF-8"));
  }
}
```

Class#getResourceAsStream( ) 메소드에는 읽어 들이는 파일을 대상 클래스에서의 상대 경로 또는 클래스 경로 루트에서 절대 경로로 지정한다. 경로의 앞 부분을 /로 시작하면 절대 경로에서의 지정이 된다

[표 6.7]에 클래스 경로 내 리소스의 경로 지정 예를 나타낸다.

표 6.7 리소스의 경로 지정 예

지정 예	설명
sample.txt	해당 클래스와 같은 패키지에 있는 sample.txt
../sample.txt	해당 클래스의 1개 위(상위) 패키지에 있는 sample.txt
/sample.txt	클래스 경로 루트에 있는 sample.txt
/kr/co/infopub/javarecipe/io/file/sample.txt	kr.co.infopub.javarecipe.io.file 패키지에 있는 sample.txt

210 프로퍼티 파일의 내용을 읽기

Properties   6 7 8

관련내용	–
이용사례	프로그램의 설정 등을 외부 파일에 기술하는 경우

java.util.Properties 객체를 사용한다.

애플리케이션의 설정 등을 프로퍼티 파일로 불리는 외부 파일에 기술하여 두고 java.util.Properties 객체로 읽어 들일 수 있다.

▎ 프로퍼티 파일의 작성

프로퍼티 파일은 '키=값' 형식으로 기술한다. 또한, 프로퍼티 파일의 앞 부분에 #을 기술하면 그 행은 주석이 된다.

다음은 프로퍼티 파일의 예를 나타낸다.

● **프로퍼티 파일의 예**(sample.properties)

```
#JDBC Configuration
jdbc.driver=org.h2.Driver
jdbc.url=jdbc:h2:mem:mydb;DB_CLOSE_DELAY=-1
jdbc.user=sa
jdbc.password=password
```

▎ 프로퍼티 파일을 읽기

프로퍼티 파일을 Properties를 사용하여 읽는 코드는 다음과 같다.

● **프로퍼티 파일을 읽기**

```
// 프로퍼티 파일을 읽어 들이기 위한 입력 스트림을 작성
try(Reader reader = new InputStreamReader("sample.properties"), Standard ↵
Charsets.UTF_8)) {
  // 입력 스트림에서 로드
  Properties properties = new Properties();
  properties.load(reader);

  System.out.println("JDBC 드라이버=" + properties.getProperty("jdbc.driver"));
  System.out.println("URL=" + properties.getProperty("jdbc.url"));
  System.out.println("사용자=" + properties.getProperty("jdbc.user"));
  System.out.println("비밀번호=" + properties.getProperty("jdbc.password"));
}
```

위의 예 실행 결과는 다음과 같다.

▼실행 결과

```
JDBC드라이버=org.h2.Driver
URL=jdbc:h2:mem:mydb;DB_CLOSE_DELAY=-1
사용자=sa
비밀번호=password
```

프로퍼티 파일을 저장

프로퍼티 파일은 읽기만이 아니라 저장할 수 있다.

● 프로퍼티 파일을 저장한다

```
// Properties 객체에 프로퍼티를 설정
Properties properties = new Properties();
properties.setProperty("jdbc.driver", "org.h2.Driver");
properties.setProperty("jdbc.url", "jdbc:h2:mem:mydb;DB_CLOSE_DELAY=-1");
properties.setProperty("jdbc.user", "사용자");
properties.setProperty("jdbc.password", "password");

// 프로퍼티 파일에 저장
try(Writer writer = new OutputStreamWriter(new FileOutputStream("sample2. ↵
properties"), StandardCharsets.UTF_8)) {
  properties.store(
    writer,                 // 파일에 쓰기 위한 Writer
    "JDBC Configuration"); // 주석(프로퍼티 파일의 앞부분에 출력된다)
}
```

XML 형식의 프로퍼티 파일

Java 5 이후에는 프로퍼티 파일을 XML 형식으로 기술할 수도 있다. 예로 든 프로퍼티 파일(sample.properties)을 XML 형식으로 하면 다음과 같다.

● XML 형식의 프로퍼티 파일

```xml
<?xml version="1.0" encoding="UTF-8"?>
<!DOCTYPE properties SYSTEM "http://java.sun.com/dtd/properties.dtd">
<properties>
  <entry key="jdbc.driver">org.h2.Driver</entry>
  <entry key="jdbc.url">jdbc:h2:mem:mydb;DB_CLOSE_DELAY=-1</entry>
  <entry key="jdbc.user">sa</entry>
  <entry key="jdbc.password">password</entry>
</properties>
```

XML 형식의 프로퍼티 파일을 읽으려면 Properties#loadFromXML( ) 메소드를 사용한다.

● XML 형식의 프로퍼티 파일을 읽기

```java
try(FileInputStream in=new FileInputStream("sample.xml")) {
  Properties properties=new Properties();
  properties.loadFromXML(in);
    ⋮
}
```

XML 형식으로 저장하려면 Properties#storeToXML( ) 메소드를 사용한다.

● XML 형식에서 프로퍼티 파일을 저장한다

```java
try(OutputStream out=new FileOutputStream("sample.xml")) {
    ⋮
  properties.storeToXML(out, "JDBC Configuration");
}
```

FileChannel | ByteBuffer   6 7 8

관련내용	199 경로에서 스트림 및 채널을 구하기 P.321
이용사례	파일의 입출력을 고속으로 할 경우

java.nio.channels.FileChannel을 사용한다.

FileChannel에서 읽어 들이기

다음은 FileChannel에서 읽은 파일의 내용을 콘솔에 출력하는 샘플이다.

● FileChannel 파일의 내용을 읽는다

```java
try(RandomAccessFile file = new RandomAccessFile("test.txt");
    FileChannel channel = file.getChannel()) {

  // 버퍼 크기
  int bufferSize = 1024 * 8;

  // 버퍼를 작성
  ByteBuffer buffer = ByteBuffer.allocate(bufferSize);

  // 콘솔에 출력하기 위한 채널
  WritableByteChannel out = Channels.newChannel(System.out);

  // 채널에서 파일의 내용을 읽기
  while(channel.read(buffer) != -1) {
    // 버퍼링의 제한을 읽어 들인 위치에 설치하여 포지션을 앞부분으로 되돌린다
    buffer.flip();

    // 버퍼의 내용을 콘솔에 출력
    out.write(buffer);

    // 버퍼를 클리어
    buffer.clear();
  }
}
```

FileChannel에 대한 입출력에는 ByteBuffer를 사용한다. ByteBuffer는 ByteBuffer#allocate( ) 메소드로 생성하는 일반적인 버퍼 외에도 다음과 같이 ByteBuffer#allocateDirect( ) 메소드에서 생성할 수 있는 다이렉트 버퍼를 사용할 수도 있다.

```
// 다이렉트 버퍼를 작성
ByteBuffer directBuffer=ByteBuffer.allocateDirect(bufferSize);
```

다이렉트 버퍼는 Java VM의 힙 외로 확보되어 입출력 플랫폼의 네이티브 API가 사용되기 때문에 일반 버퍼보다 빠르게 처리할 수 있다. 단지, 다이렉트 버퍼는 일반적 버퍼와 비교하면 생성과 폐기에 시간이 걸리기 때문에 어느 정도 큰 사이즈가 필요하며, 또한 수명이 긴 버퍼가 필요한 경우에 사용하도록 한다.

FileChannel에 쓰기

다음은 특정 문자열을 FileChannel에 쓰는 샘플이다.

● **FileChannel로 파일에 출력한다**

```
try(FileOutputStream out = new FileOutputStream("sample.txt");
    FileChannel channel = file.getChannel()) {

  // 버퍼 크기
  int bufferSize = 1024 * 8;

  // 버퍼를 작성
  ByteBuffer buffer = ByteBuffer.allocate(bufferSize);

  // 버퍼 내용을 설정
  buffer.put("가나다라마".getBytes("UTF-8"));

  // 버퍼링의 제한을 읽어 들인 위치에 설치하여 포지션을 앞부분으로 되돌린다
  buffer.flip();

  // 채널에 버퍼의 내용을 쓴다
  channel.write(buffer);
}
```

읽고 쓸 수 있는 FileChannel

RandomAccessFile 레시피 208 로 채널을 구함으로써 읽고 쓰기 가능한 FileChannel 을 얻을 수 있다.

● 파일의 입출력이 가능한 FileChannel

```
try(RandomAccessFile file = new RandomAccessFile("test.txt", "rw");
    FileChannel channel = file.getChannel()) {
  // 채널 읽기에 사용하는 버퍼를 작성
  int bufferSize = 1024 * 8;
  ByteBuffer buffer = ByteBuffer.allocate(bufferSize);

  // 채널로 쓰기
  buffer.put("123".getBytes());
  buffer.flip();
  channel.write(buffer);

  // 채널의 포지션을 앞부분에 되돌리고 버퍼를 클리어
  channel.position(0);
  buffer.clear();

  // 채널에서 가져오기
  Channel.read(buffer);
}
```

212 파일을 잠그기

FileChannel | FileLock **6 7 8**

관련내용	–
이용사례	파일 출력 처리의 상호 배제를 할 경우

FileChannel#lock( ) 메소드 또는 FileChannel#tryLock( ) 메소드를 사용한다. 이러한 메소드는 잠금에 성공하면 java.nio.channels.FileLock 객체를 반환하지만, 이미 잠긴 경우의 동작이 다음과 같이 다르다.

- FileChannel#lock( ) 메소드 ………… 이미 잠긴 경우 잠금을 얻을 수 있을 때까지 대기한다
- FileChannel#tryLock( ) 메소드 …… 이미 잠긴 경우 null을 반환한다

또한, 이미 같은 Java VM 내에서 잠금을 한 경우 이러한 메소드는 java.nio.channels. OverlappingFileLockException을 발생시킨다.

다음에 FileChannel#lock( ) 메소드를 사용하여 파일 잠금을 하는 샘플을 표시한다.

● FileChannel#lock( ) 메소드로 잠금을 한다

```
try(FileOutputStream out = new FileOutputStream("sample.txt");
    FileChannel channel = out.getChannel()) {

  // 잠그기
  FileLock lock = channel.lock();

  try {

    // … 파일로 쓰기 처리 …

  } finally {
    // 잠금은 반드시 해제한다
    lock.release();
  }
}
```

파일을 zip 파일에 압축 · 해제하기

관련내용	–
이용사례	여러 개의 파일을 zip 파일로 압축하는 경우 zip 파일에서 파일을 꺼내는 경우

압축에는 java.util.zip.ZipOutputStream, 해제에는 java.util.zip.ZipInput Stream을 사용한다.

∎ zip 파일로 압축

zip 파일을 작성하려면 java.util.zip.ZipOutputStream을 사용한다. ZipOutput Stream에 파일마다 java.util.zip.ZipEntry 객체를 추가하고 파일 내용을 써내려 간다.

다음의 샘플은 현재 디렉터리에 존재하는 sample.txt와 data 디렉터리 내의 books.csv라는 파일을 sample.zip에 합한다.

● zip 파일을 작성한다

```
try(ZipOutputStream zos = new ZipOutputStream(new FileOutputStream("sample.↵
zip"))) {
  { // zip 파일에 sample.txt를 추가
    ZipEntry entry = new ZipEntry("sample.txt");
    zos.putNextEntry(entry);
    byte[] data = Files.readAllBytes(Paths.get("sample.txt"));
    zos.write(data);
  }
  { // zip 파일에 data/books.csv를 추가
    ZipEntry entry = new ZipEntry("data/books.csv");
    zos.putNextEntry(entry);
    byte[] data = Files.readAllBytes(Paths.get("data", "books.csv"));
    zos.write(data);
  }
}
```

∎ zip 파일의 해제

zip 파일을 해제하려면 java.util.zip.ZipInputStream을 사용한다. 파일마다 java.util.zip.ZipEntry를 구하면서 ZipInputStream을 읽어 들여, zip 파일에 저장된 파일의 내용을 구할 수 있다.

다음의 예제는 sample.zip을 현재 디렉터리에 압축 해제한다.

● zip 파일을 압축 해제한다

```
try(ZipInputStream zis = new ZipInputStream(new FileInputStream("sample.↵
zip"))) {
  ZipEntry entry = null;
  while((entry = zis.getNextEntry()) != null) {
    if(entry.isDirectory()) {
      // 디렉터리의 경우
      new File(entry.getName()).mkdir();
    } else {
      // 파일의 경우
      try(FileOutputStream out = new FileOutputStream(entry.getName())) {
        byte[] buf = new byte[1024 * 8];
        int length = 0;
        while((length = zis.read(buf)) != -1) {
          out.write(buf, 0, length);
        }
      }
    }
  }
}
```

NOTE　**한국어 파일의 압축 · 해제**

Windows에서 동작하는 압축 · 해제 툴로 작성한 zip 파일을 Java에서 해제할 때와 반대로 Java에서 작성한 zip 파일을 다른 툴로 해제할 때 한국어 파일이 깨지는 경우가 있다. 이것은 zip 파일 내에 저장되어 있는 파일 이름의 문자 코드와 해제할 때에 사용하는 문자 코드가 일치하지 않기 때문이다. Java 7 이후라면 ZipFileOutputStream, ZipInputStream의 2번째 인수로 문자 코드를 지정하여 깨지는 것을 피할 수 있다(기본적으로 UTF-8이 사용된다).

● zip 파일의 해제에 사용하는 문자 코드를 지정한다

```
try(ZipFileInputStream in=new ZipFileInputStream(
    new FileInputStream("sample.txt"), Charset.forName("EUC-KR"))) {
  …zip 파일의 해제…
}
```

제 **07** 장
병행 프로그래밍

214 Java의 병행 처리에 대해 이해하기

스레드 | Concurrency Utilities | Fork/Join Framework | 람다   6 7 8

| 관련내용 | 240 Fork/Join Framework란? P.394 |
| 이용사례 | Java에서 병행 처리를 하는 경우 |

Java에서 병행 처리를 하는 것은 스레드, Concurrency Utilities, Fork/Join Frame work 등 여러 가지 방법이 있다.

스레드

초기의 Java로부터 이용 가능했던 방법으로 스레드(Thread)가 있다.

스레드는 간단한 비동기 처리를 쉽게 이용할 수 있어 편리하다. 그럼에도 불구하고 프로그래머가 스레드 제어를 해야 하기 때문에 사용할 스레드가 늘수록 복잡한 제어가 필요하여 관리가 어렵고 문제를 일으키기 쉽다.

Concurrency Utilities

Java의 초기 버전 이후 Java 5에서 비동기 처리에 java.util.concurrent.Executor 인터페이스를 사용하는 Concurrency Utilities가 도입되었다. Concurrency Utilities는 주로 다음과 같은 기능을 제공한다.

- 비동기 실행
- 스레드 풀
- 병행 컬렉션
- 락(동기화 잠금)
- Atomic 처리

Concurrency Utilities를 이용함으로써 프로그래머가 스레드를 직접 조작하지 않고도 효율적인 스레드 실행과 라이프 사이클 관리를 할 수 있다.

Concurrency Utilities를 사용하여 병행 처리를 할 때 그 기능을 사용하기 위해서는 처리를 작업 단위별로 병렬화해야 한다. 처리의 정도와 성능에는 트레이드 오프가 있어 너무 작게 쪼개서 병렬화하면 스레드 관리가 역으로 병목 현상이 생긴다. 예를 들어 네트워크 애플리케이션에서 한 사용자의 요청 처리는 작업 단위로는 비교적 크기 때문에 멀티스레드로 처리함으로써 다중 접속 시의 응답속도 향상을 기대할 수 있다.

Fork/Join Framework `Java 7 이후`

요즘 하드웨어의 트렌드는 CPU의 멀티 코어화이다. 작업 단위의 병렬화로는 여러 개의 코어를 가진 CPU를 효율적으로 활용할 수 없게 되었고 더 많은 CPU를 사용하여 응답을 향상시키기 위해서는 더 작은 단위의 병렬화를 요구한다.

따라서 Java 7부터는 Fork/Join Framework를 Concurrency Utilities에 추가시켰다. 큰 처리를 작게 분할(Fork)하여 병렬화하고 각각의 처리 결과를 마지막으로 병합(Join)하여 각각의 CPU를 사용해 처리할 수 있게 되었다. Fork/Join Framework에 대한 자세한 내용은 레시피 240 을 참조한다.

람다를 사용한 구현으로 `Java 8 이후`

Fork/Join Framework에 따라 세밀한 단위의 병행 처리가 가능하게 되었으나 그 반면 실제 코드는 익명 클래스를 사용한 번잡한 코드가 되기 쉽다는 문제도 있다.

Java 8부터 도입된 람다는 이런 문제의 해결을 목표로 보다 간단하게 기술할 수 있어 사용하기 쉽다. 예를 들어 Java 8에서 추가된 Stream은 내부적으로 Fork/Join Framework를 사용해 구현한 하나이다.

> **NOTE   병행 처리에서 최적인 방법의 선택**
>
> Java의 병행 처리는 시대와 더불어 계속해서 진화하고 있다. 다만 어떤 상황에서도 언제나 새로운 것을 사용하면 좋다는 것이 아니라 상황에 따라 적절한 것을 선택해야 한다는 점에 주의하도록 한다. 예를 들어 Fork/Join Framework를 사용하면 항상 처리를 고속화 할 수 있다고는 할 수 없다. 간단한 계산 처리를 Fork/Join Framework를 사용하여 병렬화해도 병렬 실행 시 발생하는 스케줄링 처리의 오버 헤드에 의해 반대로 느려지는 일은 충분히 있을 수 있다.

215 스레드로 비동기 처리하기

Thread | Runnable   6 7 8

관련내용	–
이용사례	시간이 걸리는 처리를 쉽게 동기화하는 경우

Thread 클래스 또는 Runnable 인터페이스를 사용한다.

▌Thread 클래스를 사용

Thread 클래스를 상속해 비동기로 실행할 처리를 run( ) 메소드에 기술한다.

● **Thread를 사용하여 비동기 처리를 정의하기**

```java
public class SampleThread extends Thread {
  @Override
  public void run() {
    … 여기에 비동기 처리를 기술한다 …
  }
}
```

비동기 처리를 시작하려면 인스턴스를 생성해 start( ) 메소드를 실행한다.

```java
SampleThread thread = new SampleThread();
thread.start();
```

▌Runnable 인터페이스를 사용

이미 다른 클래스를 상속하고 있는 경우는 Thread 클래스를 상속할 수 없다. 이러한 경우는 Runnable 인터페이스를 구현하고 비동기로 실행할 처리를 run( ) 메소드에 기술한다.

● **Runnable을 사용하여 비동기 처리를 정의하기**

```java
public class SampleRunnable implements Runnable {
  @Override
  public void run() {
    … 여기에 비동기 처리를 기술한다 …
  }
}
```

비동기 처리를 시작하려면 Thread#start( ) 메소드를 사용한다. Thread 클래스의 생성자에는 Runnable 인터페이스를 전달하도록 되어 있으므로 정의한 클래스의 인스턴스를 전달한다.

```
Thread thread = new Thread(new SampleRunnable());
thread.start();
```

NOTE   **사용자 스레드와 데몬 스레드**

스레드에는 사용자 스레드와 데몬 스레드의 2종류가 있다.

사용자 스레드란 프로그램이 스레드의 처리 종료를 기다리는 스레드이다. main( ) 메소드는 사용자 스레드가 된다. 한편, 데몬 스레드는 프로그램을 종료하는 시점에 스레드의 처리를 중단시켜 종료하는 스레드이다. 예를 들어 프로그램이 실행 중인 동안에만 파일의 갱신을 확인할 때 사용할 수 있다.

사용자 스레드로부터 시작한 스레드는 사용자 스레드가 되고, 데몬 스레드로부터 시작한 스레드는 데몬 스레드가 된다. 따라서, main( ) 메소드로부터 Thread#start( ) 메소드를 실행하면 그 스레드는 사용자 스레드가 된다.

●**사용자 스레드의 시작**

```
public static void main(String[] args) {
   Thread thread = …
   thread.start();
}
```

단, 시작 전에 Thread#setDaemon( ) 메소드를 사용하여 true로 지정하면 그 스레드는 데몬 스레드가 된다.

●**데몬 스레드의 시작**

```
public static void main(String[] args) {
   Thread thread = …
   thread.setDaemon(true);
   thread.start();
}
```

216

스레드에서 발생한 실행 시 예외 처리하기

UncaughtExceptionHandler 6 7 8

관련내용	–
이용사례	스레드로부터 발생된 실행 시 예외를 처리하는 경우

Thread.UncaughtExceptionHandler 인터페이스를 사용함으로써 실행 시 예외(RuntimeException)의 발생을 처리할 수 있다.

●실행 시 예외를 처리하기

```java
public class MyHandler implements UncaughtExceptionHandler {
  // 예외에 의해 스레드가 멈췄을 때 호출된다
  @Override
  public void uncaughtException(Thread t, Throwable e) {
    System.out.println("예외발생: " + t.getId());
    e.printStackTrace();
  }
}
```

이 핸들러를 등록하려면 Thread#setUncaughtExceptionHandler( ) 메소드를 사용한다.

```java
Thread thread = …
thread.setUncaughtExceptionHandler(new MyHandler());
thread.start();
```

또한, 모든 스레드에서 유효한 기본 핸들러로 등록할 수도 있다.

```java
Thread.setDefaultUncaughtExceptionHandler(new MyHandler());
```

217 멀티스레드를 상호 배타적으로 처리하기

synchronized	6 7 8

관련내용	–
이용사례	처리를 상호 배타적으로 할 경우

synchronized 키워드를 사용하여 여러 스레드가 동시에 처리하지 않도록 제어할 수 있다.

다음과 같이 상호 배타적으로 처리를 하려면 synchronized 블록으로 감쌀 뿐이다.

●synchronized 블록을 사용하여 상호 배타적으로 처리하기

```
public class Card {
  private long balance = 1000;

  public void draw(long amount) {
    …처리…

    // this(자기 자신의 인스턴스)의 락을 얻은 한 개의 스레드만 실행할 수 있다
    synchronized(this) {
      balance -= amount;
         ⋮
    }
  }
}
```

실행 중인 스레드 이외(락을 얻지 못한 스레드)는 대기 상태로 멈춰 기다린다.

메소드의 처리 전체를 상호 배타적으로 처리하는 경우는 메소드에 synchronized 를 붙일 수 있다(이것을 synchronized 스레드라고 부른다).

●synchronized 메소드를 사용하여 상호 배타적으로 처리하기

```
// 메소드 실행 전에 자신의 인스턴스의 락을 얻은 한 개의 스레드만 실행할 수 있다
public synchronized void draw(long amount) {
  balance -= amount;
     ⋮
}
```

위에서는 자기 자신의 인스턴스에 대한 상호 배타적이었지만, synchronized 블록은 락 대상 인스턴스를 지정할 수 있으므로 임의의 인스턴스에 대해서 상호 배타적으로 처리할 수 있다.

●임의의 인스턴스를 상호 배타적으로 처리하기

```java
class DrawThread extends Thread {
  // 배타적 제어를 할 인스턴스
  Card card;

  DrawThread(Card card) {
    this.card = card;
  }

  @Override
  public void run() {
    // card 인스턴스를 잠근 후 한 개의 스레드만 실행됨
    synchronized(card) {
      card.draw(100);   // ( 역자주 이 부분은 오직 한 개의 스레드만 실행(동시에 실행 안 됨))
        ⋮
    }
  }
}
```

218 멀티스레드에서 동기화를 하면서 실행하기

wait | notify | notifyAll   6 7 8

관련내용	217 멀티스레드를 상호 배타적으로 처리하기 P.353
이용사례	추가나 읽기 등 동시 처리를 멀티스레드로 동기화하면서 처리할 경우

멀티스레드 간에 서로 동기화하여 순서대로 처리를 실행하려면 wait() 메소드, notify() 메소드, notifyAll() 메소드를 사용한다.

예를 들어 커넥션 풀을 생각해보자. 풀에는 전체 커넥션이 5개가 있다고 하자. 여러 개의 스레드가 계속해서 커넥션을 읽도록 할 경우 여섯 번째 이후의 스레드는 사용이 끝난 커넥션이 풀로 돌아올 때까지 대기해야 한다.

이와 같이 획득과 반환을 멀티스레드상에서 잘 동기화시키면서 처리를 해야 하는 경우에 wait()와 notifyAll() 메소드를 사용할 수 있다.

● 멀티스레드에서 동기화하기

```java
public class Pool {
  List<String> pool = new LinkedList<>(Arrays.asList(
                          "one", "two", "three", "four", "five"));

  public synchronized String get() throws InterruptedException {
    // List가 비어 있는 경우
    while(pool.size() == 0) {
      // notifyAll() 메소드가 실행될 때까지 대기
      wait();                                                        ①
    }
    return pool.remove(0);
  }

  public synchronized void add(String value) {
    pool.add(value);

    // wait() 메소드에 의해 대기 중인 스레드에 신호를 보내서 진행하도록 함
    notifyAll();                                                     ②
  }
}
```

List가 비어서 데이터를 구할 수 없는 경우 다른 스레드에 의해 데이터가 저장될 때까지 대기한다(①). wait() 메소드를 호출하면 get() 함수를 진입 시 확보한 락을 해제하므로 다른 스레드가 synchronized 메소드인 get()과 add() 메소드를 실행할 수 있도록 한다.

그래서 어떤 스레드가 데이터를 저장한 후에는 대기 중인 스레드를 다시 시작한다
(❷). 엄밀히 말하면 add( ) 메소드를 빠져나간 후(락 해제한 뒤)에 다시 시작된다(그림
7.1).

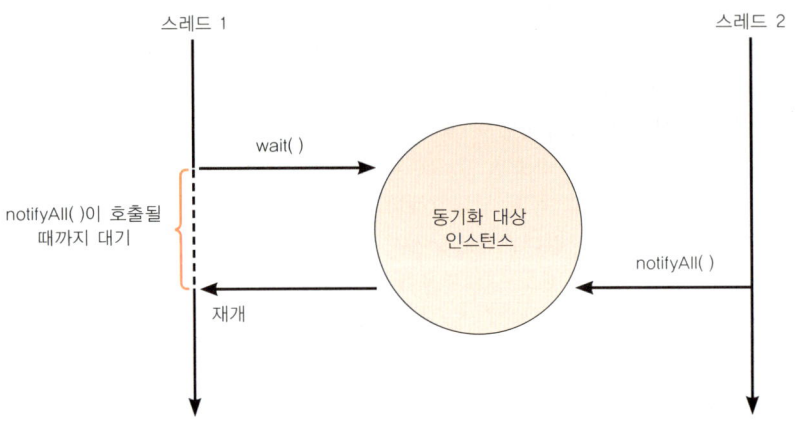

그림 7.1 **wait( ) 메소드, notifyAll( ) 메소드에 의한 스레드 간의 동시성**

NOTE   **notify( )와 notifyAll( )**

notify( ) 메소드는 대기 중인 스레드 중 1개를 다시 시작시키지만 시작할 스레드를 지정할 수는 없다.
따라서 만약 대기하는 조건이 여러 개 있는 경우에(예를 들어 List가 비어 있는 경우와 List에서 "one"
을 구하지 못한 경우) 아직 다시 시작해서는 안 되는 스레드가 선택될 수도 있다. 이러한 처리는 대기
조건이나 스레드가 많아지면서 동작이 복잡해지고 버그가 쉽게 발생한다.

한편 notifyAll( ) 메소드는 대기 중인 스레드를 모두 다시 시작시킨다. 다시 시작한 후에 한 번 더 조건
판정을 하도록 해서 조건이 false인 스레드만 다시 대기시킬 수 있다. 이러는 편이 동작을 단순화할
수 있어 멈춤을 해제할 경우엔 notifyAll( ) 메소드를 사용하는 경우가 많다.

다른 스레드가 종료할 때까지 대기하기

관련내용	–
이용사례	다른 스레드의 결과를 바탕으로 처리할 경우

어떠한 스레드 처리가 종료했을 때에 자신의 스레드 처리를 다시 시작할 경우에는 join( ) 메소드를 사용한다.

● **스레드 처리 종료를 대기하기**

```java
// 스레드를 정의
public class Task extends Thread {
  @Override
  public void run() {
    try {
      Thread.sleep(5000);
    } catch(InterruptedException e) {
      e.printStackTrace();
    }
    System.out.println("비동기 처리 종료");
  }
}

Task thread = new Task();

// 스레드 시작
thread.start();

// 스레드가 종료될 때까지 대기
thread.join();

// 스레드 종료
System.out.println("메인 처리를 재개");
```

Task 스레드가 실행 완료한 후에 메인 처리가 다시 시작된 것을 알 수 있다.

▼ **실행 결과**

```
비동기 처리 종료
메인 처리를 재개
```

스레드 처리를 일시 정지하기

관련내용	–
이용사례	처리를 일시적으로 정지시키는 경우

sleep( ) 메소드를 사용함으로써 이 메소드를 실행한 스레드를 일시적으로 정지시킨다.

●스레드 처리를 일시 정지하기

```java
// 5초 정지함, 밀리초로 지정
Thread.sleep(5000);

// 5초 정지함
TimeUnit.SECONDS.sleep(5);

// 1분 정지함
TimeUnit.MINUTES.sleep(1);
```

java.util.concurrent.TimeUnit은 시간을 나타내는 열거형으로 sleep( ) 메소드 외에도 시간 단위를 변환하는 다음과 같은 방법이 있다.

●TimeUnit을 사용해 시간 단위를 변환하기

```java
// 1시간을 밀리초로 변환
long millis = TimeUnit.HOURS.toMillis(1);        // ⇒ 3600000

// 90분을 초로 변환
long seconds = TimeUnit.MINUTES.toSeconds(90);   // ⇒ 5400

// 12일을 시간으로 변환
long hours = TimeUnit.DAYS.toHours(12);          // ⇒ 288
```

221 스레드에 인터럽트 보내기

interrupt │ InterruptedException 6 7 8

관련내용	218 멀티스레드에서 동기화를 하면서 실행하기 P.355
	219 다른 스레드가 종료할 때까지 대기하기 P.357
	220 스레드 처리를 일시 정지하기 P.358
이용사례	스레드의 대기를 취소하는 경우

interrupt( ) 메소드를 사용하면 sleep( ) 메소드나 wait( ) 메소드, join( ) 메소드에 의한 스레드 대기를 취소할 수 있다.

● 스레드에 인터럽트 보내기

```
// 스레드를 정의
public class Task extends Thread {
  @Override
  public void run() {
    try {
      Thread.sleep(5000);

    } catch(InterruptedException e) {
      … 대기가 취소되었을 때의 처리 …
    }
  }
}

Task thread = new Task();
// 스레드 시작
thread.start();

int random = (int)(Math.random() * 10);

if(random > 5) {
  // 작업을 취소한다
  thread.interrupt();
}
```

취소된 경우 sleep( ) 메소드 등에서는 InterruptedException이 발생되므로 취소 시의 처리가 필요한 경우 catch 블록에 기술하도록 한다.

멀티스레드에서 1개의 필드에 접근하여 처리하기

관련내용	–
이용사례	멀티스레드 간에 최신의 필드 값을 참조하는 경우

volatile 수식자를 붙이면 스레드가 필드값을 참조할 때 항상 최신의 값을 읽는다.

> **NOTE 멀티스레드의 필드 값**
>
> Java에서는 멀티스레드 간에 메인 메모리를 공유하고 있으나 각 스레드는 자신의 작업 메모리에 복사해서 처리를 하는 경우가 있다. 필드 읽고 쓰기는 이 작업 메모리 상의 복사에 대해서 처리되고 적당히 메인 메모리와 동기화가 된다. 따라서 메인 메모리와 작업 메모리 사이에 불일치가 생길 수 있고, 멀티스레드에서는 같은 필드인데 자신의 스레드의 값과 다른 스레드의 값이 다른 현상이 발생할 수 있다. 필드에 volatile 수식자를 붙임으로써 메인 메모리 상의 값과 작업 메모리 상의 값을 일치시킬 수 있으므로 여러 스레드에서 필드로 접근하여 처리하는 경우라도 값을 일관되게 유지할 수 있다.

● 멀티스레드에서 필드로 접근하여 처리하기

```
Class Count {
  private volatile int count;

  public void increment() {
    count++;
  }

  @Override
  public String toString() {
    return "카운트: " + count;
  }
}
```

다만, synchronized 블록(synchronized 메소드) 내에서 접근하는 필드에 volatile 수식자는 필요하지 않다. 왜냐하면 락 해제 시 항상 작업 메모리의 값은 메인 메모리에 동기화되기 때문이다. 만약 위의 increment( ) 메소드에 synchronized가 붙어 있으면 count 필드에 volatile을 할 필요는 없다.

223 특정 시간에 한 번만 처리를 실행하기

Timer | TimerTask
678

관련내용	–
이용사례	타이머로 처리를 실행하는 경우

java.util.TimerTask 클래스를 상속하고 타이머를 사용해 실행할 처리를 run( ) 메소드에 기술한다.

● TimerTask를 사용하여 처리를 정의하기

```java
public class SampleTask extends TimerTask {
  private Timer timer;

  public SampleTask(Timer timer) {
    this.timer = timer;
  }

  @Override
  public void run() {
    … 여기에 처리를 기술한다 …

    // 해제
    timer.cancel();
  }
}
```

타이머를 사용해서 처리를 시작하려면 java.util.Timer#schedule( ) 메소드를 사용한다. schedule( ) 메소드에는 TimerTask 클래스를 전달하도록 함으로써 정의한 클래스의 인스턴스를 전달한다.

● 특정 시간에 한 번만 실행하기

```java
Timer timer = new Timer();

// 타이머를 시작할 시간
Calendar cal = Calendar.getInstance();
cal.set(2015, Calendar.MAY, 12, 12, 0);

// 2015년 5월 12일 12시에 한 번만 실행
timer.schedule(new SampleTask(timer), cal.getTime());
```

일정 시간이 경과한 후에 처리를 실행할 수도 있다.

● 일정 시간 후에 한 번만 실행하기

```
Timer timer = new Timer();

// 1분 후에 1번만 실행
timer.schedule(new SampleTask(timer), TimerUnit.MINUTES.toMillis(1));
```

NOTE   데몬 스레드에서 타이머 처리를 실행한다

스레드에는 사용자 스레드와 데몬 스레드의 2가지 종류가 있다. 사용자 스레드는 스레드 처리가 끝날 때까지 프로그램을 종료할 수 없다. 그러나 데몬 스레드는 프로그램을 종료하는 시점에 스레드의 처리는 중단되어 종료한다.

위의 코드처럼 매개변수 없이 Timer 인스턴스를 생성하면 타이머 처리는 사용자 스레드에서 실행된다. 따라서 반드시 마지막에 Timer#cancel( ) 메소드로 파기해야 한다. 인수에 true를 지정하고 Timer 인스턴스를 생성함으로써 타이머 처리를 데몬 스레드로 실행시킬 수 있다. 프로그램 종료 시에 타이머 처리도 중단시켜 버릴 경우 간편하게 쓸 수 있으므로 편리하다.

```
// 데몬 스레드에서 실행
Timer timer = new Timer(true);

timer.schedule(new TimerTask() {
  @Override
  public void run() {
    … 처리 …
  }
}, TimeUnit.MINUTES.toMillis(1));
```

224 일정한 간격마다 반복적으로 실행하기

Timer | TimerTask **6 7 8**

관련내용	223 특정 시간에 한 번만 처리를 실행하기 P.361
이용사례	정기적으로 처리를 실행하는 경우

Timer를 사용하여 TimerTask를 스케줄링 레시피 233 할 때, schedule( ) 메소드 인수에 실행 간격을 지정한다.

● 일정한 간격마다 반복적으로 실행하기(schedule( ) 메소드)

```
Timer timer = new Timer(true);

Calendar cal = Calendar.getInstance();
cal.set(2015, Calendar.MAY, 12, 12, 0);

// 2015년 5월 12일 12시에 실행해 1분 간격으로 반복 실행
timer.schedule(new TimerTask() {
  @Override
  public void run() {
    … 처리 …
  }
}, cal.getTime(), TimeUnit.MINUTES.toMillis(1));
```

Timer에는 반복 처리를 하는 다른 방법으로 scheduleAtFixedRate( ) 메소드가 있다. schedule( ) 메소드와의 차이는 실행 간격의 기준에 있다.

- schedule( ) 메소드 ····················· 이전에 실행한 태스크 종료로부터 지정 시간 후에 실행된다
- scheduleAtFixedRate( ) 메소드 ··· 작업을 시작한 시간으로부터 일정한 간격으로 실행된다

실행 시간 지연이 발생한 경우 schedule( ) 메소드는 반복 처리에 걸리는 시간이 점점 길어진다. scheduleAtFixedRate( ) 메소드를 사용하면 지연 발생 시 다음 작업의 실행을 연속해서 실행해 정확한 시간에 스케줄링할 수 있도록 하여 일정 시간에 정확한 횟수의 실행을 유지할 수 있다.

● 일정한 간격으로 반복 실행하기(scheduleAtFixedRate( ) 메소드)

```java
Timer timer=new Timer(true);

// 실행 직후에 실행하고, 1분 간격으로 반복 실행
timer.scheduleAtFixedRate(new TimerTask() {
  @Override
  public void run() {
    … 처리 …
  }
}, 0, TimeUnit.MINUTES.toMillis(1));
```

MEMO

225 작업을 단일 스레드로 실행하기

Executors | newSingleThreadExecutor   6 7 8

관련내용	215 스레드로 비동기 처리하기 P.350
이용사례	여러 개 작업을 직렬로 실행하는 경우

java.util.concurrent.Executors의 newSingleThreadExecutor( ) 메소드로 생성한 ExecutorService를 사용해 스레드를 실행한다.

● 작업을 단일 스레드에서 실행하기

```
// 실행하는 태스크
public class TestThread extends Thread {
  @Override
  public void run() {
    // 스레드 시작 시에 이름을 표시
    System.out.println(getName() + ": Start");
    try {
      // 5초 대기
      Thread.sleep(5000);
    } catch(InterruptedException e) {
      e.printStackTrace();
    }
    // 스레드 종료 시에 스레드명을 표시
    System.out.println(getName() + ": End");
  }
}

// 단일 스레드에서 실행되는 ExecutorService를 생성
ExecutorService executorService = Executors.newSingleThreadExecutor();

// 작업을 실행
executorService.execute(new TestThread());
executorService.execute(new TestThread());

// 모든 작업이 종료되면 ExecutorService를 셧다운함
executorService.shutdown();
```

위의 샘플에서는 5초 대기하는 작업을 2회 연속으로 실행하고 있지만, 단일 스레드로 실행되어 1번째 작업의 실행이 종료된 후에 2번째 작업이 실행된다. 또한, ExecutorService는 shutdown( ) 메소드 또는 shutdownNow( ) 메소드를 호출하지 않으면 프로그램이 종료되지 않는다. shutdown( ) 메소드는 현재 실행 중인 작업이 종료된 후에 실행되고 shutdownNow( ) 메소드는 즉시 종료한다.

226 작업을 스케줄링하고 실행하기

Executors | newSingleThreadScheduledExecutor   6 7 8

관련내용	215 스레드로 비동기 처리하기 P.350
이용사례	작업을 일정한 간격으로 반복 실행하는 경우

java.util.concurrent.Executors의 newSingleThreadScheduledExecutor() 메소드로 생성한 ScheduledExecutorService를 사용해 스레드를 실행한다. 작업 등록에는 schedule() 메소드를 사용한다.

● **지정 시간 후에 작업을 실행하기**

```
// 작업을 스케줄링 할 수 있는 ScheduledExecutorService를 생성
ScheduledExecutorService executorService = Executors.newSingleThreadSchedule⏎
dExecutor();

// 3초 후에 작업을 실행
executorService.schedule(new Runnable() {
  @Override
  public void run() {
    System.out.println("Executed");
  }
}, 3000, TimeUnit.MILLISECONDS);

// 모든 작업이 종료되면 ScheduledExecutorService를 셧다운함
executorService.shutdown();
```

ScheduledExecutorService에서는 이 밖에 scheduleAtFixedRate() 메소드, scheduleWithFixedDelay() 메소드에서 지정한 간격으로 작업을 실행할 수 있다. 어느 쪽의 메소드든 인수는 같으나 다음과 같은 차이가 있다.

- scheduleAtFixedRate() 메소드 ········ 작업을 시작한 시간으로부터 일정한 간격으로 실행된다
- scheduleWithFixedDelay() 메소드 ··· 이전 작업의 종료로부터 지정 시간이 경과한 후에 실행된다

또한, 이러한 메소드로 작업을 등록했을 경우는 ScheduledExecutorService#shutdown() 메소드를 호출하면 스케줄링한 태스크가 있어도 ScheduledExecutorService는 종료되므로 주의한다.

```
// 작업을 스케줄링 할 수 있도록 ScheduledExecutorService를 생성
ScheduledExecutorService executorService = Executors.newSingleThreadSchedule ↵
dExecutor();

// 1초 후로부터 3초 간격으로 작업을 실행
executorService.scheduleAtFixedRate(new Runnable() {
  @Override
  public void run() {
     ⋮
  }
}, 1000, 3000, TimeUnit.MILLISECONDS);
```

MEMO

227 작업을 스레드 풀을 이용하여 실행하기

Executors | newFixedThreadPool | newCachedThreadPool   6 7 8

newScheduledThreadPool

관련내용	215 스레드로 비동기 처리하기 P.350
이용사례	여러 개의 병렬 처리를 할 때 성능을 개선하는 경우

java.util.concurrent.Executors의 다음 메소드로 생성한 ExecutorService를 사용한다.

- newFixedThreadPool( ) 메소드 ············ 항상 지정한 수의 스레드를 관리한다
- newCachedThreadPool( ) 메소드 ········ 작업수에 맞춰서 관리되는 스레드 수가 변화한다
  일정 기간 사용하지 않는 스레드는 파기한다
- newScheduledThreadPool( ) 메소드······ 실행 간격을 지정하여 작업을 실행할 수 있는
  ScheduledExecutorService 레시피 226 의 스레드
  풀 버전

NOTE 스레드 풀이란?

요구할 때마다 스레드의 생성과 파기를 하는 것이 아니라 미리 생성한 스레드를 여러 개 준비해 두는 방식을 스레드 풀이라고 한다. 작업 실행이 요구된 경우 스레드 풀에서 이용 중이 아닌 스레드를 할당하고 처리가 완료되면 스레드는 풀로 돌아간다.

스레드를 재사용함으로써 스레드의 생성·파기의 비용을 줄일 수 있어 동시에 다수의 요구를 받아야 하는 서버 애플리케이션 등의 경우에 유효하다.

다음은 Executors#newFixedThreadPool() 메소드로 생성된 ExecutorService를 사용할 경우의 예이다.

● 스레드 풀을 사용하는 작업을 실행하기

```
// 보통의 10개 스레드를 풀링할 ExecutorService를 생성
ExecutorService fixedThreadPool = Executors.newFixedThreadPool(10);

// 작업을 실행
fixedThreadPool.execute(new TestThread());
fixedThreadPool.execute(new TestThread());

// 모든 작업이 종료하면 셧다운
fixedThreadPool.shutdown();
```

기타 메소드의 경우도 ExecutorService의 생성 방법이 다를 뿐 사용 방법은 같다.

```
// 필요한 만큼 스레드의 풀 수가 변하는 ExecutorService를 생성
ExecutorService cachedThreadPool = Executors.newCachedThreadPool();

// 실행 간격을 지정해 작업을 실행할 수 있는 ScheduledExecutorService를 생성
// (풀링할 스레드의 최소 수는 5로 지정)
ScheduledExecutorService scheduledThreadPool = Executors.newScheduledThread ⏎
Pool(5);
```

또한, newScheduledThreadPool() 메소드로 생성된 ScheduledExecutorService의 경우 execute() 메소드가 아니라 schedule() 메소드 등으로 작업을 등록한다. 자세한 내용은 레시피 226 을 참조한다.

## 228

비동기 처리로부터 결과를 반환하기

| Callable | Future | 6 7 8 |

| 관련내용 | 215 스레드로 비동기 처리하기 P.350 |
| 이용사례 | 비동기로 한 처리 결과를 받고 다른 처리를 할 경우 |

ExecutorService에서 실행할 작업을 Runnable 인터페이스가 아니라 java.util.concurrent.Callable 인터페이스를 구현하고 작성한다.

Callable 인터페이스를 구현한 작업을 ExecutorService#submit() 메소드로 실행하면 비동기로 실행되는 작업의 처리 결과를 받기 위한 java.util.concurrent.Future 객체가 반환된다.

●비동기 처리 결과를 받기

```java
ExecutorService executorService = Executors.newSingleThreadExecutor();

// java.util.Date를 반환하는 작업을 실행
Future<Date> future = executorService.submit(new Callable<Date>() {
  @Override
  public Date call() throws Exception {
    Thread.sleep(1000);
    return new Date();
  }
});

// 결과를 구함(작업 실행이 완료되기까지 잠김)
Date date = future.get();

// 모든 작업이 종료하면 셧다운
executorService.shutdown();
```

Future#get() 메소드는 작업의 실행이 완료될 때까지 대기하고 있지만, 대기 시간을 지정할 수도 있다. 이 대기 시간을 넘겨도 작업이 결과를 반환하지 않는 경우는 java.util.concurrent.TimeoutException이 발생된다.

```java
// 대기 시간을 30초로 지정하고 결과를 구함
Date date = future.get(30, TimeUnit.SECONDS);
```

또한, Future 객체는 결과를 구할 뿐만 아니라 작업의 실행이 종료되어 있는지 알아보거나 작업을 취소하기 위한 메소드가 있다.

```
// 작업이 완료되었는지를 조사
boolean isDone = future.isDone();

// 작업이 취소되었는지를 조사
boolean isCancelled = future.isCancelled();

// 작업을 취소(이미 실행 중인 작업은 취소하지 않는다)
future.cancel(false);

// 작업을 취소(이미 실행 중인 작업도 취소한다)
future.cancel(true);
```

229

여러 작업의 반환값을 빨리 끝난 순서대로 얻기

관련내용	228 비동기 처리로부터 결과를 반환하기 P.370
이용사례	여러 개의 태스크 중 처리가 끝난 것부터 결과를 표시하는 경우

java.util.concurrent.ExecutorCompletionService를 사용한다.

작업의 실행에 ExecutorCompletionService를 사용하여 여러 작업의 반환값을 완료한 순서대로 얻을 수 있다. 예를 들면 지정한 시간만 대기하는 다음과 같은 스레드가 있다고 하자.

● 지정한 시간만 대기하는 스레드

```java
public class WaitTask implements Callable<String> {

  private long time;

  public WaitTask(long time) {
    this.time = time;
  }

  @Override
  public String call() throws Exception {
    Thread.sleep(this.time);
    return time + "밀리초 대기함";
  }
}
```

이 스레드를 다음과 같이 ExecutorCompletionService에서 여러 개 실행한다.

● 여러 작업의 반환값을 완료한 순서대로 얻는다

```java
ExecutorService threadPool = Executors.newFixedThreadPool(10);
ExecutorCompletionService<String> service = new ExecutorCompletionService<>(threadPool);

service.submit(new WaitTask(5000));
service.submit(new WaitTask(3000));
service.submit(new WaitTask(1000));
```

```
// 3개의 결과를 받을 때까지 반복
for(int i = 0; i < 3; i++) {
  Future<String> future = service.take();
  System.out.println(future.get());
}

// 모든 작업이 종료하면 셧다운
threadPool.shutdown();
```

그러면 콘솔에는 다음과 같이 처리가 완료된 순서대로 메시지가 출력된다.

▼실행 결과

```
1000밀리초 대기함
3000밀리초 대기함
5000밀리초 대기함
```

MEMO

230 / 스레드의 동시 실행 수를 제어하기

Semaphore   6 7 8

관련내용	–
이용사례	공유 리소스로 접근할 수 있는 스레드 수를 제한하는 경우

java.util.concurrent.Semaphore를 사용한다.

Semaphore는 실행할 수 있는 스레드 수를 제어하기 위한 카운터를 제공한다.

acquire( ) 메소드로 실행 권한을 얻고 처리를 마친 뒤 release( ) 메소드로 실행 권한을 해제한다. 이미 지정된 수의 스레드가 실행 권한을 얻은 경우 acquire( ) 메소드는 실행 중인 하나의 스레드 처리가 완료하여 빈자리가 생길 때까지 대기한다.

●Semaphore에서 스레드의 동시 실행 수를 제어하기

```java
public class SemaphoreThread extends Thread {

  private Semaphore semaphore;

  public SemaphoreThread(Semaphore semaphore) {
    this.semaphore = semaphore;
  }

  @Override
  public void run() {
    try {
      // 세마포어 구하기
      this.semaphore.acquire();
      // 스레드명을 표시
      System.out.println(getName());
      // 5초 대기
      Thread.sleep(5000);
    } catch(InterruptedException e) {
      e.printStackTrace();
    } finally {
      // 세마포어 해제
      this.semaphore.release();
    }
  }
}
```

```java
public static void main(String[] args) {
    // 3개 스레드에서 동시에 실행할 수 있는 세마포어 생성
    Semaphore semaphore = new Semaphore(3);

    // 5개 스레드에서 동시에 시작
    new SemaphoreThread(semaphore).start();
    new SemaphoreThread(semaphore).start();
    new SemaphoreThread(semaphore).start();
    new SemaphoreThread(semaphore).start();
    new SemaphoreThread(semaphore).start();
  }
}
```

이 예제를 실행하면 콘솔에는 다음과 같이 3개 스레드의 메시지가 표시된다.

▼실행 결과

```
Thread-0
Thread-3
Thread-1
```

5초가 경과하면 처음 3개 스레드가 종료됨에 따라 나머지 2개 스레드의 메시지가 표시된다.

▼실행 결과

```
Thread-0
Thread-3
Thread-1
Thread-2
Thread-4
```

관련내용	–
이용사례	스레드 간에 서로의 계산 결과를 교환하는 경우

java.util.concurrent.Exchanger를 사용한다.

Exchanger#exchange( ) 메소드를 사용하면 2개의 스레드 간에 동시에 데이터를 교환할 수 있다. 다음의 스레드는 생성자에서 받은 Exchanger를 사용하고 다른 스레드와 String형 데이터를 교환한다.

●Exchanger로 2개의 스레드 간에 데이터를 교환하기

```java
public class ExchangeThread extends Thread {

  private String data;
  private long time;
  private Exchanger<String> exchanger;

  public ExchangeThread(String data, long time, Exchanger<String> exchanger) {
    this.data = data;
    this.time = time;
    this.exchanger = exchanger;
  }

  @Override
  public void run() {
    try {
      // 교환 전의 데이터를 표시
      System.out.println(getName() + "(교환 전): " + this.data);
      // 생성자에서 지정된 밀리초 내기
      Thread.sleep(this.time);
      // 데이터를 교환
      data = exchanger.exchange(this.data);
      // 교환 후의 데이터를 표시
      System.out.println(getName() + "(교환 후): " + this.data);
    } catch(InterruptedException e) {
      e.printStackTrace();
    }
  }
}
```

```
public static void main(String[] args) {
    Exchanger<String> exchanger = new Exchanger<>();

    new ExchangeThread("data1", 1000, exchanger).start();
    new ExchangeThread("data2", 3000, exchanger).start();
}
}
```

이 예제를 실행하면 콘솔에 다음과 같이 출력된다. Thread-0과 Thread-1에서 데이터가 교환된 것을 알 수 있다.

▼실행 결과

```
Thread-0(교환 전):data1
Thread-1(교환 전):data2
Thread-0(교환 후):data2
Thread-1(교환 후):data1
```

232 / 다른 처리가 완료될 때까지 스레드를 대기하기

CountDownLatch | CyclicBarrier   6 7 8

관련내용	–
이용사례	여러 스레드의 시작 시점을 맞추는 경우

java.util.concurrent.CountDownLatch 또는 java.util.concurrent.CyclicBarrier를 사용한다.

CountDownLatch

CountDownLatch는 지정한 수의 스레드가 동시성을 갖도록 하기 위한 카운터를 제공한다. CountDownLatch#countDown() 메소드에서 카운터를 감소시키고 CountDownLatch#await() 메소드로 카운터가 0이 될 때까지 대기한다.

●CountDownLatch에서 스레드 간에 종료 타이밍 맞추기

```java
public class CountDownLatchThread extends Thread {

  private long time;
  private CountDownLatch counter;

  public CountDownLatchThread(long time, CountDownLatch counter) {
    this.time = time;
    this.counter = counter;
  }

  @Override
  public void run() {
    try {
      // 생성자에서 지정된 밀리초 대기
      Thread.sleep(this.time);

      // 카운트다운
      this.counter.countDown();
      System.out.println(getName() + ": Wait");

      // 카운트가 0이 되기까지 대기
      this.counter.await();
      System.out.println(getName() + ": End");
    } catch (InterruptedException e) {
      e.printStackTrace();
    }
  }
}
```

```
public static void main(String[] args) {
    // 3개 스레드를 포함해 실행하는 CountDownLatch를 생성
    CountDownLatch counter = new CountDownLatch(3);

    // 대기 시간이 다른 3개의 스레드를 실행
    new CountDownLatchThread(1000, counter).start();
    new CountDownLatchThread(2000, counter).start();
    new CountDownLatchThread(3000, counter).start();
}

}
```

이 예제를 실행하면 다음과 같이 각 스레드가 countDown( ) 메소드를 호출한 시점에서 "Wait"이라는 메시지가 표시된다. 각 스레드는 await( ) 메소드로 3개의 스레드가 종료할 때까지 대기 상태에 들어간다.

▼실행 결과

```
Thread-0:Wait    ← 1초 후에 표시된다
Thread-1:Wait    ← 2초 후에 표시된다
Thread-2:Wait    ← 3초 후에 표시된다
```

3개의 스레드가 countDown( ) 메소드를 호출하면 await( ) 메소드로 대기하고 있던 스레드가 처리를 다시 시작하고 다음과 같이 "End" 메시지가 출력된다.

▼실행 결과

```
Thread-0: Wait
Thread-1: Wait
Thread-2: Wait
Thread-2: End
Thread-0: End
Thread-1: End
```

NOTE 한 번 사용한 CountDownLatch는 다시 이용할 수 없다

한 번 사용한 CountDownLatch의 인스턴스를 다시 사용할 수 없다. 반복하여 동시성을 갖춰야 할 필요가 있는 경우에는 뒤에서 설명하는 CyclicBarrier를 사용하는 것이 좋다.

▍CyclicBarrier

CyclicBarrier는 지정한 수의 스레드로 동시성을 갖는 점에서는 CountDown Latch와 비슷하지만 한번 대기 상태가 해제된 뒤 다시 동시성을 가질 수 있다.

다음의 예제는 앞에서 설명한 CountDownLatch와 비슷하지만, 무한 루프에서 반복하여 동시성 처리를 한다.

●CyclicBarrier에서 스레드 간에 동시성 처리하기

```java
public class CyclicBarrierThread extends Thread {

  private long time;
  private CyclicBarrier barrier;

  public CyclicBarrierThread(long time, CyclicBarrier barrier) {
    this.time = time;
    this.barrier = barrier;
  }

  @Override
  public void run() {
    try {
      // 무한 루프에서 반복 실행
      while(true) {
        // 생성자에서 지정한 밀리초를 대기
        Thread.sleep(this.time);
        // 3개의 스레드가 await()에 도달할 때까지 대기
        System.out.println(getName() + ": Wait");
        this.barrier.await();
        System.out.println(getName() + ": End");
      }
    } catch(InterruptedException | BrokenBarrierException e) {
      e.printStackTrace();
    }
  }

  public static void main(String[] args) {
    // 3개 스레드로 지정한 CyclicBarrier를 생성
    CyclicBarrier barrier = new CyclicBarrier(3);

    // 대기 시간이 다른 3개의 스레드를 실행
    new CyclicBarrierThread(1000, barrier).start();
    new CyclicBarrierThread(2000, barrier).start();
    new CyclicBarrierThread(3000, barrier).start();
  }

}
```

233

다른 스레드로부터 데이터를 받을 때까지 대기하기

BlockingQueue | take | put   6 7 8

관련내용	–
이용사례	멀티스레드 간에 데이터의 동기화가 필요한 경우

java.util.concurrent.BlockingQueue 인터페이스를 사용한다.

BlockingQueue는 요소를 구할 때 큐가 비어서 읽을 수 없으면 읽을 수 있을 때까지 호출한 원래의 스레드를 대기시키거나 반대로 요소의 저장 시에 큐가 한번에 저장하지 못하면 공간이 생겨 저장할 때까지 호출한 원래의 스레드를 대기시킬 수 있다.

이 특징을 이용하면 멀티스레드 간에 데이터의 동기화가 필요한 경우에 간단한 코드로 확실히 구현할 수 있다.

BlockingQueue 인터페이스에는 용도에 따라 [표 7.1]의 구현 클래스가 준비되어 있다.

표 7.1 BlockingQueue 인터페이스의 구현 클래스

클래스	설명
LinkedBlockingQueue	요소끼리 링크로 참조하는 BlockingQueue. 용량을 지정하지 않으면 자동적으로 확장된다.
ArrayBlockingQueue	용량이 고정인 BlockingQueue
SynchronousQueue	용량이 빈 BlockingQueue. 요소의 삽입·삭제 각 스레드 처리가 있을 때까지 서로의 조작을 대기한다.
PriorityBlockingQueue	요소의 취득에 우선 순위를 부여할 수 있다. BlockingQueue
DelayQueue	삽입 후 지연 시간이 경과할 때까지 요소를 얻을 수 없는 BlockingQueue. 삽입할 수 있는 요소는 java.util.concurrent.Delayed 인터페이스의 구현 클래스뿐이다.

2개의 스레드 간에 데이터 교환을 동기화하고 싶다면 Synchronous Queue를 사용할 수 있다.

● SynchronousQueue를 사용한 데이터 교환하기

```
private final BlockingQueue<String> queue = new SynchronousQueue<>();

public String get() throws InterruptedException {
    // 선두의 요소를 구함(큐에서 삭제됨)
    // 추가가 될 때까지 대기함
    return queue.take();
}
```

```
public void add(String value) throws InterruptedException {
    // 큐에 요소를 추가
    // 확보할 수 있을 때까지 대기함
    queue.put(value);
}
```

위의 예제에서는 get( ) 메소드를 호출하면 큐에 저장되어 있는 값이 1개 반환된다.
큐가 빈 경우 다른 스레드에서 add( ) 메소드로 값이 추가될 때까지 대기한다.

큐를 조작하는 방법은 [표 7.2]와 같다.

표 7.2 **큐를 조작하는 메소드**

분류	메소드	설명
요소를 추가	add	추가할 수 없는 경우 IllegalStateException을 발생한다.
	offer	추가할 수 없는 경우 false를 반환한다. 타임아웃값을 설정하고 대기할 수 있다.
	put	추가할 수 없는 경우 대기한다.
요소를 삭제	remove	일치하는 요소가 존재하고 삭제한 경우 true를 반환한다.
요소를 얻고 삭제	poll	앞부분의 요소를 얻을 수 없는 경우는 null을 반환한다. 타임아웃 값을 설정하고 대기할 수 있다.
	take	앞부분의 요소를 얻을 때까지 대기한다.
요소를 얻는다 (삭제하지는 않는다)	element	앞부분의 요소를 얻는다. 큐가 빈 경우 NoSuchElementException 이 발생된다.
	peek	element 방법과 비슷하지만 큐가 빈 경우는 null을 반환한다.

TransferQueue | 7 8

관련내용	233 다른 스레드로부터 데이터를 받을 때까지 대기하기 P.381
이용사례	메시지 파싱 방식으로 데이터를 주고받는 경우

java.util.concurrent.TransferQueue 인터페이스를 사용한다.

TransferQueue는 BlockingQueue 1개로 데이터를 받는 스레드(소비자)가 take( ) 나 poll( ) 메소드로 획득할 수 있는 상태이기 때문에 데이터를 추가하는 스레드(생산자)는 처리를 실행한다. 만약 소비자가 대기 단계가 되어 받지 못하는 상태라면 생산자도 큐에 추가를 대기한다.

TransferQueue 인터페이스의 구현 클래스로 LinkedTransferQueue가 있고, 큐에 추가는 transfer( ) 메소드를 사용한다.

●TransferQueue를 사용하여 데이터를 주고받기

```java
private final TransferQueue<String> queue = new LinkedTransferQueue<>();

public String receive() throws InterruptedException {
  Thread.sleep(5000);

  System.out.println("메시지를 수신합니다");
  // 데이터를 수신함
  String message = queue.take();
  System.out.println(String.format("메시지 '%s'를 수신했습니다", message));

  return message;
}

public void send(String message) throws InterruptedException {
  System.out.println(String.format("메시지 '%s'를 송신합니다", message));
  // 데이터를 추가
  queue.transfer(message);
  System.out.println(String.format("메시지 '%s'를 송신했습니다", message));
}
```

실행 직후는 다음과 같이 표시된다.

▼실행 결과

메시지 'a'를 송신합니다

5초 경과한 후 데이터를 받을 수 있게 되면 다음과 같이 표시된다.

```
메시지 'a'를 송신합니다
메시지를 수신합니다
메시지 'a'를 송신했습니다
메시지 'a'를 수신했습니다
```

또한, 대기하지 않고 false를 반환하거나 타임아웃값을 설정할 수 있는 tryTransfer( ) 메소드도 있다.

●tryTransfer( ) 메소드로 큐에 추가하기

```java
// 데이터 추가 대기로 될 경우 대기하지 않고 false를 반환한다
if(queue.tryTransfer(message) {
    … 큐에 추가했을 때의 처리 …
}

// 데이터 추가 대기로 타임아웃 값을 설정
// 5초의 대기 시간이 경과하면 대기를 그만두고 false를 반환한다
if(queue.tryTransfer(message, 5, TimeUnit.SECONDS) {
    … 큐에 추가했을 때의 처리 …
}
```

235

Lock으로 멀티스레드를 상호 배타적으로 처리하기

ReentrantLock | lock | unlock | lockInterruptibly | tryLock   6 7 8

관련내용	217 멀티스레드를 상호 배타적으로 처리하기 P.353
이용사례	유연한 상호 배타적 처리를 할 경우

java.util.concurrent.locks 패키지에 있는 Lock 인터페이스의 구현 클래스 Reentrant Lock을 사용한다.

락을 하려면 lock( ) 메소드를 사용하고 락 해제에는 unlock( ) 메소드를 사용한다.

● Lock을 사용하여 상호 배타적으로 처리하기

```
private final Lock lock = new ReentrantLock();

public void method() {
  try {
    // 락을 획득할 때까지 대기한다
    lock.lock();

    … 처리 …

  } finally {
    lock.unlock();
  }
}
```

또한, 락을 획득하는 방법에는 lockInterruptibly( )이나 tryLock( )도 있다.

● lockInterruptibly( ) 메소드, tryLock( ) 메소드로 락을 획득하기

```
// lock() 메소드와 같으며, 다른 스레드에서 interrupt() 메소드가 호출되지 않는
// 경우에만 락을 획득
// 락을 획득할 때 interrupt() 메소드가 호출되면 InterruptedException이 발생된다
lock.lockInterruptibly();

// 락이 대기될 경우 대기하지 않고 false를 반환한다
if(lock.tryLock()) {
  … 락을 획득했을 때의 처리 …
}
```

```
// 락을 기다리는 타임아웃 값을 설정
// 5초의 대기 시간이 경과하면 대기를 그만두고 false를 반환한다
if(lock.tryLock(5, TimeUnit.SECONDS)) {
  … 락을 획득했을 때의 처리 …
}
```

NOTE **락의 공정성**

ReentrantLock 클래스에는 boolean의 인수를 갖는 생성자가 있고, 인수에는 락 공정성을 설정할 수 있다.

인수로 'false'를 설정한 경우(인수 없는 생성자도 마찬가지)는 '불공정 락'이 된다. 불공정 락은 락을 얻는 차례가 정해지지 않은 락이다. 성능은 뛰어나지만 일부 스레드가 락을 얻을 수 없는 상태(기아상태)로 될 가능성이 있다.

인수로 'true'를 설정했을 경우는 '공정한 락'이 된다. 공정한 락은 락을 대기한 스레드의 앞에서부터 순서대로 얻는 락이다. 성능은 불공정 락보다 떨어지지만 기아 상태를 막을 수 있다.

다만, tryLock() 메소드는 락의 공정성에 관계 없이 락을 획득할 수 있는 상태이면 즉시 락을 획득한다. 즉, 공정성이 있는 락을 설정한 경우에서도 공정성을 무시하고 인터럽트한다. 타임아웃 값을 지정하는 tryLock(long, TimeUnit) 메소드는 락의 공정성에 따르는 것으로 인터럽트는 발생하지 않는다.

---

synchronized와 ReentrantLock의 차이

상호 배제는 레시피 217 의 synchronized 블록을 쓸 수 있다. 그러나 synchronized 블록에는 다음의 제약이 있고 유연성이 없다는 측면이 있다.

- 락 대기 시에 타임아웃 시간을 설정할 수 없다
- 락 대기별 스레드에 인터럽트할 수 없다
- 락을 얻는 부분의 코드 블록과 동일한 블록 내에서 락을 해제해야 한다

ReentrantLock에는 이러한 제약이 없기 때문에 유연한 상호 배제를 할 수 있다. 다만, 위의 코드에서도 알 수 있듯이 락 제어를 프로그래머가 해야 하기 때문에 데드락 같은 뜻밖의 오류가 발생할 가능성이 높아진다.

코드 블록의 일부만 락하는 심플한 상호 배제라면 락하는 범위가 명확한 synchronized 블록을 사용하고 유연한 상호 제어가 필요한 경우에만 ReentrantLock를 사용하는 것이 좋다.

236

Lock으로 동시성을 갖는 스레드의 조건을 지정하기

Condition | await | signal | signalAll

6 7 8

관련내용	218 멀티스레드에서 동기화를 하면서 실행하기 P.355
	235 Lock으로 멀티스레드를 상호 배타적으로 처리하기 P.385
이용사례	멀티스레드에서 동기화하면서 처리할 경우

Lock#newCondition( ) 메소드로 취득한 java.util.concurrent.locks.Condition 인터페이스를 사용한다.

스레드 대기에는 await( ) 메소드를 사용하고 재시작에는 signal( ) 메소드 또는 signalAll( ) 메소드를 사용한다. 이러한 메소드는 각각 wait( ), notify( ), notifyAll( ) 에 해당한다.

●Condition을 사용하여 멀티스레드로 동기화하기

```java
private final Lock lock = new ReentrantLock();
private final Condition condition = lock.newCondition();
List<String> pool = …

public String get() throws InterruptedException {
  try {
    lock.lock();
    // List가 비어 있는 경우는 대기
    while(pool.size() == 0) {
      condition.await();
    }
    return pool.remove(0);
  } finally {
    lock.unlock();
  }
}

public void add(String value) {
  try {
    lock.lock();
    pool.add(value);
    // 대기 중인 스레드를 재개
    condition.signalAll();
  } finally {
    lock.unlock();
  }
}
```

237 참조 · 갱신 처리를 멀티스레드에서 하기

관련내용	–
이용사례	읽고 쓰기에 효율적으로 락을 사용하는 경우

java.util.concurrent.locks 패키지에 있는 ReadWriteLock 인터페이스의 구현 클래스 ReentrantReadWriteLock을 사용한다. 이 클래스는 읽기 처리를 여러 개의 스레드로 하고, 쓰기 처리를 1개의 스레드에서 함으로써 게시판 같은 갱신처리보다 참조 처리 쪽이 많은 경우 성능 향상이 기대된다.

참조 시의 락은 readLock() 메소드를 사용하고, 갱신 시의 락은 writeLock() 메소드를 사용한다.

● 읽고 쓰기 락

```java
class BBSSample {
  private static ReadWriteLock lock = new ReentrantReadWriteLock();

  public void update() {
    // 쓰기용 락을 구함
    Lock writelock = lock.writeLock();
    try {
      writelock.lock();

      … 갱신 처리를 함 …

    } finally {
      writelock.unlock();
    }
  }

  public String find() {
    // 읽기용 락을 구함
    Lock readlock = lock.readLock();
    try {
      readlock.lock();

      return 취득 결과

    } finally {
      readlock.unlock();
    }
  }
}
```

238 락을 쓰지 않고 멀티스레드에서 읽기 처리하기

StampedLock | **tryOptimisticRead** | **validate**   **8**

관련내용	237 참조·갱신 처리를 멀티스레드에서 하기 P.388
이용사례	멀티스레드에서 값의 갱신·읽기를 고속화하고 싶은 경우

Java 8에서 도입된 java.util.concurrent.locks.StampedLock을 사용하면 락을 사용하지 않고 멀티스레드의 일관성 있는 읽기 처리를 구현할 수 있다.

이것은 '일관성 읽기'로 불리며 읽기용의 락을 구해 다른 스레드로부터의 갱신을 블로킹하는 것이 아니라 읽는 중에 다른 스레드로부터의 갱신이 이루어지지 않는 것을 읽는 처리의 종료 후에 확인하는 것으로 읽은 값의 일관성을 보증한다. 이것에 의해서 읽기 처리가 갱신 처리를 블로킹하지 않기 때문에 멀티스레드에서의 값의 갱신·읽기의 고속화를 기대할 수 있다.

만약 읽는 중에 다른 스레드에서 갱신이 일어나는 경우는 오류로 처리하거나 재시도 처리를 프로그램 측에서 해야 한다.

StampedLock은 보통의 쓰기 락, 읽기 락에도 사용할 수 있고 ReentrantRead WriteLock 레시피 237 대신 사용할 수 있다.

● StampedLock을 사용한 읽기 처리

```java
public class Square {

  private final StampedLock lock = new StampedLock();

  private double width;
  private double height;

  public Square(double width, double height) {
    this.width = width;
    this.height = height;
  }

  /**
   * 사각을 확대하기
   * @param magnification 배율
   */
  public void expand(double magnification) {
    // 쓰기용 락을 구함
    long stamp = lock.writeLock();
    width = width * magnification;
    height = height * magnification;
```

```
    // 쓰기용 락을 해제
    lock.unlockWrite(stamp);
}

/**
 * 사각의 면적을 계산
 * @return 면적
 */
public double calculateArea() {
    // 일관성이 있는 읽기를 위해 스탬프록 생성
    long stamp = lock.tryOptimisticRead();
    double currentWidth = width;
    double currentHeight = height;
    // 다른 스레드에서 값이 갱신되지 않는 것을 확인
    if(!lock.validate(stamp)) {
        try {
            // 다른 스레드로부터 값이 변경된 경우는
            // 읽기 락을 구한 후 다시 읽기
            stamp = lock.readLock();
            currentWidth = width;
            currentHeight = height;
        } finally {
            // 읽기 락을 해제
            lock.unlockRead(stamp);
        }
    }
    // 면적을 계산
    return currentWidth * currentHeight;
}
```

위의 샘플에서는 갱신 처리에서는 쓰기용 락을 사용하고 있지만, 읽기 처리에서는 StampedLock을 사용하여 일관성이 있는 읽기를 한다. 혹시 읽는 중에 다른 스레드에서 값이 갱신된 경우는 읽기용 락을 얻은 다음에 다시 읽기 처리를 하도록 한다. 이것으로 면적을 계산하는 calculateArea( ) 메소드의 실행 중에 다른 스레드에서 expand( ) 메소드를 호출해도 면적의 계산 결과의 일관성이 보증된다(예를 들어 width만이 갱신 후의 값으로 계산된다는 것은 아니다).

239

값을 읽거나 갱신을 아토믹으로 하기

AtomicInteger | AtomicLong | AtomicBoolean   6 7 8

관련내용	217 멀티스레드를 상호 배타적으로 처리하기 P.353 222 멀티스레드에서 1개의 필드에 접근하여 처리하기 P.360
이용사례	멀티스레드 응용 프로그램에서 상호 배제를 할 경우 멀티스레드 응용 프로그램에서 카운터를 구현할 경우

java.util.concurrent.atomic 패키지로 제공되고 있는 AtomicInteger나 Atomic Long, AtomicBoolean 등의 데이터형을 사용한다.

보통 값의 읽기와 갱신을 아토믹으로 하는 데에는 synchronized에 의한 동기화가 필요하지만 이러한 클래스에는 값의 읽기와 갱신을 아토믹으로 하기 위한 메소드가 준비되어 있고 synchronized를 사용하는 것보다 빠르게 동작한다.

> **NOTE**   **volatile 변수와의 차이**
>
> 여러 스레드에서 액세스하는 변수에는 volatile 수식자를 붙임으로써 여러 개의 스레드라도 항상 최신 값을 참조할 수 있다(레시피 222). 그러나 값을 읽기와 설정을 아토믹으로 할 수 없기 때문에 상호 배제 등에 이용할 수 없다.

다음의 예제는 여러 스레드에서 액세스할 수 있는 카운터이다. 이 카운터는 여러 스레드에서 동시에 next( ) 메소드를 호출해도 호출된 순서에 따라 반드시 연속된 값을 반환한다.

● AtomicInteger를 사용한 카운터

```
public class AtomicCounter {

  // 초기값=1을 지정해 AtomicInteger를 생성
  private AtomicInteger counter = new AtomicInteger(1);

  public int next() {
    return counter.getAndIncrement();
  }

}
```

다음은 AtomicInteger의 주요 메소드의 사용 예를 나타낸다. AtomicBoolean과 AtomicLong 등도 다루는 값이 int가 아니라 boolean과 long이 될 뿐 기본적인 사용 방법은 같다.

●AtomicInteger의 주요 메소드

```java
// 초기치=0을 지정해 AtomicInteger를 생성
AtomicInteger i = new AtomicInteger(0);

// 값을 구함
int result1 = i.get();

// 값을 설정
i.set(2);

// 값을 취득한 후 인수로 지정한 값을 설정
int result2 = i.getAndSet(2);

// 인수로 지정한 값을 가산해서 값을 취득함
int result3 = i.addAndGet(3);

// 값을 취득하고 증가시킴
int result4 = i.getAndIncrement();

// 증가하고 값을 취득함
int result5 = i.incrementAndGet();

// 값을 취득한 뒤 감소시킴
int result6 = i.getAndDecrement();

// 감소한 후 값을 취득함
int result7 = i.decrementAndGet();

// 값이 5인 경우에만 10을 설정
if(i.compareAndSet(5, 10)) {
  System.out.println("값이 5인 경우");
} else {
  System.out.println("값이 5가 아닌 경우");
}
```

Java 8에서는 설정할 값을 람다식으로 지정할 수 있는 메소드가 추가되어 있다.

● 람다식으로 AtomicInteger에 값을 설정한다(Java 8)

```
// 초기값=5를 지정해 AtomicInteger를 생성
AtomicInteger i = new AtomicInteger(5);

// 2배로 해서 값을 취득함
int result1 = i.updateAndGet(a -> a * 2);

// 1을 더해서 값을 취득함
int result2 = i.accumulateAndGet(1, (a, b) -> a + b);
```

COLUMN **Java 8에서 수치의 갱신을 아토믹으로 진행**

Java 8에서는 수치의 갱신을 아토믹으로 할 경우 java.util.concurrent.atomic.LongAdder와 DoubleAdder를 사용할 수 있다. 이러한 클래스는 여러 스레드에서 자주 값을 갱신하는 경우에서는 AtomicLong 등과 비교하면 고속으로 동작한다.

다음은 LongAdder의 사용 예이다.

● LongAdder의 사용 예

```
//LongAdder를 생성(초기값은 0)
LongAdder longAdder=new LongAdder();
// 덧셈
longAdder.add(100);
// 증가
longAdder.increment();
// 감소
longAdder.decrement();
// 값을 long형으로 읽음
long value=longAdder.longValue();
```

240

Fork/Join Framework란?

Fork/Join Framework | 분할통치법   7 8

| 관련내용 | 241 멀티 코어를 활용하고 작업을 세분화하여 병렬로 실행하기 P.396 |
| 이용사례 | 멀티 코어를 활용한 병렬 처리를 할 경우 |

Fork/Join Framework는 Java 7에서 Concurrency Utilities에 추가된 Executor Service의 구현이다. 큰 작업을 세밀하게 분할(Fork)하여 병렬화하고 각각의 처리 결과를 마지막으로 통합(Join)하여 여러 개의 CPU를 효율적으로 사용해서 처리할 수 있기 때문에 하드웨어의 처리 능력을 최대한 활용하고 처리 속도를 향상시킬 수 있도록 하는 특징이 있다.

예를 들어 네트워크 애플리케이션에서 사용자의 요청 단위는 비교적 크므로 Fork/Join Framework에는 별로 적합하지 않다. 1개의 요청 처리에서 정렬이나 계산 처리 등과 같이 더 작은 단위로 분할해야 한다.

▎ 작업을 세분화

앞에서 설명한 대로 Fork/Join Framework는 ExecutorService의 구현의 한 가지일 뿐 작업을 세분화하는 알고리즘은 프로그래머 스스로 구현해야 한다.

대표적인 알고리즘으로서 충분히 작아질 때까지 작업을 분할해 나가고 목표로 하는 크기가 되면 실제로 처리하는 분할통치법(그림 7.2)이 있다.

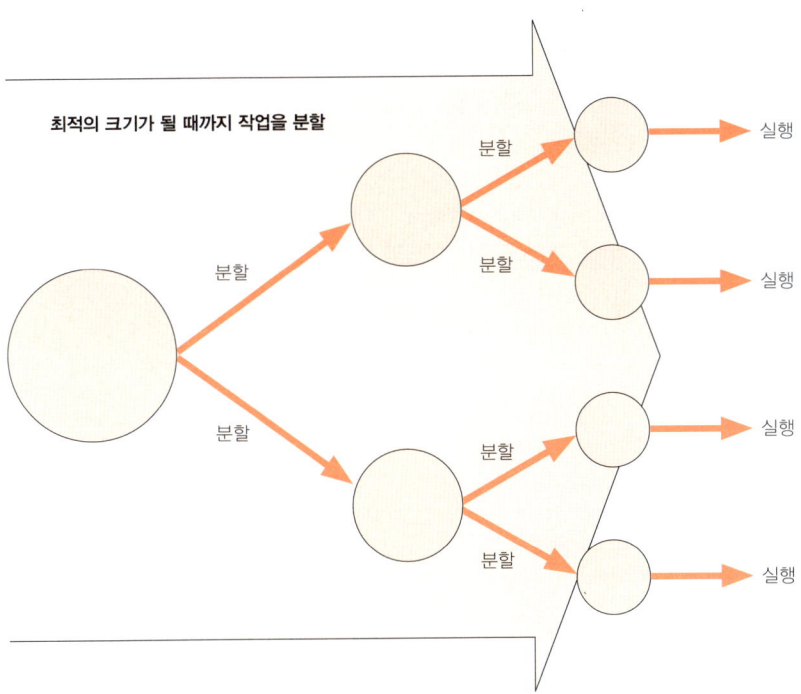

최적의 크기가 될 때까지 작업을 분할

분할

분할

분할

분할

분할

분할

실행

실행

실행

실행

그림 7.2 **분할통치법**(divide and conquer algorithm)

실제로는 이러한 분할을 하는 알고리즘을 ForkJoinTask 클래스의 서브 클래스에 기술한다(　레시피 241　).

NOTE　　*Java 8에서 추가된 배열의 병렬 정렬*

Java 8에서 Fork/Join Framework를 사용하는 배열의 병렬 정렬이 가능하다. 자세한 사용 방법은 　레시피 099　를 참조한다.

## 241

멀티 코어를 활용하고 작업을 세분화하여 병렬로 실행하기

ForkJoinTask | RecursiveAction | RecursiveTask   7 8

| 관련내용 | 240 Fork/Join Framework란? P.394 |
| 이용사례 | 데이터 양이 많은 복잡한 정렬 처리나 계산 처리를 병렬로 실행하는 경우 |

우선 java.util.concurrent.ForkJoinTask 클래스의 서브 클래스에 있는 다음의
클래스를 상속받고 compute( ) 메소드에 분할 및 통합 처리를 기술한다.

- RecursiveAction ·····································처리 결과(반환값)가 불필요한 경우
- RecursiveTask ·····································처리 결과(반환값)가 필요한 경우

● 분할 및 통합을 하는 태스크

```java
Class RecursionTask extends RecursiveTask<String> {
  private final List<String> data;
  private final String result;

  public RecursionTask(List<String> data, String result) {
    this.data = data;
    this.result = result;
  }

  @Override
  protected String compute() {
    int size = data.size();

    // 데이터 크기가 3을 초과하는 경우에는 분할
    if(size > 3) {
      int i = size / 2;

      // 2개로 분할
      List<String> list1 = data.subList(0, i);
      List<String> list2 = data.subList(i, size);

      RecursionTask task1 = new RecursionTask(list1, result);

      // 분할한 작업을 비동기로 실행
      task1.fork();
```

```
        RecursionTask task2 = new RecursionTask(list2, result);

        // 처리 결과를 합쳐서 전달
        return task2.compute() + task1.join();
    }

    // 데이터의 크기를 작게 해서 처리를 함
    StringBuilder sb = new StringBuilder();
    for(String str : data) {
        sb.append(String.format("「%s」", str));
    }
    return result + sb.toString();
  }
}
```

fork( ) 메소드로 비동기 실행하고 join( ) 메소드로 결과를 가져온다.

이 작업을 시작하려면 ForkJoinPool 클래스의 인스턴스를 생성하는 invoke( ) 메소드를 실행한다.

●작업을 실행하기

```
List<String> pool = Arrays.asList("one", "two", "three", "four", "five", ⏎
"six", "seven", "eight", "nine", "ten");

// 인수 없는 생성자를 사용한 경우에는 프로세서 수만큼 워커 스레드를 생성함
ForkJoinPool forkjoin = new ForkJoinPool();

// 실행. 결과를 수신할 때까지 대기함
String result = forkjoin.invoke(new RecursionTask(pool, " "));
```

또한, invoke( ) 메소드 외에 다음과 같은 메소드를 사용하여 작업을 시작할 수도 있다.

- execute( ) 메소드 ································· 비동기로 작업을 실행한다(반환값은 void)
- submit( ) 메소드 ··································· 비동기로 작업을 실행한다(반환값은 Future)

제 **08** 장

XML

## 242

XML의 처리 방법 알기

DOM | SAX | StAX   678

관련내용	–
이용사례	XML의 처리 방법 중 가장 알맞은 것을 고르는 경우

XML을 처리하려면 XML 파서를 사용한다. 한마디로 XML 파서라고 하는 것들에는 몇 가지 종류가 있다. 각각의 처리 방식의 특징을 이해하고 용도에 맞는 최적의 처리 방법을 선택하도록 하자.

▌ DOM(Document Object Model)

DOM은 XML을 파싱하여 메모리 상에 XML 구조에 대응하는 객체의 트리를 유지한다(그림 8.1).

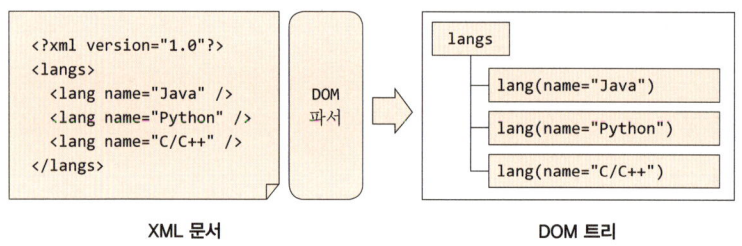

```
<?xml version="1.0"?>
<langs>
  <lang name="Java" />
  <lang name="Python" />
  <lang name="C/C++" />
</langs>
```

XML 문서

DOM 파서

langs
  └ lang(name="Java")
  └ lang(name="Python")
  └ lang(name="C/C++")

DOM 트리

그림 8.1 **DOM**

Java 프로그램에서는 DOM 트리를 찾아 임의의 노드에 접근하는 것을 레시피 247 에서 소개하는 것처럼 XPath로 검색한다. 또한, DOM은 참조뿐만 아니라 XML 내보내기도 지원하고 있으며, DOM 트리에 대한 변경 사항을 추가하여 XML로 출력할 수 있다. 직감적으로 사용할 수 있는 처리 방식이지만, 읽는 XML 크기가 클 때는 트리도 커지기 때문에 메모리를 대량으로 소비한다는 단점이 있다.

▌ SAX(Simple API for XML)

SAX는 XML을 앞으로부터 파싱하면서 태그의 시작과 종료를 핸들러에 통지한다(그림 8.2). 핸들러로 통지시킨 정보를 사용해 필요한 처리를 한다.

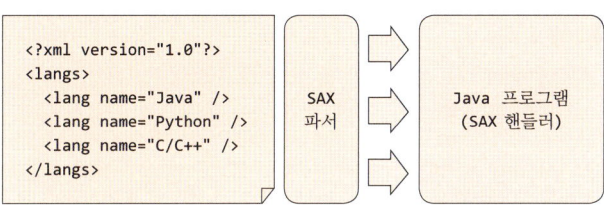

XML 문서　　　**태그의 시작·종료 등을**
　　　　　　　　이벤트로 순차적으로 통지

그림 8.2 **SAX**

SAX에서는 태그의 시작과 종료 등이 순차적으로 핸들러에 통지될 뿐이므로, 태그의 상속 관계를 의식해야 하는 경우에는 핸들러 측에서 기록해야 하는 등 처리가 복잡하게 되기 쉽다. 반면 읽는 XML의 크기가 커도 메모리 소비량은 일정하게 된다는 장점이 있다. SAX는 XML의 출력에는 대응하지 않는다.

▎StAX(Streaming API for XML)

StAX는 Java 6부터 도입된 API이다. SAX를 뒤집은 듯한 처리 방식을 갖는다(그림 8.3). SAX가 서버로부터 핸들러에 대해서 통지를 하고 있는(푸쉬) 반면 StAX에서는 클라이언트 코드가 능동적으로 서버로부터 정보를 이끌어 내는 형태(풀)가 된다. 이 때문에 StAX는 '풀 서버'라고도 불린다.

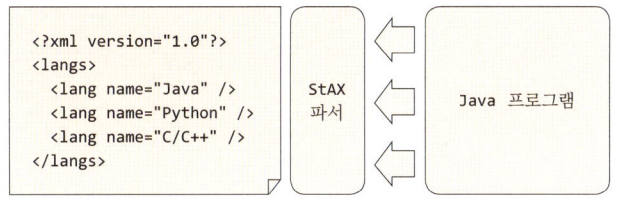

XML 문서　　　**필요에 따라 태그나**
　　　　　　　　속성 정보를 가져온다

그림 8.3 **StAX**

StAX에서는 서버의 동작을 클라이언트 코드로 제어할 수 있기 때문에 '필요한 정보만 가져오고 파싱을 도중에서 종료한다'라는 처리도 할 수 있다. 또한, StAX는 XML 출력에도 대응한다.

여기서 소개한 것처럼 Java에서 이용 가능한 XML 처리 방식에는 DOM, SAX, StAX와 3종류의 선택이 있다. 각각의 특징은 [표 8.A]와 같다. DOM은 XML 트리 구조를 직감적으로 사용할 수 있고, XPath에서의 검색도 가능한 것 등 범용적이고 유연성이 높고 메모리 사용량이 많으며, 반대로 SAX나 StAX는 API가 다소 다루기 힘든 반면 메모리 사용량이 적어 빠르게 동작한다.

XML 크기가 작은 경우나 트리 구조를 의식한 복잡한 처리가 필요한 경우는 DOM, 거대한 XML을 처리해야 하는 경우나 고속 처리가 요구될 경우는 SAX나 StAX, 이렇게 XML의 크기와 요구되는 처리에 따라 선택하도록 한다.

표 8.A **XML 파서의 장단점**

처리 방식	범용성과 유연성	읽기	쓰기	메모리 사용량
DOM	○	○	○	×
SAX	×	○	×	○
StAX	×	○	○	○

JAXB(Java Architecture for XML Binding)

파서인 것은 아니지만, Java 6 이후는 JAXB(Java Architecturefor XML Binding)라는 XML을 Java 객체에 매핑하기 위해서 API를 사용할 수 있다. DOM이나 SAX, StAX를 직접 사용할 경우와 비교해서 Java 객체를 매개로 XML을 다룸으로써 요소 이름 및 속성 이름의 기술 상 실수나 값의 형 등을 신경 쓸 필요가 없으므로 안전하게 XML 조작을 할 수 있다.

243 DOM에서 XML을 읽기

| DOM | DocumentBuilder | DocumentBuilderFactory | Document | 6 7 8 |

관련내용	244 DOM에서 XML을 조작하기 P.406
	246 DOM을 XML 문자열로 변환하기 P.409
	247 DOM에서 읽은 XML을 XPath에서 검색하기 P.410
이용사례	DOM을 사용하여 XML을 검색 · 변경할 경우

javax.xml.parsers.DocumentBuilder를 사용한다.

DocumentBuilder는 javax.xml.parsers.DocumentBuilderFactory로부터 얻을 수 있다.

예를 들어 다음과 같은 XML 파일이 있다고 하자.

● sample.xml

```xml
<?xml version="1.0"?>
<book name="Java 프로그래밍" publisher="정보문화사">
  <author name="김은철"/>
  <author name="유세라"/>
  <author name="홍길동"/>
  <author name="홍길순"/>
</book>
```

이 XML 파일을 DOM을 사용하여 읽는 샘플은 다음과 같다.

● DOM으로 XML을 읽기

```java
// XML 문서를 파싱
DocumentBuilderFactory factory = DocumentBuilderFactory.newInstance();
DocumentBuilder documentBuilder = factory.newDocumentBuilder();
Document document = documentBuilder.parse("sample.xml");

// 루트 요소 구하기
Element root = document.getDocumentElement();

// 루트 요소 속성 구하기
System.out.println("도서명: " + root.getAttribute("name"));
System.out.println("출판사: " + root.getAttribute("publisher"));

// 루트 요소의 자식 노드 구하기
NodeList children = root.getChildNodes();
```

```
for(int i = 0; i < children.getLength(); i++) {
  Node node = children.item(i);
  if(node.getNodeType() == Node.ELEMENT_NODE) {
    Element element = (Element) node;
    if(element.getNodeName().equals("author")) {
      System.out.println("저자: " + element.getAttribute("name"));
    }
  }
}
```

위의 샘플 실행 결과는 다음과 같다.

▼실행 결과

```
도서명: Java 프로그래밍
출판사: 정보문화사
저자: 김은철
저자: 유세라
저자: 홍길동
저자: 홍길순
```

❙ DOM 트리를 구성하는 인터페이스

DOM 트리는 [표 8.2]와 같이 인터페이스를 구현한 객체로 구성된다.

표 8.2 **DOM 트리를 구성하는 주요 인터페이스**

인터페이스	설명
org.w3c.dom.Document	XML 문서
org.w3c.dom.Element	요소
org.w3c.dom.Text	텍스트
org.w3c.dom.Comment	주석
org.w3c.dom.CDATASection	CDATA 섹션
org.w3c.dom.Attr	속성

파싱된 XML의 각 요소는 [그림 8.4]처럼 DOM 트리의 노드에 매핑된다.

XML 문서   DOM 트리

```
<?xml version="1.0"?>
<person>
    <name>hong-gil dong</name>
    <gender>man</gender>
    <age>31</age>
</person>
```

```
person(Element)
    name(Element)
        "hong-gil dong"(Text)
    gender(Element)
        "man"(Text)
    age(Element)
        "31"(Text)
name(Element)
```

그림 8.4 **DOM 트리로의 매핑**

DOM 트리를 구성하는 각 노드에 대응하는 인터페이스는 org.w3c.dom.Node 인터페이스를 상속한다. Node 인터페이스의 getNodeType( ) 메소드에서 해당 노드 종류를 판정할 수 있다.

```
Node node = children.item(i);

// 노드 요소인 경우
if(node.getNodeType() == Node.ELEMENT_NODE) {
  Element element = (Element) node;
    ⋮
}
```

한 가지 더 중요한 인터페이스로 org.w3c.dom.NodeList 인터페이스가 있다. Node 인터페이스의 getChildNodes( ) 메소드로 자식 노드 목록을 NodeList 객체로서 얻을 수 있다.

```
Element root = document.getDocumentElement();
NodeList children = root.getChildNodes();

for(int i = 0; i < children.getLength(); i++) {
  Node node = children.item(i);
    ⋮
}
```

이러한 인터페이스를 사용해서 트리를 찾아 정보를 얻거나 트리를 조합하여 XML을 출력하거나 할 수 있다(DOM을 사용한 XML의 조작에 대해서는 레시피 244 를 참조한다).

관련내용	243 DOM에서 XML을 읽기 P.403
	245 DOM에서 새로운 XML을 생성하기 P.408
이용사례	DOM 트리에 요소나 속성을 추가 · 삭제하는 경우

Node 인터페이스의 메소드나 Document 객체의 팩토리 메소드를 사용한다.

DOM 트리는 검색뿐만 아니라 트리에 새로운 요소와 속성을 추가하거나 반대로 트리로부터 요소 및 속성을 삭제할 수도 있다.

▌ 노드의 추가 · 삭제

노드의 추가 및 삭제를 하려면 Node 인터페이스에서 [표 8.3]의 메소드를 사용한다.

표 8.3 **노드의 추가 · 삭제를 하기 위한 메소드**

메소드	설명
Node appendChild(Node newChild)	newChild를 자식 노드의 끝에 추가한다.
Node removeChild(Node oldChild)	oldChild를 자식 노드에서 삭제한다.
Node replaceChild(Node newChild, Node oldChild)	oldChild를 newChild로 교체한다.
Node insertBefore(Node newChild, Node oldChild)	oldChild 앞에 newChild를 삽입한다.
void setNodeValue(String nodeValue)	노드의 값(텍스트 노드의 경우는 텍스트, 주석 노드의 경우는 주석 내용)을 설정한다.
void setTextContent(String textContent)	이 노드에 따르는 텍스트를 설정한다.

예를 들어 DOM 트리에 새로운 노드를 추가하는 경우는 Document 객체의 팩토리 트리 메소드를 사용해 노드의 인스턴스를 생성하고 Node#appendChild( ) 메소드에 전달한다.

● **새로운 노드를 추가하기**

```
Element  parent = …

// book 요소를 생성
Element  child = doc.createElement("book");
// book 요소의 텍스트를 설정
child.setTextContent("Java 프로그래밍");

// 생성한 book 요소를 추가
doc.appendChild(child);
```

노드를 생성하기 위한 Document 객체의 팩토리 메소드에는 [표 8.4]와 같은 것이 있다.

표 8.4 Document 객체의 팩토리 메소드

메소드	설명
Element createElement(String tagName)	Element 객체를 작성한다.
Element createElementNS(String namespaceURl, String qualifiedName)	이름 공간을 지정하고 Element 객체를 작성한다.
Attr createAttribute(String name)	Attr 객체를 작성한다.
Attr createAttributeNS(String namespaceURl, String qualifiedName)	이름 공간을 지정하고 Attr 객체를 작성한다.
Text createTextNode(data)	Text 객체를 작성한다.
Comment createComment(data)	Comment 객체를 작성한다.
CDATASection createCDATASesction(data)	CDATASection 객체를 작성한다.

▌ 속성의 설정 · 삭제

Element 객체의 setAttribute( ) 메소드로 속성을 설정하고 removeAttribute( ) 메소드로 속성을 삭제할 수 있다.

● 속성의 설정과 삭제

```
Element book = …

// 속성을 설정
book.setAttribute("title", "Java 프로그래밍");
// 속성을 삭제
book.removeAttribute("publisher");
```

속성의 설정 · 얻기는 Attr 객체를 사용할 수 있다.

● Attr 객체를 사용한 속성의 조작

```
// 속성을 설정
Attr newAttr = doc.createAttribute("name");
newAttr.setValue("Java 프로그래밍");
book.setAttributeNode(newAttr);

// 속성을 구함
Attr attr = book.getAttributeNode("name");
System.out.println(attr.getValue());

// 속성의 삭제
book.removeAttributeNode(attr);
```

245

DOM에서 새로운 XML을 생성하기

DOM | DocumentBuilder | Document **6 7 8**

관련내용	244 DOM에서 XML을 조작하기 P.406
이용사례	DOM을 사용해서 새로운 XML을 작성하는 경우

새로운 XML 문서를 작성하는 경우에는 DocumentBuilder#newDocument( ) 메소드로 새로운 Document 객체를 작성하고 그에 대한 노드를 추가한다.

● 새로운 XML 문서를 작성하기

```
DocumentBuilderFactory factory = DocumentBuilderFactory.newInstance();
DocumentBuilder builder = factory.newDocumentBuilder();

// 새로운 Document 객체를 작성
Document doc = builder.newDocument();

// 루트 요소를 작성
Element book = doc.createElement("book");
doc.appendChild(book);

// 속성을 추가
book.setAttribute("name", "Scala 프로그래밍");
book.setAttribute("publisher", "정보문화사");

// 텍스트 노드를 갖는 요소를 작성
Element author1 = doc.createElement("author");
author1.setTextContent("김은철");
Element author2 = doc.createElement("author");
author2.setTextContent("유세라");

// 자식 요소를 추가
book.appendChild(author1);
book.appendChild(author2);
```

위의 샘플에서 작성되는 XML은 다음과 같다.

▼ 실행 결과

```
<book name="Scala 프로그래밍" publisher="정보문화사">
  <author>김은철</author>
  <author>유세라</author>
</book>
```

246 DOM을 XML 문자열로 변환하기

DOM | Transformer   6 7 8

관련내용	243 DOM에서 XML을 읽기 P.403
	245 DOM에서 새로운 XML을 생성하기 P.408
이용사례	DOM 트리를 문자열로 변환하는 경우

javax.xml.transform.Transformer를 사용함으로써 DOM 트리를 XML 문자열로 변경할 수 있다.

● DOM 트리를 XML로 출력하기

```
Document doc = …

// DOM 트리를 표준 출력에 XML로써 출력
ByteArrayOutputStream out = new ByteArrayOutputStream();

DOMSource source = new DOMSource(doc);
StreamResult result = new StreamResult(out);

TransformerFactory transFactory = TransformerFactory.newInstance();
Transformer transformer = transFactory.newTransformer();
// 출력 시의 문자코드는 UTF-8
transformer.setOutputProperty(OutputKeys.ENCODING, "UTF-8");
// 인덴트 있음
transformer.setOutputProperty(OutputKeys.INDENT, "yes");
transformer.transform(source, result);

System.out.println(new String(out.toByteArray(), StandardCharsets.UTF-8));
```

## 247

DOM에서 읽은 XML을 XPath에서 검색하기

관련내용	243 DOM에서 XML을 읽기 P.403
	245 DOM에서 새로운 XML을 생성하기 P.408
이용사례	XML에서 특정 노드를 검색하는 경우

XPath를 사용하면 DOM 트리의 임의의 노드를 쉽게 검색할 수 있다.

XPath는 XML 문서를 검색하기 위한 쿼리 언어이다. 예를 들면 XML 문서 내에서 name 속성 값이 "홍길동"인 author 요소를 검색하는 XPath는 다음과 같다.

```
//author[@name='홍길동']
```

이 XPath는 다음 XML의 ▨▨▨▨ 부분에 일치한다.

```
<?xml version="1.0"?>
<book name="Java 프로그래밍" publisher="정보문화사">
  <author name="김은철"/>
  <author name="유세라"/>
  <author name="홍길동"/>
  <author name="홍길순"/>
</book>
```

다음은 DOM 트리를 XPath를 사용해 검색하는 Java 프로그램 예제이다.

● XPath로 DOM 트리를 검색하기

```
// XML 문서를 파싱
DocumentBuilderFactory factory = DocumentBuilderFactory.newInstance();
DocumentBuilder documentBuilder = factory.newDocumentBuilder();
Document document = documentBuilder.parse("sample.xml");

XPathFactory xPathFactory = XPathFactory.newInstance();
XPath xpath = xPathFactory.newXPath();
```

```
// XPath를 컴파일
XPathExpression expr = xpath.compile("//author[@name='홍길동']");
// XPath에서 XML 문서를 검색
Object result = expr.evaluate(document, XPathConstants.NODESET);

NodeList nodes = (NodeList) result;
for(int i = 0; i < nodes.getLength(); i++) {
  Element element = (Element) nodes.item(i);
  System.out.println(element.getAttribute("name"));
}
```

XPathExpression#evaluate( ) 메소드로 XML 문서에 대해 검색한다. 반환값은 NodeList형이므로 캐스트하여 XPath에 일치한 노드를 읽는다.

┃ XPath의 기법

XPath는 선택하는 요소 이름을 /로 구분하여 지정한다. 속성을 지정하는 경우는 "@속성명"으로 지정한다. '조건'에서 조건을 지정하거나 '＊'로 와일드 카드를 지정할 수도 있다.

[표 8.5]에 자주 사용하는 XPath의 예를 나타낸다.

표 8.5 XPath의 예

XPath의 예	설명
person	현재 노드 아래의 person 요소
./person	현재 노드 아래의 person 요소
/person	루트 아래의 person 요소
//person	트리 내의 모든 person 요소
person/*	person 요소 아래의 모든 노드
person/@name	person 요소의 name 속성
person[@name='홍길동']	name 속성이 '홍길동'인 person 요소
person[starts-with(@name,'홍길동')]	name 속성이 '홍길동'으로 시작하는 person 요소
person[/name/text( )='홍길동']	예하의 name 요소의 텍스트가 '홍길동'인 person 요소

248

DTD나 XML 스키마에서 XML을 검증하기

setValidating | ErrorHandler   6 7 8

관련내용	249 외부 DTD나 XML 스키마 읽기를 제한하기 P.414
이용사례	XML이 DTD나 XML 스키마에 따르는지를 확인할 경우

XML의 파싱 시에 파싱 대상 XML이 DTD나 XML 스키마를 따르고 있는지를 검증할 수 있다.

▌ DTD에 의한 검증하기

DTD로 스키마를 정의하고 있는 XML을 검증하려면 DocumentBuilderFactory#setValidating( ) 메소드에 true를 지정한다. 또한, 오류처리를 위해 Document Builder에 org.xml.sax.ErrorHandler를 설정해야 한다.

다음의 예제는 오류가 있는 경우 오류의 위치와 내용을 콘솔에 출력한다.

● DTD에 의한 검증하기

```java
DocumentBuilderFactory factory = DocumentBuilderFactory.newInstance();

// 검증을 유효화 함
factory.setValidating(true);
// DocumentBuilder를 생성
DocumentBuilder documentBuilder = factory.newDocumentBuilder();

// 오류를 받기 위한 ErrorHandler를 설정
documentBuilder.setErrorHandler(new ErrorHandler() {
  @Override
  public void warning(SAXParseException ex) throws SAXException {
    System.out.println("[WARN]" + ex.getLineNumber() + "행째 " + ex.getColumn↵
Number() + "문자째" + ex.getMessage());
  }

  @Override
  public void fatalError(SAXParseException ex) throws SAXException {
    System.out.println("[FATAL]" + ex.getLineNumber() + "행째" + ex.getColumn↵
Number() + "문자째" + ex.getMessage());
  }
```

```
@Override
  public void error(SAXParseException ex) throws SAXException {
    System.out.println("[ERROR]" + ex.getLineNumber() + "행 " + ex.getColumn⏎
Number() + "문자째" + ex.getMessage());
  }
});

// XML 문서를 파싱
Document document = documentBuilder.parse("web.xml");
```

▎ XML 스키마에 의한 검증하기

XML 스키마에 의한 검증을 하려면 DocumentBuilderFactory#setValidating()
메소드로 검증을 유효하게 하는 것 말고도 추가 설정이 필요하다. 또한, DTD의 경우
와 마찬가지 오류를 처리하기 위해 DocumentBuilder에 ErrorHandler를 설정해야
한다.

● XML 스키마에 의한 검증하기

```
DocumentBuilderFactory factory = DocumentBuilderFactory.newInstance();

// 검증을 유효화 함
factory.setValidating(true);
// 네임스페이스를 유효화 함
factory.setNamespaceAware(true);
// XML 스키마에 의한 검증을 유효화 함
factory.setFeature("http://apache.org/xml/features/validation/schema", true);

// 여기부터는 DTD에 의한 검증과 동일
    ⋮
```

## 249

외부 DTD나 XML 스키마 읽기를 제한하기

관련내용	248 DTD나 XML 스키마에서 XML을 검증하기 P.412
이용사례	외부 DTD나 XML 스키마의 읽기를 제한하는 경우

Java 8에 포함된 JAXP 1.5에서는 보안 대책 때문에 DTD나 XML 스키마 등의 외부 리소스의 읽기 장소를 제한할 수 있다.

이들 설정을 하려면 XML의 파싱 시에 javax.xml.XMLConstants에서 정의하고 있는 정수(표 8.6)를 사용하여 접근을 허가할 프로토콜을 지정한다.

표 8.6 **XMLConstants에서 정의하고 있는 정수**

정수	설명
ACCESS_EXTERNAL_DTD	외부 DTD의 참고를 허용하는 프로토콜을 지정한다.
ACCESS_EXTERNAL_SCHEMA	외부 XML 스키마 참조를 허용하는 프로토콜을 지정한다.
ACCESS_EXTERNAL_STYLESHEET	외부 XSLT의 참고를 허용하는 프로토콜을 지정한다.

예를 들어 DOM에서 파싱 시에 외부 리소스의 읽기를 제한하려면 다음과 같이 한다.

● 외부 리소스의 읽기를 제한하기

```
DocumentBuilderFactory documentBuilderFactory = DocumentBuilderFactory.newIn
stance();

// 로컬 파일 시스템으로부터 읽기만 허가
documentBuilderFactory.setAttribute("http://javax.xml.XMLConstants/property/
accessExternalDTD", "file");

DocumentBuilder documentBuilder = documentBuilderFactory.newDocumentBuilder();
Document document = documentBuilder.parse("web.xml");
```

이 상태에서 http 프로토콜로 DTD를 참조하고 있는 XML을 파싱하면 다음과 같은 예외가 발생된다.

```
[Fatal Error] web.xml: 3: 37: 외부 DTD: accessExternalDTD 속성으로 설정된 제한으로
인해 'http' 액세스가 허용되지 않으므로 외부 DTD 'web-app_2_3.dtd' 읽기를 실패했습니다.
```

```
Exception in thread "main" org.xml.sax.SAXParseException; systemId: file:///
D:/ITS/android/workspace/
java_infobook/java-recipe-example/web.xml; lineNumber: 3; columnNumber: 67;
외부 DTD: accessExternalDTD 속성에 의해 설정된 제한으로 인해 'http' 액세스가 허용되지 않으
므로 외부 DTD 'web-app_2_3.dtd' 읽기를 실패했습니다.
```

또한, Java VM의 실행 시에 [표 8.7]의 시스템 속성을 지정함으로써 코드를 변경하지 않고 제한을 설정할 수도 있다.

표 8.7 **시스템 속성**

시스템 속성	설명
javax.xml.accessExternalDTD	ACCESS_EXTERNAL_DTD에 대응
javax.xml.accessExternalSchema	ACCESS_EXTERNAL_SCHEMA에 대응
javax.xml.accessExternalStylesheet	ACCESS_EXTERNAL_STYLESHEET에 대응

예를 들어, http 프로토콜에서만 외부 DTD의 얻기를 허용하려면 Java VM의 실행 시에 '-Djavax.xml.accessExternalDTD=file'이라는 옵션을 지정한다.

```
>java -Djavax.xml.accessExternalDTD=file kr.co.infopub.javarecipe.XMLSample
```

Eclipse에서 실행하는 경우는 'Run Configurations...'의 'VMarguments'에 옵션을 지정한다.

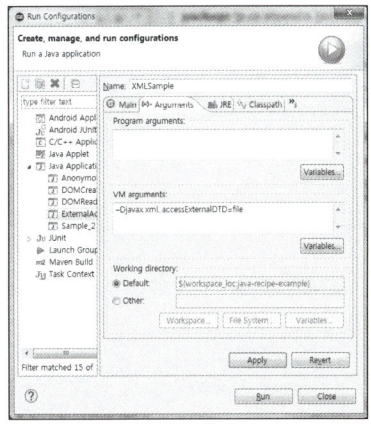

그림 8.5 Eclipse에서 VM 인수의 지정

## 250

SAX에서 XML을 읽기

SAX | SAXParser | DefaultHandler   6 7 8

관련내용	–
이용사례	거대한 XML로부터 필요한 정보를 가져오는 경우

javax.xml.parsers.SAXParser를 사용한다. SAXParser는 javax.xml.parsers.SAX ParserFactory에서 가져올 수 있다. 또한, SAXParser에는 SAX 핸들러를 전달해야 한다. SAX 핸들러는 org.xml.sax.helpers.DefaultHandler를 상속하여 구현한다.

다음과 같은 XML 파일이 있다.

● sample.xml

```xml
<?xml version="1.0"?>
<book name="Java 프로그래밍" publisher="정보문화사">
  <author name="김은철"/>
  <author name="유세라"/>
  <author name="홍길동"/>
  <author name="홍길순"/>
</book>
```

위의 XML을 파싱하기 위해서 다음과 같은 SAX 핸들러를 작성한다.

● SAX 핸들러의 구현 예

```java
public static class SampleSAXHandler extends DefaultHandler {
  // 태크의 시작 시에 호출됨
  @Override
  public void startElement(String uri, String localName, String qName,
    Attributes attributes) throws SAXException {

    if(qName.equals("book")) {
      System.out.println("도서명: " + attributes.getValue("name"));
      System.out.println("출판사: " + attributes.getValue("publisher"));

    } else if(qName.equals("author")) {
      System.out.println("저자: " + attributes.getValue("name"));
    }
  }
}
```

이 SAX 핸들러를 사용하여 XML을 파싱한다.

● SAX로 XML을 읽기

```
SAXParserFactory saxParserFactory = SAXParserFactory.newInstance();
SAXParser parser = saxParserFactory.newSAXParser();

// SAX 번들을 지정해 파싱을 실행
parser.parse("sample.xml", new SampleSAXHandler());
```

위의 예제에서는 SampleSaxHandler를 핸들러에 지정하고 SAX 파싱을 실행한다. 태그의 시작 시점에서 SampleSAXHandler의 startElement( ) 메소드가 호출된다.

위의 샘플 실행 결과는 다음과 같다.

▼실행 결과

도서명: Java 프로그래밍
출판사: 정보문화사
저자: 김은철
저자: 유세라
저자: 홍길동
저자: 홍길순

SAX 핸들러의 베이스 클래스인 DefaultHandler에는 [표 8.8]과 같은 메소드가 정의되며 SAXParser에 의해서 호출된다. SAX 핸들러의 구현 클래스에서는 필요에 따라 이러한 메소드를 오버라이드하고 임의의 처리를 구현한다.

표 8.8 DefaultHandler의 주요 메소드

메소드	설명
void startDocument( )	XML 문서의 시작
void endDocument( )	XML 문서의 종료
void startElement(String uri, String localName, String qName, Attributes attrs)	시작 태그
void endElement(String uri, String localName, String qName)	종료 태그
void characters(char[]ch, int start, int length)	텍스트 노드의 문자 데이터
void startPrefixMapping(String prefix, String uri)	이름 공간과 프리픽스의 매핑의 시작
void endPrefixMapping(String prefix)	이름 공간과 프리픽스의 매핑의 종료
void ignorableWhitespace(char[] ch, int start, int end)	무시할 수 있는 공백 문자
void warning(SAXParseException e)	SAX 경로 내에 경고가 발생한 경우
void error(SAXParseException e)	SAX 경로 내에 오류가 발생한 경우
void fatalError(SAXParseException e)	SAX 경로 내에 치명적인 오류가 발생한 경우

251 StAX에서 XML을 읽기

StAX | XMLStreamReader   6 7 8

관련내용	252 StAX에서 XML을 생성하기 P.421
이용사례	거대한 XML로부터 필요한 정보를 가져오는 경우

javax.xml.stream.XMLStreamReader를 사용한다.

XMLStreamReader는 javax.xml.stream.XMLInputFactory에서 가져올 수 있다. 다음과 같은 XML 파일이 있다.

●sample.xml

```xml
<?xml version="1.0"?>
<book name="Java 프로그래밍" publisher="정보문화사">
  <author name="김은철"/>
  <author name="유세라"/>
  <author name="홍길동"/>
  <author name="홍길순"/>
</book>
```

다음은 StAX를 사용해 이 XML 파일을 읽는 샘플을 나타낸다.

●StAX에서 XML을 읽기

```java
try(InputStream in = new FileInputStream("sample.xml")) {
XMLInputFactory factory = XMLInputFactory.newInstance();
  XMLStreamReader reader = factory.createXMLStreamReader(in);

  // 파싱을 시작
  while(reader.hasNext()) {
    // 이벤트 타입 구하기
    switch(reader.getEventType()) {
      // 태그의 시작 이벤트인 경우
      case XMLStreamConstants.START_ELEMENT:
        // book 태그인 경우
        if(reader.getLocalName().equals("book")) {
          // 속성 구하기
          System.out.println("도서명: " + reader.getAttributeValue("", "name"));
          System.out.println("출판사: " + reader.getAttributeValue("", "publis↵
her"));
```

```
        // author 태그의 경우
        } else if(reader.getLocalName().equals("author")) {
            // 속성 구하기
            System.out.println("저자: " + reader.getAttributeValue("", "name"));
        }
        break;

    default:
    }
    // 커서를 다음 이벤트로 이동함
    reader.next();
}

reader.close();
}
```

실행 결과는 다음과 같다.

▼ 실행 결과

도서명: **Java** 프로그래밍
출판사: 정보문화사
저자: 김은철
저자: 유세라
저자: 홍길동
저자: 홍길순

XMLStreamReader는 next( ) 메소드로 순차적으로 커서를 진행시킬 수 있으며, getEventType( ) 메소드의 반환값을 XMLStreamConstants에서 정의하고 있는 정수 (표 8.9)와 비교하여 현재 커서 위치의 이벤트 종류(태그의 시작 · 종료 등)를 판정할 수 있다.

표 8.9 **XMLStreamConstants의 주요 정수**

정수	설명
START_DOCUMENT	XML 문서의 시작
END_DOCUMENT	XML 문서의 종료
NAMESPACE	네임스페이스의 선언
START_ELEMENT	시작 태그
END_ELEMENT	종료 태그
CHARACTERS	텍스트 노드
COMMENT	주석
ATTRIBUTE	속성

StAX의 이벤트 이터레이터(Iterator) API

StAX에는 커서 API와 이벤트 이터레이터 API라는 2종류의 API가 있는데, 레시피 251 이나 레시피 252 에서 소개하는 예제 코드는 커서 API를 사용한 것이다.

커서 API는 간결하고 처리가 효율적인 API이지만, 이벤트 종류에 따라 가져오는 정보가 다르기 때문에 이벤트의 종류를 수치로 판정하고 그에 따른 정보를 가져와야 한다. 이에 대한 이벤트 이터레이터 API는 보다 추상화된 API이고 이벤트 정보를 객체로 나타낸다. 처리 효율보다 추상화된 API에 의한 형 안전성을 중시하는 경우는 이벤트 이터레이터 API를 사용하도록 한다.

● 이벤트 이터레이터 API에서 XML을 읽기

```java
try(InputStream in = new FileInputStream("sample.xml")) {
  XMLInputFactory inFactory = XMLInputFactory.newInstance();
  XMLEventReader reader = inFactory.createXMLEventReader(in);

  // 파싱을 시작
  while(reader.hasNext()) {
    // 다음 이벤트를 구하기
    XMLEvent event = reader.nextEvent();

    if(event.isStartElement()) {
      StartElement startElement = event.asStartElement();

      // 태그 시작 이벤트인 경우
      if(startElement.getName().getLocalPart().equals("book")) {
        // 속성 구하기
        Attribute name = startElement.getAttributeByName(new QName("name"));
        Attribute publisher = startElement.getAttributeByName(newQName
("publisher"));
        System.out.println("도서명: " + name.getValue());
        System.out.println("출판사: " + publisher.getValue());

      } else if(startElement.getName().getLocalPart().equals("author")) {
        // 속성 구하기
        Attribute name = startElement.getAttributeByName(new QName("name"));
        System.out.println("저자: " + name.getValue());
      }
    }
  }

  reader.close();
}
```

252

StAX에서 XML을 생성하기

StAX | XMLStreamWriter 6 7 8

관련내용	251 StAX에서 XML을 읽기 P.418
이용사례	새로운 XML을 간단하게 작성하는 경우

StAX는 XML의 읽기와 쓰기 모두 지원한다. StAX를 사용한 XML 출력에는 javax.xml.stream.XMLStreamWriter를 사용한다. 읽을 때와는 반대로 Java 프로그램으로부터 XMLStreamWriter에 대해서 태그의 시작과 종료 등을 작성해 나가는 형태가 된다.

API가 간단하기 때문에 DOM에서 트리를 구축하여 XML을 생성하는 것보다도 간단하게 기술할 수 있다. 반면, 태그의 종료를 잊지 말고 지정해야 하는 등 DOM에서는 생각하지 않아도 되는 부분에 유의해야 한다.

다음은 StAX를 사용하여 XML을 생성하는 샘플을 나타낸다.

● StAX로 XML을 생성하기

```
XMLOutputFactory outFactory = XMLOutputFactory.newInstance();

StringWriter stringWriter = new StringWriter();
XMLStreamWriter writer = outFactory.createXMLStreamWriter(stringWriter);

// 문서를 쓰기 시작
writer.writeStartDocument();
// book 태그를 씀
writer.writeStartElement("book");
// book 태그에 name 속성을 추가
writer.writeAttribute("name", "길라잡이 철저 입문");
// book 태그에 publisher 속성을 추가
writer.writeAttribute("publisher", "정보문화사");
// author 태그를 씀
writer.writeStartElement("author");
// author 태그에 name 속성을 추가
writer.writeAttribute("name", "김은철");
// author 태그를 종료
writer.writeEndElement();
// book 태그를 종료
writer.writeEndElement();
```

```
// 문서를 종료
writer.writeEndDocument();

writer.close();

// 작성한 XML을 출력
System.out.println(stringWriter.toString());
```

위의 예제 실행 결과는 다음과 같다(보기 쉽도록 줄바꿈 및 인덴트는 수정함).

▼실행 결과

```
<?xml version="1.0" encoding="UTF-8"?>
<book name="길라잡이 철저 입문" publisher="정보문화사">
  <author name="김은철"></author>
</book>
```

MEMO

## 253

XML을 Java 객체로 매핑하기

관련내용	–
이용사례	XML을 안전하게 다루는 경우

JAXB를 사용하면 XML을 Java 객체에 매핑해 상호 변환할 수 있다

▎xjc 명령어에 의한 소스의 자동 생성

JAXB에서는 Java 클래스에 어노테이션을 부여함으로써 XML과 매핑할 수 있다. 매핑하는 클래스는 스스로 소스 코드를 작성할 수 있지만 XML 스키마 등에서 JDK에 들어 있는 xjc 명령으로 소스 코드를 자동 생성할 수도 있다.

우선 다음과 같이 XML 스키마가 있다고 하자.

●sample.xsd(XML 스키마의 예)

```
<?xml version="1.0" encoding="UTF-8"?>
<xs:schema xmlns:xs="http://www.w3.org/2001/XMLSchema">

  <xs:element name="book" type="book"></xs:element>

  <xs:complexType name="book">
    <xs:sequence maxOccurs="unbounded" minOccurs="0">
      <xs:element name="author" type="author"></xs:element>
    </xs:sequence>
    <xs:attribute name="name" type="xs:string"></xs:attribute>
    <xs:attribute name="publisher" type="xs:string"></xs:attribute>
  </xs:complexType>

  <xs:complexType name="author">
    <xs:attribute name="name" type="xs:string"></xs:attribute>
  </xs:complexType>

</xs:schema>
```

이 XML 스키마로부터 xjc 명령으로 XML을 매핑하는 클래스의 소스 코드를 자동 생성한다. -d 옵션에서 소스 코드 생성할 디렉터리와 -p 옵션에서 생성할 소스 코드의 패키지 이름을 지정한다. 이러한 옵션이나 XML 스키마 파일 이름은 적절하게 변경한다.

```
> xjc -d src -p kr.co.infopub.javarecipe.xml.jaxb sample.xsd
```

위의 명령을 실행하면 다음의 3개 파일이 생성된다.

- ObjectFactory.java(Book과 Author를 생성하기 위한 팩토리 클래스)
- Book.java(book 요소에 대응하는 클래스)
- Author.java(author 요소에 대응하는 클래스)

위에서 실제로 XML에 매핑된 Book.java와 Author.java의 소스 코드는 다음과 같다(주석 등은 삭제함).

●Book.java(book 요소에 대응하는 클래스)

```java
package kr.co.infopub.javarecipe.xml.jaxb;

import java.util.ArrayList;
import java.util.List;
import javax.xml.bind.annotation.XmlAccessType;
import javax.xml.bind.annotation.XmlAccessorType;
import javax.xml.bind.annotation.XmlAttribute;
import javax.xml.bind.annotation.XmlType;

@XmlAccessorType(XmlAccessType.FIELD)
@XmlType(name = "book", propOrder = {"author"})
public class Book {

  protected List<Author> author;
  @XmlAttribute
  protected String name;
  @XmlAttribute
  protected String publisher;

  public List<Author> getAuthor() {
    if(author == null) {
      author = new ArrayList<Author>();
    }
    return this.author;
  }

  public String getName() {
    return name;
  }

  public void setName(String value) {
```

```
      this.name = value;
    }

    public String getPublisher() {
      return publisher;
    }

    public void setPublisher(String value) {
      this.publisher = value;
    }
  }
```

● Author.java(author 표준에 대응하는 클래스)

```
package kr.co.infopub.javarecipe.xml.jaxb;

import javax.xml.bind.annotation.XmlAccessType;
import javax.xml.bind.annotation.XmlAccessorType;
import javax.xml.bind.annotation.XmlAttribute;
import javax.xml.bind.annotation.XmlType;

@XmlAccessorType(XmlAccessType.FIELD)
@XmlType(name = "author")
public class Author {

  @XmlAttribute
  protected String name;

  public String getName() {
    return name;
  }

  public void setName(String value) {
    this.name = value;
  }

}
```

▌ JAXB에 의한 XML의 읽기

XML의 읽기에는 javax.xml.bind.Unmarshaller를 사용한다. xjc 명령으로 자동 생성된 클래스를 사용하여 XML을 읽는 예제를 다음에 나타낸다.

```
JAXBContext context = JAXBContext.newInstance("kr.co.infopub.javarecipe.xml.↵
jaxb");
Unmarshaller unmarshaller = context.createUnmarshaller();

@SuppressWarnings("unchecked")
JAXBElement<Book> element =
  (JAXBElement<Book>) unmarshaller.unmarshal(new File("sample.xml"));

Book book = element.getValue();
System.out.println("도서명: " + book.getName());
System.out.println("출판사: " + book.getPublisher());

List<Author> authorList = book.getAuthor();

for(Author author: authorList) {
  System.out.println("저자: " + author.getName());
}
```

　실행 결과는 다음과 같다.

▼실행 결과

```
도서명: Java 프로그래밍
출판사: 정보문화사
저자: 김은철
저자: 유세라
저자: 홍길동
저자: 유세라
```

▌ JAXB에 의한 XML 생성하기

　　XML의 생성은 javax.xml.bind.Marshaller를 사용한다. xjc 명령으로 자동 생성시킨 클래스를 사용하여 XML을 생성하는 예제는 다음과 같다.

●JAXB를 사용하여 XML을 생성하기

```
ObjectFactory objFactory = new ObjectFactory();

JAXBContext context = JAXBContext
    .newInstance("kr.co.infopub.javarecipe.xml.jaxb");
Marshaller marshaller = context.createMarshaller();
// 작성할 XML을 형식화하기 위한 설정
marshaller.setProperty(Marshaller.JAXB_FORMATTED_OUTPUT, Boolean.TRUE);
```

```
Book book = objFactory.createBook();
book.setName("Java 프로그래밍");
book.setPublisher("정보문화사");

Author author1 = objFactory.createAuthor();
author1.setName("김은철");
book.getAuthor().add(author1);

Author author2 = objFactory.createAuthor();
author2.setName("유세라");
book.getAuthor().add(author2);

Author author3 = objFactory.createAuthor();
author3.setName("홍길동");
book.getAuthor().add(author3);

Author author4 = objFactory.createAuthor();
author4.setName("홍길순");
book.getAuthor().add(author4);

JAXBElement<Book> element =
  new JAXBElement<Book>(new QName("book"), Book.class, book);

// XML을 표준 출력에 출력
ByteArrayOutputStream out = new ByteArrayOutputStream();
marshaller.marshal(element, out);

System.out.println(new String(out.toByteArray(), "UTF-8"));
```

실행 결과는 다음과 같다.

▼실행 결과

```
<?xml version="1.0" encoding="UTF-8" standalone="yes"?>
<book name="Java 프로그래밍" publisher="정보문화사">
    <author name="김은철"/>
    <author name="유세라"/>
    <author name="홍길동"/>
    <author name="홍길순"/>
</book>
```

XML 네임스페이스를 다루기

DOM이나 SAX, StAX 같은 API에서는 XML의 네임스페이스를 다룰 수 있다. 예를 들면 DOM에서는 다음과 같이 요소의 네임스페이스를 설정할 수 있다.

●DOM에서 네임스페이스 설정

```
// 네임스페이스 URI
String namespaceURI = "http://infopub.co.kr/book";

// 네임스페이스를 지정해 요소를 작성
Element book = doc.createElementNS(namespaceURI, "book");
// 프리픽스를 지정
book.setPrefix("b");

// 동일한 네임스페이스, 프리픽스에서 자식 요소를 작성
Element author = doc.createElementNS(namespaceURI, "author");
author.setPrefix("b");
book.appendChild(author);
```

위의 샘플에서 생성되는 XML은 다음과 같다.

▼실행 결과

```
<b:book xmlns:b="http://infopub.co.kr/book">
  <b:author/>
</b:book>
```

반대로 기존의 요소에서 네임스페이스 또는 프리픽스를 구하려면 다음과 같이 한다. 네임스페이스 또는 프리픽스가 지정되어 있지 않은 경우 getNamespaceURI( ) 메소드 또는 getPrefix( ) 메소드는 null 을 반환한다.

●DOM에서 네임스페이스를 가져오기

```
Element element = …

// 요소의 네임스페이스를 구함
String uri = element.getNamespaceURI();
// 요소의 프리픽스를 구함
String prefix = element.getPrefix();
```

제 **09** 장

JDBC

## 254

데이터베이스에 접속하기

JDBC | JDBC 드라이버 | DriverManager | getConnection **678**

Connection

관련내용	005 클래스 경로를 지정하기 P.014
이용사례	데이터베이스에 접속하여 조작할 경우

Java에서 데이터베이스 조작을 하려면 java.sql 패키지에서 제공되는 JDBC(Java DataBase Connectivity)라는 API를 사용한다.

데이터베이스에 접속하려면 접속할 데이터베이스에 대응하는 JDBC 드라이버가 필요하다. 이 JDBC 드라이버는 Java의 버전, 데이터베이스의 버전에 따라 다른 경우도 있으므로 주의한다.

▍ JDBC 드라이버의 다운로드

여기에서는 자주 사용되는 Oracle Database, MySQL, PostgreSQL의 JDBC 드라이버의 다운로드 사이트를 보여준다(표 9.1). 집필 시 최신 버전의 조합이다. 데이터베이스 제품이나 Java의 버전에 맞추어 적절한 JDBC 드라이버를 다운로드 한다. 적절한 조합이 아닌 경우 정상 동작하지 않는 것이 많다.

표 9.1 **JDBC 드라이버의 다운로드 사이트**

데이터베이스 드라이버 이름	다운로드 사이트	주의점
MySQL Connector/J 5.1.36	http://dev.mysql.com/downloads/connector/j/	Platform Independent로 선택한 다음 다운로드
Oracle Database 12c Release 1 JDBC Driver	http://www.oracle.com/technetwork/database/features/jdbc/jdbc-drivers-12c-download-1958347.html	JDK 버전에 따라 여러 드라이버가 있다. 또한, 디버깅 옵션이 붙는 등 여러 개의 드라이버가 있다. URL은 데이터베이스 기반의 버전마다 다르다.
PostgreSQL JDBC Driver	http://jdbc.postgresql.org/download.html	PostgreSQL 버전과 JDBC의 버전에 따라 여러 개 있다.

모든 jar 파일을 다운로드하고, 레시피 005 를 참고로 Jar 파일을 클래스 경로에 추가한다.

▍ 데이터베이스에 접속하기

여기에서는 MySQL에 접속하는 경우의 예제 코드를 소개한다. Oracle Database, PostgreSQL에 접속하려면 DriverManager#getConnection( ) 메소드의 1번째 인수인 데이터베이스 접속 URL을 각각 [표 9.2]와 같이 변경한다.

● MySQL로 접속한다

```
// 제1인수는 java_recipe 데이터베이스에 접속할 데이터베이스 접속 URL
// 제2인수는 사용자 이름(root), 제3인수는 비밀번호(password)
try(Connection con = DriverManager.getConnection(
  "jdbc:mysql://localhost:3306/java_recipe", "root", "password")) {


  // … 여기에서 데이터베이스에 액세스하는 처리를 함 …


} catch(SQLException e) {
  // 데이터베이스 접속에 실패한 경우
  e.printStackTrace();
}
```

표 9.2 데이터베이스 접속 URL

데이터베이스 이름	URL 예
Oracle Database	jdbc:oracle:thin:@localhost:1521/PDBORCL
PostgreSQL	jdbc:postgresql://localhost:5432/java_recipe

또한, 앞으로 이 장에서 소개할 샘플 코드는 MySQL을 기본으로 한다. Oracle이나 PostgreSQL에서 사용법이 다른 경우가 있다면 설명을 추가할 예정이다.

NOTE **Java 6에서는 반드시 연결을 닫는다**

Java 7에서는 try-with-resources 구문 레시피 035 를 사용하면 Connection과 Statement, ResultSet을 명시적으로 닫는 코드를 기술할 필요는 없다. 반면 Java 6 이전을 사용하는 경우는 다음과 같이 반드시 finally 블록에서 닫아야 한다.

```
Connection con = null;
try(
  con = DriverManager.getConnection(
    "jdbc:mysql://localhost:3306/java_recipe", "root", "password")) {


  // … 여기에서 데이터베이스에 액세스하는 처리를 함 …


} finally {
  // 반드시 Connection을 닫아야 한다
  con.close();
}
```

Java 6 이전에서 JDBC를 사용하는 경우 및 JDBC 4.0 이후를 지원하지 않는 JDBC 드라이버를 사용할 경우 JDBC 드라이버를 명시적으로 로드해야 한다. JDBC 드라이버를 로드하려면 DriverManager #getConnection( ) 메소드를 호출하기 전에 다음의 코드를 추가한다.

● MySQL의 경우

```
Class.forName("com.mysql.jdbc.Driver");
```

● Oracle의 경우

```
Class.forName("oracle.jdbc.driver.OracleDriver");
```

● PostgreSQL의 경우

```
Class.forName("org.postgresql.Driver");
```

JDBC 4.0을 지원하는 드라이버에서 이 기술은 불필요하지만 기술해도 별 문제는 없다.

MEMO

255 데이터베이스를 검색하기

관련내용	256 데이터베이스에 등록 · 갱신 · 삭제하기 P.436
이용사례	데이터베이스를 SQL로 검색하는 경우

데이터베이스에서 검색하고 결과를 받으려면 java.sql.PreparedStatement#executeQuery( ) 메소드를 사용한다.

● 데이터베이스를 검색하기

```
// SELECT문을 사용하기 위해서 PreparedStatement를 생성
try(PreparedStatement ps = con.prepareStatement(
    "SELECT lastname, firstname FROM writer WHERE firstname = ?")) { ────❶

  // 플레이스 홀더 '?'에 값을 설정(제1인수는 플레이스 홀더의 인덱스)
  ps.setString(1, "Olivia"); ────────────────────────────❷

  // SQL을 실행해서 ResultSet을 받음
  try(ResultSet rs = ps.executeQuery()) { ──────────────────❸
    // ResultSet으로부터 결과를 구함
    while(rs.next()) {
      // 읽을 컬럼을 컬럼명으로 지정
      String lastName = rs.getString("lastname");

      // 읽을 컬럼을 인덱스로 지정
      String firstName = rs.getString(2);
      System.out.println("firstname이 Olivia인 작가는: " + lastName + " " + ↵
firstName);
    }
  }
}
```

PreparedStatement에서는 ❶처럼 SQL에 프로그램에서 값을 주고 싶은 부분에 플레이스 홀더(?)를 기술할 수 있다. 위의 예에서는 ❷에서 플레이스 홀더에 대해서 PreparedStatement#setString( ) 메소드를 사용하여 문자열을 바인드하고 있는데, 이 밖에도 바인드할 값의 형에 따라 [표 9.3]의 메소드를 사용할 수 있다.

NOTE　플레이스 홀더의 인덱스

PreparedStatement에 바인드할 플레이스 홀더의 인덱스는 0이 아니라 1을 지정한다는 점에 주의한다.

표 9.3 PreparedStatement의 주요 메소드

메소드 이름	설명
setBigDecimal()	BigDecimal형의 파라미터를 바인드한다.
setBoolean()	boolean형의 파라미터를 바인드한다.
setByte()	byte형의 파라미터를 바인드한다.
setDate()	기본 타임존을 사용하고 java.util.Date형의 파라미터를 바인드한다.
setDouble()	double형의 파라미터를 바인드한다.
setFloat()	float형의 파라미터를 바인드한다.
setInt()	int형의 파라미터를 바인드한다.
setLong()	long형의 파라미터를 바인드한다.
setObject()	Object형의 파라미터를 바인드한다. 실제의 형에 의해서 대응하는 SQL형으로 자동적으로 변경된다.
setShort()	short형의 파라미터를 바인드한다.
setString()	String형의 파라미터를 바인드한다.
setTime()	java.sql.Time형의 파라미터를 바인드한다.
setTimestamp()	java.sql.Timestamp형의 파라미터를 바인드한다.

검색 결과는 ❸처럼 java.sql.ResultSet으로 받고, next( ) 메소드를 사용해 내용을 1줄씩 읽는다. 내용물을 읽을 때에는 [표 9.4]처럼 Java의 형에 대응한 메소드를 호출함으로써 알맞은 형으로 읽을 수 있다. 이러한 메소드는 읽을 컬럼을 인덱스 또는 컬럼 이름으로 지정할 수 있다.

NOTE **PreparedStatement에서 읽을 컬럼의 인덱스**

읽을 컬럼을 인덱스로 지정할 경우 플레이스 홀더에 대한 값의 바인드와 동일하게 0이 아니라 1로 지 깅에아 힌디.

표 9.4 ResultSet의 주요 메소드

메소드 이름	설명
getBigDecimal()	BigDecimal형으로 파라미터를 가져온다.
getBoolean()	boolean형으로 파라미터를 가져온다.
getByte()	byte형으로 파라미터를 가져온다.
getDate()	java.util.Date형으로 파라미터를 가져온다.
getDouble()	double형으로 파라미터를 가져온다.
getFloat()	float형으로 파라미터를 가져온다.
getInt()	int형으로 파라미터를 가져온다.
getLong()	long형으로 파라미터를 가져온다.
getObject()	Object형으로 파라미터를 가져온다.
getShort()	short형으로 파라미터를 가져온다.
getString()	String형으로 파라미터를 가져온다.
getTime()	java.sql.Time형으로 파라미터를 가져온다.
getTimestamp()	java.sql.Timestamp형으로 파라미터를 가져온다.

NOTE Statement가 아닌 PreparedStatement를 사용

Java에서 SQL을 사용하는 경우 PreparedStatement가 아닌 Statement를 사용할 수 있지만, Statement와 비교해서 PreparedStatement에는 다음과 같은 장점이 있다.

장점 1 실행 시 플레이스 홀더에 부정한 문자열을 바인드할 수 없도록 SQL 인젝션 대책이 된다

역자주 SQL 인젝션은 SQL문에 특정 부분을 참이 되게 해 로그인 등의 해킹 공격을 하는 행위).

장점 2 플레이스 홀더 이외의 SQL 구문 해석이 프리 컴파일되므로 실행 속도가 좋아진다.

따라서 SQL 처리를 하는 경우는 가능한 한 PreparedStatement를 사용하도록 한다.

256 데이터베이스에 등록·갱신·삭제하기

PreparedStatement | executeUpdate | ResultSet

6 7 8

관련내용	255 데이터베이스를 검색하기 P.433
	257 트랜잭션을 제어하기 P.438
이용사례	데이터베이스에 대해 SQL에서 등록·갱신 및 삭제를 할 경우

데이터베이스에 등록·갱신·삭제를 하려면 PreparedStatement#executeUpdate( ) 메소드를 사용한다. 반환값은 int형으로 등록·갱신·삭제 어느 경우에라도 변경을 한 행의 수이다.

또한, 새로 생성한 Connection은 기본적으로 트랜잭션 제어를 하지 않고 SQL을 실행할 때마다 자동으로 커밋된다. 프로그램 내에서 트랜잭션 제어를 해야 하는 경우 는 레시피 257 을 참조한다.

● 데이터베이스의 등록·변경·삭제를 하는 코드

```
////////////////////////////// INSERT //////////////////////////
// INSERT문을 준비하기 위해 PreparedStatement를 생성
try(PreparedStatement ps = con.prepareStatement(
    "INSERT INTO writer(lastname, firstname) VALUES (?, ?)")) {
  // 플레이스 홀더에 값을 설정
  ps.setString(1, "Olivia");
  ps.setString(2, "Ava");

  // SQL을 실행하여 갱신된 행수를 구함
  int result = ps.executeUpdate(); // => 1
}


////////////////////////////// UPDATE //////////////////////////
// UPDATE문을 준비하기 위해 PreparedStatement를 생성
try(PreparedStatement ps = con.prepareStatement(
    "UPDATE writer SET lastname = ? WHERE lastname = ?")) {
  // 플레이스 홀더에 값을 설정
  ps.setString(1, "Sophia");
  ps.setString(2, "Emma");

  // SQL을 실행하여 갱신된 행수를 구함
  int result = ps.executeUpdate(); // => 1
}
```

```
//////////////////////////// DELETE ////////////////////////////
// DELETE문을 준비하기 위해 PreparedStatement를 생성
try(PreparedStatement ps = con.prepareStatement(
    "DELETE FROM writer WHERE lastname = ?")) {
  // 플레이스 홀더에 값을 설정
  ps.setString(1, "Olivia");

  // SQL을 실행하여 갱신된 행수를 구함
  int result = ps.executeUpdate(); // => 1
}
```

이처럼 PreparedStatement에서는 갱신 시의 SQL에도 플레이스 홀더(?)를 포함할 수 있다. 파라미터의 바인드 방법에 대해서는 <u>레시피 255</u>를 참조한다.

또한, executeUpdate( ) 메소드에서는 INSERT문 및 UPDATE문 등의 DML(Data Manuplation Language) 이외에도 DDL(Data Definition Language)도 실행할 수 있다. DML을 실행한 경우의 반환값은 갱신한 행수지만 DDL을 실행한 경우의 반환값은 0이 된다.

● DDL을 사용한 테이블 생성 예

```
try(PreparedStatement ps = con.prepareStatement(
    "CREATE TABLE 'java_recipe'.'recipes' ('id' INT NOT NULL)")) {
  int result = ps.executeUpdate(); // => 0
}
```

트랜잭션을 제어하기

관련내용	256 데이터베이스에 등록·갱신·삭제하기 P.436
이용사례	데이터베이스에서 트랜잭션을 제어하는 경우

데이터베이스의 트랜잭션을 제어하려면 Connection#setAutoCommit( ) 메소드에 false를 지정하고 자동 커밋 모드를 해제한다.

> **NOTE   자동 커밋 모드**
>
> JDBC에서 데이터베이스에 접속할 경우 기본적으로 자동 커밋 모드가 유효하게 되며 SQL을 실행할 때마다 자동적으로 커밋된다.

데이터베이스에 대한 처리가 성공한 경우에는 commit( ) 메소드를 호출하여 데이터베이스에 값을 반영한다. 처리에 실패한 경우, 예외가 발생한 경우는 rollback( ) 메소드를 호출해 데이터베이스에 값의 반영을 취소한다.

● 트랜잭션 제어

```
// 자동 커밋 모드를 해제
con.setAutoCommit(false);

// DELETE문을 준비하기 위해 PreparedStatement를 생성
try(PreparedStatement ps = con.prepareStatement("DELETE FROM writer ↵
WHERE lastName = ?")) {

  // 우선 1 레코드 삭제
  ps.setString(1, "Olivia");
  int deletedRows = ps.executeUpdate();

  // 추가로 1 레코드 삭제
  ps.setString(1, "Ava");
  deletedRows = deletedRows + ps.executeUpdate();
```

```
    // 2  레코드가 삭제되지 않으면 롤백
    if(deletedRows == 2) {
        // 변경을 커밋
        con.commit();
        System.out.println("2건의 레코드 삭제에 성공했기 때문에 트랜잭션을 커밋했습니다.");
      } else {
        // 변경을 롤백
        con.rollback();
        System.out.println("2건의 레코드 삭제에 실패했기 때문에 트랜잭션을 롤백했습니다.");
      }
} catch(SQLException e) {
    // 예외 발생 시에 롤백
    con.rollback();
    throw e;
}
```

## 258

파일을 데이터베이스에 저장하기

setBlob │ setBinaryStream   6 7 8

관련내용	256 데이터베이스에 등록·갱신·삭제하기 P.436 259 데이터베이스에서 파일을 가져오기 P.442
이용사례	데이터베이스에 이미지를 저장하는 경우

이미지 등의 파일을 데이터베이스에 저장할 경우 이진 데이터로 저장한다. 따라서 데이터베이스에는 사전에 이진 데이터를 다루는 형(BLOB 형) 등을 준비해 둔다.

Java 프로그램에서 이진 데이터를 설정하려면 PreparedStatement#setBlob( ) 메소드를 사용하고 InputStream을 인수로 전달한다. 단, PostgreSQL의 경우에는 최신의 JDBC 드라이버(9.3)에서는 setBlob( ) 메소드가 구현되어 있지 않기 때문에 PreparedStatement#setBinaryStream( ) 메소드를 사용한다.

NOTE   **BLOB형의 컬럼을 가진 데이터베이스를 미리 작성한다**

데이터베이스 제품마다 BLOB형을 저장할 수 있는 데이터 크기가 다르다. 저장할 데이터의 크기마다 적절한 데이터형을 지정한다. PostgreSQL은 BYTEA형이므로 주의한다.
다음은 각 데이터베이스에서 파일을 저장할 테이블을 작성하는 SQL의 예를 나타낸다.

● Oracle

```
CREATE TABLE image(imagename VARCHAR(20), imagedata BLOB);
```

● MySQL

```
CREATE TABLE image(imagename text, imagedata BLOB);
```

● PostgreSQL

```
CREATE TABLE image(imagename TEXT, imagedata BYTEA);
```

이번에는 Java의 마스코트인 Duke의 이미지(Duke.png)를 저장해보자.

그림 9.1 Duke.png

● 이미지 데이터를 저장한다 `MySQL` `Oracle`

```
// 이미지 데이터를 저장하기 위한 PreparedStatement를 생성
try(PreparedStatement ps = con.prepareStatement(
    "INSERT INTO image(imageName, imageData) values (?, ?)")) {
  // 플레이스 홀더에 이미지 파일 이름을 설정
  ps.setString(1, "Duke");

  // 플레이스 홀더에 이미지 파일을 InputStream에 설정
  ps.setBlob(2, new FileInputStream("src/chapter09/Duke.png"));

  // SQL을 실행해 갱신한 행 수를 구함
  int insertResult = ps.executeUpdate();
}
```

● 이미지 데이터를 저장한다 `PostgreSQL`

```
// 이미지 데이터를 저장하기 위한 PreparedStatement를 생성
try(PreparedStatement ps = con.prepareStatement(
    "INSERT INTO image(imagename, imagedata) values (?, ?)")) {
  // 삽입할 이미지의 스트림을 구함
  File inputFile = new File("src/chapter09/Duke.png");
  FileInputStream input = new FileInputStream(inputFile);

  // 플레이스 홀더에 이미지 파일 이름을 설정
  ps.setString(1, "Duke");

  // 플레이스 홀더에 이미지 파일을 InputStream에 설정
  ps.setBinaryStream(2, input, inputFile.length());

  // SQL을 실행해 갱신할 행 수를 구함
  int insertResult = ps.executeUpdate();
}
```

## 259

데이터베이스에서 파일을 가져오기

관련내용	255 데이터베이스를 검색하기 P.433
	258 파일을 데이터베이스에 저장하기 P.440
이용사례	데이터베이스에 저장한 이미지를 꺼내는 경우

이미지 등의 파일을 데이터베이스로부터 가져올 경우 ResultSet#getBlob( ) 메소드를 사용한다. getBlob( ) 메소드는 Blob 오브젝트를 반환하므로 Blob#getBytes( ) 메소드나 Blob#getBinaryStream( ) 메소드를 사용하여 파일의 내용을 읽어온다.

또한, Blob#getBytes( ) 메소드는 파일 내용을 한 번에 메모리 상에 읽어 들이므로 큰 파일의 경우는 대량의 메모리가 필요하다. 이런 경우는 다음의 예제처럼 Blob#getBinaryStream( ) 메소드로 읽을 InputStream에서 조금씩 파일의 내용을 읽도록 하면 좋다.

●데이터베이스에서 파일을 가져오기   MySQL   Oracle

```
// 이미지 데이터를 읽기 위해 PreparedStatement를 생성
try(PreparedStatement ps = con.prepareStatement(
    "SELECT imagedata FROM image where imagename = ?")) {

  // 플레이스 홀더에 값을 설정
  ps.setString(1, "Duke");

  // SQL을 실행해 ResultSet을 받음
  try(ResultSet rs = ps.executeQuery()) {
    // ResultSet으로부터 결과를 구함
    while(rs.next()) {
      // 이미지 데이터를 Blob형으로 구함
      Blob imageData = rs.getBlob("imagedata");
      InputStream is = imageData.getBinaryStream();

      // FileOutputStream을 사용해 데이터를 씀
      FileOutputStream fos = new FileOutputStream("src/chapter09/DukeOut. ↵
png");

      // 4096 바이트씩 읽음
      byte[] buffer = new byte[4096];

      while(true) {
        int length = is.read(buffer);
        if(length < 0) {
          break;
```

```
      }
      fos.write(buffer, 0, length);
    }
  }
 }
}
```

　PostgreSQL의 경우, 최신의 JDBC 드라이버(9.3)에서는 getBlob( ) 메소드를 사용
하면 큰 파일을 가져올 때 오류가 발생하므로 ResultSet#getBinaryStream( ) 메소드
를 사용한다.

●데이터베이스에서 파일을 가져온다 `PostgreSQL`

```
// 이미지 데이터를 읽기 위해 PreparedStatement를 생성
try(PreparedStatement ps = con.prepareStatement(
    "SELECT imagedata FROM image where imagename = ?")) {

  // 플레이스 홀더에 값을 설정
  ps.setString(1, "Duke");

  // SQL을 실행해 ResultSet을 받음
  try(ResultSet rs = ps.executeQuery()) {
    // ResultSet으로부터 결과를 구함
    while(rs.next()) {
      // 이미지 데이터를 Blob형으로 구함
      // PostgreSQL의 경우는 Blob형이 오버플로우 되기 때문에 아래와 같이 함
      InputStream is = rs.getBinaryStream("imagedata");

      // FileOutputStream을 사용해 데이터를 씀
      FileOutputStream fos = new FileOutputStream("src/chapter09/DukeOut.png");

      // 4096 바이트씩 읽음
      byte[] buffer = new byte[4096];

      while(true) {
        int length = is.read(buffer);
        if(length < 0) {
          break;
        }
        fos.write(buffer, 0, length);
      }
    }
  }
}
```

260 데이터베이스 오류 코드에 따른 처리를 변경하기

SQLException | getErrorCode   678

| 관련내용 | – |
| 이용사례 | 제약 위반 등의 오류 코드가 반환된 경우에 처리를 바꾸는 경우 |

데이터베이스는 SQL의 처리가 정상적으로 종료하지 못할 경우 특정 오류 코드를 반환한다. 오류 코드는 SQLException 클래스의 getErrorCode()에서 가져올 수 있다.

다음의 예제는 INSERT 시 한 가지 제약 위반이 발생한 경우(이미 레코드가 존재하는 경우) 그것을 오류 코드에 의해 검출하고 대신 UPDATE를 한다. 여기에서는 MySQL인 경우의 예제 코드를 소개하지만, 오류 코드는 데이터베이스 제품에 따라 다르다. 자세한 내용은 각 데이터베이스 제품 매뉴얼 등을 참조한다.

● 오류 코드에 따른 처리를 변경하기   MySQL

```
// INSERT문을 준비하기 위해 PreparedStatement를 생성
try(PreparedStatement ps = con.prepareStatement("INSERT INTO book(id, name)
VALUES(1, 'Java_Recipe')")) {

  // 우선 레코드의 INSERT를 실행
  int insertCount = ps.executeUpdate();

  // INSERT에 성공한 경우
  System.out.println(insertCount + "건 INSERT 했습니다");
} catch(SQLException e) {
  // 오류가 발생한 경우(오류 코드 1062)에는 UPDATE를 실행함
  if(e.getErrorCode() == 1062) {
    // UPDATE문을 준비하기 위해 PreparedStatement를 생성
    try(PreparedStatement ps = con.prepareStatement("UPDATE book set name= ↵
'Java_Recipe' where id = 1")) {
      int updateCount = ps.executeUpdate();
      System.out.println("제약 위반으로 인해 book 테이블 id=1을" + updateCount + ↵
"건 UPDATE 했습니다");
    }
  }
}
```

261

스토어드 프로시저를 호출하기

관련내용	–
이용사례	데이터베이스에 등록한 스토어드 프로시저를 호출하는 경우

스토어드 프로시저(Stored Procedure)와 스토어드 펑션(Stored Function)이란, 보통의 SQL로는 만들기 어렵고 복잡한 처리를 데이터베이스 측에 정의·저장하고 함수처럼 호출시킬 수 있도록 한 것으로 처리 시간이나 로직의 예측을 잘 하기 위해서 쓰인다. java.sql.CallableStatement를 사용함으로써 Java 프로그램에서 스토어드 프로시저와 스토어드 펑션 기능을 호출할 수 있다.

여기에서는 MySQL, Oracle Database, PostgreSQL의 각 데이터베이스에 대해서 스토어드 프로시저를 호출하는 방법을 설명한다.

▌스토어드 프로시저의 등록

먼저 데이터베이스에 스토어드 프로시저를 등록한다. 스토어드 프로시저의 등록 방법은 데이터베이스 제품마다 다르다.

MySQL의 경우

MySQL의 스토어드 프로시저는 함수 내에 보통의 SQL을 기술한다.

● 스토어드 프로시저 `MySQL`

```
delimiter //
CREATE PROCEDURE get_writer(IN input_lastname TEXT)
BEGIN
select lastname, firstname FROM writer WHERE lastname = input_lastname;
END
//
```

Oracle Database의 경우

Java에서 호출했을 때 ResultSet을 사용하고 조작할 수 있도록 데이터베이스의 커서를 반환하는 저장 프로시저를 작성한다.

```
CREATE OR REPLACE PROCEDURE get_writer(input_lastname IN VARCHAR2, ↵
cur OUT SYS_REFCURSOR)
AS
BEGIN
  OPEN cur FOR SELECT lastname, firstname FROM writer WHERE lastname = input_↵
lastName;
END get_writer;
/
```

PostgreSQL의 경우

Java에서 호출했을 때 ResultSet을 사용하여 조작할 수 있도록 데이터베이스의 커서를 반환하는 스토어드 프로시저를 작성한다.

● 스토어드 프로시저 `PostgreSQL`

```
CREATE FUNCTION get_writer(TEXT) RETURNS refcursor AS '
DECLARE
    cur refcusor;
BEGIN
    OPEN cur FOR SELECT lastname, firstname FROM writer WHERE lastname = $1;
    RETURN cur;
END;
' LANGUAGE plpgsql;
```

┃ Java에서 스토어드 프로시저를 호출

Java에서 데이터베이스의 스토어드 프로시저를 호출하려면 Connection#prepare Call( ) 메소드로 CallableStatement를 생성한다. prepareCall( ) 메소드에서는 PreparedStatement의 경우와 같이 '?'를 플레이스 홀더로써 동적으로 값을 설정할 수 있다.

스토어드 프로시저를 호출하기 위한 SQL과 데이터를 읽을 때의 처리는 데이터베이스 제품에 따라 다르다.

MySQL의 경우

MySQL에서는 CallableStatement#executeQuery( ) 메소드로 스토어드 프로시저를 실행하고 반환값의 ResultSet에서 결과를 받는다.

●스토어드 프로시저를 호출하기 [MySQL]

```
// 스토어드 프로시저를 호출할 CallableStatement를 생성
CallableStatement cs = con.prepareCall("CALL get_writer(?)");

// 플레이스 홀더에 값을 설정
cs.setString(1, "Victor");

// SQL을 실행해 ResultSet을 받음
ResultSet rs = cs.executeQuery();

while(rs.next()) {
    // 컬럼명을 지정해 결과를 구함
    String lastName = rs.getString("lastname");
    String firstName = rs.getString("firstname");
    System.out.println("get_writer의 결과는:" + lastName + " " + firstName);
}
```

Oracle Database의 경우

　　Oracle Database에서는 CallableStatement#execute( ) 메소드로 스토어드 프로시저를 실행하고 getObject( ) 메소드로 ResultSet을 구한다.

●스토어드 프로시저를 호출하기 [Oracle]

```
// 스토어드 프로시저를 호출할 CallableStatement를 생성
CallableStatement cs = con.prepareCall("call get_writer(?, ?)");

// 1번째 플레이스 홀더에 스토어드 프로시저의 입력 인수를 설정
cs.setString(1, "Victor");
// 2번째 플레이스 홀더에 스토어드 프로시저의 반환값(형은 Oracle의 커서)을 설정
cs.registerOutParameter(2, OracleTypes.CURSOR);

// SQL을 실행
cs.execute();

// CallableStatement 실행 결과의 반환값 객체로부터 ResultSet을 구함
ResultSet rs = (ResultSet) cs.getObject(2);

while(rs.next()) {
    // 컬럼명을 지정해 결과를 구함
    String lastName = rs.getString("lastname");
    String firstName = rs.getString("firstname");
    System.out.println("get_writer의 결과는:" + lastName + " " + firstName);
}
```

PostgreSQL의 경우

PostgreSQL에서는 우선 오토 커밋 모드를 해제한다. 그리고 나서 CallableStatement#execute() 메소드로 스토어드 프로시저를 실행하고 getObject() 메소드로 ResultSet을 구한다.

● 스토어드 프로시저를 호출하기 `PostgreSQL`

```java
// 커서 이동을 하기 때문에 자동 커밋을 해제
con.setAutoCommit(false);

// 스토어드 프로시저를 호출할 CallableStatement를 생성
CallableStatement cs = con.prepareCall("{? = CALL get_writer(?)}");

// 1번째 플레이스 홀더에 스토어드 프로시저의 반환값을 설정
cs.registerOutParameter(1, Types.OTHER);
// 2번째 플레이스 홀더에 스토어드 프로시저의 입력 인수를 설정
cs.setString(2, "Ava");

// SQL을 실행
cs.execute();

// CallableStatement 실행 결과로부터 ResultSet을 구함
ResultSet rs = (ResultSet) cs.getObject(1);

while(rs.next()) {
  // 컬럼명을 지정해서 결과를 구함
  String lastName = rs.getString("lastname");
  String firstName = rs.getString("firstname");
  System.out.println("get_writer의 결과는:" + lastName + " " + firstName);
}
```

## 262

대량의 데이터를 모아 한 번에 등록 · 갱신하기

관련내용	257 트랜잭션을 제어하기 P.438
이용사례	데이터베이스에 대량의 데이터를 고속으로 등록하는 경우

데이터베이스에 대량의 데이터를 등록하는 경우 배치로 갱신함으로써 성능을 크게 향상시킬 수 있다. 배치 갱신이란 SQL을 그때그때 실행하는 것이 아니라 모두 모은 뒤 데이터베이스로 보내는 것으로, 플레이스 홀더를 가진 PreparedStatement에 대해 addBatch( ) 메소드에서 등록할 데이터 부분의 파라미터를 설정한 후 execute Batch( ) 메소드로 일괄 실행한다.

SQL의 실행 중에 오류가 발생하는 경우에는 java.sql.BatchUpdateException이 발생된다. BatchUpdateException#getUpdateCounts( ) 메소드에서 몇 번째의 SQL 갱신까지 성공했는지 판단할 수 있다.

●데이터베이스의 갱신을 배치 처리하기

```
// UPDATE문을 준비하기 위해 PreparedStatement를 생성
try(PreparedStatement ps = con.prepareStatement("UPDATE writer set lastname ↵
= ? where lastname = ?")) {

  // 1번째의 인수를 설정
  ps.setString(1, "D");
  ps.setString(2, "David");
  ps.addBatch();

  // 2번째의 인수를 설정
  ps.setString(1, "K");
  ps.setString(2, "Kevin");
  ps.addBatch();

  // 다른 SQL을 동시에 실행할 수도 있음
  ps.addBatch("INSERT INTO writer(lastname, firstname) VALUES ('Duke','')");

  // SQL을 일괄 실행
  int results[] = ps.executeBatch();

  // 실행 결과를 출력
  for(int i = 0; i < results.length; i++) {
    System.out.println((i + 1) + "번째의 SQL에 갱신한 건수는 " + results[i] + ↵
"건입니다.");
  }
```

```
  // addBatch한 내용을 클리어
  ps.clearBatch();

} catch(BatchUpdateException e) {
  // 일괄 처리를 실패한 경우
  System.out.println(e.getUpdateCounts().length + "개까지 SQL 갱신을 성공했습니다");
}
```

NOTE 배치 갱신 시의 트랜잭션

JDBC에서 트랜잭션은 기본적으로 자동 커밋 모드이다. 예를 들어 배치 갱신의 경우처럼 배치 갱신으로 5개의 데이터를 갱신하려고 했으나 5번째가 실패했을 때, 4번째까지는 커밋된 상태가 된다. 이를 피하고 싶을 때에는 레시피 257 을 참고로 자동 커밋 모드를 해제한 뒤 배치 갱신을 하도록 한다.

NOTE PreparedStatement를 여러 개의 배치 처리에서 반복 사용하는 경우

PreparedStatement를 여러 개의 배치 처리에서 반복 사용하는 경우에는 addBatch( ) 메소드로 추가한 내용을 clearBatch( ) 메소드로 지운 후 다음 처리를 해야 한다.

---

263 데이터베이스의 메타 데이터

getMetaData | **DatabaseMetaData**　　　　　　　　　　**6 7 8**

관련내용	–
이용사례	데이터베이스의 정보를 가져와서 처리를 변경하는 경우

　　DatabaseMetaData의 다양한 메소드를 호출함으로써 데이터베이스의 스키마나 테이블, 컬럼에 대한 정보나 특정 처리가 지원되는지 등의 각종 정보들을 얻을 수 있다. 얻을 수 있는 주요 정보는 [표 9.5]와 같다.

표 9.5 DatabaseMetaData에서 얻을 수 있는 주요 정보

메소드 이름	얻을 수 있는 정보
getColumns()	지정한 열에 관한 정보
getPrimaryKeys()	지정한 테이블의 기본키
getTypeInfo()	지원되는 모든 데이터형
getMaxColumnsInGroupBy()	GROUP BY 절 중 열 수의 최대값
getMaxColumnsInOrderBy()	ORDER BY 절 중 열 수의 최대값
getDatabaseMajorVersion()	데이터베이스의 메이저 버전
getDatabaseMinorVersion()	데이터베이스의 마이너 버전
getDatabaseProductName()	데이터베이스 제품명
getJDBCMajorVersion()	JDBC 드라이버의 메이저 버전
getMaxConnections()	병렬 접속의 최대 수
getMaxStatements()	동시에 오픈할 수 있는 최대의 문장 수
getTables()	지정한 테이블에 관한 정보
supportsBatchUpdates()	일괄 업데이트가 지원되는지
supportsOuterJoins()	외부 결합을 어떠한 형태로 지원하는지
supportsSchemasInDataManipulation()	DML에서 스키마 지정을 지원하는지
supportsSelectForUpdate()	SELECT FOR UPDATE를 지원하는지
supportsTransactions()	트랜잭션을 지원하는지
supportsTransactionIsolationLevel()	지정한 트랜잭션 차단 레벨(java.sql.Connection#TRANSAC TION_READ_COMMITTED, TRANSACTION_READ_UNCOM MITTED, TRANSACTION_REPEATABLE_READ, TRANSAC TION_SERIALIZABLE)을 지원하는지

●DatabaseMetaData의 샘플

```
DatabaseMetaData databaseMetaData = con.getMetaData();

// 결과는 "MySQL"
System.out.println(databaseMetaData.getDatabaseProductName());

// 메소드에 의해 ResultSet을 전달
try(ResultSet rs = databaseMetaData.getColumns("", "java_recipe", "writer", ↵
"%")) {
  while(rs.next()) {
    System.out.println(rs.getString("COLUMN_NAME"));
    System.out.println(rs.getString("COLUMN_SIZE"));
    System.out.println(rs.getString("IS_AUTOINCREMENT"));
  }
  // 제품명을 확인
  System.out.println(databaseMetaData.getJDBCMinorVersion()); // => MySQL

  // 기능을 지원하는지 확인
  System.out.println(databaseMetaData.supportsBatchUpdates()); // => true
}
```

제 **10** 장

JUnit

## 264

JUnit이란?

관련내용	265 테스트를 작성하여 실행하기 P.456 266 프로그램의 실행 결과를 확인하기 P.460
이용사례	Java의 단체 테스트를 자동화하는 경우

JUnit(http://www.junit.org/)은 오픈 소스 Java의 테스팅 프레임워크이다. JUnit을 사용하여 테스트 케이스를 작성하여 단위 테스트를 자동화할 수 있다.

JUnit을 사용해서 작성된 테스트 케이스는 JUnit에서 준비한 Test runners와 JUnit이 포함된 Eclipse와 같은 통합 개발 환경에서 실행할 수 있다.

▎JUnit의 기능

JUnit에는 크게 2가지 기능이 있다.

❶ 테스트 케이스 작성 지원

단위 테스트 시에 테스트 대상 클래스의 메소드를 호출하고 실행할 테스트 케이스를 작성한다. JUnit은 테스트 케이스 내에서 실행 결과를 검증하기 위한 메소드를 제공한다. 검증용 메소드에 대한 자세한 것은 레시피 266 을 참조한다.

❷ 테스트의 실행과 결과의 표시

JUnit에서는 테스트의 전 처리와 후 처리 등 테스트 케이스의 기술 방법을 규정한다. 규정에 의하여 테스트 케이스를 작성하여 테스트 케이스의 실행과 그 실행 결과를 한 눈에 확인할 수 있다. 테스트 케이스의 실행 방법의 자세한 내용은 레시피 265 를 참조한다.

▎JUnit의 장점

JUnit을 사용하여 테스트 케이스를 기술하면 다음과 같은 장점이 있다.

장점 1 단위 테스팅의 통일화

JUnit의 규정에 따른 테스트 케이스를 작성하고 실행하기 때문에 단위 테스팅의 실행 방법이 통일화된다. 그래서 작업 효율과 유지 보수성을 향상시킬 수 있다.

소스 코드와 테스트 코드 분리

　JUnit을 사용하면 테스트 대상의 소스 코드와 별도로 테스트 코드를 작성할 수 있다. 소스 코드와 테스트 코드의 파일이 따로 되어 있어서 소스 코드 관리에 유효하다.

테스트의 실행 내용·결과의 기록

　JUnit은 실행할 테스트 케이스의 내용을 코딩하기 때문에 테스트 코드를 보면 어떤 조건에서 어떤 결과를 확인했는지 알 수 있다.

회귀 테스트 자동화

　회귀 테스트는 버그 수정에 따라 다른 곳에 영향을 주고 새로운 버그가 발생하는 '역행'을 방지하기 위하여 한 번 실시한 테스트를 다시 실시하는 것이다. JUnit을 사용하면 버그를 수정할 때마다 하나부터 테스트를 수작업으로 다시 할 필요 없이 실행 단추를 누르기만으로 자동적으로 다시 할 수 있다.

NOTE　**JUnit 사용 시 주의**

JUnit에는 이런 많은 장점이 있지만 스레드 안전 여부 확인 등 전용의 환경이나 도구가 아니면 테스트를 할 수 없을 수도 있다. 또한, 자동화하는 것은 어디까지나 테스트 '실행'이기 때문에 테스트 케이스 속에서 어떤 내용을 확인할지에 대해서는 스스로 생각해야 한다.

265

테스트를 작성하여 실행하기

@Test   6 7 8

JUnit의 테스트 케이스는 다음의 규칙으로 기술한다.

규칙 1 테스트 클래스는 public 클래스로 한다.
규칙 2 테스트 메소드는 @Test 어노테이션을 부여한 public 메소드로 한다. 또한,
인수는 가지지 않고 반환값은 void이다.

예로 다음과 같은 유틸리티 메소드에 대한 테스트 케이스를 기술한다.

● 테스트 대상 클래스

```java
package kr.co.infopub.sample;

public class StringUtils {

  public static boolean isEmpty(String value) {
    // 인수가 null 또는 비어 있는 문자인 경우 true를 반환한다
    if(value == null || "".equals(value)) {
      return true;
    } else {
      return false;
    }
  }
}
```

┃ 테스트 케이스 작성

Eclipse에서 테스트 케이스를 작성하려면 패키지 익스플로러 등에서 테스트 대상
클래스(여기에서는 StringUtils)를 오른쪽 클릭하고 [New] → [JUnit Test Case]를
선택한다(그림 10.1).

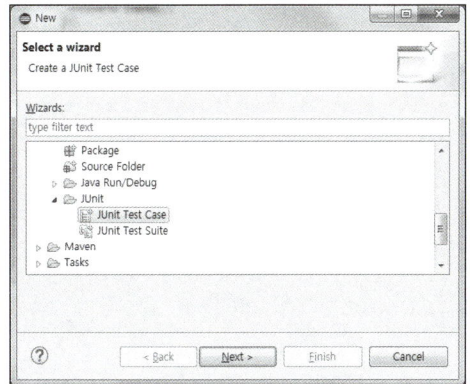

그림 10.1 **테스트 케이스 작성**

그러면, 테스트 케이스를 작성하기 위한 마법사(그림 10.2)가 실행되고 테스트 케이스 클래스 이름과 테스트 대상 메소드 등 필요한 정보를 입력하면 테스트 케이스의 모델을 생성할 수 있다. 이때, 프로젝트의 클래스 경로에 JUnit 라이브러리가 등록되어 있지 않으면 자동적으로 추가할 수 있다.

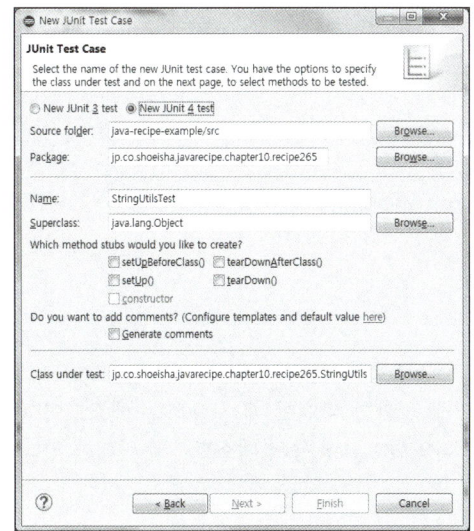

그림 10.2 **테스트 케이스 작성 마법사**

테스트 케이스의 소스 코드는 다음과 같다.

● 테스트 케이스

```java
package kr.co.infopub.sample;

import static org.hamcrest.CoreMatchers.*;
import static org.junit.Assert.*;

import org.junit.Test;

public class StringUtilsTest {

  @Test
  public void isEmpty01() {
    // 인수가 null인 경우 true가 반환되는 것을 확인한다
    assertThat(StringUtils.isEmpty(null), is(true));
  }

  @Test
  public void isEmpty02() {
    // 인수가 비어 있는 경우 true가 반환되는 것을 확인한다
    assertThat(StringUtils.isEmpty(""), is(true));
  }

  @Test
  public void isEmpty03() {
    // 인수가 임의의 문자열인 경우 false가 반환되는 것을 확인한다
    assertThat(StringUtils.isEmpty("test"), is(false));
  }

}
```

assertThat( ) 메소드는 프로그램의 실행 결과를 확인할 때 사용하는 메소드이다.
JUnit에서는 assetThat(.) 메소드 외에도 다양한 assert용의 메소드가 준비되어 있다.
자세한 것은 레시피 266 을 참조한다.

테스트 케이스의 실행

작성한 테스트 케이스를 실행하려면 Eclipse 상에서 테스트 케이스(여기에서는 String UtilsTest)를 오른쪽 클릭하고 [Run As] → [JUnit Test]를 선택한다. 그러면 [그림 10.3]과 같은 뷰가 열리고 테스트 결과가 표시된다.

이 뷰에서 테스트의 성공과 실패를 확인 가능할 뿐만 아니라 오류 발생 시 값의 비교 결과나 스택 추적을 확인하고, 오류가 발생한 테스트 케이스로 건너뛸 수도 있다.

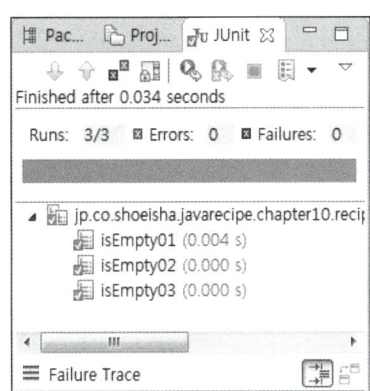

그림 10.3 JUnit 뷰

## 266

프로그램의 실행 결과를 확인하기

관련내용	267 JUnit 4에서 유연한 비교하기(Matcher API) P.463
	268 예외가 발생하는 것을 확인하기 P.466
이용사례	프로그램의 실행 결과가 옳은지를 판정하는 경우

　　JUnit이 제공하는 Assert 클래스의 테스트 검증용 메소드를 사용하고 메소드의 반환값 등이 기대대로 값이 되었는지를 확인한다. JUnit 4.4 이후에는 assertThat() 메소드와 Matcher API 레시피 267 을 사용함으로써 보다 일관된 기술을 할 수 있다. assertThat() 메소드 이외의 assertXxx() 메소드는 JUnit 4.4 이전과의 하위 호환성을 유지하기 위해 남아 있다.

▌비교 검증

　　비교 검증에는 assertEquals() 메소드, assertArrayEquals() 메소드, assertThat() 메소드를 사용한다. 참고로, JUnit 4.4 이후에서는 assertThat() 메소드의 이용이 권장된다.

- assertEquals()　··········· 기대값과 실제값이 같은 값임을 검증
- assertArrayEquals()　······ 기대값과 실제값의 배열 개체가 같음을 검증
- assertThat()　················· Matcher 객체로 지정한 비교 처리로 실제값을 검증
  (JUnit 4.4에서 이용 가능. 자세한 것은 레시피 267 을 참조)

●비교 검증

```java
// x가 3임을 검증
assertEquals(3, x);
assertEquals("x가 3이 아님", 3, x); // 값이 다른 경우 메시지 표시

// x가 배열 {1, 2, 3}에 있는지 검증
int [] expected = {1, 2, 3};
assertArrayEquals(expected, x);
assertArrayEquals("x가 배열 {1, 2, 3}이 아님", expected, x); // 값이 다른 경우 메시지 표시

// x가 3임을 검증
assertThat(x, is(3));
```

참과 거짓 검증

참과 거짓 값의 비교 검증에는 assertTrue( ) 메소드, assertFalse( ) 메소드를 사용한다.

- assertTrue( )·················· 실제값이 true(기대값)임을 검증
- assertFalse( ) ··············· 실제값이 false(기대값)임을 검증

● **참과 거짓 검증**

```
// x가 true임을 검증
assertTrue(x);
assertTrue("x가 true가 아님", x);      // 값이 다른 경우 메시지 표시

// false임을 검증
assertFalse(x);
assertFalse("x가 false가 아님", x);    // 값이 다른 경우 메시지 표시
```

객체 참조의 검증

객체 참조의 비교 검증에는 assertSame( ) 메소드, assertNotSame( ) 메소드를 사용한다.

- assertSame( ) ··············· 기대값과 실제값의 객체 참조가 같은 것을 검증
- assertNotSame( ) ········· 기대값과 실제값의 객체 참조가 다르다는 것을 검증

● **객체 참조의 검증**

```
// 객체 x가 객체 expected임을 검증
assertSame(expected, x);
assertSame("참조처가 다름", expected, x);      // 값이 다른 경우 메시지 표시

// 2개 인수의 객체 참조가 다르다는 것을 검증
assertNotSame(expected, x);
assertNotSame("참조가 같음", expected, x);     // 값이 다른 경우 메시지 표시
```

null인지 검증

null 값의 검증에는 assertNull( ) 메소드, assertNotNull( ) 메소드를 사용한다.

- assertNull( ) ·················· 실제값이 null(기대값)임을 검증
- assertNotNull( ) ············· 실제값이 null(기대값)이 아님을 검증

```
// x가 null인지 검증
assertNull(x);
assertNull("x가 null이 아님", x);    // 값이 다른 경우 메시지 표시

// null이 아닌지 검증
assertNotNull(x);
assertNotNull("x가 null임", x);    // 값이 다른 경우 메시지 표시
```

┃ 테스트를 강제적으로 실패시키기

어느 블록이 실행되지 않도록 테스트하고 싶은 경우나 테스트 내용을 아직 기술하지 않은 테스트 메소드를 나중에 잊지 않도록 하는 등의 이유로 테스트를 강제적으로 실패시키고 싶을 때가 있다. 이런 경우는 Assert 클래스의 fail( ) 메소드를 사용한다.

- fail( ) ·························· 테스트를 강제로 실패시킨다

●강제로 실패시키기

```
fail();
fail("여기를 통과해서는 안 됨");   // 실패 시 오류 메시지 표시
```

267 JUnit 4에서 유연한 비교하기 (Matcher API)

관련내용	266 프로그램의 실행 결과를 확인하기 P.460
이용사례	assertThat( ) 메소드를 사용하여 범용적인 비교를 할 경우

Matcher API와 assertThat( ) 메소드를 사용한다. JUnit 4.4 이전의 assertXxx( ) 메소드 레시피 266 대신 JUnit 4.4에서 제공된 Matcher API와 assertThat( ) 메소드를 사용함으로써 보다 일관성 있는 기술로 비교 검증을 할 수 있다.

Matcher API를 사용하려면 org.hamcrest.CoreMatchers 클래스와 org.junit matchers.JUnitMatchers 클래스를 사용한다.

▌ 비교 검증

비교 검증에는 CoreMatchers 클래스가 제공하는 is( ) 메소드를 사용한다. not( ) 메소드는 평가값을 반전시키는 Matcher를 반환한다.

●비교 검증

```
// x의 값이 3임을 검증(equals 메소드에 의한 비교와 같은 의미)
assertThat(x, is(3));

// x의 값이 0이 아님을 검증
assertThat(x, is(not(0)));
```

▌ null인지 검증

null 값의 검증에는 CoreMatchers 클래스가 제공하는 nullValue( ) 메소드, not NullValue( ) 메소드를 사용한다. assertThat(x, is(null))처럼 is( ) 메소드로 null 값의 검증을 할 수 없다.

- nullValue( ) ················· 대상 객체가 null인 것을 검증
- notNullValue( )··············· 대상 객체가 null이 아님을 검증

●null인지 검증

```
// null인지 검증
assertThat(x, is(nullValue()));

// null이 아닌지 검증
assertThat(x, is(notNullValue()));
```

문자열의 검증

문자열 검증은 CoreMatchers 클래스가 제공하는 다음의 메소드를 사용한다.

- containsString( ) ………… 대상 문자열에 기대하는 문자열이 포함되는 것을 검증
- startsWith( ) ……………… 대상 문자열의 앞부분이 기대하는 문자열임을 검증
- endsWith( ) ……………… 대상 문자열의 끝부분이 기대하는 문자열임을 검증

● **문자열 검증 값이 포함되는지 검증**

```
// 대상 문자열 string에 문자열 a가 포함되어 있는지 검증
assertThat(string, containsString("a"));

// 대상 문자열 string의 선두가 문자열 a가 있는지 검증
assertThat(string, startsWith("a"));

// 대상 문자열 string의 끝에 문자열 a가 있는지 검증
assertThat(string, endsWith("a"));
```

조건 제어

각 조건의 일치 여부의 제어에는 CoreMatchers 클래스가 제공하는 다음의 메소드를 사용한다.

- both( )…………… 대상 객체들이 양쪽의 Matcher 조건과 일치하는 것을 검증(AND 조건)
- either( ) ………… 대상 객체들이 어느 Matcher 조건과 일치하는 것을 검증(OR 조건)
- allOf( )…………… 대상 객체들이 모든 Matcher 조건과 일치하는 것을 검증
- anyOf( ) ………… 대상 객체들이 한 가지의 Matcher 조건과 일치하는 것을 검증

● **조건 제어**

```
// 대상 문자열 Hello가 'e를 포함'하고 'o를 포함함' 것을 검증
assertThat("Hello", both(containsString("e")).and(containsString("o")));

// 대상 문자열 Hello가 'e를 포함' 또는 'f를 포함한' 것을 검증
assertThat("Hello", either(containsString("e")).or(containsString("f")));

// 대상 문자열 Hello가 모든 조건에 일치한다
// ('Hello에 일치' 'H로 시작' 'o로 끝났다')는 것을 검증
assertThat("Hello", allOf(is("Hello"), startsWith("H"), endsWith("o")));

// 대상 문자열 Hello가 한 가지의 조건과 일치하는지
// ('He와 일치' 'H로 시작' '!로 종료')되는 것을 검증
assertThat("Hello", anyOf(is("He"), startsWith("H"), endsWith("!")));
```

▌인스턴스나 형의 검증

인스턴스나 형 검증에는 CoreMatchers 클래스의 instanceOf( ) 메소드, sameInstance( ) 메소드를 사용한다.

- instanceOf( )·············· 대상 객체가 지정한 클래스의 인스턴스임을 검증
- sameInstance( ) ·········· 대상 객체들이 기대하는 객체와 같은 인스턴스임을 검증(==비교와 같음)

● 인스턴스나 형 검증

```
// 대상 객체가 지정한 클래스의 인스턴스임을 검증
assertThat(x, is(instanceOf(TestA.class)));

// x로 지정한 객체가 동일한 것을 검증(==비교와 같음)
assertThat(x, is(sameInstance(expected)));
```

▌컬렉션의 검증

List나 배열 등의 검증에는 JUnitMatchers 클래스의 hasItem( ) 메소드, hasItems( ) 메소드를 사용한다.

- hasItem( ) ················· 컬렉션에 지정한 값이 포함되는 것을 검증
- hasItems( ) ················ 컬렉션에 지정된 값(가변 인수)이 포함되는 것을 검증

● 컬렉션의 검증

```
// 컬렉션 list에 a가 포함되는 것을 검증
assertThat(list, hasItem("a"));

// 컬렉션 list에 a, b, c가 포함되는 것을 검증
assertThat(list, hasItems("a", "b", "c"));
```

## 268

예외가 발생하는 것을 확인하기

관련내용	266 프로그램의 실행 결과를 확인하기 P.460
이용사례	오류 테스트 케이스를 기술하는 경우

예외가 발생하는 것을 확인하는 경우 @Test 어노테이션의 expected 속성을 사용한다.

● 예외 발생 확인

```
@Test(expected = IllegalArgumentException.class)
public void checkExpectedException() {
  // CalcUtils.divide(int x, int y)는 x/y의 결과를 float으로 반환하는 메소드
  // 인수 y가 0인 경우 IllegalArgumentException을 발생시킴
  CalcUtils.divide(2, 0);
}
```

MEMO

269

테스트의 전후 처리하기

@Before | @After ⑥ ⑦ ⑧

관련내용	270 테스트 클래스의 실행 전후에 한 번만 처리하기 P.468
이용사례	테스트 메소드 실행에 필요한 전후 처리를 공통적으로 하는 경우

객체의 초기화, 네트워크 접속·차단, 데이터베이스의 초기화, 외부 파일 초기화 등 테스트 메소드의 실행에 있어서 공통적으로 필요한 전후 처리가 있는 경우 전 처리는 @Before 어노테이션, 후 처리는 @After 어노테이션을 부여한 메소드로 구현한다.

메소드는 반환값이 void로 인수를 갖지 않는 public 메소드로 구현해야 한다. @After 어노테이션에서 정의된 메소드는 테스트 성공, 실패에 관계 없이 반드시 실행된다.

● 테스트 메소드별 전후 처리

```java
@Before
public void setUp() {
  System.out.println("----Start----");
}

@After
public void tearDown() {
  System.out.println("-----End-----");
}

@Test
public void test1() {
  System.out.println("test1() 실행");
}

@Test
public void test2() {
  System.out.println("test2() 실행");
}
```

▼ 실행 결과

```
----Start----
test1() 실행
-----End-----
----Start----
test2() 실행
-----End-----
```

270

테스트 클래스의 실행 전후에 한 번만 처리하기

@BeforeClass | @AfterClass

6 7 8

관련내용	269 테스트의 전후 처리하기 P.467
이용사례	테스트 클래스 단위로 리소스 등을 관리해야 하는 경우

테스트 메소드 마다가 아니라 테스트 클래스의 실행 전후에 한 번만 처리하려면 전처리는 @BeforeClass 어노테이션, 후 처리는 @AfterClass 어노테이션을 부여한 메소드로 구현한다.

메소드는 반환값이 void로 인수를 갖지 않는 static인 public 메소드로 구현해야 한다.

● 테스트 클래스 전후 처리

```java
@BeforeClass
public static void setUp() {
    System.out.println("----Start----");
}

@AfterClass
public static void tearDown() {
    System.out.println("-----End-----");
}

@Test
public void test1() {
    System.out.println("test1() 실행");
}

@Test
public void test2() {
    System.out.println("test2() 실행");
}
```

▼실행 결과

```
----Start-----
test1() 실행
test2() 실행
-----End-----
```

271

테스트를 일시적으로 건너뛰기

@Ignore   6 7 8

관련내용	–
이용사례	구현하지 않은 테스트 메소드를 건너뛰는 경우

테스트 메소드에 @Ignore 어노테이션을 부여한다. @Ignore 어노테이션을 지정한 경우는 테스트 케이스로 인식되지만 실행은 하지 않는다.

● **테스트 메소드 건너뛰기**

```java
@Ignore("포함 안 됨")
@Test
public void testSum() { // 이 테스트 메소드는 실행되지 않음
  int actual = CalcUtils.sum(1, 2);
  assertThat(actual, is(3));
}
```

MEMO

272

전제 조건으로 테스트 케이스의 실행 여부를 제어하기

Assume | assumeTrue | assumeThat | assumeNotNull **6 7 8**

assumeNoException

관련내용	267 JUnit 4에서 유연한 비교하기(Matcher API) P.463
이용사례	OS의 종류 등 특정 실행 환경에 의해 테스트 케이스의 실행 여부를 제어하는 경우

테스트를 실시할 때 전제 조건에 근거하여 테스트 케이스를 실행하려면 org.junit. Assume 클래스를 사용한다. Assume 클래스에는 다음의 검증용 메소드가 있고 JUnit 4.4 이후부터 이용할 수 있다.

- assumeTrue( ) ······························ 실제값이 true(기대값)임을 검증
- assumeThat( ) ···························· Matcher 객체로 지정한 비교 처리로 실제값을 검증(상세는 레시피 267 을 참조)
- assumeNotNull( ) ···················· 실제값이 null이 아닌 것(기대값)을 검증
- assumeNoException( ) ·············· 실제값이 예외가 아님(기대값)을 검증

Assume 클래스의 검증용 메소드가 참(true)인 경우는 이후의 처리가 실행되지만, 거짓(false)인 경우는 테스트 케이스가 실패는 안 되지만 성공(건너 뜀) 이후의 처리는 실행되지 않는다. 예를 들어 OS의 종류 등 특정의 실행 환경에 의존하는 테스트를 실행한 경우, 환경에 의존하는 부분의 처리는 Assume 클래스의 검증 메소드에 의한 검증 후에 기술함으로써 테스트 케이스의 실행 여부를 제어할 수 있다.

●Windows 환경에서만 실행하는 경우

```java
@Test
public void testAssume() {
    // OS가 Windows인지 여부를 검증
    assumeTrue(System.getProperty("os.name").contains("Windows"));

    // Windows가 아니면 이 코드는 실행되지 않고 테스트 자체는 성공(건너 뜀)으로 진행된다
    assertThat(System.getProperty("line.separator"), is("\r\n"));
}
```

273

룰이란?

@Rule 6 7 8

관련내용	282 커스텀 룰을 정의하기 P.487 283 룰의 실행 순서를 제어하기 P.488 284 테스트 클래스마다 룰을 적용하기 P.490
이용사례	테스트 케이스에서 보다 고도의 JUnit의 기능을 사용하고 싶은 경우

룰이란, 테스트 클래스 간에 공통된 처리나 테스트 시 실행 방법을 정의하기 위해 JUnit 4.7에서 추가된 JUnit을 확장하기 위한 구조이다. 룰은 단위 테스트의 확장 기능을 클래스로 정의하고 그 확장 기능이 필요한 테스트 클래스에서 org.junit.Rule 어노테이션을 부여한 public인 필드로 정의함으로써 사용할 수 있다.

● Rule 어노테이션의 정의 예

```
package kr.co.infopub.sample;

import org.junit.Rule;
import org.junit.Test;
import org.junit.rules.Timeout;

public class TimeoutTest {

    // Timeout 규칙을 이용하기 때문에 public인 필드로서 정의하고
    // @Rule 어노테이션을 부여
    @Rule
    public Timeout globalTimeout = new Timeout(20);

    @Test
    public void testExecute01() {
        // 긴 처리 시간이 걸리는 메소드
    }

        ⋮

}
```

JUnit에서는 [표 10.1]의 범용적으로 사용할 수 있는 규칙을 제공한다. 또한, 커스텀 룰로써 자체적으로 새로운 공통 처리를 작성할 수도 있다. 커스텀 룰에 대해서는 레시피 282 를 참조한다.

표 10.1 JUnit이 제공하는 규칙

규칙	설명
TestName	실행 중인 테스트 메소드 이름을 가져온다. 레시피 274
Timeout	테스트의 타임아웃 시간을 설정한다. 레시피 275
ExpectedException	예외의 상세를 검증한다. 레시피 276
ErrorCollector	테스트 실행 시 오류 정보를 축적한다. 레시피 277
Verifier	테스트의 공통된 사후 조건을 검증한다. 레시피 278
TestWatcher	테스트의 실행을 감시한다. 레시피 279
ExternalResource	외부 리소스를 다룬다. 레시피 280
TemporaryFolder	테스트 실행 전에 임시 파일을 작성하고 종료 후에 삭제한다. 레시피 281

MEMO

274 테스트 메소드의 이름

@Rule | TestName | getMethodName

678

관련내용	273 룰이란? P.471
이용사례	테스트 메소드 내에서 실행 중인 테스트 메소드 이름을 가져오는 경우 로그에 테스트 이름을 출력하는 경우 테스트 이름으로 처리를 제어하는 경우

실행 중인 테스트 메소드 이름을 가져오는 경우 org.junit.rules.TestName 룰의 getMethodName( ) 메소드를 사용한다.

● 테스트 메소드의 이름 가져오기

```
@Rule
public TestName testName = new TestName();

@Test
public void execute() throws Exception {
  fail(testName.getMethodName() + "메소드는 포함 안 함");
  // => execute 메소드는 포함 안 함
}
```

MEMO

275

타임아웃 값을 설정하기

@Rule | Timeout | @Test | timeout 속성   678

관련내용	273 룰이란? P.471
이용사례	일정 시간 경과 후에 테스트를 실패시키는 경우

테스트 케이스 실행 시에 타임아웃 시간을 설정할 경우 org.junit.rules.Timeout 또는 @Test 어노테이션의 timeout 속성을 사용한다.

org.junit.rules.Timeout 룰은 테스트 클래스 내의 모든 테스트 메소드에, @Test 어노테이션의 timeout 속성은 대상 테스트 메소드에만 적용된다. 테스트의 실행 시간이 설정된 시간을 초과하면 테스트가 실패했다고 간주된다.

▌Timeout 룰을 사용하는 경우

Timeout 룰을 사용하면 모든 테스트 메소드에 똑같은 타임아웃 시간을 설정할 수 있다. Timeout 룰의 생성자에 타임아웃 시간(밀리초)을 설정한다.

다음의 예제에서는 각 메소드의 실행에 1000 밀리 세컨드 이상 걸린 경우 Timeout Exception이 발생된다.

● 모든 메소드에 똑같은 타임아웃 시간을 설정하기

```java
@Rule
public Timeout globalTimeout = new Timeout(1000);

@Test
public void testExecute01() {
   // 긴 처리 시간이 걸리는 메소드
     ⋮
}

@Test
public void testExecute02() {
   // 긴 처리 시간이 걸리는 메소드
     ⋮
}
```

 예제가 가득한 Java 프로그래밍

▌@Test 어노테이션의 timeout 속성을 사용하는 경우

@Test 어노테이션의 timeout 속성을 사용하면 대상이 되는 메소드에 타임아웃 시간(밀리초)을 설정할 수 있다.

다음의 예제에서는 testExecute( ) 메소드의 실행에 1000 밀리 세컨드 이상 걸린 경우 TimeoutException이 발생된다.

● **특정의 메소드에 타임아웃 시간을 설정하기**

```
@Test(timeout = 1000)
public void testExecute() {
    // 긴 처리 시간이 걸리는 메소드
       ⋮
}
```

MEMO

276

예외 발생을 상세하게 검증하기

@Rule | ExpectedException   6 7 8

관련내용	268 예외가 발생하는 것을 확인하기 P.466 273 룰이란? P.471
이용사례	예외 메시지를 확인할 경우

org.junit.rules.ExpectedException 룰을 사용한다.

예외의 발생을 검증하는 방법으로 @Test 어노테이션의 expected 속성 레시피 268 을 사용하는 방법이 있는데, @Test 어노테이션에서 발생한 예외의 형은 검증할 수 있지만 예외 메시지의 검증은 할 수 없다. 한편, ExpectedException 룰을 사용한 경우 예외 메시지 등의 상세에 대한 검증도 할 수 있게 된다.

● 발생하는 예외로 메시지를 검증하기

```java
@Rule
public ExpectedException exException = ExpectedException.none();

@Test
public void testExecute() {
    // 확인할 예외의 형과 메시지를 설정
    exException.expect(IllegalArgumentException.class);
    exException.expectMessage("인수 오류");

    // 확인 대상의 예외를 발생시킴
    throw new IllegalArgumentException("인수 오류");
}
```

277

도중에 테스트가 실패해도 마지막까지 검증하기

@Rule | ErrorCollector | checkThat   6 7 8

관련내용	273 룰이란? P.471
이용사례	도중에 테스트가 실패해도 끝까지 검증하는 경우 전체적으로 오류가 몇 개 있는지 파악하고 싶은 경우

org.junit.rules.ErrorCollector 룰의 checkThat( ) 메소드를 사용한다.

이 클래스를 사용할 경우 검증 도중 assertion의 실패나 오류가 발생하더라도 오류 정보는 ErrorCollector 객체에 저장된 채 테스트를 계속하고 마지막으로 테스트의 성패가 판정된다. 따라서 테스트 실행 후에 오류가 된 항목에 관한 정보를 모아서 확인할 수 있다.

● 테스트 실행 시 오류 정보를 축적한다

```
@Rule
public ErrorCollector ec = new ErrorCollector();

@Test
public void testConstructor() {
    // Book 클래스는 ISBN 코드를 인수로 대응하는 서적 정보를 취득하는 클래스
    // 속성 name(도서명)과 price(가격)가 설정된다
    Book book = new Book("978-89-5674-637-1");

    // ISBN 코드 978-89-5674-637-1에 대응하는 서적에 있는지 확인
    ec.checkThat(book, is(notNullValue()));
    ec.checkThat(book.getName(), is("iOS 프로그래밍"));
    ec.checkThat(book.getPrice(), is(3200));
}
```

▼ 여러 개의 assertion 오류 출력 예

```
java.lang.AssertionError:
Expected: is "iOS 프로그래밍"
     but: was null
    at org.hamcrest.MatcherAssert.assertThat(MatcherAssert.java:20)
    at org.junit.Assert.assertThat(Assert.java:865)
      :
java.lang.AssertionError:
Expected: is <3200>
     but: was <0>
    at org.hamcrest.MatcherAssert.assertThat(MatcherAssert.java:20)
    at org.junit.Assert.assertThat(Assert.java:865)
      :
```

## 278

사후 검증을 공통화하기

관련내용	269 테스트의 전후 처리하기 P.467 273 룰이란? P.471
이용사례	여러 개의 테스트 클래스에서 공통된 처리를 할 경우 복잡한 사후 조건의 검증을 하는 경우

　　사후 검증을 여러 클래스에서 공통화하려면 org.junit.rules.Verifier 룰을 사용한다. @After 어노테이션을 부여한 메소드로 사후 검증을 기술해도 구현할 수 있지만, 여러 개의 테스트 클래스에서 횡단적으로 같은 사후 검증을 할 경우 Verifier 룰로 정의하면 편리하다.

　　Verifier 룰은 추상 클래스로 정의되어 있기 때문에 verify( ) 메소드를 오버라이드해 사후 검증 처리를 기술함으로써 이용한다.

　　또한, Verifier 룰에 따른 사후 검증은 @After 어노테이션에서 지정시킨 후 처리보다도 나중에 실행된다.

● 파일의 존재 확인을 사후 검증한다

```java
public class VerifierSampleTest {

  File file = new File("test.txt");

  @Rule
  public FileVerifier fv = new FileVerifier(file);

  // 테스트 메소드가 종료된 뒤에 test.txt 파일이 존재하지 않으면 오류가 됨
  @Test
  public void testExecute() {
     :
  }

}

// Verifier 클래스를 구현
public class FileVerifier extends Verifier {

  private File file;
```

```java
  public FileVerifier(File file) {
    this.file = file;
  }

  // verify() 오버라이드
  // 공통화할 검증의 처리를 다음에 기술
  @Override
  public void verify() {
    assertThat(file, is(notNullValue()));
    assertThat(file.exists(), is(true)); // 파일 경로명이 존재하는 경우에 true를 반환
  }
}
```

MEMO

@Rule | TestWatcher | starting | succeeded | failed **6 7 8**

skipped | finished

관련내용	273 룰이란? P.471
이용사례	테스트 로그를 기록하는 경우 테스트 실패 시 통보할 경우

org.junit.rules.TestWatcher 룰을 사용한다.

TestWatcher 룰을 사용함으로써 단위 테스트 실행 시 5개의 타이밍에 임의 처리를 실행할 수 있는데, 예를 들면 테스트 케이스의 실행 결과를 테스트 실행 직후에 로그 출력하여 테스트 실행 상황을 감시할 수 있다.

TestWatcher 클래스는 추상 클래스로 정의되어 있기 때문에 서브 클래스에서 실행 타이밍에 따른 다음의 메소드를 오버라이드하고 처리를 기술한다. 인수로 전달되는 org.junit.runner.Description 객체에는 테스트 케이스의 메타 정보가 저장되어 있으며, 테스트 클래스의 이름이나 테스트 메소드 이름 등을 가져올 수 있다.

- starting( ) ···················· 테스트 메소드 시작 시
- succeeded( ) ··············· 테스트 성공 시
- failed( ) ························ 테스트 실패 시
- skipped( ) ···················· assume 계통 메소드 실패 시
- finished( ) ···················· 테스트 메소드 종료 시

● **TestWatcher로 테스트의 실행을 감시한다**

```java
public class TestWatcherSampleTest {

  @Rule
  public TestWatcher tw = new TestWatcher() {

    @Override
    protected void starting(Description d) {
      // 시작 시 추가 처리를 기술
      System.out.println("starting() : " + d.getMethodName());
    }

    @Override
    protected void succeeded(Description d) {
```

```java
    // 테스트 성공 시 추가 처리를 기술
    System.out.println("succeeded(): " + d.getMethodName());
  }

  @Override
  protected void failed(Throwable t, Description d) {
    // 테스트 실패 시 추가 처리를 기술
    System.out.println("failed()   : " + d.getMethodName());
    System.out.println(t.toString());
  }

  @Override
  protected void skipped(AssumptionViolatedException e, Description d) {
    // assume계 테스트 실패 시 추가 처리를 기술
    System.out.println("skipped()  : " + d.getMethodName());
    System.out.println(e.toString());
  }

  @Override
  protected void finished(Description d) {
    // 종료 시 추가 처리를 기술
    System.out.println("finished() : " + d.getMethodName());
  }
};

// succeeded 확인용 메소드
@Test
public void testSuccess() throws Exception {
  // 아무것도 안 함
}

// failed 확인용 메소드
@Test
public void testFail() throws Exception {
  fail("TEST NG");
}

// skipped 확인용 메소드
@Test
```

```java
  public void testAssumeFail() throws Exception {
    // assume계 메소드로 실패시킴
    assumeThat("JUnit", is("Java"));
  }

}
```

▼실행 결과

```
starting() : testAssumeFail
skipped() : testAssumeFail
org.junit.internal.AssumptionViolatedException: got: "JUnit", expected: is "Java"
finished() : testAssumeFail
starting() : testFail
failed() : testFail
java.lang.AssertionError: TEST NG
finished() : testFail
starting() : testSuccess
succeeded(): testSuccess
finished() : testSuccess
```

MEMO

280

외부 리소스를 다루기

@Rule | ExternalResource | before | after　　　　　　　6 7 8

관련내용	273 룰이란? P.471
	281 임시 파일 · 폴더를 다루기 P.485
이용사례	테스트에서 사용하는 데이터베이스와 소켓 등 초기화 · 해제 처리를 하는 경우

　테스트 실행 전후에 외부 리소스의 준비와 해제 처리를 기술하는 경우 org.junit. rules.ExternalResource 룰을 사용한다.

　ExternalResource 룰은 추상 클래스로 정의되어 있기 때문에 서브 클래스에 before( ) 메소드와 after( ) 메소드를 오버라이드하고, 외부 리소스 초기화나 해제 처리를 기술한다.

● 테스트 실행 전후에 외부 리소스 초기화 · 해제 처리를 한다

```
public class ExternalResourceTest {

  @Rule
  public ServerResource sr = new ServerResource();

  // 테스트 실행 전후에 서버 실행 처리와 정지 처리가 실행된다
  @Test
  public void testExecute() {
      ⋮
  }

}

// 서버 기동과 정지 처리를 정의한 규칙
public class ServerResource extends ExternalResource {

      ⋮

  // 테스트 기동 전의 처리를 기술
  @Override
  protected void before() throws Throwable {
    // 서버의 기동 처리
        ⋮
  }

  // 테스트 실행 후 처리를 기술
  @Override
  protected void after() {
```

```
    //  서버 정지 처리
         ⋮
  }
}
```

281

임시 파일 · 폴더를 다루기

@Rule | TemporaryFolder   6 7 8

관련내용	273 룰이란? P.471
	280 외부 리소스를 다루기 P.483
	303 시스템 프로퍼티를 구하기 P.529
이용사례	테스트 케이스마다 임시폴더나 파일을 이용하는 경우

테스트 실행 시 일시적으로 폴더나 파일을 다룰 경우 org.junit.rules.Temporary Folder 룰을 사용한다.

TemporaryFolder 룰을 사용하면 테스트 초기화 시에 테스트 전용의 임시 폴더가 java.io.tmpdir 시스템 프로퍼티 레시피303 아래에 작성되고 테스트 종료 시에 파기된다. 또한, TemporaryFolder 클래스에서 제공된 메소드를 사용해서 임시 폴더 내에 파일이나 폴더를 작성할 수도 있다.

● 테스트 케이스로 임시 폴더나 파일을 사용한다

```java
public class TemporaryFolderTest {

  @Rule
  public TemporaryFolder tempFolder = new TemporaryFolder();

  @BeforeClass
  public static void setUp() {
    // java 명령 수행 시 -D 옵션으로 설정해도 좋다
    System.setProperty("java.io.tmpdir", "C:\\work");
  }

  @Test
  public void testTempFolder1() throws IOException {
    // 임시 폴더를 작성
    File folder1 = tempFolder.newFolder("testFolder");

    // 임시 폴더를 작성(이름 지정 없이)
    File folder2 = tempFolder.newFolder();

    // 임시 폴더를 작성
    File file1 = tempFolder.newFile("testFile.txt");

    // 임시 폴더를 작성(이름 지정 없이)
    File file2 = tempFolder.newFile();
```

```
    System.out.println(tempFolder.getRoot());
        // => C:\work

    System.out.println(folder1.getAbsolutePath());
        // => C:\work\junitXXXXX\testFolder

    System.out.println(folder2.getAbsolutePath());
        // => C:\work\junitXXXXX\junitXXXXX

    System.out.println(file1.getAbsolutePath());
        // => C:\work\junitXXXXX\testFile.txt

    System.out.println(file2.getAbsolutePath());
        // => C:\work\junitXXXXX\junitXXXXX.tmp
        // (XXXXX는 랜덤 문자열)
    }

}
```

MEMO

282 커스텀 룰을 정의하기

@Rule | TestRule 6 7 8

관련내용	273 룰이란? P.471
이용사례	자체 처리로 룰을 정의하는 경우

커스텀 룰을 작성하려면 org.junit.rules.TestRule 인터페이스를 구현한 클래스를 작성한다.

TestRule 인터페이스에는 다음의 메소드가 정의되어 있다.

● TestRule 인터페이스

```
Statement apply(Statement base, Description description);
```

org.junit.runners.model.Statement는 테스트의 실행을 제어하는 객체로 evaluate 메소드가 실행되면 테스트가 실행된다. 룰의 일반적인 구현으로는 evaluate() 메소드를 실행하는 전후에 자체 처리를 추가한 Statement 객체를 생성해서 반환한다.

● Windows에서 동작하는지를 체크하는 커스텀 룰의 정의

```java
public class OSChecker implements TestRule {

  @Override
  public Statement apply(final Statement base, Description description) {
    return new Statement() {

      @Override
      public void evaluate() throws Throwable {
        // 전처리에서 Windows 환경인지를 확인하고
        // Windows 환경이 아닌 경우 테스트 실패가 됨
        String osName = System.getProperty("os.name");
        assertThat("OS가 Windows 이외", osName, startsWith("Windows"));
        base.evaluate();
      }

    };
  }

}
```

283

룰의 실행 순서를 제어하기

@Rule | RuleChain | ourterRule | around ⬤ 6 7 8

관련내용	273 룰이란? P.471
이용사례	특정 순서로 각 룰을 제어하는 경우 여러 개 서버의 실행과 정지 순서를 제어하는 경우

룰을 테스트 클래스에 정의한 것만으로는 룰의 실행 순서까지 보장되지 않는다. 룰의 실행 순서를 제어해야 하는 경우 org.junit.rules.RuleChain 룰의 ourterRule( ) 메소드와 around( ) 메소드를 사용한다.

- ourterRule( ) ······ 외부의 룰(시작 처리는 먼저 실행되고, 종료 처리는 나중에 실행된다)을 지정
- around( ) ········· 내부의 룰(시작 처리는 나중에 실행되고, 종료 처리는 먼저 실행된다)을 지정

● RuleChain에 의한 실행 순서 제어

```java
public class RuleChainExampleTest {

  @Rule
  public RuleChain ruleChain = RuleChain.outerRule(new ServerA())
                                        .around(new ServerB())
                                        .around(new ServerC());

  @Test
  public void test() throws Exception {
    // 아무것도 안 함
  }

}

public class ServerA extends ExternalResource {

  @Override
  protected void before() throws Throwable {
    System.out.println("Start ServerA");
  }

  @Override
  protected void after() {
    System.out.println("Shutdown ServerA");
  }
}
```

```
}

public class ServerB extends ExternalResource {

  @Override
  protected void before() throws Throwable {
    System.out.println("Start ServerB");
  }

  @Override
  protected void after() {
    System.out.println("Shutdown ServerB");
  }

}

public class ServerC extends ExternalResource {

  @Override
  protected void before() throws Throwable {
    System.out.println("Start ServerC");
  }

  @Override
  protected void after() {
    System.out.println("Shutdown ServerC");
  }

}
```

▼실행 결과

```
Start ServerA
Start ServerB
Start ServerC
Shutdown ServerC
Shutdown ServerB
Shutdown ServerA
```

## 284

테스트 클래스마다 룰을 적용하기

관련내용	273 룰이란? P.471
이용사례	테스트 클래스 단위로 규칙을 적용하는 경우

테스트 클래스 단위로 룰을 적용하고 싶다면 @Rule 어노테이션 대신 org.junit. ClassRule 어노테이션을 사용한다.

룰의 정의 방법은 @Rule 어노테이션의 경우와 거의 같지만 테스트 클래스의 public static 필드로 정의해야 한다.

●●@ClassRule 어노테이션에 의한 룰 적용

```java
public class ClassRuleTest {

  @ClassRule
  public static ServerTestA server = new ServerTestA();

  @Test
  public void testMethod1() throws Exception {
    System.out.println("test1() 실행");
  }

  @Test
  public void testMethod2() throws Exception {
    System.out.println("test2() 실행");
  }

}

public class ServerTestA extends ExternalResource {

  @Override
  protected void before() throws Throwable {
    System.out.println("Start ServerA");
  }

  @Override
  protected void after() {
    System.out.println("Shutdown ServerA");
  }

}
```

```
Start ServerA
test1() 실행
test2() 실행
Shutdown ServerA
```

또한, @ClassRule 어노테이션은 테스트 스위트(test suite) 레시피 285~288 에서 여러 개의 테스트 클래스를 모아서 실행하는 경우에도 사용할 수 있다.

●테스트 스위트에서 @ClassRule 어노테이션의 사용 예

```
@RunWith(Suite.class)                        // @RunWith로 Suite 테스트 러너를 지정
@SuiteClasses({TestA.class, TestB.class})    // 실행할 테스트 케이스를 지정
public class ClassRuleTest2 {

    // 테스트 Suite 클래스 전체의 제한 처리 시간을 설정
    @ClassRule
    public static Timeout timeout = new Timeout(5000);

}
```

## 285

여러 개의 테스트 클래스를 합하여 실행하기

@RunWith │ Suite │ @SuiteClasses ⟨6 7 8⟩

관련내용	265 테스트를 작성하여 실행하기 P.456
이용사례	여러 개의 테스트 클래스가 만들어질 경우 여러 개의 테스트 클래스를 만들어 테스트 실행하는 경우

테스트 스위트(test suite)를 작성한다. 테스트 스위트에는 @RunWith 어노테이션에서 org.junit.runners.Suite 클래스를, @SuiteClasses 어노테이션에서 실행하고자 하는 클래스를 지정한다.

● 여러 개의 테스트 클래스를 만들어 실행한다

```
// @RunWith 어노테이션에 Suite 테스트 러너를 지정
@RunWith(Suite.class)

// 실행할 클래스를 지정
@SuiteClasses({TestA.class, TestB.class})

// 테스트 Suite 클래스 작성
public class SuiteTests {
    // 메소드 등의 구현이 필요하지 않음
}
```

또한, 여러 개의 테스트 스위트 클래스를 합한 테스트 스위트를 작성할 수도 있다.

● 여러 개의 테스트 스위트 클래스를 합하여 실행한다

```
// @RunWith에서 Suite 테스트 러너를 지정
@RunWith(Suite.class)

// 실행할 테스트 Suite 클래스를 지정
@SuiteClasses({SuiteTests.class, SuiteTests2.class})

// 테스트 Suite 클래스 작성
public class SuiteTestsAll {
    // 메소드 등의 구현이 필요하지 않음
}
```

286 여러 개의 테스트 케이스를 그룹핑하기

@RunWith │ Enclosed   6 7 8

관련내용	–
이용사례	테스트 케이스를 구조화하고 관리하는 경우

여러 개의 테스트 케이스를 그룹화하려면 테스트 클래스에 @RunWith 어노테이션으로 org.junit.experimental.runners.Enclosed 클래스를 지정하고 그 그룹마다 중첩한 클래스를 정의한다.

예를 들어, 전제 조건으로 데이터베이스 데이터가 0건과 n건으로 실시하는 테스트 케이스를 그룹화하는 경우 다음과 같은 코드가 된다.

● Enclosed로 그룹핑된 테스트 클래스

```
// TestClass1과 TestClass2에 그룹화하여 함께 실행
@RunWith(Enclosed.class)
public class EnclosedTest {

    // 데이터베이스의 데이터를 0건으로 해 실행할 경우 테스트 클래스
    public static class TestClass1 {

        @Before
        public void setUp() throws Exception {
            // 데이터베이스의 데이터를 0건으로 초기화 처리
                ⋮
        }

        @Test
        public void insert() throws Exception {
                ⋮
        }

        @Test
        public void delete() throws Exception {
                ⋮
        }

            ⋮

    }
```

```java
// 데이터베이스의 데이터를 n건으로 실행할 경우 테스트 클래스
public static class TestClass2 {

    @Before
    public void setUp() throws Exception {
        // 데이터베이스의 데이터를 n건으로 하는 초기화 처리
    }

    @Test
    public void insert() throws Exception {
        ⋮
    }

    @Test
    public void delete() throws Exception {
        ⋮
    }

    ⋮

}
}
```

## 287

실행할 테스트 케이스를 범위 축소하기

관련내용	–
이용사례	테스트 케이스의 실행 시간을 짧게 하고 싶은 경우

　테스트 케이스가 늘었고 테스트 케이스의 실행 시간이 커져가면 실행하는 테스트를 축소해야 하는 경우가 나온다. 이렇게 테스트 케이스의 실행 대상을 축소하는 경우 org.junit.experimental.categories.Category 어노테이션을 사용한다.

　여기에서는 테스트 방법을 2개의 카테고리로 분류하고 한쪽의 카테고리에 지정된 테스트 메소드만을 실행하는 순서를 나타낸다.

1. 표적이 될 카테고리 클래스(또는 인터페이스)를 작성한다

　카테고리 분류를 위하여 클래스(또는 인터페이스)를 작성한다. 분류를 위하여 작성하기 때문에 메소드의 정의는 필요 없다.

●카테고리 분류를 위한 클래스

```
// 카테고리 클래스 OnlineTestCategory.java
public class OnlineTestCategory {
    // 기술 필요 없음
}

// 카테고리 클래스 BatchTestCategory.java
public class BatchTestCategory {
    // 기술 필요 없음
}
```

2. 테스트 클래스 또는 테스트 메소드에 카테코리를 지정한다

　테스트 클래스나 테스트 메소드에 @Category 어노테이션을 지정한다. Value 속성에는 분류에 따른 카테고리 클래스를 설정한다.

●테스트 클래스 또는 테스트 메소드에 카테고리 지정

```
public class FunctionATest {

    @Category(OnlineTestCategory.class)
    @Test
```

```
  public void testA01() {
    ⋮
  }

  @Category(BatchTestCategory.class)
  @Test
  public void testA02() {
    ⋮
  }

}

@Category(OnlineTestCategory.class)
public class FunctionBTest {

  @Test
  public void testB01() {
    ⋮
  }

  @Test
  public void testB02() {
    ⋮
  }

}
```

▎ 3. 카테고리화한 테스트 클래스를 실행한다

카테고리화한 경우 Suite 클래스가 아니라 org.junit.experimental.categories. Categories 클래스를 테스트 러너로 설정한다.

@IncludeCategory 어노테이션에서는 지정된 카테고리의 테스트 클래스를 실행하고, @ExcludeCategory 어노테이션에서는 지정된 카테고리 이외의 테스트 클래스를 실행한다.

● 실행할 카테고리를 지정하고, 테스트를 실행한다

```
@RunWith(Categories.class)
@IncludeCategory(OnlineTestCategory.class) // OnlineTestCategory를 테스트 대상으로
@ExcludeCategory(BatchTestCategory.class)  // BatchTestCategory를 테스트 대상 외로
@SuiteClasses({FunctionATest.class, FunctionBTest.class})
public class CategoryTest {
    // => 위 샘플의 경우 testA01, testB01, testB02가 실행됨
}
```

288

1개의 테스트를 파라미터로 바꾸어 실행하고자 하는 경우

Theories | @RunWith | @Theory | @DataPoints

6 7 8

관련내용	–
이용사례	파라미터화 테스트를 하는 경우

org.junit.experimental.theories.Theories 클래스를 테스트 러너로 사용하면 테스트 케이스와 테스트 데이터를 분리하고 1개의 테스트 메소드를 여러 개의 파라미터로 실행하는 파라미터화 테스트를 할 수 있다.

파라미터화 테스트는 다음의 흐름으로 작성한다.

▌1. 테스트 러너에 Theories 클래스를 지정한다

테스트 케이스의 @RunWith 어노테이션에 Theories를 지정한다.

● 테스트 러너에 Theories를 지정한다

```
// Theories 러너를 지정
@RunWith(Theories.class)
public class TheoriesTest {
    ⋮
}
```

▌2. 테스트 메소드에 전달되는 파라미터(테스트 데이터)를 정의한다

테스트 데이터를 org.junit.experimental.theories.DataPoint 어노테이션을 부여한 public static 필드로 정의한다.

● DataPoint의 정의 예

```
@DataPoint
public static String param = "Seoul";
```

여러 개의 파라미터를 정의하는 경우는 org.junit.experimental.theories.DataPoints 어노테이션을 부여한 public static 필드로 정의한다.

● DataPoints의 정의 예

```
@DataPoints
public static String[] params = ("Seoul", "Pusan");
```

▍ 3. 파라미터를 갖는 테스트 메소드를 정의한다

테스트 메소드에는 @Test 어노테이션 대신 org.junit.experimental.theories. Theory 어노테이션을 부여한다.

●Theories에 의한 여러 개의 파라미터 사용 예

```java
// Theories 러너를 지정
@RunWith(Theories.class)
public class TheoriesTest {

    // 테스트 메소드에 전달되는 파라미터(테스트 데이터)의 정의
    @DataPoints
    public static InputParameter[] params = {
        new InputParameter("Seoul", "Pusan", 0),
        new InputParameter("Shinchon", "Kangnam", 1),
        new InputParameter("Daejeon", "KwangJu", -1)
    };

    // 테스트 메소드
    @Theory
    public void testTheories1(InputParameter param) {
        // StringUtils.compare(String args1, String args2)는 문자열 길이를 비교하는 메소드
        // args1 > args2인 경우 1, args1 == args2의 경우 0, args1 < args2인  경우 -1을 반환
        int actual = StringUtils.compare(param.args1, param.args2);

        // 오류 메시지의 설정
        String errMsg = "Expected: " + param.expected + ", Actual: " + actual;
        assertThat(errMsg, actual, is(param.expected));
    }

    // 파라미터(테스트 데이터)용 클래스 정의
    static class InputParameter {
        String args1;
        String args2;
        int expected;

        InputParameter(String args1, String args2, int expected) {
            this.args1 = args1;
            this.args2 = args2;
            this.expected = expected;
        }
    }

}
```

MEMO

제 **11** 장

네트워크, 유틸리티,
시스템

URL 정보를 얻기

| URL | 6 7 8 |

| 관련내용 | 290 Web 서버에 리퀘스트를 보내기 P.503 |
| 이용사례 | URL을 나타내는 문자열에서 URL 정보를 얻는 경우 |

java.net.URL은 URL을 표시하는 클래스로 다음과 같이 URL의 다양한 정보를 얻을 수 있다. 또한, URL 객체를 생성할 때 생성자에 지정하는 URL의 형식이 정확하지 않은 경우 java.net.MalformedURLException이 발생된다.

● URL 정보를 얻는다

```
// URL 객체를 생성
URL url = new URL("http://www.example.com/search?q=Java");

// 프로토콜 구하기
String protocol = url.getProtocol(); // => "http"
// 호스트명 구하기
String host = url.getHost();         // => "www.example.com"
// 포트 번호 구하기(URL이 포트 번호를 포함하지 않는 경우는 -1)
int port = url.getPort();            // => 80
// 파일 이름(경로+쿼리 문자열) 구하기
String file = url.getFile();         // => "/search?q=Java"
// 경로 구하기
String path = url.getPath();         // => "/search"
// 쿼리 문자열을 구하기(URL이 쿼리 문자열을 포함하지 않는 경우는 null)
String query = url.getQuery();       // => "q=Java"
```

Web 서버에 리퀘스트를 보내기

URL | HttpURLConnection   6 7 8

관련내용	289 URL 정보를 얻기 P.502 301 URL 인코딩 · 디코딩하기 P.527 303 시스템 프로퍼티를 구하기 P.529
이용사례	지정한 URL 콘텐츠를 다운로드할 경우

URL#openConnection( ) 메소드로 Web 서버에 HTTP 접속을 할 수 있다. 이 메소드의 반환값은 java.net.URLConnection 형이지만 HTTP 접속의 경우 실체는 java.net.HttpURLConnection 객체이므로 캐스팅으로 HTTP 접속 고유의 조작을 할 수 있다.

GET 메소드의 경우

HttpURLConnection은 기본적으로 GET 메소드로 리퀘스트를 송신한다. 다음과 같이 응답 정보를 얻을 수 있다.

● GET 리퀘스트를 송신하고 콘텐츠를 구한다

```java
URL url = new URL("http://www.google.com/");

// HTTP 접속 구하기
HttpURLConnection conn = (HttpURLConnection) url.openConnection();

// 응답 코드 구하기
System.out.println(conn.getResponseCode());
// 응답 메시지 구하기
System.out.println(conn.getResponseMessage());
// 응답의 콘텐츠 유형을 취득
System.out.println(conn.getContentType());
// 응답 헤더를 모두 출력
for(Map.Entry<String, List<String>> header : conn.getHeaderFields().entry
Set()) {
  for(String value : header.getValue()) {
    System.out.println(header.getKey() + ": " + value);
  }
}
// 응답 내용(BODY) 구하기
try(InputStream in = conn.getInputStream();
    ByteArrayOutputStream out = new ByteArrayOutputStream()) {
  byte[] buf = new byte[1024 * 8];
  int length = 0;
```

```
  while((length = in.read(buf)) != -1) {
    out.write(buf, 0, length);
  }
  System.out.println(new String(out.toByteArray(), "UTF-8"));
}
```

COLUMN   프록시 서버를 통한 통신

Java VM의 실행 시에 시스템 프로퍼티 레시피 303 에서 프록시 서버를 지정할 수 있다. 이 실행 옵션을 지정하면 Java VM 내의 모든 HTTP 통신(Socket을 직접 사용하는 경우는 제외)이 프록시 서버를 통해 진행된다.

> **java -Dhttp.proxyHost**=proxy.hostname.com **-Dhttp.proxyPort**=8080 **-Dhttp. proxyUser**=username **-DHttp.proxyPassword**=password 실행할 클래스 이름

또한, 프록시를 통하지 않고 직접 접속하려는 서버가 있는 경우는 −Dhttp.nonProxyHosts 옵션에 호스트 이름을 '|' 단락의 정규 표현으로 지정한다. 프로그램 내에서 시스템 프로퍼티를 설정해도 설정이 가능하다.

```
System.setProperty("http.proxyHost", "proxy.hostname.com");
System.setProperty("http.proxyPort", "8080");
    ⋮
```

▌ POST 메소드의 경우

URL#openConnection( ) 메소드로 취득한 HttpURLConnection 객체에 대해 set RequestMethod("POST")를 호출함으로써 POST 리퀘스트를 송신할 수 있다.

●Web 서버에 POST 리퀘스트를 송신한다

```
URL url = new URL("http://localhost:8080/test/SampleServlet");

// HTTP 접속 구하기
HttpURLConnection conn = (HttpURLConnection) url.openConnection();
// 리퀘스트 메소드를 POST로 설정
conn.setRequestMethod("POST");

// 이 접속으로 출력도 수행하도록 설정
conn.setDoOutput(true);
```

```
// 리퀘스트 파라미터를 출력하는
// 파라미터는 쿼리 문자열의 형식으로 지정하고 한국어 등을 송신하는 경우는 URL  인코딩을 함
try(OutputStream out = conn.getOutputStream()) {
  out.write("id=홍길동".getBytes());
  out.write("&".getBytes());
  out.write(("name=" + URLEncoder.encode("한글", "UTF-8")).getBytes());
}

… 응답 처리하기 …

// 접속 해제
conn.disconnect();
```

MEMO

관련내용	292 TCP 통신을 하는 서버를 구현하기 P.507
이용사례	TCP 통신을 하는 클라이언트 프로그램을 작성하는 경우

TCP 통신을 하려면 java.net.Socket을 사용한다.

Socket 객체에서 서버로 데이터를 송신하기 위한 OutputStream과 서버로부터 데이터를 수신하기 위한 InputStream을 구할 수 있으므로, 이러한 스트림에 대해 데이터의 입출력을 함으로써 서버와 통신을 할 수 있다.

다음의 샘플은 Socket을 사용하여 Web 서버와 통신을 한다.

● Socket에서 Web 서버와 통신한다

```java
try(
  // 서버와 통신을 하기 위한 Socket
  Socket socket = new Socket("www.google.co.kr", 80);
  // 서버로 데이터를 송신하기 위한 OutputStream
  OutputStream out = socket.getOutputStream();
  // 서버로부터 데이터를 수신하기 위한 InputStream
  InputStream in = socket.getInputStream()
) {

  // 서버로 데이터를 송신
  out.write("GET / HTTP/1.0\n\n".getBytes());

  // 서버로부터 데이터를 수신
  try(ByteArrayOutputStream bytes = new ByteArrayOutputStream()) {
    byte[] buf = new byte[1024 * 8];
    int length = 0;
    while((length = in.read(buf)) != -1) {
      bytes.write(buf, 0, length);
    }

    // 서버에서 수신한 데이터를 콘솔에 표시
    System.out.println(new String(bytes.toByteArray(), "UTF-8"));
  }
}
```

## 292

TCP 통신을 하는 서버를 구현하기

관련내용	291 TCP 통신을 하는 클라이언트를 구현하기 P.506
이용사례	TCP 통신을 받는 서버 프로그램을 작성하는 경우

ServerSocket 6 7 8

TCP 통신을 하는 서버를 작성하려면 java.net.ServerSocket을 사용한다.

ServerSocket은 accept() 메소드에서 클라이언트의 접속을 기다린다. 클라이언트의 접속이 있으면 Socket 객체가 반환되므로 이 Socket 객체를 사용하여 클라이언트와 통신을 한다.

다음 예제는 ServerSocket을 사용하여 8080번 포트로 대기하는 서버의 예이다. 이 예제는 클라이언트의 통신을 받기 위하여 무한 루프를 사용하고 있으므로 종료할 경우는 강제 종료하도록 한다.

NOTE **프로그램을 강제 종료하는 방법**

Windows의 경우 콘솔에서 실행한 프로그램은 Ctrl + C 로 강제 종료할 수 있다. 또한, Eclipse 상에서 실행한 경우 콘솔 뷰의 위쪽에 표시된 종료 버튼으로 종료할 수 있다(그림 11.A).

```
Problems  @ Javadoc  Declaration  Console 
MultiThreadSocketServerSample [Java Application] C:\Program Files\Java\jre1.8.0_25\bin\javaw.exe (2015. 5. 26. 오전 12:21:24)
```

그림 11.A Eclipse 상에서 종료 방법

● **ServerSocket을 사용한 간이 Web 서버**

```java
// 8080번 포트로 대기 서버 소켓을 생성
try(ServerSocket serverSocket = new ServerSocket(8080)) {
  // 무한루프
  while(true) {
    // 클라이언트의 접속을 대기
    try(Socket clientSocket = serverSocket.accept();
        OutputStream out = clientSocket.getOutputStream();
        InputStream in = clientSocket.getInputStream()) {
```

```
    // 클라이언트에 데이터를 송신
    out.write("HTTP/1.0 200 OK\n".getBytes());
    out.write("Content-Type: text/html\n\n".getBytes());
    out.write("<h1>Hello World!</h1>".getBytes());
    }
  }
}
```

이 프로그램을 실행한 상태로 Web 브라우저에서

```
http://localhost:8080
```

에 접속하면 [그림 11.1]처럼 서버로부터 송신된 HTML이 표시된다.

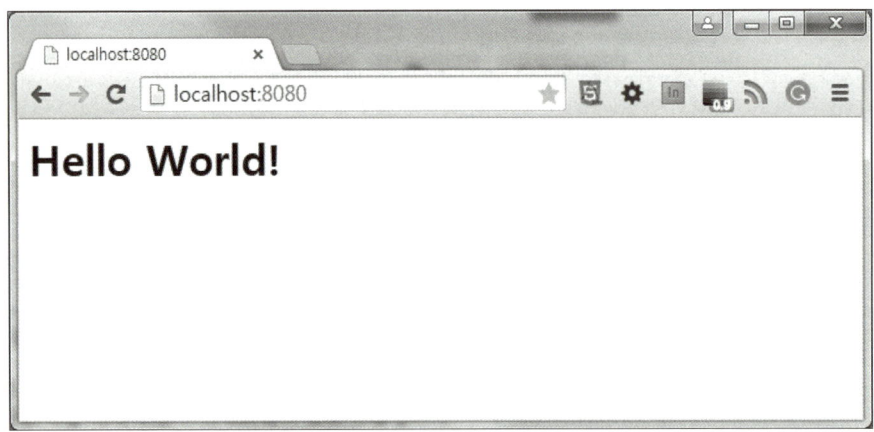

그림 11.1 Web 브라우저에서 서버로 액세스

여러 클라이언트의 액세스에 대응한다

위의 샘플은 accept( ) 메소드에서 클라이언트의 접속을 받고 클라이언트에 데이터를 반환한 후, 다시 대기 상태로 들어가는 처리를 루프로 실행한다. 따라서 동시에 2개 이상의 클라이언트에서 접속이 있어도 1개씩밖에 처리할 수 없다.

여러 클라이언트의 액세스를 동시에 처리하려면 다음과 같이 accept( ) 메소드로 클라이언트의 접속을 접수한 후 처리를 다른 스레드에서 하도록 한다.

●여러 클라이언트의 액세스를 한꺼번에 처리한다

```java
// 8080번 포트로 대기 서버 소켓을 생성
try(ServerSocket serverSocket = new ServerSocket(8080)) {
  // 무한루프
  while(true) {
    // 클라이언트의 접속을 접수
    final Socket clientSocket = serverSocket.accept();

    // 클라이언트와 통신할 스레드를 생성
    Thread thread = new Thread() {
    @Override
    public void run() {
      // 클라이언트에 데이터를 송신
      try(OutputStream out = clientSocket.getOutputStream();
          InputStream in = clientSocket.getInputStream()) {

          out.write("HTTP/1.0 200 OK\n".getBytes());
          out.write("Content-Type: text/html\n\n".getBytes());
          out.write("<h1>Hello World!</h1>".getBytes());

        } catch(Exception ex) {
          ex.printStackTrace();
        } finally {
          // 클라이언트와의 통신을 하는 Socket을 닫는다
          try {
            clientSocket.close();
          } catch(Exception ex) {
            // Socket 닫기 예외는 무시
          }
        }
      }
    };

    // 스레드 시작
    thread.start();
  }
}
```

## 293

채널을 사용하여 TCP 통신하기

SocketChannel   6 7 8

관련내용	211 채널을 사용하여 파일을 입출력하기 P.340 294 논 블로킹 TCP 서버를 구현하기 P.511
이용사례	Socket을 사용한 통신을 고속으로 할 경우

java.nio.channels.SocketChannel#open( ) 메소드로 Socket에 대해서 입출력을 하기 위한 SocketChannel을 얻을 수 있다. SocketChannel을 사용함으로써 NIO가 제공하는 다이렉트 버퍼 레시피 211 등을 사용한 효율적인 통신이 가능하게 된다.

다음은 SocketChannel을 사용하여 Web 서버와의 통신을 하는 프로그램의 예이다.

●SocketChannel에서 Web 서버와 통신한다

```
try(SocketChannel socketChannel = SocketChannel.open(
      new InetSocketAddress("www.google.com", 80))) {

  // 서버로 데이터를 송신
  ByteBuffer src = ByteBuffer.allocate(1024 * 8);
  src.put("GET / HTTP/1.0\n\n".getBytes());
  src.flip();
  socketChannel.write(src);

  // 결과를 콘솔에 출력하기 위한 Channel
  WritableByteChannel out = Channels.newChannel(System.out);

  // 서버에서 수신한 데이터를 콘솔에 출력
  ByteBuffer dest = ByteBuffer.allocate(1024 * 8);
  while(socketChannel.read(dest) != -1) {
    dest.flip();
    out.write(dest);
    dest.clear();
  }
}
```

ServerSocketChannel | Selector   6 7 8

관련내용	211 채널을 사용하여 파일을 입출력하기 P.340
	292 TCP 통신을 하는 서버를 구현하기 P.507
	293 채널을 사용하여 TCP 통신하기 P.510
이용사례	대량 접속을 처리하는 서버를 구현하는 경우

ServerSocketChannel과 Selector를 사용하면 논 블로킹 TCP 서버를 구현할 수 있다.

▌ 논 블로킹 I/O란?

TCP 통신에 Channel을 사용하는 것의 장점으로 논 블로킹 I/O가 가능하다는 점이다.

예를 들어, 레시피292 같은 블로킹 I/O를 사용한 서버 애플리케이션의 경우 클라이언트와 데이터의 송수신을 하고 있는 동안은 송수신이 완료될 때까지 다른 처리를 할 수 없다. 이에 대하여 논 블로킹 I/O에서는 데이터의 송수신 완료를 기다리지 않고 입출력 중에 다른 처리를 할 수 있다(그림 11.2).

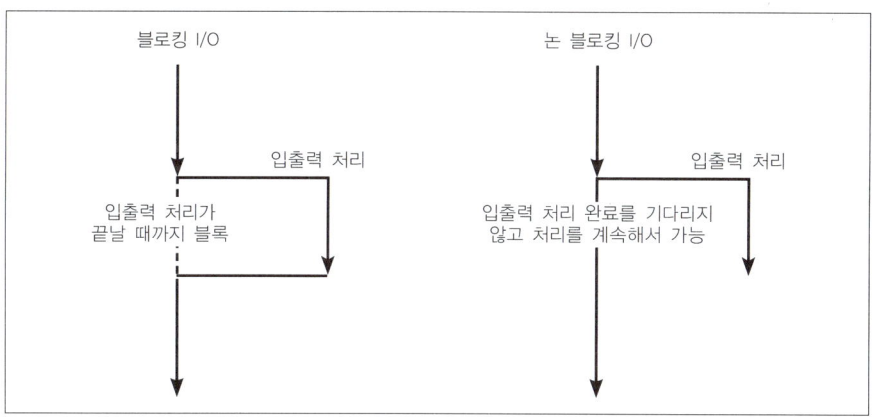

그림 11.2 **블로킹 I/O와 논 블로킹 I/O**

블로킹 I/O를 사용할 경우에 여러 개의 클라이언트의 접속을 동시에 처리하려면 스레드를 생성해야 하지만 입출력 대기 상태에서도 스레드를 점유해 버린다. 따라서 특히 클라이언트로부터 액세스 수가 많은 경우 서버 측에서 여러 개의 스레드가 생성되어 버리고 리소스 부족 문제를 일으키고 만다.

이에 대하여, 논 블로킹 I/O는 하나의 스레드에서 여러 개의 클라이언트에 대한 입출력 처리를 할 수 있으므로 스레드 수의 소비를 억제할 수 있어 대량의 액세스를 처리할 수 있다.

▎ 논 블로킹 I/O을 사용한 TCP 서버

이처럼 논 블로킹 I/O는 여러 개의 접속을 받는 서버 애플리케이션에서 큰 효과를 발휘한다. 다음의 예제는 레시피 292 의 간이 Web 서버를 논 블로킹 I/O를 사용하도록 수정한 것이다.

● 논 블로킹 I/O를 사용한 간이 Web 서버

```
try(ServerSocketChannel serverSocketChannel = ServerSocketChannel.open()) {──❶
  // 8080번 포트에서 수신 대기
  serverSocketChannel.bind(new InetSocketAddress(8080));

  // 논 블로킹 모드를 유효하게 한다
  serverSocketChannel.configureBlocking(false);────────────────────❷

  // 클라이언트의 접속을 대기
  Selector selector = Selector.open();
  serverSocketChannel.register(selector, SelectionKey.OP_ACCEPT);

  // 입출력 조작을 감시
  while(selector.select() > 0) {──────────────────────────────❸
    Iterator<SelectionKey> it = selector.selectedKeys().iterator();
    while(it.hasNext()) {
      SelectionKey key = it.next();
      it.remove();

      // 클라이언트의 접속을 접수
      if(key.isAcceptable()) {
        // 클라이언트의 데이터 송신을 감시
        ServerSocketChannel serverChannel = (ServerSocketChannel) key.channel();
        SocketChannel channel = serverChannel.accept();
        channel.configureBlocking(false);
        channel.register(selector, SelectionKey.OP_WRITE);

      // 클라이언트에 데이터를 송신
      } else if(key.isWritable()) {
        try(SocketChannel channel = (SocketChannel) key.channel()) {
          ByteBuffer buffer = ByteBuffer.allocate(1024 * 8);
          buffer.put("HTTP/1.0 200 OK\n".getBytes());
          buffer.put("Content-Type: text/html\n\n".getBytes());
          buffer.put("<h1>Hello World!</h1>".getBytes());
          buffer.flip();
```

```
            channel.write(buffer);
          }
        }
      }
    }
}
```

ServerSocket에 대한 입출력에 Channel을 사용하려면 java.nio.channels.Server
SocketChannel을 사용한다(❶). 또한, 논 블로킹 I/O를 사용하기 때문에 configure
Blocking() 메소드에 false를 설정해 두어야 한다(❷).

그런 다음, 입출력을 감시하는 Selector 객체에 Channel을 등록한다. Selector에
대한 Channel의 등록은 다음과 같이 진행한다.

```
Selector selector = Selector.open();
serverSocketchannel.register(selector, SelectionKey.OP_ACCEPT);
```

이때 register( ) 메소드의 3번째 인수에는 감시할 조작을 [표 11.1]의 상수로 지정한다.

표 11.1 Channel에 대한 조작을 지정하는 상수

상수	설명
SelectionKey.OP_ACCEPT	접속 대기
SelectionKey.OP_CONNECT	접속
SelectionKey.OP_READ	읽기
SelectionKey.OP_WRITE	쓰기

감시 대상의 Channel을 등록한 뒤 Selector#select( ) 메소드를 호출하면 감시 대
상의 조작이 가능하게 될 때까지 블록한다(❸). 하나의 입출력 조작이 가능한 상태가
되면 제어로 돌아가서 SelectionKey에서 Channel을 얻고 입출력 처리를 한다. 이때
Channel에 대해서 어떤 조작이 가능한지는 SelectionKey의 [표 11.2]의 메소드로 판
정할 수 있다.

표 11.2 SelectionKey의 메소드

메소드	설명
isAcceptable( )	접속 접수 가능 여부
isConnectable( )	접속 가능 여부
isReadable( )	읽기 가능 여부
isWritable( )	쓰기 가능 여부

295

메시지를 국제화하기

ResourceBundle | getBundle | 프로퍼티 파일   6 7 8

| 관련내용 | 059 수치를 임의의 형식으로 형식화하기 P.105
210 프로퍼티 파일의 내용을 읽기 P.337 |
| 이용사례 | 국제화에 대응하여 메시지를 바꾸는 경우 |

Java에서는 문자열 메시지를 리터럴로 프로퍼티 파일에 정의할 수 있다. 이때 java.util.Locale 클래스와 java.util.ResourceBundle 클래스를 조합하여 메시지를 국제화할 수 있다.

Locale에는 ISO-639에서 정의되는 2문자의 소문자로 나타내는 언어 코드와 ISO-3166에서 정의되는 2문자의 대문자 국가 코드를 _(언더 스코어)로 접속하여 표현한다. 경우에 따라 Java 자체의 부가 정보를 부여한다. 예를 들어, 한국의 경우는 'kr_KR', 미국의 경우 'en_US', 영국의 경우는 'en_GB', 독일에서 통화 정보가 유로인 경우는 'de_DE_EURO'이다.

메시지를 정의하려면 클래스 경로 내에 properties라는 확장자 파일을 작성한다.

● messages.properties

```
i18n.sample = sample
i18n.hello = hello
```

국제화하려면 기본 이름(여기서는 messages) 뒤에 _kr처럼 로케일을 부여한다.

● messages_kr.properties

```
i18n.sample = 샘플
i18n.hello = 안녕
```

어느 로케일에도 일치하지 않는 경우 기본 이름의 프로퍼티 파일이 사용되므로 기본 이름의 프로퍼티 파일에는 영어 등 기본 메시지를 정의해 두도록 한다.

ResourceBundle 인스턴스를 구하려면 ResourceBundle#getBundle() 메소드의 인수에 기본명을 지정한다. 프로퍼티 파일이 중첩한 패키지 내에 있는 경우에는 "패키지 이름 · 기본 이름"과 같이 지정한다.

● 메시지를 국제화한다

```
// 기본 로케일의 리소스 번들을 취득
ResourceBundle resources1 = ResourceBundle.getBundle("messages");

// 메시지 구하기
String value1 = resources1.getString("i18n.hello"); // => "안녕"

// 영어 리소스 번들 구하기
Locale locale = new Locale("en", "US");
ResourceBundle resources2 = ResourceBundle.getBundle("messages", locale);

// 메시지 구하기
String value2 = resources2.getString("i18n.hello"); // => "hello"
```

NOTE **ResourceBundle에서 멀티 바이트 문자열을 사용한다**

ResourceBundle에서 한국어 등의 멀티 바이트 문자열을 다룰 때는 다음 중 하나가 필요하다.

native2ascii를 사용하여 멀티 바이트 문자를 이스케이프한다

JDK에 부속된 native2ascii를 사용하고, 프로퍼티 파일을 유니 코드로 이스케이프한다. 다음 예에서는 Windows 문자 코드인 MS949에서 작성된 프로퍼티 파일을 유니 코드로 이스케이프한다.

```
> native2ascii.exe -encoding MS949 i18n.properties i18n_escaped.properties
```

java.util.ResourceBundle.Control 클래스를 사용한다

java.util.ResourceBundle.Control은 ResourceBundle의 캐시 설정 등 자세한 설정을 하는 클래스이다. 이 클래스의 내부에서 읽어 들인 문자 코드를 지정함으로써 프로퍼티 파일에 기술된 멀티 바이트 문자를 정확하게 읽어 올 수 있다.

해시 값을 구하기

관련내용	297 암호화하기 P.517
이용사례	비밀번호를 해시화하여 저장하는 경우 파일의 해시 값을 요구하고 파일의 정당성을 평가하는 경우

　　java.security.MessageDigest 클래스를 사용한다. 해시 알고리즘에는 MD5, SHA-1, SHA-256 등이 있으며, MessageDigest#getInstance( ) 메소드의 인수에 알고리즘 이름을 지정함으로써 해당 알고리즘에서 해시 값을 계산하는 MessageDigest 를 구할 수 있다.

● 해시를 생성한다

```
// MD5 MessageDigest의 생성
MessageDigest mdMD5 = MessageDigest.getInstance("MD5");

// "Java Recipe" 문자열 바이트로 메시지 다이제스트를 갱신
mdMD5.update("Java Recipe".getBytes("UTF-8"));

// 해시 계산 반환값은 바이트 배열
byte[] md5Hash = mdMD5.digest();

// 바이트 배열을 16진수 문자열로 변환하여 표시
StringBuilder hexMD5hash = new StringBuilder();
for(byte b : md5Hash) {
  String hexString = String.format("%02x", b);
  hexMD5hash.append(hexString);
}
System.out.println(hexMD5hash); // => a0d4d746d75071ee04da85b147392608
```

Cipher 6 7 8

관련내용	296 해시 값을 구하기 P.516
이용사례	데이터베이스에 저장하는 정보를 암호화하고 복호화 할 경우

Java에서 암호화 · 복호화를 하려면 javax.crypto.Cipher 클래스를 사용한다. AES와 DES, RSA 등 다양한 암호 방식을 지원한다.

여기에서는 AES에 의한 공통키 암호 방식과 RSA에 의한 비밀키 암호 방식으로 암호화 · 복호화 예제를 소개한다.

● AES에 의한 암호화 · 복호화하기

```java
// 암호화에 사용 키 디폴트로 128bit(16Bytes)
String encryptionKey = "rrrrrrrrrrrrrrrr";

// 암호화할 문자열
String target = "Java Recipe";

// AES Cipher 객체 생성
Cipher cipher = Cipher.getInstance("AES");

// 암호화 모드에서 암호화 사용할 키로 초기화
SecretKeySpec SKS = new SecretKeySpec(encryptionKey.getBytes(), "AES");
cipher.init(Cipher.ENCRYPT_MODE, SKS);

// 암호화 완료
byte[] encryptBytes = cipher.doFinal(target.getBytes("UTF-8"));
System.out.println(new String(encryptBytes)); // => 암호화되어 읽지 못함

// 똑같은 키로 복호화함
cipher.init(Cipher.DECRYPT_MODE, SKS);
byte[] decryptBytes = cipher.doFinal(encryptBytes);
System.out.println(new String(decryptBytes, "UTF-8")); // => Java Recipe
```

● RSA에 의한 암호화 · 복호화하기

```java
// 암호화할 문자열
String target = "Java Recipe";

// RSA 비밀키와 공개키를 생성
KeyPairGenerator keypairgen = KeyPairGenerator.getInstance("RSA");
KeyPair keyPair = keypairgen.generateKeyPair();
RSAPrivateKey privateKey = (RSAPrivateKey) keyPair.getPrivate();
RSAPublicKey publicKey = (RSAPublicKey) keyPair.getPublic();

// chiper 객체 작성과 비밀키 초기화
Cipher cipher = Cipher.getInstance("RSA");
cipher.init(Cipher.ENCRYPT_MODE, privateKey);
// 암호화 완료
byte[] encryptBytes = cipher.doFinal(target.getBytes());
System.out.println(new String(encryptBytes)); // => 암호화되어 읽지 못함

// 비밀키와 쌍인 공개키로 복호화함
cipher.init(Cipher.DECRYPT_MODE, publicKey);
byte[] decriptBytes = cipher.doFinal(encryptBytes);
System.out.println(new String(decriptBytes)); // => Java Recipe
```

NOTE 이용 가능한 암호화 알고리즘

Cipher에 지정 가능한 암호화 알고리즘은 다양하며, Java의 버전에 따라 다르다. 자세한 사항은 다음의 문서를 참조한다.

- Java 암호화 아키텍처 표준 알고리즘 이름의 도큐먼트 〉 Cipher 알고리즘명

Java 7의 경우

http://docs.oracle.com/javase/7/docs/technotes/guides/security/StandardNames.html#Cipher

298 외부 명령을 실행하기

ProcessBuilder　6 7 8

관련내용	–
이용사례	OS 고유의 명령을 실행하여 결과를 받는 경우

ProcessBuilder 클래스를 사용한다. ProcessBuilder 클래스에서는 다음과 같은 것을 할 수 있다.

- 명령의 실행 · 종료, 오류 코드 얻기
- 환경 변수의 조작
- 작업 디렉터리 변경
- 표준 입출력, 표준 오류 및 합병(merge)

외부 명령은 비동기로 실행되고 명령 출력은 InputStream으로 얻을 수 있다. 작업 디렉터리(기본적으로 작업 디렉터리에서 실행된다)나 환경 변수를 설계할 수도 있다.

● **외부 명령을 실행한다**

```
// 명령을 인수로서 전달. List로 전달하는 것도 가능
ProcessBuilder processBuilder = new ProcessBuilder("cmd", "/c", "dir", "/A");

// 환경 변수 조작
Map<String, String> environment = processBuilder.environment();
System.out.println(environment.get("USERNAME"));
environment.put("CAR", "foo");

// 작업 디렉터리를 지정하고 명령을 실행
Process process = processBuilder.directory(new File("C:\\")).start();
// 표준 입력 구하기
BufferedReader reader = new BufferedReader(new InputStreamReader(process.get↵
InputStream()));
String line;
while((line = reader.readLine()) != null) {
  System.out.println(line);
}

// 프로세스가 끝날 때까지 wait
process.waitFor();
```

```
// 프로세스 종료
process.destroy();
// 프로세스 종료 코드 구함, 0은 정상
System.out.println(process.exitValue());
```

> **NOTE** **ProcessBuilder의 표준 출력과 오류 다루기**
>
> ProcessBuilder에서는 대량의 출력을 하는 명령을 실행한 경우 표준 출력으로의 출력을 읽지 않으면 명령 실행이 완료하지 않을 수 있다. 또한, 표준 오류 출력에 출력되는 경우는 Process#getError Stream( ) 메소드로 처리할 수 있는 InputStream도 읽어야 한다.
> 그러나, 표준 출력과 표준 오류 출력으로의 출력을 번갈아 하는 경우 양쪽 출력을 제대로 읽기 위해서는 표준 출력과 표준 오류 출력을 각각의 스레드에서 읽도록 하거나 ProcessBuilder#redirectErrorStream( ) 메소드에 true를 설정함으로써 표준 오류 출력을 표준 출력에 합병(merge)하고 표준 출력을 읽게 해야 한다.
>
> ● **표준 오류를 표준 출력에 합병한다**
>
> ```
> ProcessBuilder processBuilder = new ProcessBuilder(...);
>
> // 표준 오류 출력을 표준 출력에 리다이렉트하도록 설정(초기값은 false)
> processBuilder.redirectErrorStream(true);
>
> // 프로세스의 실행
> Process process = processBuilder.start();
> // 표준 입력의 취득
> BufferedReader reader = new BufferedReader(new InputStreamReader(process. ↵
> getInputStream()));
>     ⋮
> ```

| 관련내용 | 303 시스템 프로퍼티를 구하기 P.529 |
| 이용사례 | 애플리케이션의 로그를 출력하는 경우 |

java.util.logging (JUL) 패키지에서 로그를 출력하기 위한 기능이 제공된다.

▌로그의 출력 방법

java.util.logging.Logger 클래스를 사용하여 로그를 출력한다. 보통 Logger는 로그를 출력하는 클래스의 private static인 필드로 선언하여 로거 이름에는 로그 레벨 등을 한꺼번에 변경할 수 있도록 적당한 카테고리를 지정해 두도록 한다.

● **로그 출력하기**

```java
public class LoggingSample {

    // 완전 수식 클래스 이름으로 Logger를 작성
    private static final Logger logger = Logger.getLogger("sample.logging");

    public static void main(String[] args) {
        // 로그 출력
        logger.finest("이것은 FINEST");
        logger.finer("이쪽은 FINER");
        logger.fine("이것은 FINE");
        logger.config("여기가 CONFIG");
        logger.info("여기로부터 INFO");
        logger.warning("이것은 경고");
        logger.severe("치명적");
    }
}
```

JUL에서 다룰 수 있는 로그 레벨은 [표 11.3]과 같다. Logger 클래스에서 호출할 수 있는 메소드 이름으로 나타낸다. 보다 자세한 로그를 출력하도록 프로그래밍한다.

표 11.3 로그 레벨

메소드 이름	설명
finest	매우 자세한 트레이스 정보
finer	꽤 자세한 트레이스 정보
fine	자세한 트레이스 정보
config	구성 정보
info	일반적인 정보
warning	잠재적인 문제
severe	중대한 장애

로그의 출력에는 로그 레벨에 대응한 방법 외에 Logger#log( ) 메소드를 사용할 수 있다. 이 메소드에는 예외를 전달하여 스택 트레이스를 출력할 수 있으므로 오류 시의 로그 출력에 사용하는 것이 좋다. 로그 수준의 지정에는 java.util.logging.Level에 정의된 상수를 사용한다.

● 예외 로그 출력

```
try {
    :
} catch(Exception ex) {
  logger.log(Level.SEVERE, "오류가 발생했습니다.", ex);
  throw ex;
}
```

┃ 로그 출력의 설정

로그를 어디에 출력할지(파일, 표준 에러, 메모리, 소켓, 스트림)나 로그 레벨, 로그 파일의 로데이션 등의 설정은 다음과 같은 프로퍼디 파일에서 정의된다.

● logging.properties

```
# 콘솔과 파일을 출력처로 설정
handlers=java.util.logging.ConsoleHandler, java.util.logging.FileHandler
# 기본적으로 모든 로그 수준을 출력
.level=ALL

# 콘솔에는 INFO 이상을 출력
java.util.logging.ConsoleHandler.level=INFO
java.util.logging.ConsoleHandler.formatter=java.util.logging.SimpleFormatter
```

```
# 파일에는 WARN 이상을 출력
java.util.logging.FileHandler.level=WARNING
java.util.logging.FileHandler.pattern=SampleLogging%u.%g.log
java.util.logging.FileHandler.formatter=java.util.logging.SimpleFormatter
# 만들어지는 로그 파일은 10개까지
java.util.logging.FileHandler.count=10
# 로그 파일 크기는 1K까지
java.util.logging.FileHandler.limit=1024
# 로그에는 추가하지 않는다. 실행할 때마다 새로운 파일이 생긴다
java.util.logging.FileHandler.append=false
```

상기의 설정에서는 핸들러마다 로그 레벨을 지정하고 있지만 로거마다 로그 레벨을 지정할 수도 있다.

● 로거마다 로그 수준을 지정한다

```
# 기본적으로 모든 로그 수준을 출력
.level=ALL
#sample.logging 로거는 INFO 이상을 출력
sample.logging.level=INFO
```

JUL의 기본 설정은 JRE 폴더의 lib/logging.properties에 정의된다. 변경하려면 Java VM의 기동 옵션에서 시스템 프로퍼티를 지정한다.

```
> java -Djava.util.logging.config.file=프로퍼티 파일의 경로 실행 클래스 이름
```

또한, 프로그램 내에서 다음과 같이 명시적으로 프로퍼티 파일로부터 java.util.logging.LogManager로 설정을 읽어 들이는 것도 가능하다.

● 프로그램 내에서 프로퍼티 파일을 읽어 들인다

```
// C:\conf\logging.properties로부터 로그 설정을 읽기
LogManager.getLogManager().readConfiguration(new FileInputStream("C:\\conf\\↵
logging.properties"));
```

Java의 로깅 라이브러리

JUL은 Java의 표준 API로 제공되기 때문에 별도 라이브러리를 도입하지 않아도 사용할 수 있다. 실제 애플리케이션 개발에서는 [표 11.A]와 같은 보다 고급 기능인 로깅 라이브러리가 널리 사용된다.

표 11.A 서드 파티의 Java 로깅 라이브러리

명칭	URL	설명
Apache Log4j	http://logging. apache.org/og4j/2.0	오래전부터 널리 사용되어 온 사실상 표준의 라이브러리. URL은 후속의 Log4j 2의 URL에 통합되었다.
Apache Log4j 2	http://logging. apache.org/log4j/	log4j의 후속 라이브러리. SLF4J 및 Commons Logging을 지원한다.
commons-logging	http://commons. apache.org/logging/	log4j와 JUL등의 로깅 구현을 변환할 수 있는 래퍼
Logback	http://logback.qos. ch/	log4j의 후속 라이브러리로 널리 이용되고 있다. SLF4J와 조합해서 사용할 때가 많다.
slf4j	http://www.slf4j.org/	commons-logging과 마찬가지로 로깅 구현의 래퍼. Logback과 같은 저작자에 의해서 개발되었다.

로그 메시지 출력 시의 성능

로그 메시지를 출력할 때 다음과 같이 문자열을 연결하여 출력하면 출력하지 않는 로그에서도 문자열의 연결 평가를 해버리므로 성능이 저하된다.

```java
logger.info("Info:" + infoMsg);
```

이를 막기 위해서는 메시지를 호출하기 직전에 어떤 로그가 유효하게 되는지를 확인하는 코드를 추가한다.

```java
if(logger.isLoggable(Level.INFO)) {
    logger.info( "Info:" + infoMsg);
}
```

또한, Java 8부터는 메시지의 평가에 람다식을 전달할 수 있어 메시지 지연 평가를 할 수 있다.

```java
logger.info(() -> "Info:" + infoMsg);
```

## 300

JavaScript를 실행하기

관련내용	–
이용사례	Java 프로그램을 JavaScript로 커스터마이즈 할 수 있도록 하는 경우 Java 라이브러리의 동작을 간편하게 확인하고 싶은 경우

javax.script 패키지에서 Java VM 상에서 스크립트 언어의 실행을 지원하는 기능이 제공되며, Java에서 스크립트 언어 함수를 호출하거나 반대로 스크립트 언어에서 Java의 메소드를 호출하거나 할 수 있다. 또한, 스크립트 언어를 컴파일하여 고속화할 수 있다.

javax.script를 지원하는 스크립팅 엔진에는 여러 가지가 있으나 Java에는 표준으로 JavaScript 엔진이 함께 있으며 다음과 같이 사용할 수 있다.

● addition.js

```
function add(a,b) { println(a+b); }
```

● JavaScript에서 호출되는 Java 메소드

```java
public void sayHello(String name) {
  System.out.println("Hello " + name);
}
```

● JavaScript를 Java에서 실행한다

```java
// JavaScript의 ScriptEngine을 구함
ScriptEngineManager sem = new ScriptEngineManager();
ScriptEngine se = sem.getEngineByName("JavaScript");

// eval 함수로 평가. JavaScript를 실행
se.eval("println('JavaScript is running')");

// 컴파일
Compilable compilable = (Compilable) se;
CompiledScript cs = compilable.compile("print('JavaScript is compiled')");
cs.eval();

// addtion.js로부터 함수를 읽어 인수를 전달해 실행
se.eval(new FileReader("src/chapter11/addition.js"));
```

```
// Java에서 호출 결과는 3
((Invocable) se).invokeFunction("add", 1, 2);

// JavaScript로부터 Java의 메소드를 호출
se.put("jsr", new JavaScriptRunner());
se.eval("jsr.sayHello('World')");
```

NOTE Java 8에서 새로워진 JavaScript 엔진

Java 7까지는 표준 JavaScript 엔진으로 Rhino가 함께 있었지만, Java 8 이후는 Nashorn보다 경량으로 고속의 새로운 엔진으로 변경되었다. 또한, Java 8에서는 JDK에 포함된 jjs 커맨드로 대화형의 JavaScript 쉘(shell)을 사용할 수 있다(그림 11.B).

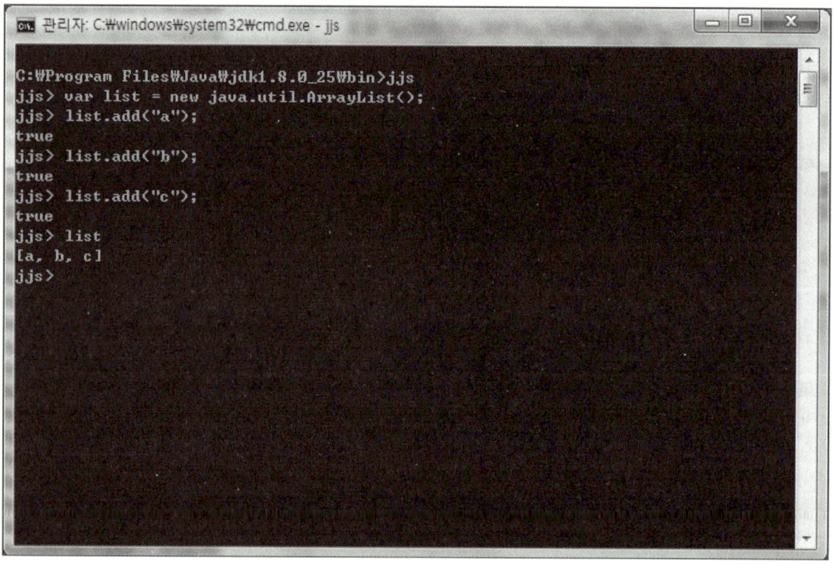
관리자: C:\windows\system32\cmd.exe - jjs
C:\Program Files\Java\jdk1.8.0_25\bin>jjs
jjs> var list = new java.util.ArrayList();
jjs> list.add("a");
true
jjs> list.add("b");
true
jjs> list.add("c");
true
jjs> list
[a, b, c]
jjs>

그림 11.B JavaScript 대화 쉘(shell)

301

URL 인코딩·디코딩하기

URLEncoder | URLDecoder 　　　　　　　　　　　　　　　　　　 **6 7 8**

관련내용	302 Base64 인코딩·디코딩하기 P.528
이용사례	멀티 바이트 문자를 포함한 URL을 인코딩·디코딩하는 경우

　URI에서 사용할 수 없는 문자, 예를 들어 한국어 등의 멀티 바이트 문자를 인코딩 (이스케이프)하는 처리를 URL 인코딩(퍼센트 인코딩)이라 하고, URL 인코딩된 문자열에서 원래 문자열을 복원하는 것을 URL 디코딩이라고 한다.

　URL 인코딩에는 java.net.URLEncoder#encode( ) 메소드, URL 디코딩에는 java.net.URLDecoder#decode( ) 메소드를 각각 사용한다.

● URL 인코딩·디코딩하기

```java
// 인코딩할 문자열
String encodeString = "Java 프로그래밍";

// URL 인코딩
String encodedString = URLEncoder.encode(encodeString, "UTF-8");
System.out.println(encodedString);
    // => Java+%EC%97%AD%EB%B0%A9%ED%96%A5+%EB%A0%88%EC%8B%9C%ED%94%BC

// URL 디코딩
String decodedString = URLDecoder.decode(encodedString, "UTF-8");
System.out.println(decodedString); // => Java 프로그래밍
```

302

Base64 인코딩 · 디코딩하기

Base64.Encode | Base64.Decode   8

관련내용	301 URL 인코딩 · 디코딩하기 P.527
이용사례	바이너리를 문자로 인코딩하는 경우 Base64 인코딩된 문자열에서 원래의 데이터를 복원하는 경우

Base64는 64 문자의 영숫자를 이용하여 멀티 바이트 문자열이나 이진 데이터를 다루기 위한 인코딩 방식이다.

인코딩에는 java.util.Base64.Encode#encode( ) 메소드, 디코딩에는 java.util.Base64.Decode#decode( ) 메소드를 사용한다.

●Base64 인코딩 · 디코딩하기

```
String target = "Java 프로그래밍";
byte[] targetBytes = target.getBytes("UTF-8");

// Base64 인코딩
Encoder encoder = Base64.getEncoder();
byte[] encodedBytes = encoder.encode(targetBytes);

// Base64 디코딩
Decoder decoder = Base64.getDecoder();
byte[] decodedBytes = decoder.decode(encodedBytes);

// 디코딩한 문자열을 표시
String decodedString = new String(decodedBytes, "UTF-8");
System.out.println(decodedString); // => "Java 프로그래밍"
```

303

시스템 프로퍼티를 구하기

System | getProperty | setProperty   6 7 8

관련내용	006 실행 시 메모리를 지정하기 P.017 304 환경 변수를 얻기 P.531
이용사례	시스템 프로퍼티를 구하고 OS 처리를 바꾸는 경우

Java에는 시스템 프로퍼티라는 Java의 동작 환경 등에 관한 특정 프로퍼티가 있다. 이것을 다루는 것이 System 클래스의 getProperty( ) 메소드, setProperty( ) 메소드이다.

시스템 프로퍼티는 [표 11.4]와 같다.

표 11.4 **대표적인 시스템 프로퍼티**

키	설명
java.version	JRE의 버전
java.vendor	JRE의 벤더
java.vm.name	Java 가상 머신의 이름
java.home	JRE의 설치 장소 디렉터리
java.library.path	라이브러리의 로드 시에 검색하는 경로의 목록
java.io.tmpdir	기본 임시 파일의 경로
os.name	OS 이름
os.version	OS 버전
os.arch	운영 시스템 아키텍처
file.separator	파일 구분 문자
path.separator	패스 구분 문자
line.separator	행 구분 문자
user.name	사용자 계정 이름
user.home	사용자의 홈 디렉터리
user.dir	사용자의 현재 작업 디렉터리

준비된 프로퍼티만이 아니라 스스로 시스템 프로퍼티를 설정할 수 있다.

●시스템 프로퍼티를 다룬다

```
// 모두 표시
Properties p = System.getProperties();
for(Object key : p.keySet()) {
 System.out.println(key + "=" + p.getProperty((String) key));
}

// 개별 시스템 프로퍼티를 설정
System.setProperty("chapter11.systemprop", "This is sample");
System.out.println(System.getProperty("chapter11.systemprop"));
```

프로그램 내에서 조작하는 것 외에 java 커맨드에 −D 옵션을 지정해도 시스템 프로퍼티를 설정할 수 있다.

▼−D 옵션에서 시스템 프로퍼티를 설정

```
> java -Dchapter11.systemprop="This is a sample" 실행하는 클래스 이름
```

Eclipse에서 Java 프로그램을 실행할 경우 실행 구성의 VM 인수로 −D 옵션을 지정함으로써 시스템 속성을 설정할 수 있다(레시피 006).

MEMO

환경 변수를 얻기

관련내용	298 외부 명령을 실행하기 P.519 303 시스템 프로퍼티를 구하기 P.529
이용사례	시스템 프로퍼티에서 얻을 수 없는 환경 변수를 구하는 경우

OS 정보를 구하는 것과 같은 용도에는 시스템 프로퍼티(레시피 303)를 사용하지만 시스템 프로퍼티에서는 환경 변수를 구할 수 없다. 환경 변수를 구하는 경우는 System #getenv( ) 메소드를 사용한다.

●**환경 변수를 구한다**

```
// 모두 표시
Map<String, String> map = System.getenv();
for(String key : map.keySet()) {
  System.out.println(key + "=" + map.get(key));
}

// 특정 환경 변수 구하기
System.out.println(System.getenv("SystemDrive"));
System.out.println(System.getenv("USERDOMAIN"));
System.out.println(System.getenv("windir"));
```

환경 변수는 시스템 프로퍼티와는 달리 Java VM의 부팅 옵션이나 프로그램 내에서 설정할 수 없다. 다만, Java 프로그램에서 외부 명령을 실행할 경우 실행할 외부 명령어의 환경 변수를 Java 프로그램에서 설정할 수 있다(레시피 298).

남은 메모리를 조사하기

관련내용	006 실행 시 메모리를 지정하기 P.017
	306 메모리 사용 상태를 감시하기 P.533
이용사례	애플리케이션의 메모리 사용량(Java VM의 메모리 사용량)을 알고 싶은 경우

　대량의 객체 생성과 메모리 릭 조사 등 애플리케이션의 힙 영역의 사용 상태를 알고 싶은 경우는 java.lang.management.MemoryUsage 클래스를 사용한다. java.lang.management 패키지에는 그 외에도 실행 중인 Java VM 관리를 하기 위한 클래스가 여러 개 준비되어 있다.

● 메모리 사용량 구하기

```
// MemoryUsage 객체 생성
MemoryMXBean mbean = ManagementFactory.getMemoryMXBean();
MemoryUsage usage = mbean.getHeapMemoryUsage();

// 메모리 크기는 모두 Mbyte
System.out.println("시작 시의 메모리 크기: " + usage.getInit()/1024/1024);
System.out.println("현재 이용되고 있는 메모리 크기: " + usage.getUsed()/1024/1024);
System.out.println("보증되어 있는 크기: " + usage.getCommitted()/1024/1024);
System.out.println("관리 대상의 최대 크기: " + usage.getMax()/1024/1024);
```

NOTE　GC를 강제 실행한다

Java에서는 객체로 사용하는 메모리를 프로그래머가 의식하지 않아도 되도록 GC(Garbage Collection)라는 기구가 준비되어 있다. GC는 객체가 배치되는 힙 영역이 가득 차면 사용하지 않는 객체를 삭제한다.

이처럼 보통 GC는 Java VM에 의해서 자동적으로 실행되지만, 만약 임의의 타이밍에서 GC를 실행할 경우 System#gc( ) 메소드를 호출함으로써 GC를 실행할 수 있다.

● GC를 발생시킨다

```
System.gc( );
```

메모리 사용 상태를 감시하기

관련내용	006 실행 시 메모리를 지정하기 P.017
	305 남은 메모리를 조사하기 P.532
	308 힙 덤프를 구하기 P.538
이용사례	애플리케이션의 메모리 사용량(Java VM의 메모리 사용량)을 알고 싶은 경우

레시피 305 에서는 특정 순간의 메모리 사용량을 구하는 방법을 소개했는데 보다 고도의 메모리 사용량의 분석이 필요한 경우(예를 들어 힙 메모리의 자세한 튜닝) 트러블 슈팅 툴을 사용한다.

메모리 사용 상태를 분석하는 툴은 여러 가지 다양한 것이 있으나, 여기에서는 JDK에 표준으로 부속되어 있는 Java VisualVM을 소개한다.

Java VisualVM은 메모리 사용량뿐만 아니라 CPU · 메모리 프로파일링과 스레드의 모니터링 · 덤프의 획득 등이 가능한 매우 고기능의 트러블 슈팅 툴이다.

Java VisualVM을 동작하기 전에 메모리 사용량을 감시하고 싶은 애플리케이션을 시작해 놓는다. Java VisualVM을 동작하려면 %JAVA_HOME%\bin\jvisualvm. exe로 한다.

NOTE   Mac에서 Java VisualVM 설치

Mac의 경우는 별도의 다음 사이트에서 설치한다.

```
http://visualvm.java.net/index.html
```

처음 실행할 때 JDK의 조정이 실시된다. 실행이 되면 이미 실행되고 있는 Java 애플리케이션이 보여진다(그림 11.3).

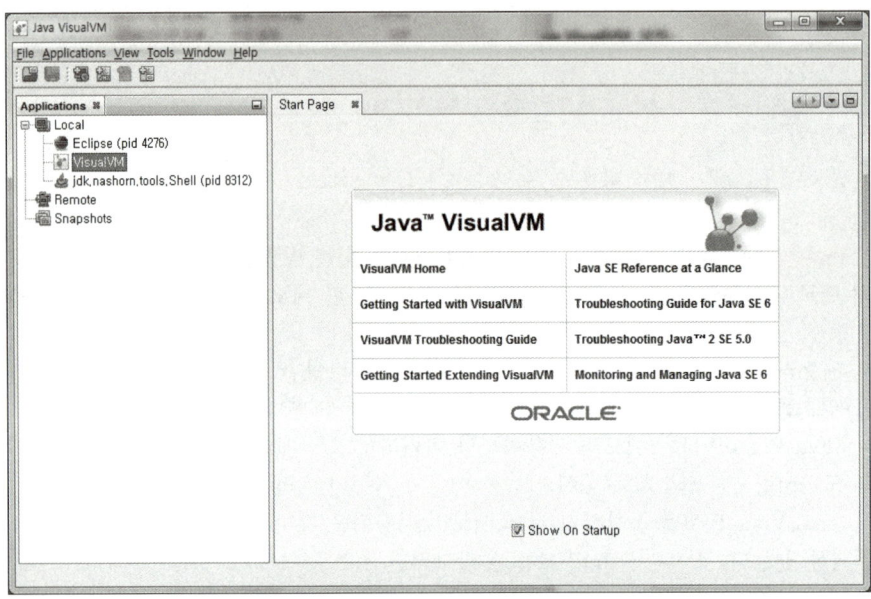

그림 11.3 Java VisualVM의 동작

감시하고 싶은 애플리케이션을 더블 클릭하고 [Monitor] 탭을 선택하면 실시간으로 힙 메모리 사용량을 확인할 수 있다(그림 11.4).

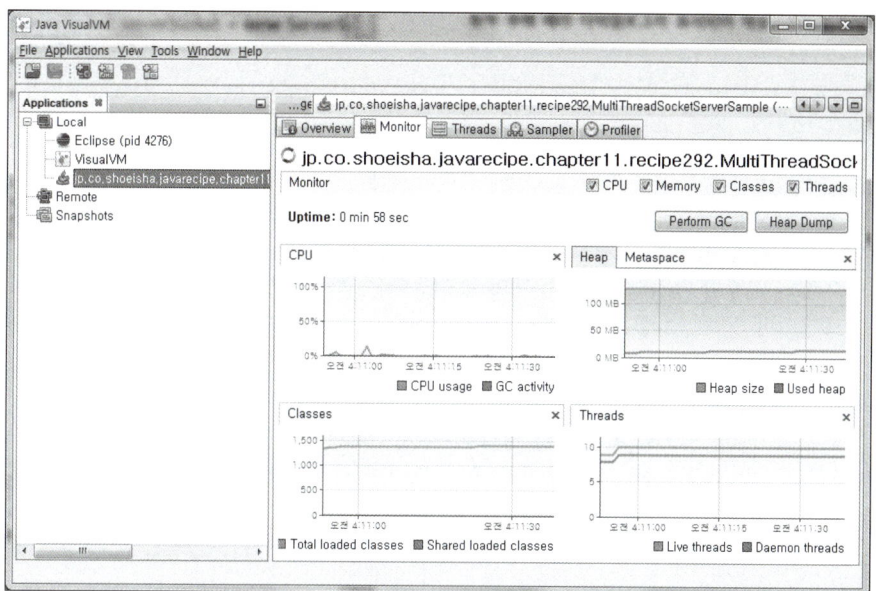

그림 11.4 Java VisualVM에서 힙 메모리를 감시

이 화면에서는 GC를 실행하거나 CPU 사용률과 클래스의 로드 상황, 스레드 상황 등을 확인할 수도 있다. 이러한 기능으로 힙 사용량을 모니터링한 결과 GC가 빈발하여 사용 후 힙이 높은 빈도로 오르내리는 경우는 힙 메모리를 적절하게 배정함으로써 애플리케이션의 성능을 개선할 수 있는 가능성이 있다.

또한, 사용 후 힙이 경과 시간과 함께 가파르게 단순 증가하고 있는 경우는 객체가 릭을 발생시켰을 수도 있다. 이런 경우, 레시피 308 을 참고해서 힙 영역의 해석을 하도록 한다.

307

스레드 덤프를 구하기

스레드 덤프 │ 데드락 │ VisualVM   **6 7 8**

관련내용	006 실행 시 메모리를 지정하기 P.017
	306 메모리 사용 상태를 감시하기 P.533
이용사례	스레드 동작이 정상적인지 확인하는 경우
	데드락이 발생하지 않았는지 확인하는 경우
	병목 현상이 발생된 처리가 없는지 확인하는 경우

스레드 덤프란 Java 프로세스 내에서 작동하는 스레드의 스택 트레이스를 출력하는 로그이다. 스택 트레이스 외에 스레드의 상태나 락(동기화)의 획득 정보도 얻을 수 있다. 이러한 로그를 해석함으로써 스레드가 의도한 대로 동작하고 있는지 데드락 상태가 발생하지 않았는지 확인할 수 있다.

또한, 스레드 덤프를 2, 3차례 약간의 시간 간격을 두고 구하면 스레드의 상태가 변화하고 있는지 확인할 수 있기 때문에, 데드락이 되지는 않았는지 병목 현상이 발생된 처리가 없는지 확인할 수도 있다.

스레드 덤프를 확인하려면 몇 가지 방법이 있는데 이곳에서는 2종류의 방법을 소개한다.

Java VisualVM을 사용한 방법

레시피 306 에서 소개한 순서에 따라 스레드 덤프를 구할 애플리케이션에 접속한다. [Threads] 탭을 선택하면 실시간으로 스레드의 상황을 볼 수 있다.

여기에서 [threaddump] 탭을 선택하면 스레드 덤프를 확인할 수 있다(그림 11.5).

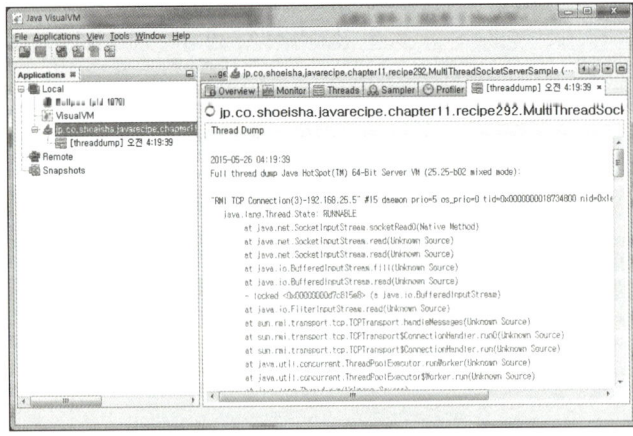

그림 11.5 Java VisualVM에서 확인한 스레드 덤프

확인한 스레드 덤프는 파일로도 저장할 수 있다.

명령을 사용한 방법

이 방법의 경우 스레드 덤프는 Java VM을 실행한 프로세스의 표준 출력에 출력된다. 명령을 실행한 터미널은 아니므로 주의한다. Windows와 Linux에서 방법이 다르다.

- Windows의 경우 ············ Java를 실행한 콘솔에서 Ctrl + Break를 누른다.
- Linux의 경우 ·············· 커맨드 라인에서 다음 명령을 수행하고 SIGQUIT 터미널을 송신한다.

Kill -3 Java의 프로세스 ID

> **NOTE   Concurrent 패키지의 스레드 덤프를 받는다**
>
> java.util.concurrent 패키지의 스레드 덤프를 받으려면 Java VM의 동작 옵션에 '-XX:+PrintConcurrentLocks'을 붙이도록 한다.
>
> > **java -XX:+PrintConcurrentLocks** 실행할 클래스 이름

308 / 힙 덤프를 구하기

힙 덤프	메모리 릭	Eclipse Memory Analyzer		**6 7 8**

관련내용	306 메모리 사용 상태를 감시하기 P.533
이용사례	메모리 릭을 해석하는 경우 힙 메모리를 압박하고 있는 객체를 알고 싶은 경우

Java에서 생성된 객체는 힙 영역에 배치된다. 힙 영역이 가득 차면 GC(Garbege Collection)가 수행되며 현재 참조되지 않은 객체가 삭제되어 메모리 영역을 재사용할 수 있다. 만일, 프로그램의 실수로 참조가 제대로 삭제되지 않고 메모리 릭(객체 릭)이 발생하는 경우이거나, 힙 메모리보다도 큰 객체를 발생하려고 하면 OutOfMemory Error가 발생한다.

간단한 해석이라면 레시피 306 의 Java VisualVM에서도 가능하지만 메모리 릭의 원인을 조사해야 필요가 있으면 힙 덤프를 구하고, Eclipse Memory Analyzer(http://www.eclipse.org/mat/) 등의 도구를 사용하여 해석을 한다.

> **NOTE** **Eclipse Memory Analyzer 설치 방법**
>
> Eclipse Memory Analyzer는 다음 사이트에서 다운로드할 수 있다.
>
> ```
> http://www.eclipse.org/mat/downloads.php
> ```
>
> 또한, Eclipse의 플러그 인으로 사용할 수도 있다. 업데이트 사이트의 URL은 위의 다운로드 사이트에 기재되어 있으므로, Eclipse 업데이트 관리자에서 이 URL을 지정하면 설치할 수 있다.

▌ 힙 덤프를 구한다

메모리 릭을 해석하려면 우선 힙 덤프(힙 영역 덤프)를 얻고 힙 냉냑을 압박하는 색체를 특정한다.

Eclipse Memory Analyzer에서 힙 덤프를 구하려면 Eclipse의 메뉴에서 [File]→[Acquire Heap Dump]를 선택한다. 그리고 힙 덤프를 얻으려는 PID를 선택하고 구한다(그림 11.6).

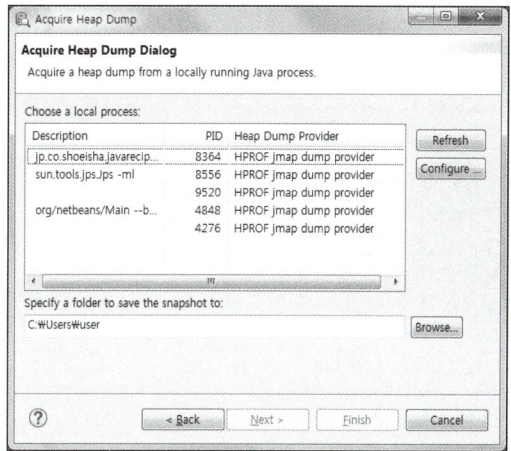

그림 11.6 Eclipse Memory Analyzer에서 힙 덤프를 받는다

서버 상에서 동작하는 JDK에 표준으로 포함되는 jmap 명령어로 힙 덤프를 얻을 수도 있다. 명령 라인에서 다음과 같이 실행한다.

```
> jmap.exe -dump:format=b,file=HeapDumpFileName.hprof
```

이밖에 Java VM의 동작 시에 [표 11.5]의 인수를 지정하고 힙 덤프를 구할 수 있다.

표 11.5 Java VM 인수로 힙 덤프를 받는다

옵션	설명
−XX:+HeapDumpOnOutOfMemoryError	OutOfMemoryError가 발생했을 때에 출력된다
−XX:+HeapDumpOnCtrlBreak	Ctrl + Break 를 눌렀을 때 출력된다

힙 덤프를 해석한다

Eclipse Memory Analyzer에서 직접 선택하는 경우는 선택한 후에 힙 덤프 분석 화면이 표시된다. Jmap 명령 등으로 생성한 경우는 '메모리 분석' 퍼스펙티브에서 [File] → [Open Heap Dump...]로부터 열 수 있다.

객체 릭의 분석과 컴포넌트별 분석 2종류를 선택할 수 있다(그림 11.7).

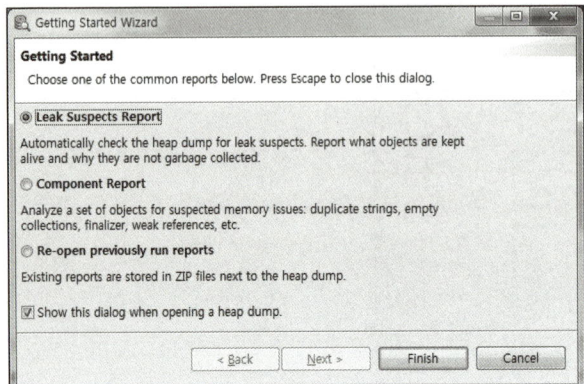

그림 11.7 Eclipse Memory Analyzer에서 힙 덤프를 분석한다

Leak Suspect에서는 릭이 의심되는 객체의 리포트를 표시한다(그림 11.8).

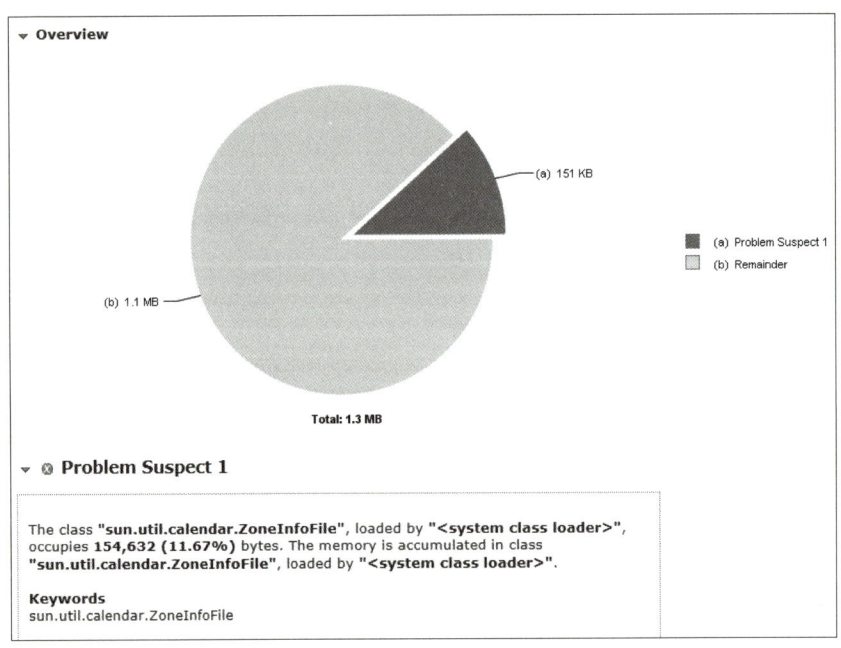

그림 11.8 릭이 의심되는 문제

그 외에도 히스토그램과 객체의 호출 계층 등을 분석할 수 있다(그림 11.9).

Class Name	Shallow Heap	Retained Heap	Percentage
java.util.logging.LogManager @ 0xd7c97ae8	56	10,568	0.80%
java.util.logging.LogManager$LoggerContext @ 0xd7ca0570	24	7,992	0.60%
java.util.Hashtable @ 0xd7ca0588	48	1,120	0.08%
java.util.Hashtable$Entry[47] @ 0xd7ca05b8	208	1,072	0.08%
java.util.Hashtable$Entry @ 0xd7ca2a58	32	128	0.01%
java.util.Hashtable$Entry @ 0xd7ca2958	32	96	0.01%
java.util.Hashtable$Entry @ 0xd7ca2a18	32	64	0.00%
java.util.Hashtable$Entry @ 0xd7ca2b38	32	64	0.00%
java.util.Hashtable$Entry @ 0xd7ca2b78	32	64	0.00%
java.util.Hashtable$Entry @ 0xd7ca0688	32	32	0.00%
java.util.Hashtable$Entry @ 0xd7ca2878	32	32	0.00%
java.util.Hashtable$Entry @ 0xd7ca2898	32	32	0.00%
java.util.Hashtable$Entry @ 0xd7ca28b8	32	32	0.00%

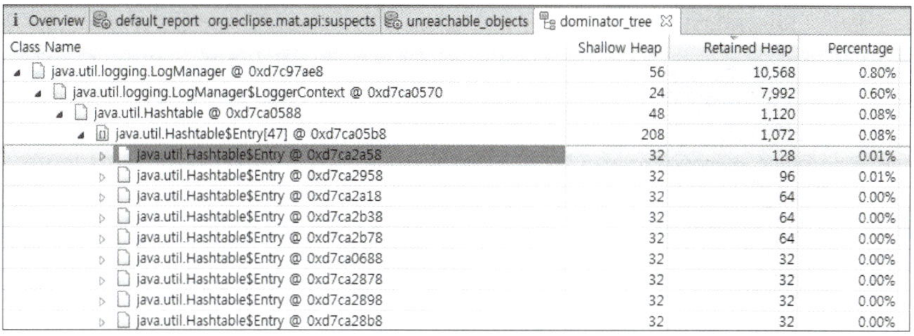

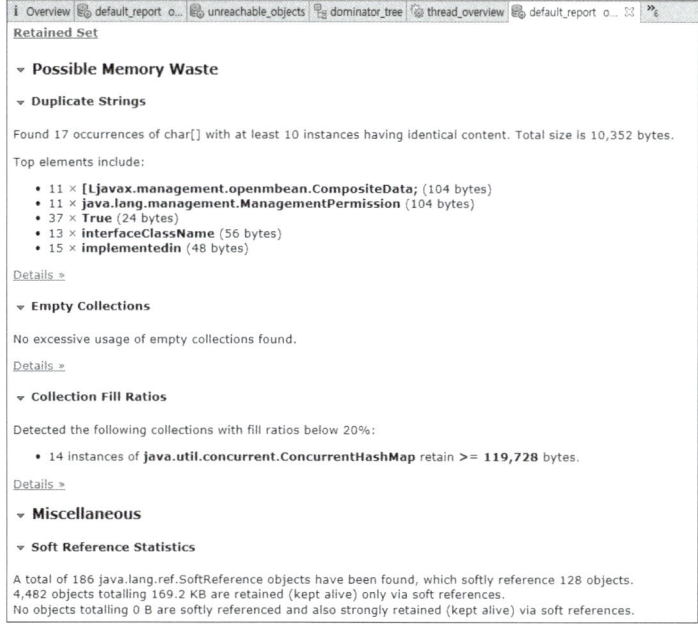

그림 11.9 **객체의 호출 관계**

컴포넌트별 분석에서는 중복된 String과 빈 컬렉션 객체를 리포트해 준다(그림 11.10).

Retained Set

Possible Memory Waste

Duplicate Strings

Found 17 occurrences of char[] with at least 10 instances having identical content. Total size is 10,352 bytes.

Top elements include:

- 11 × **[Ljavax.management.openmbean.CompositeData;** (104 bytes)
- 11 × **java.lang.management.ManagementPermission** (104 bytes)
- 37 × **True** (24 bytes)
- 13 × **interfaceClassName** (56 bytes)
- 15 × **implementedin** (48 bytes)

Details »

Empty Collections

No excessive usage of empty collections found.

Details »

Collection Fill Ratios

Detected the following collections with fill ratios below 20%:

- 14 instances of **java.util.concurrent.ConcurrentHashMap** retain **>= 119,728** bytes.

Details »

Miscellaneous

Soft Reference Statistics

A total of 186 java.lang.ref.SoftReference objects have been found, which softly reference 128 objects.
4,482 objects totalling 169.2 KB are retained (kept alive) only via soft references.
No objects totalling 0 B are softly referenced and also strongly retained (kept alive) via soft references.

그림 11.10 **컴포넌트 분석**

이러한 리포트를 잘 사용해 힙 메모리의 트러블 슈팅을 진행한다.

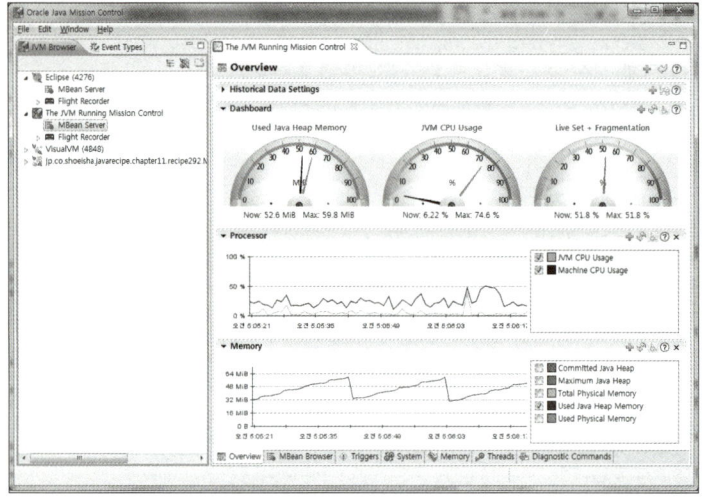

그림 11.C Java Mission Control

찾아보기

프로필

Takezoe Naoki

주식회사 비즈리치 소속으로 Java, Scala를 사랑하는 프로그래머이다. SI 전문가를 정년퇴직하고 현재는 업무 외 OSS 활동이나 서적 집필 등을 했다. Apache Software Foundation, The Seasar Project로 코믹터를 맡은 반면 최근에는 Scala에 의한 오픈 소스의 Github 클론 "GitBucket"을 개발하고 있다.

Takahashi Kazuya

대형 SI 기업에서 Web 시스템의 Java 프레임워크 개발, Eclipse 플러그인 개발, 트러블 슈팅 등에 종사한 뒤 현재는 대규모 금융 시스템의 개발 프로세스 정비나 IT 서비스 매니지먼트의 구축에 종사하고 있다. 『현장에서 사용할 수 있는 소프트웨어 테스트』(상영사) 등을 집필하였다.

Oda Shou

SIer에서 연구 개발한다. Jenkins와 Subversion/Git, Amazon Web Services 등의 클라우드 서비스를 통해서 훌륭한 소프트웨어 개발을 보급하고 싶다. 좋아하는 언어는 Java와 Python, Certified Scrum Master/Certified Scrum Product Owner이다. 그외 저서 2권, Web이나 잡지 등에 다수 기고했다.

Shimamoto Takako

주식회사 비즈 리치에 근무 중으로 현직 기술자이다. "Java", "오픈 소스"를 키워드로 앱 개발, 미들웨어의 해석, 마침내는 바이트 코드 조작까지 손을 댔다. 최근 몇 년은 온통 Scala의 나날을 보내고 있으며, 오픈 소스 Github 복제 "GitBucket"의 개발도 한다.

이 책의 내용에 대한 문의

이 도서에 대한 문의(질문, 정오표)는 정보문화사 홈페이지(http://www.infopub.co.kr)에 방문하셔서서 [고객센터] 게시판에 질문을 올려주시면 자세히 답변해드리겠습니다.

※ 이 책에 기재된 URL 등은 예고 없이 변경될 수 있습니다.
※ 이 책을 출판함에 있어 정확한 내용을 기술하려고 노력했지만, 저자나 출판사 등은 이 책의 내용에 대해 어떠한 보증을 하지 않으며, 내용이나 예제에 기초하는 어떤 운용 결과에 대해서도 일체의 책임을 지지 않습니다.
※ 이 책에 기재되어 있는 예제 프로그램이나 스크립트 및 실행 결과를 표시한 화면 이미지 등은 특정 설정에 기초한 환경에서 재현되는 예제입니다.
※ 이 책에 기재된 회사명, 제품명은 각각 해당 회사의 상표 및 등록 상표입니다.